LES ŒUVRES COMPLETES DE VOLTAIRE

10

THE VOLTAIRE FOUNDATION
TAYLOR INSTITUTION
OXFORD

1985

THE COMPLETE WORKS OF VOLTAIRE

10

THE VOLTAIRE FOUNDATION
TAYLOR INSTITUTION
OXFORD
1985

ISBN 0 7294 0325 4

PRINTED IN ENGLAND
AT THE ALDEN PRESS
OXFORD

under the sponsorship of
sous le haut patronage de

L'ACADÉMIE FRANÇAISE

L'ACADÉMIE ROYALE DE LANGUE ET DE
LITTÉRATURE FRANÇAISES DE BELGIQUE

THE AMERICAN COUNCIL OF LEARNED SOCIETIES

THE BRITISH ACADEMY

L'UNION ACADÉMIQUE INTERNATIONALE

prepared with the kind co-operation of
réalisée avec le concours gracieux de

THE SALTYKOV-SHCHEDRIN
STATE PUBLIC LIBRARY
OF LENINGRAD

Adélaïde Du Guesclin

Les Frères ennemis

Amélie ou le duc de Foix

Alamire

---

critical edition

by

Michael Cartwright

For

ROBERT NIKLAUS

whose good counsel and lively humour have always been

the best possible encouragement

TABLE OF CONTENTS

List of illustrations xiii
List of abbreviations xv
Key to the critical apparatus xvii
Acknowledgements xix
Preface xxi

INTRODUCTION 1

1. *Adélaïde Du Guesclin*: a play of national sentiment 3
   Adélaïde as a re-creation of history 5
   Adélaïde as a reflection of contemporary events 13
2. The composition and performances of *Adélaïde*: biography and literary history 23
3. The structural evolution of *Adélaïde*: a thematic synopsis 48
   Adélaïde Du Guesclin 49
   Les Frères ennemis 53
   Amélie ou le duc de Foix, the major reworking of *Adélaïde* 55
   The forgotten hybrid, *Alamire* 57
4. Manuscripts 61
   Adélaïde Du Guesclin 63
   Adélaïde, 1734 63
   Les Frères ennemis 66
   Amélie ou le duc de Foix 69
   Alamire 71
5. Editions 75
   Amélie ou le duc de Foix 75
   Adélaïde Du Guesclin 89
   Les Frères ennemis 106
6. Principles of the edition 108
   Adélaïde Du Guesclin 112
   Adélaïde, 1734 114
   Les Frères ennemis 115

Amélie ou le duc de Foix 117
Alamire 117

ADÉLAÏDE DU GUESCLIN 121
Préface de l'éditeur 123
Acteurs 126
Adélaïde Du Guesclin, tragédie 127

ADÉLAÏDE, 1734 213
Personnages 214
Adélaïde Du Guesclin, tragédie 215

LES FRÈRES ENNEMIS 307
Acteurs 308
Les Frères ennemis, tragédie 309

AMÉLIE OU LE DUC DE FOIX 349
Préface 351
Acteurs 352
Amélie ou le duc de Foix, tragédie 353

ALAMIRE 427
Personnages 428
Alamire, tragédie 429

Appendixes 503
I. The 'Avis du libraire' from 52D 503
II. The 'Avertissement de l'éditeur' from 65PA 504
III. The 'Avertissement des éditeurs' from W70L 505

Concordances 507
Adélaïde Du Guesclin 507
Adélaïde, 1734 519
Les Frères ennemis 529
Amélie ou le duc de Foix 537
Alamire 547

List of works cited 559

Index 561

LIST OF ILLUSTRATIONS

1. *Amélie ou le duc de Foix*: a page of MS1 (IV.v.183-206), with corrections by Mme Denis. — 70

Comédie-Française, Paris.

2. *Alamire*: a page of MS1 (II.iii.108-124), with holograph corrections. — 72

Saltykov-Shchedrin State Public Library, Leningrad.

3. *Adélaïde Du Guesclin*: the title page of the duodecimo issue of the first edition (65PB). — 119

Institut et musée Voltaire, Geneva.

LIST OF ABBREVIATIONS

A34 *Adélaïde* 1734
A65 *Adélaïde Du Guesclin* 1765
AL *Alamire*
Arsenal Bibliothèque de l'Arsenal, Paris
Austin Humanities Research Center Library, University of Texas at Austin
Bachaumont *Mémoires secrets*, Londres 1777-1789
Bengesco *Voltaire: bibliographie de ses œuvres*, 1882-1890
BL British Library, London
Bn Bibliothèque nationale, Paris
Bn F Bn, Manuscrits français
Bn N Bn, Nouvelles acquisitions françaises
Bpu Bibliothèque publique et universitaire, Geneva
Br Bibliothèque royale, Brussels
BV *Bibliothèque de Voltaire: catalogue des livres*, 1961
CLT Grimm, *Correspondance littéraire*, 1877-1882
D Voltaire, *Correspondence and related documents*, ed. Th. Besterman, in *Œuvres complètes de Voltaire / Complete works of Voltaire* 85-135, 1968-1977
Desnoiresterres *Voltaire et la société française*, 1867-1876
DF *Amélie ou le duc de Foix*
FE *Les Frères ennemis*
ImV Institut et musée Voltaire, Geneva
Leningrad Saltykov-Shchedrin State Public Library, Leningrad
M *Œuvres complètes de Voltaire*, 1877-1885
Studies *Studies on Voltaire and the eighteenth century*
Taylor Taylor Institution, Oxford
VM Leningrad, Voltaire library manuscripts
Voltaire *Œuvres complètes de Voltaire / Complete works of Voltaire*, 1968- [the present edition]

KEY TO THE CRITICAL APPARATUS

The critical apparatus, printed at the foot of the page, gives variant readings from those manuscripts and editions listed on pages 112, 114, 115 and 117 below. Each variant consists of some or all of the following elements:

– The number of the text line or lines to which the variant relates; headings, character names and stage directions bear the number of the preceding text line, plus a, b, c, etc.

– The sigla of the sources of the variant, as given on p.63-107. Simple numbers, or numbers followed by letters, generally stand for separate editions of the work in question; letters followed by numbers are normally collections of one sort or another, W being reserved for collected editions of Voltaire's works and T for collected editions of his theatre; an asterisk after the siglum indicates a specific copy of the edition, usually containing manuscript corrections.

– Editorial explanation or comment.

– A colon, indicating the start of the variant; any editorial remarks after the colon are enclosed within square brackets.

– The text of the variant itself, preceded and followed, if appropriate, by one or more words from the base text, to indicate its position.

Several signs and typographic conventions are employed:

– Sans serif type is used for punctuation added by the editor:

sans serif	.	,	;	:	?	!
normal	.	,	;	:	?	!

– Angle brackets ⟨ ⟩ encompass deleted matter.

– Beta β stands for the base text.

– The paragraph sign ¶ indicates the start of a new paragraph.

- The forward arrow → means ‘followed by’, in the case of manuscript corrections subsequently adopted in print.
- Up ↑ and down ↓ arrows precede text added above or below the line.
- A superior ^{V} precedes text in Voltaire’s hand, ^{W} indicating that of Wagnière.

Thus, ‘il ⟨allait⟩ $^{W\uparrow}$⟨courait⟩ $^{V\downarrow}$β’ indicates that ‘allait’ was deleted, that Wagnière added ‘courait’ over the line, that ‘courait’ was deleted and that Voltaire inserted the reading of the base text below the line. The notation ‘W75G*, →K’ indicates that a manuscript correction to the *encadrée* edition was followed in the Kehl editions.

ACKNOWLEDGEMENTS

The preparation of this volume has been made possible by a fellowship from the Voltaire Foundation, by grants from the Faculty of Graduate Studies and Research, McGill University, and by a leave scholarship from the Humanities Research Council of Canada.

I am much indebted to the staff of the libraries cited in chapters 4 and 5 below, and particularly to those responsible for the major Voltaire collections: the Bibliothèque nationale, Bibliothèque de l'Arsenal and Bibliothèque de la Comédie-Française in Paris; the Institut et musée Voltaire, Geneva; the Bibliothèque royale, Brussels; the Taylor Institution, Oxford; the Humanities Research Center Library, University of Texas at Austin; and the Thomas Fisher Rare Book Library, University of Toronto.

I wish to thank Ulla Kölving, Andrew Brown and Philip Somervell for their diligent help in co-ordinating several technical aspects of this volume, particularly the bibliographical descriptions and the concordances. Also Giles Barber, Librarian of the Taylor Institution, for his many kindnesses during my stays in Oxford. Mme Larissa Albina, Keeper of Voltaire's library at the Saltykov-Shchedrin State Public Library, Leningrad, has given generously of her time, her expertise and her enthusiasm.

PREFACE

Whatever critical methods may be imagined to analyse Voltaire's literary activity, the febrility of invention within that activity will never be less than awesome. Even the casual reader, seduced by the elegance of any one of the 'contes', can detect a wealth of intelligence lying just beneath the polished surface of the style: facts, ideas, speculations which invite closer examination as time allows. At another level, this proliferation of ideas provides the indices of Voltaire's thought ranging ceaselessly over itself, calculating and testing not only the reader, but also the author's attitudes to his own discourse. Throughout Voltaire's lifetime the latter process continued, and in every work, so that our modern exploration of those very few texts which have remained in favour gives us only a partial and a fragmented view of a constant process of self-assessment.

For the editor called upon to deal with any one work, or group of works, there arises the very considerable problem of deciding how and where the flow of Voltaire's creativity may be artificially halted to allow the planting of a few necessary landmarks. First amongst these is, of course, the selection or the creation of a base text. The first printed edition of a given work is a natural point of departure, nearly always easy to find and to identify. However, it is a rare case indeed where that text has remained unaltered as it gained in popularity, as its diffusion increased, as it passed through the hands of various printers to become successive separate editions, or part of collective editions. Above all, the editor discovers swiftly that, as a direct result of the restless self-analysis to which he was addicted, Voltaire revised his works incessantly.

This is a constant and a well-known problem. In so far as Voltaire's writings for the theatre are concerned, it takes on an added dimension when it is considered in the light of a further crop of difficulties connected with the performance of each work.

At the heart of the many intricacies lies Voltaire's temperament which demanded dramatic nourishment and which was conditioned by it. René Pomeau has summarised the matter accurately:

> La tragédie pathétique est nécessaire à son hygiène psychologique. Chez cet homme qui se refuse au sentiment, un besoin d'émotion subsiste qui obtient sur la scène des satisfactions non périlleuses. Jouer l'émotion le dispense même de la vivre.[1]

Given these conditions, the whole of Voltaire's output for the theatre may be seen as existing in two interdependent registers. The composition of each of his plays was a personal drama, first in its writing and then in the acting out, both in his imagination and at private performances or readings, of the many roles he created. Afterwards, on the public stage, his ideas were interpreted by other players to whom he could give the most energetic direction but who could never be controlled absolutely. Overlying these two registers is the way in which Voltaire undertook the act of composition. His attention was never fixed doggedly on a single literary task, and since his dramatic works were the chief vehicle of his fame and the principal driving force of his psyche, his theatrical invention was not contained and systematized. Rather, he snatched from the welter of his imagination dramatic plots, situations and effects which were derived, in the first instance, from his omnivorous reading and from the history of the theatre itself. An amalgam of fact and imagined happenings was then moulded according to the dictates of an inherited, classical aesthetic, and of a very sure instinct which told Voltaire that the spirit, if not the letter, of innovation, is an essential ingredient of dramatic success.

When these diverse factors are seen in terms of manuscript copies and then printed editions, all of which could be, and were, modified by Voltaire himself and by others as time passed, then the seemingly straightforward task of choosing a single source

[1] R. Pomeau, *Voltaire par lui-même* (Paris 1965), p.58.

of one work becomes a complex matter of sifting many documents and ultimately of personal editorial decisions.

For *Adélaïde Du Guesclin*, the problems and their resolution are best explained in the context of a brief historical sketch which will, of course, be much enlarged at various points in the introduction. The play was composed in 1733, hence at a fairly early date in Voltaire's career and at a time when he was working with feverish enthusiasm. At the first performance, in January 1734, the reactions of the audience were hostile, or at least were judged by Voltaire to be sufficiently unsympathetic for him to withdraw the piece. The text itself languished, unpublished. It was revised, sporadically, by the author, and copies undoubtedly fell into an unknown number of hands.

In 1751 and 1752, during his visit to the court of Frederick II, Voltaire returned to the theme of *Adélaïde* and, using the 1734 version as a model and a source for the direct transposition of lines, he composed, in three acts, *Les Frères ennemis* also known as *Le Duc d'Alençon*. More importantly, he produced a five-act version under the title *Le Duc de Foix*, subsequently *Amélie ou le duc de Foix*. This play had its first performance in Paris in 1752.

In 1765, the actor Lekain, having scored a notable success in the title role of *Le Duc de Foix*, and having had access to one or more copies of the *Adélaïde* of 1734, revised and revived the play under its first title and to general acclaim. After a hectic correspondence concerning certain lines of the text, Voltaire allowed Lekain to publish *Adélaïde Du Guesclin*, for the actor's own profit, also in 1765.

At a date which remains hypothetical but which may be supposed to be very close to that of the writing of *Le Duc de Foix*, Voltaire composed *Alamire*, in five acts. In this play are found sections of all the other versions of *Adélaïde*. Because of the large number of duplicated lines, *Alamire* has remained unpublished until the present edition.

INTRODUCTION

I

'Adélaïde Du Guesclin': a play of national sentiment

Although the examination of any one text in this new edition of the complete works may not reveal the fact immediately, the enterprise as a whole could be realised not only through the accumulation of undisputed facts, but much more importantly through the patient sifting of the Voltaire legend. All authors draw to themselves and to their works an aura composed of facts and speculations variously mixed. Voltaire, from the beginning of his life, was a willing participant in the construction of his own fame and in the interpretation of his own writings. Very early in his career, aided profusely by friends and enemies alike, he began a process of self-advertisement over which even his energies could exercise no control. The very facts of his life are now buried so deep in documented evidence and apocryphal statements that the erudition of the late Dr Besterman produced only a modest biography, and the team of researchers now engaged once more on this difficult problem of a 'life of Voltaire' goes about its task with understandable caution.[1]

In certain areas, of course, the Voltaire legend has been subjected and re-subjected to examination. Voltaire's opinions on religion, on history, on the general philosophical speculations of his time, have been tested of themselves and in conjunction with the perceived temperament of their author at fairly regular intervals. In this way there has evolved a synthesis of critical appraisal upon which an opinion consistent with the sensibilities of our own time may be constructed. Similarly, the works of prose fiction, although often deplored and, more recently, perhaps

[1] See A. Owen Aldridge, 'Problems in writing the life of Voltaire', *Biography* (1978), I.i.5-22.

over-praised, have always remained before the eye of the informed reader wherever French literature is known.

Voltaire's works for the theatre are particular because they contributed so much to the legend of which we speak. Almost any manual will tell us that, in the eighteenth century, it was by his plays above all that Voltaire was known. Yet our own indifference to them is as automatic as our acknowledgement of the genius that brought forth *Candide*. The explanation for this is seemingly very easy. A certain mode of sensibility has been lost, or so radically displaced, that no foreseeable evolution of taste can bring back the conditions which made Voltaire's plays immediate and interesting. Some have managed to survive as historical curiosities and because they represent the skills of their author so well.

Nonetheless, the volume of anecdotal material which contributed to their former glory has been preserved, very much intact but curiously disparate in nature. On the one hand is a wealth of documentation concerning the triumph of Voltaire's successes, and the frenzy with which he sought to repair his failures; on the other is the acerbic criticism which set in very quickly after his death when the public's enthusiasm for the energy of the Voltaire persona quite simply evaporated. The theatre obsessed Voltaire and he wrote and spoke about it incessantly, with the curious result that a slight pronouncement on his part has often become an edict, whilst his weightier thoughts have been forgotten along with the stirring scenes which were meant to illustrate them. We have inherited, therefore, a confusing mixture of what appears to be solid fact, and well-worn critical opinion which still has more than a ring of truth about it in spite of its age and the tendentious spirit in which it was written. *Adélaïde Du Guesclin* has come down to us cloaked in precisely those colours. Our first task must be to decide the true nature of the play and the categories under which its qualities and its historical significance may be best examined.

'Adélaïde' as a re-creation of history

Since Voltaire's tragedies are so numerous, it is inevitable that efforts have been made to fit them into some sort of pattern. The survey made by Henri Lion[2] at the end of the last century is the best example of this, with the chronological sequence of plays being divided according to outside influences – that of Shakespeare in *Brutus*, *La Mort de César*, *Eriphile* and *Zaïre*; according to personal rivalry, such as that with Crébillon which gave rise to *Sémiramis*, *Oreste* and *Rome sauvée*; or according to philosophical ideals such as those which inspired *Mahomet*, *Les Guèbres*, *Les Lois de Minos* and *Don Pèdre*. Lion's work remains unmatched as a general synthesis, and in many details too it is hard to imagine that his conclusions will be much disputed. However, the scope of his enquiry was necessarily vast and it is desirable that the evidence supporting Lion's divisions be re-examined and, if possible, supplemented.

Adélaïde, in all its versions, is placed by Lion in a chapter entitled 'Trois imitations de *Zaïre*'. The other plays in the category are *Alzire* and *Zulime*, and the common thread which unites all three is a love-interest derived, through *Zaïre*, from Shakespeare's *Othello*. If one is to be completely realistic it is difficult to say more than this, for it is clear that Voltaire was much more inspired by a dramatically fruitful sentiment than by the desire to exploit systematically an idea or a philosophical argument. *Zaïre* was such a great success largely because the public enjoyed the touchingly emotional scenes supported by a well-constructed plot. The setting of the play was also exotic, and this provides the immediate link with *Alzire* and *Zulime*. Ultimately, the direction of Voltaire's inspiration was very capricious. If a formula succeeded, as it did with *Zaïre*, then Voltaire would repeat it, with variations, or he might incorporate entirely new preoccupations

[2] H. Lion, *Les Tragédies et les théories dramatiques de Voltaire* (Paris 1895), p.89-97.

without losing touch entirely with the atmosphere of previous work. Voltaire's theatre is full of repetitions and echoes which themselves sustained a high level of anticipation on the part of the public.

For the moment, the love interest of *Adélaïde* may be left aside, as may the debt to *Zaïre*. It is as a tragedy of national sentiment, 'un sujet national et des personnages français', as Lion puts it, that *Adélaïde* has been defined and given individuality. The play is above all historical – indeed, according to Moland, '*Adélaïde Du Guesclin* est la première tragédie française (nous entendons depuis l'époque classique) qui soit franchement puisée dans nos traditions, où les personnages portent des noms célèbres dans nos annales, la première du moins qui marque dans notre histoire littéraire' (M.iii.75). As a first consideration we must ask upon what historical evidence, exactly, Voltaire drew in this instance. Afterwards we must know how far his intentions as an historical dramatist were consistent with the label that posterity has fixed upon *Adélaïde*.

The answer to these questions must be seen in two ways. It is useful to discover, on the one hand, how much Voltaire was using his knowledge as an historian when he wrote the different versions of *Adélaïde*. Secondly, we must investigate the possibility that the play presented to audiences in the eighteenth century a philosophical or a political message which has now been obscured. Voltaire did much to further the science of historiography, but he had difficulty in achieving absolute objectivity. The recounting of events of the past brought with it an inevitable comparison with events of the present. It is entirely possible, therefore, that *Adélaïde* may have had some part in the philosophical propaganda which the authors of the Enlightenment sought to spread by way of the theatre.

On the first count, the Voltaire legend may be seen at work with great potency. If one sifts through all the primary evidence, one finds four pronouncements made by Voltaire which are of real significance in determining the historical sources of *Adélaïde*. The first is general and deals with the setting of the play and its theme. Writing to Thiriot in February 1733, Voltaire is full of enthusiasm for the new piece upon which he has been at work for several weeks:

L'ordre des choses demande ce me semble que je vous dise ce que c'est que cette pièce où je travaille à présent. C'est un sujet tout français, et tout de mon invention, où j'ay fouré tout le plus que j'ay pu d'amour, de jalousie, de fureur, de bienséance, de probité et de grandeur d'âme. J'ay imaginé un sire de Coucy qui est un très digne homme comme on n'en voit guères à la cour, un très loyal chevalier comme qui diroit le chevalier Daidie, ou le chevalier de Froulay. (D570)

More specific is the preface to *Amélie ou le Duc de Foix* which appeared for the first time in the Cramer edition of the collected works (w56). The preface was often repeated and it appears as part of the 'Avertissement' to the Kehl edition. It runs as follows:

Le fond de cette tragédie n'est point une fiction. Un duc de Bretagne en 1387 commanda au seigneur de Bavalan d'assassiner le connétable de Clisson. Bavalan le lendemain dit au duc qu'il avait obéi. Le duc alors voyant toute l'horreur de son crime, et en redoutant les suites funestes, s'abandonna au plus violent désespoir. Bavalan le laissa quelque temps sentir sa faute et se livrer au repentir; enfin il lui apprit qu'il l'avait aimé assez pour désobéir à ses ordres etc. On a transporté cet événement dans d'autres temps et dans d'autres pays pour des raisons particulières.[3]

In February 1763, during the course of Lekain's re-discovery of the original version of *Adélaïde*, Voltaire wrote to the actor and, amongst a welter of reservations and protestations, we find the following sentence: 'L'avanture sur laquelle cette Tragédie est fondée, arriva en êffet à un Duc de Bretagne, mais non à un prince du Sang de France' (D11027).

Finally, when *Adélaïde Du Guesclin* was printed for the first time, in 1765, the preface contained a letter from Voltaire to 'un de ses amis à Paris' (identified as Thiriot in w70L). The second paragraph of this letter begins:

[3] See below, p.351.

Il y avait plus de trente ans que j'avais hasardé devant ce public une *Adélaïde du Guesclin* escortée d'un duc de Vendôme et d'un duc de Nemours qui n'existèrent jamais dans l'histoire. Le fond de la pièce était tiré des Annales de Bretagne, et je l'avais ajustée comme j'avais pu au théâtre sous des noms supposés.[4]

This evidence is slim, and efforts to make it more precise are not very successful. La Harpe certainly gave no help in the identification of Voltaire's historical sources when he borrowed from this source the words 'les Annales de Bretagne'.[5] Successive editors and commentators, first amongst them Lion, have not failed to italicise the phrase. By so doing they have brought into being a supposed work of historical reference which, as far as we have been able to discover, is non-existent in bibliographical fact. Voltaire's correspondence yields no information on the point, nor does the catalogue of his library now in Leningrad. Wider researches bring to light no *Annales de Bretagne* that he could have used in the early part of the eighteenth century. We know that, in preparing his historical works, he consulted, above all, printed sources, and we therefore propose Lobineau's *Histoire de Bretagne* (Paris 1707) as a likely starting-point for *Adélaïde*.[6] Lobineau relates the episode involving the duc de Bretagne and the connétable de Clisson in great detail, with dramatic dialogue attributed to the protagonists. Furthermore, the *Histoire de Bretagne* has marginal notes referring back to Froissart as well as unequivocal dates for all events described. The Bavalan-Clisson anecdote is firmly placed in 1387. Lobineau's work would have had, in Voltaire's eyes, a most definite authority.

However, it must be stressed that we are now in the realm of supposition.

[4] See below, p.123.

[5] J.-F. de La Harpe, *Lycée, ou cours de littérature ancienne et moderne* (Paris 1799-1805), ix.261.

[6] G. A. Lobineau, *Histoire de Bretagne* (Paris 1707), p.458-61. G. Lanson, *Esquisse d'une histoire de la tragédie française* (Paris 1926), p.146, confirms that 'Voltaire ne reçoit de Lobineau que l'idée abstraite d'une situation'.

There is simply no way of discovering every detail of Voltaire's reading habits, and those who have given particular attention to his researches as an historian are at pains to indicate definite sources in specific areas only, mostly those dealing with contemporary or near-contemporary events. The Middle Ages, where all versions of *Adélaïde* are set, demanded for their accurate reconstruction a thorough knowledge of archives and ecclesiastical documents. This knowledge Voltaire simply did not have,[7] nor was he fitted, temperamentally, to acquire it. As a result, he saw the medieval period as 'un labyrinthe ténébreux',[8] full of acts of violence and injustice, but also of heroic deeds, courtly love and chivalry. Its events were tumultuous and its chronology difficult to fix with accuracy. The great figures of medieval times could be fascinating because their characters were graphically drawn by legend, but their subtler motives and the intricacies of their policies were simply too ill-defined to warrant much attention.

More significant yet is the overwhelming evidence which shows that Voltaire's very attitude towards his sources changed considerably when he moved from one literary form to another. As a strict historian he was undoubtedly attracted to the dramatic tableau and the memorable incident, but his great innovation lay in using these lively aids to his narrative without losing sight of facts, strictly documented and from the most reliable authorities. On the contrary, when he composed his tragedies, even notions of classical *vraisemblance* were stretched thin. Of course it was desirable that a dramatic action should reflect as nearly as possible historically recorded events. However, the intense fervour of creating a memorable situation or a touching character for the stage swept aside other considerations. This imperative was part of what may be called the dramatic attitude which Voltaire adopted when he took up his pen to give flow to his particular brand of verse. In a state of intensified creative enthusiasm, one or several

[7] J. H. Brumfitt, *Voltaire historian* (Oxford 1958), ch.6, 'Historical method'.
[8] The expression is Voltaire's own: *Le Pyrrhonisme de l'histoire* (M.xxvii.255).

historical sources provided him with only the roughest guidelines. As the action unfolded, it was necessary to draw attention to them from time to time, almost as a reminder to himself and his audience. His overriding aim was, however, the stimulation of emotion which should be held at the highest level possible without destroying the progression and the aesthetic integrity of the plot.

Together with critics who have given the matter recent and thorough attention, we must concede that 'when Voltaire wrote tragedies he subordinated all other categories of thought to his dramatic aims'.[9] We may accept wholesale and without qualms the date 1387 and the scant details of the Bavalan-Clisson episode. Voltaire himself, for reasons which are otherwise significant, denied their importance with increasing vigour as time passed. It remains for us to state, quite simply, that for *Adélaïde Du Guesclin* in both versions (1734 and 1765) and for *Les Frères ennemis* the action takes place in the France of the late fourteenth century. French loyalist troops are laying siege to a town held by Vendôme (in *Adélaïde*), by the duc d'Alençon (in *Les Frères ennemis*). The hero in both cases is allied to the English against the Dauphin, son of Charles VI. In the 1734 version of *Adélaïde* the town besieged is Cambrai; in the 1765 version it becomes Lille; in *Les Frères ennemis* it is Lusignan in Poitou. At this level of immediate historical documentation it need be said only that these incidents were drawn from a general knowledge, certainly shared by a public of some social condition in eighteenth-century France, of the conflict between France and England during the Hundred Years' War. The moving of the action of *Les Frères ennemis* to Lusignan could have been prompted by the meridional settings of *Le Duc de Foix* and of *Alamire*. A much more likely explanation is that, for the family and courtiers of Frederick II, the name

[9] S. Vance, 'History as dramatic reinforcement: Voltaire's use of history in four tragedies set in the middle ages', *Studies* 150 (1976), p.12, following J. R. Vrooman, *Voltaire's theatre: the cycle from 'Œdipe' to 'Mérope'*, Studies 75 (1970), p.190.

would bring an echo of *Zaïre* and the role of Lusignan which Voltaire enjoyed playing himself whenever the occasion arose.

In *Le Duc de Foix*, for reasons connected very largely with the failure of the 1734 *Adélaïde*, the action is pushed back some six hundred years, to the eighth century. We are now in France under the rule of Thierry III who is dominated by Pépin de Herstal. This causes the duc de Foix to give his allegiance to the Moors who replace the English enemy of *Adélaïde Du Guesclin*.

Only in *Alamire* do we leave France entirely, to find ourselves in the Castilian town of Osma at a magnificently indeterminate period. Alphonse is rightful heir to 'l'Espagne sanglante' (I.45), and it is Consalve, a prince of the royal blood, who has betrayed the loyalist cause by allying himself with the invading Moors. Alamire, captive of Consalve in Osma, finds herself divided in love between Consalve and his brother Pélage, exactly as does Adélaïde between Vendôme and Nemours, and Amélie between the duc de Foix and Vamir.

But in which century do the events of *Alamire* take place? The cannon shot is absent from act 5, and textual evidence at that moment in the play proves that *Alamire* is contemporaneous with *Le Duc de Foix*. We may presume, therefore, although we are not guaranteed it, a date before the use of gunpowder in warfare. Since eleven kings with the name Alfonso ruled over Asturia, León and Castile between the seventh and the fourteenth centuries, and since they were all occupied with the defence of their territories against the Moors, the choice is wide. Voltaire could be hinting at Alfonso VI (1042-1109) who wrested Toledo from the Moors in 1085 and whose reign encompassed the exploits of El Cid. The Spanish setting of *Alamire* and the heightened emotions of the play bring to mind Corneille's work naturally enough. However, there is only that coincidence to indicate that Voltaire may have been trying to re-work *Adélaïde* in a way which would bring to mind the prodigious success of *Le Cid* in 1637. The choice of Osma as a setting is puzzling. Why not Avila, Burgos, Medina, all of them fortified places, better known, with long histories of conflict with the Moorish invaders? Does Osma recall Orosmane, the hero of *Zaïre*? The idea may seem fanciful, at variance with even a relaxed state of awareness on Voltaire's part. It is, nonetheless, this brand of resonance, phonetic as well as pseudo-historical which Voltaire used quite unashamedly when the occasion suited him.

In short, the historical accuracy of every one of the versions of *Adélaïde* is very approximate indeed. The entire structure rests upon one anecdote which is merely attached to a loose point in time and then repeated, with slight modifications, under the guise of a different set of characters. Governing the play in all its forms is a principle evoked by Yvon Belaval in his essay, 'L'esprit de Voltaire': 'Sous tous ses visages, l'esprit de Voltaire obéit à la poussée interne d'une vivacité infatigable, et à l'observation d'une règle mondaine: *ne pas ennuyer*!' (*Studies* 24, 1963, p.141).

A little later in his analysis, Belaval quotes a letter which is important to our understanding of Voltaire's creative spirit as he allowed himself the historical licence of which we have been speaking. Writing to Cideville on 27 December 1733, a little over a month after the first *Adélaïde* was being forged, and with much anxious consultation of friends about the play, Voltaire protests energetically, 'Ne me dites point que je travaille trop [...] L'esprit plié depuis longtemps aux belles lettres, s'y livre sans peine et sans effort, comme on parle facilement une langue qu'on a longtemps aprise, et comme la main du musicien se promène sans fatigue sur un clavessin' (D691).

By 1733 Voltaire had come to realise with complete lucidity the nature of his relationship with his public in general, and with his public in the theatre in particular. His intelligence and his imagination far outstripped their own, but he was unwilling to run the risk of displays of erudition. Dramatic writing, like dramatic representation, had to be a virtuoso performance, seemingly effortless. Through the identification of complex events of history, an audience could be taxed beyond the limits of its curiosity which, in the eighteenth century, was avid but also fickle. A swift historical reference gave immediate stimulation, providing a topic for critical and philosophical discussion, but too many facts or an accidental miscalculation of the way in which they were presented could, and did, prove disastrous. Voltaire discovered this on numerous occasions,[10] not the least of which was the first night of *Adélaïde Du Guesclin*.

Despite the fact that critics of the last century wished to imprint upon some of Voltaire's tragedies the sort of historical realism for which the Romantic drama was acclaimed, Voltaire's creative sensibility is unable to bear the load. *Adélaïde*, *Les Frères ennemis*, *Le Duc de Foix* and *Alamire* have slender credibility as re-creations of history. They have some interest as chronicles of contemporary events, but their chief significance lies in the indications they provide for an understanding of Voltaire's career as a dramatist. It is to these areas that we must now turn.

'Adélaïde' as a reflection of contemporary events

'The play is purely Aristotelian tragedy, with a protagonist that is not altogether evil, one where passion leads him to give an order that would have produced tragic consequences if it had not been for Coucy's intervention, and with emphasis placed upon the recognition of Nemours, the discovery by Vendôme that he is his rival, and the striking change of fortune at the end of the play'.[11]

There seems little possibility that so bald a summary may hide unsuspected interpretations of the plot of *Adélaïde*, yet there is no doubt whatsoever that Voltaire used the theatre as a primary vehicle for his political and philosophical ideas. If, on one level, *Adélaïde* offers only an accidental reflection of an isolated and rather ill-defined event of medieval history, surely the play contains a message which the contemporary public could understand immediately. It is true that *Les Guèbres*, *Les Lois de Minos* and *Don*

[10] See R. Niklaus, 'La propagande philosophique au théâtre au siècle des Lumières', *Studies* 26 (1963), p.1233.

[11] H. C. Lancaster, *French tragedy in the time of Louis XV and Voltaire, 1715-1774* (Baltimore 1950), p.186.

Pèdre, 'les pièces à thèse', as Lion describes them, are far removed from *Adélaïde* chronologically, but *Mahomet* (1739), Voltaire's virulent attack on fanaticism, is much closer in time, and there is every temptation to look for signs of an ideological statement, not only in the 1734 version of *Adélaïde*, but also in the reworkings up to 1765.

Unfortunately, little case can be made for the play along these lines except to say that its overriding theme is one of French nationalism. *Adélaïde*, *Le Duc de Foix* and *Les Frères ennemis* (*Alamire*, because of its Spanish setting, can only be included by inference), are above all else significant because Voltaire used in them resounding names for the characters presented. Du Guesclin, Vendôme, Coucy, Nemours, d'Alençon, Foix, were all, in the eighteenth century, associated instantly with the great families of the French nobility. Their genealogy, individually and collectively, stretched back into the mists of feudalism. It therefore mattered not at all to Voltaire's audience that the Bavalan-Clisson anecdote was only vaguely documented, and connected loosely with the period during which Charles v entrusted the war against the English to the *grand connétable*, Bertrand Du Guesclin. Even less important was it that Adélaïde Du Guesclin herself has left no trace in history.

La Harpe judged the situation with complete accuracy when, in presenting *Adélaïde* as a direct product of *Zaïre*, he said of the latter play, '[Voltaire] avait vu le plaisir qu'avaient fait les noms français, et l'espèce particulière d'intérêt qu'ils avaient ajoutée à sa tragédie, lorsque les Montmorency, les Châtillon, les de Nesle, les d'Estang bordaient les premières loges aux représentations de *Zaïre*: il résolut de choisir des héros français.'[12] More immediate to our interpretation is Longchamp's recollection that in Voltaire's early years, 'les princes de Vendôme le comblaient de bienfaits, ainsi que les princes de Conti et de Clermont.'[13]

It is indeed hard to forget that Philippe de Vendôme, *grand*

[12] La Harpe, *Lycée*, ix.261.

[13] Longchamp et Wagnière, *Mémoires sur Voltaire* (Paris 1826), ii.330.

prieur of the Order of the Knights Templars, was a close friend of Voltaire's early manhood, his guide and mentor during the very important period of his social education. At least a part of the first-night audience for *Adélaïde* in 1734 would have had it as instinctive knowledge that Nemours became a royal duchy as early as the fifteenth century; more impressive was the fact that Louis XIV had bestowed the title and its lands upon Philippe d'Orléans, the late regent. Similarly, it would hardly have been forgotten that in 1732 had been born Marie-Adélaïde de France, dite Madame Adélaïde, third and favourite daughter of Louis XV. And a moment's reflection would have brought to mind Marie-Adélaïde de Savoie, duchesse de Bourgogne in the previous reign. All these names were certainly in Voltaire's mind, and not merely as dramatis personae for *Adélaïde*. In 1733 the researches were already under way for what would become *Le Siècle de Louis XIV*, and it is in chapter 22 of that work that we find the following passage. The events described are of the campaign of 1709-1710 during the War of the Spanish Succession:

Enfin, vers le temps de la bataille de Saragosse, le conseil du roi d'Espagne et la plupart des grands, voyant qu'ils n'avaient aucun capitaine à opposer à Staremberg, qu'on regardait comme un autre Eugène, écrivirent en corps à Louis XIV pour lui demander le duc de Vendôme. Ce prince, retiré dans Anet, partit alors, et sa présence valut une armée. La grande réputation qu'il s'était faite en Italie, et que la malheureuse campagne de Lille n'avait pu lui faire perdre, frappait les Espagnols. Sa popularité, sa libéralité qui allait jusqu'à la profusion, sa franchise, son amour pour les soldats, lui gagnaient les cœurs. Dès qu'il mit les pieds en Espagne, il lui arriva ce qui était arrivé autrefois à Bertrand du Guesclin: son nom seul attira une foule de volontaires. Il n'avait point d'argent: les communautés des villes, des villages et des religieux en donnèrent. Un esprit d'enthousiasme saisit la nation; les débris de la bataille de Saragosse se rejoignirent sous lui à Valladolid (août 1710); tout s'empressa de fournir des recrues. Le duc de Vendôme, sans laisser ralentir un moment cette nouvelle ardeur, poursuit les vainqueurs, ramène le roi à Madrid; oblige l'ennemi de se retirer vers le Portugal; le suit, passe le Tage à la nage; fait prisonnier, dans Brihuega (9 décembre 1710), Stanhope avec cinq mille Anglais; atteint le général

Staremberg, et le lendemain lui livre la bataille de Villa-Viciosa. (M.xiv.400-401)

The juxtaposition of events and names here is intriguing. The War of the Spanish Succession opposed France and England, of course, as had the Hundred Years' War, and the towns of Flanders were lost and won innumerable times in both conflicts. In the recent war, Lille had been taken by the prince Eugène in 1708 and returned to France by the Treaty of Utrecht in 1713. Most interesting of all is the parallel made between Vendôme and Du Guesclin, and the fact that we glimpse, through Voltaire's narrative, the Spain of *Alamire*. It is as well to recall that *Le Siècle de Louis XIV* was published in 1751, at exactly the time when *Le Duc de Foix*, *Les Frères ennemis* and *Alamire* were being written. It appears safe to claim, therefore, that in *Adélaïde* Voltaire transposed in a general way the events of a *recent* past, one that drew his imagination and his admiration much more forcefully than did the Middle Ages. *Le Siècle de Louis XIV* is a monument to an age of glory whose values, even in 1733, Voltaire saw as having been seriously eroded. His own rise to fame had come about, in part, through the phenomenon of the Regency, but he was conscious of the degree to which political power had been abused during those eight years.

In some measure because of this, and in order to stimulate flagging national pride, he was drawn to the portrayal of a decisive, even an impetuous military commander. As the reflection of a desirable military and political attitude, the character of Vendôme is therefore most important. His force and energy belong to better times, still fresh in everyone's memory and hopefully to be renewed through a spirit of patriotism. To a considerable degree Vendôme resembles Charles XII of Sweden whose life Voltaire had just completed at the time of the first *Adélaïde*. Lionel Gossman has made an illuminating study of the way in which Voltaire's presentation of the Swedish monarch combines historical documentation with artistic expressivity: 'The mode of Charles's being is entirely theatrical. His bravery is *bravura*, his grandeur is *grandezza*, his virtue is *virtù*, and his être is *paraître*'.[14] Vendôme in *Adélaïde* hardly displays these qualities to such a striking degree, but there is no doubt of the sort of model that Voltaire had in mind when creating his dramatic hero.

If we return for a moment to the letter of February 1733, from Voltaire to Thiriot, we may recall the sentence, 'J'ay imaginé un sire de Coucy qui est un très digne homme comme on n'en voit guères à la cour, un très loyal chevalier comme qui diroit le chevalier Daidie, ou le chevalier de Froulay' (D570). This is a different order of reference, one which takes us from national heroes to heroes of salon gallantry. However, d'Aydie and Froulay did indeed exist. It is the former who concerns us since a web of circumstancial evidence links him with the love-interest of *Adélaïde*.

Blaise-Marie, chevalier d'Aydie was born in 1692 and, like his contemporary Voltaire, frequented the société du Temple and the duc de Vendôme. At a date which is hard to fix exactly, but certainly before 1722, d'Aydie entered into a liaison with the celebrated Mlle Aïssé, a Circassian of remarkable beauty who had been sent to France in 1698, at the age of four or five years, by the baron de Ferriol, French ambassador at Constantinople. Ferriol's sister-in-law, wife of his younger brother Augustin, was made responsible for the upbringing of Mlle Aïssé who thereby frequented the most exalted circles of Parisian society. She undoubtedly knew Voltaire; also the marquise de Villette who became, in 1720, the wife of Lord Bolingbroke to whom, it will be remembered, the *Discours sur la tragédie* was dedicated. The resemblance between Mlle Aïssé and Zaïre herself is easy to deduce. One of Mlle Aïssé's step-brothers was Charles Augustin Ferriol, comte d'Argental, Voltaire's trusted adviser on a host of questions literary and social.

In 1711, the baron de Ferriol returned definitively to Paris and claimed his rights over Mlle Aïssé. Her liaison with d'Aydie

[14] L. Gossman, 'Voltaire's *Charles XII*: history into art', *Studies* 25 (1963), p.694.

continued in secret; a daughter was born to them in 1721, and their perilous adventure was only relieved the following year by the death of the baron de Ferriol. Despite her newly-found liberty, Mlle Aïssé refused to marry le chevalier d'Aydie and she died of consumption on 13 March 1733, just one month after the letter from Voltaire to Thiriot which we have quoted.

The career of Mlle Aïssé and d'Aydie has been fully documented and not a little romanticised, notably by Sainte-Beuve and by the Goncourts.[15] Its claim to attention here is through the concurrence of dates and personalities it places before us. Voltaire's statement that he used d'Aydie as a model for Coucy could be attributed to the enthusiasm of the moment, but we cannot dismiss as lightly the general background inspiration provided by a romantic liaison which fascinated Parisian society and which took place in the circle of Voltaire's closest friends. When we recall the plot of *Adélaïde*, the fact that Adélaïde herself is a captive, as is Zaïre, of course, has more than a coincidental significance. The oriental theme has disappeared in *Adélaïde*, but the dramatic situation in the play parallels the facts we have described, and they were of the emotionally intense sort that Voltaire could not resist. Furthermore, the potent forces of gossip spread them immediately and very effectively: if an audience found echoes of them in one or more of his plays, Voltaire's fame could only be enhanced as a result.

It is difficult to refrain from a judgement here. If prestigious names and amorous liaisons were such a part of *Adélaïde*, then perhaps Voltaire's entire inspiration for the play was conditioned by opportunism and flattery. There is no reason why we should attribute high motives only to romanticised nationalism, but in this case the question does deserve to be interpreted a little further.

The dynamics of the legend upon which we have insisted as a background to our understanding of *Adélaïde*, make it difficult to

[15] C. A. Sainte-Beuve, *Portraits littéraires* (Paris 1864), iii.130-84, E. et J. de Goncourt, *La Femme au 18e siècle* (Paris 1896), p.203 ff.

isolate any one event in Voltaire's life and to attribute to it a precise origin. Personal reactions to a given set of circumstances could set in motion a line of defensive behaviour, or a huge polemic in the correspondence and on the presses. In most instances, the movement of these events is so rapid, and so enveloped in the welter of successive and complementary actions that the task of deciphering them belongs in the realm of psychological analysis and the methods of literary criticism which have evolved from that activity. We may hasard the opinion nonetheless that a few, well-documented details of Voltaire's life had repercussions, both in the short and the long term, which are clear. Outstanding amongst them is the humiliation Voltaire suffered in 1726 at the hands of lackeys of the chevalier de Rohan.

It was after this flagrant injustice, for which there was apparently no redress, that Voltaire perceived the fragile nature of his allegiance with the forces of authority. After 1726, his career was made by his own efforts entirely, and this in very particular circumstances. The freedom of his talent had to be guaranteed not by a steadfast opposition to those in power, but by a very demanding brand of social and mental agility. Before the altercation with the chevalier de Rohan, Voltaire was not, of course, an innocent optimist who imagined that his wit and intelligence, adroitly applied, could remove all obstacles and open all doors. However, after the amused indifference of the high-born to his wounded pride, his personality was altered. Henceforward, each step in his career would be carefully plotted, often with excessive precaution. His effervescent imagination could not be turned inward, for then it would be destroyed. Furthermore, the aristocratic public would not be asked to give its support as if to an absolute equal. It would be seduced, systematically, without compromising Voltaire's integrity. The effort involved was of course enormous.

Jean Sareil has elaborated upon this premise and has made a survey of the different occasions upon which Voltaire came into contact with 'les grands'. Sareil is particularly revealing on the question of Voltaire's use of flattery, but he refuses to attribute blame. Rather, he establishes the following important principle:

Il fallait à Voltaire, dans cette société encore fortement hiérarchisée du XVIIIe siècle, un tact très fin pour ne heurter personne, une connaissance profonde des convenances du monde pour savoir à quelles limites s'arrêter et ne pas déplaire en cherchant à plaire.[16]

In the specific context of 1733 and the first drafting of *Adélaïde*, this principle was working marvellously well both in spite of, and because of, the Rohan affair. Voltaire still had all the resilience and the intellectual power of his early middle age: he was stimulated to fight back and with the very weapons forged during his exile. Sareil (p.6) explains it thus:

Dès son retour d'Angleterre, Voltaire cherchait à répandre ses idées le plus largement possible et c'est pourquoi on le voit mener de front tant de projets dans les genres les plus différents. Mais cela même indiquait qu'il n'avait pas encore trouvé sa voie, qu'il n'avait pas isolé l'ennemi pour faire tomber sur lui tout le poids de ses sarcasmes, et compris l'impossibilité de tout accommodement avec lui; il voulait être heureux, profiter des plaisirs de l'existence.

Amongst those pleasures was that of an unabashed mundanity: not necessarily a desire to curry the favour of the great, nor to persuade them that he was a reformed and therefore an acceptable character. The sentiment was more one of a refusal of impediments. Despite the seeming political and social liberalism of England, the life of an exile there would have been an impossibility. The essentially French nature of Voltaire's sensibility is not merely a convenient label. Ultimately he would have been miserable within the restraints of a linguistic and social structure whose value to him depended largely on his imperfect understanding of it. The *Lettres philosophiques* are the work of a journalist determined to be intelligently impressed. They are observations which are really quite commonplace but which were novel enough

[16] J. Sareil, *Voltaire et les grands* (Geneva 1978), p.136.

to a French public to be very intriguing indeed. Similarly, *Zaïre* was wonderfully designed to transmit the spirit of both an alien and an exotic tradition, but within the limits of accepted French taste of a precise moment. Voltaire could not know the reactions of his public with complete accuracy; its basic susceptibilities as a theatre audience he shared enthusiastically.

Against the considerable odds of tradition and *bienséance*, *Zaïre* had succeeded by evoking an important moment of French history and by combining with it a romantic and a Christian theme. A year later, with *Adélaïde*, there seemed every reason to attempt a slightly different permutation, with added insistence on French names. The sympathy enlisted in this way could lead, perhaps, to further innovations, for the theatre was always Voltaire's preferred medium for literary experiment. There, his high-born friends could give him their enthusiastic support, because he entertained them without compromising them too dangerously. He, in his turn, relied upon the élite amongst them, the friends he had chosen, for the discerning judgement based on a refinement of education and therefore of taste, in which he believed absolutely.

Although he may have grown to mistrust 'les grands', the resonance of prestigious names did not disappear from *Les Frères ennemis* in 1751, nor from *Le Duc de Foix* in 1752, and for the revival of *Adélaïde* in 1765 it was as strong as it had ever been. Whatever our reaction to the theme of French nationalism and the opportunities it gave to Voltaire, the charge of sycophancy is, in the last resort, a minor one. Much more important is the constructive way in which Voltaire's friends, aristocratic and otherwise, aided the composition of his plays by providing a sounding-board for his ideas and his dramatic techniques. Without their constant attention, whether in person or by letter, his genius for the theatre would have simply failed to germinate. Ultimately, it is through his correspondence that Voltaire's theatre becomes intelligible. Once we have accepted and understood the limits placed upon *Adélaïde* by simple historical reference, the most satisfactory manner in which the composition, the performance and the literary significance of the play may be chronicled is through an analysis of the correspondence surrounding it.

2

The composition and performances of 'Adélaïde': biography and literary history

In order to document as fully as possible all the elements which constitute the text of *Adélaïde*, its performances, and the reactions to the play in its various forms, it is practical to make a chronological survey, using Voltaire's correspondence as the mainstay of our evidence. Commentaries from other sources will be referred to when they provide appropriate details, both biographical and literary.

As our observations so far have indicated, and however much we may wish to see *Adélaïde* as a separate dramatic endeavour, the links that bind the play to *Zaïre* are very strong indeed. If we leave the general area of themes and possible sources of historical inspiration to examine the precise biographical moment at which *Adélaïde* was conceived, the parentage becomes even more marked. Both tragedies were written at a time of hectic instability in Voltaire's life: the period between his stay in England and his installation at Cirey. For four years his lodgings were various and always temporary, but it was whilst he was a guest of the comtesse de Fontaine-Martel that his moment of theatrical triumph came about. The comtesse maintained a lively and prestigious salon where *Zaïre* was given privately, with Voltaire taking his favourite role of Lusignan (D564). The process was thus established whereby a work for the theatre would be acted out, discussed, modified, not only before its performance at the Comédie-Française, but afterwards too. It was in this atmosphere of intensive composition and experimentation that *Adélaïde* was begun.

Unfortunately, in January 1733, the comtesse died, and it is in an amusing and irreverent catalogue of domestic concerns that

Voltaire speaks of his new piece for the first time: 'Pour moi je suis à présent dans l'embarras de chercher un logement et de réclamer mes meubles qui étaient confondus avec ceux de la baronne. Sans tous ces malheureux contretemps ma nouvelle tragédie serait bien avancée [...] Adieu, je vais être trois mois entiers tout à ma tragédie' (D563).

That letter was to Formont on 27 January 1733, and its prediction was startlingly accurate since we find Voltaire writing to Cideville on 12 April, 'Je croi vous avoir mandé qu'Adélaide du Guesclin est dans son quadre. Il ne s'agit plus que de la transcrire pour vous l'envoyer' (D593). And it is in the important letter of 24 February to Thiriot – the letter in which the nationalistic theme of the play and the chevalier d'Aydie are mentioned (D570) – that Voltaire writes with some pride of his having begun *Adélaïde* on the very day that *Zaïre* was printed.

On 25 February Voltaire announces to Cideville that he has reached the beginning of the fourth act (D571). However, if the tragedy was 'dans son quadre' in April, this did not mean that it was in its final state. Through the entire time of composition there is a whirlwind of activity involving other works; Thiriot is asked to put in hand a London edition of the *Lettres philosophiques*, and to seek out plates for an edition of *La Henriade* (D570). Dates in the *Lettres philosophiques* are checked in anticipation of a Paris edition, and there is the ongoing *succès de scandale* of *Le Temple du goût* (D575). These are merely a few details: a complete reading of the correspondence during the first half of 1733 shows an intensity of literary, financial and social activity which is finally disquieting. In his litanies of illness we are tempted for once to believe Voltaire when, on 15 May he complains to Cideville: 'Je suis malade, je me mets en ménage, je soufre comme un damné, je brocante, j'achette des magots et des Titiens, je fais mon opera, je fais transcrire Eriphile et Adelaide, je les corrige, j'efface, j'ajoute, je barbouille. La tête me tourne' (D610).

After the middle of the year, the subject of *Adélaïde* recurs frequently in a different mode. The composition has by now gone beyond the private and semi-private business of a manuscript or manuscripts circulating amongst a few friends. By June, the play is being read aloud, presumably in its entirety: 'Je récitay hier Adelaide chez moy et je fis verser bien des larmes' (D620). On 27 July, to Thiriot, 'Je lus hier Adelaide. Je n'ay jamais tant pleuré ny tant fait pleurer' (D638).

Toward the end of July, Voltaire is setting about creating wider interest for an eventual production of the play. He mentions it to Moncrif and, through him, to the comte de Clermont (D641). Ever ready to seize an opportunity, he entrusts a copy to the abbé de Sade who is urged to read it during a forthcoming journey to Toulouse. 'Voilà une fort mauvaise copie d'Adelaide mais je n'en ai pas d'autre'. Once in Toulouse, the abbé is asked to pass on the work to Voltaire's friend, Jean Dumas d'Aigueberre, conseiller au Parlement. Voltaire, nervous as always of the piracy of his manuscripts, cannot refrain from the admonition: 'Vous lui ferez lire cette pièce, mais point de copie' (D666).

As the year drew to a close, the composite picture which emerges is that of *Adélaïde* completed, tested, tried perhaps in a variety of forms, subjected to critical appraisal by friends, extant certainly in a number of manuscript copies which were circulating not only in Paris, but amongst those of influence in the provinces too. To Cideville, Voltaire tried to give a more balanced appraisal: 'Aujourduy est partie par le coche certaine Adelaïde du Guesclin qui va trouver l'intime amy de son père avec des sentiments fort tendres, baucoup de modestie, et quelquefois de l'orgueil, de temps en temps des vers frappez, mais quelquefois d'assez faibles. Elle espère que l'élégant, le tendre, l'harmonieux Cideville luy dira tous ses défauts' (D670).

By 6 November *Adélaïde* was with the actors of the Comédie-Française and they had been sent the large number of corrections to the text upon which Voltaire, in his search for perfection and in his nervousness before committing a play to the public stage, always insisted. Amongst them were 13 lines transcribed in a letter to Cideville on 6 November. Theodore Besterman considered this passage discarded and lost (D673, note). In fact, six of the verses, 'Pardonne à ma fureur, toi seule en es la cause', to 'C'est moi qui te dois tout, puisque c'est moi qui t'aime' are found, paraphrased it is true, but still recognisable, in the manuscript versions which have come down to us (see A34 II.205-210).

As the time for production of *Adélaïde* became imminent, Voltaire's assessment of his work took on a more intense and a more particular strain. A letter to Cideville on 15 November consists almost entirely of an analysis of the points of characterisation that should be apparent in the play: 'Je conviens avec vous que Nemours n'est pas à baucoup près si grand, si intéressant, si occupant le théâtre, que son emporté de frère; [...] Vous me dites qu'on pouroit relever le caractère de Nemours en affaiblissant celuy de Coucy. Je ne saurois me rendre à cette idée en aucune façon' (D675).

These were matters which the public only could decide. However, we are given a sudden glimpse of the general atmosphere Voltaire was hoping to convey and, very interestingly, a confession that historical accuracy simply could not be accommodated within the heightened emotions generated by the action:

J'aurois bien voulu parler un peu de ce fou de Charles 6, de cette mégère Isabau, de ce grand homme Henri cinq. Mais quand j'en ay voulu dire un mot j'ay vu que je n'en avois pas le temps, et *non erat hic locus*. La passion occupe toutte la pièce d'un bout à l'autre. Je n'ay pas trouvé le moment de raconter tous ces événements qui de plus sont aussi étrangers à mon action principale qu'essentiels à l'histoire. L'amour est une chose étrange. Quand il est quelque part il y veut dominer. Point de compagnon, point d'épisode. Il semble que quand Nemours et Vendome se voient, c'étoit bien là le cas de parler de Charles 6 et de Charles 7. Point du tout. Pourquoy cela? C'est qu'aucun d'eux ne s'en soucie, c'est qu'ils sont tous deux amoureux comme des fous. Peut on faire parler un acteur d'autre chose que de sa passion? et si j'ay à me féliciter un peu c'est d'avoir traitté cette passion de façon qu'il n'y a pas de place pour l'ambition et pour la politique. (D675)

This is undoubtedly the best statement Voltaire makes of his aesthetic intentions in *Adélaïde*. The points of emphasis are clear: our attention should be fixed upon the emotional struggle, which so dominates the plot that background details would be not only superfluous but intrusive. Through the various modifications of his inspiration, Voltaire's attitude toward the essential dramatic purpose of *Adélaïde* does not waver. In *Le Duc de Foix*, *Les Frères ennemis* and in *Alamire* the force of sentiment should sway the audience absolutely. Unfortunately, Voltaire's ability to reach the poetic goals he set for himself did not always match the enthusiasm of his dramatic methods. The tone of nearly all his letters to his intimates is exuberant, as if the very volume of critical discussion would guarantee success. Amongst his friends, the observations and comments were likely to be rather more astringent. A letter from Formont to Cideville on 20 November praises the simplicity of the action in *Adélaïde*, and the dénouement is judged interesting. Nonetheless, Formont does not hesitate to say that Vendôme's jealousy of Coucy is without consequence, that the injured Nemours whom Vendôme fails to recognise 'est une chose hors de vray semblance'. He adds, 'Pour Le stile Les premiers actes sont écrits trop poétiquement et Les derniers trop foiblement' (D682).

Meanwhile, the casting of the play was causing difficulties. Mlle Dufresne, whom Voltaire had chosen for the part of Adélaïde, was ill and withdrew from the production. Her place was taken by la Gaussin, an actress ill-fitted for the role. Mme Du Châtelet advised waiting for the recovery of la Dufresne (D689), but this was not to be.[1] *Adélaïde* was presented for the first time at the Comédie-Française on 18 January 1734, with the actor Dufresne playing Vendôme; la Gaussin, Adélaïde; Grandval, Nemours.

Voltaire appears to have been in genuinely poor health for about a month at this time, and it is not until 1 February that he writes, 'Adelaide et moy nous sortons de l'agonie' (D708). Little by little, in subsequent letters he reveals what he considered to be the extent of his failure. At first, no real mention is made of it. In the middle of February he is having the text transcribed so that Formont and Cideville can send him their criticisms (D710).

[1] See Desnoiresterres, ii.11 and Lancaster, p.186.

A week later, to Formont, he speaks in terms which suggest a temporary setback: 'Je ne fais point imprimer *Adélaïde* sitôt, et j'attends la reprise pour la donner au public' (D711). But these letters were written whilst the play was still being performed. It is only on 27 February, a week after Voltaire decided to withdraw his tragedy, that a full post-mortem examination was undertaken. So many details are relevant to the subsequent fate of *Adélaïde* that an extensive quotation is necessary:

On ne se plaint point du duc de Nemours. On s'est récrié contre le duc de Vendome. La voix publique m'a acusé d'abord d'avoir mis sur le théâtre un prince du sang pour en faire de guaité de cœur un assassin. Le parterre est revenu tout d'un coup de cette idée mais nos seigneurs les courtisans qui sont trop grands seigneurs pour se dédire si vite persistent encor dans leur reproche. Pour moy s'il m'est permis de me mettre au nombre de mes critiques, je ne crois pas que l'on soit moins intéressé à une tragédie par ce qu'un prince de la nation se laisse emporter à l'excès d'une passion effrénée. Un historiographe me dira bien que le comte de Vendome n'étoit point duc, et que c'étoit le duc Jean de Bretagne et non le comte de Vendome qui fit cette méchante action. Le publique se moque de tout cela, et si la pièce est intéressante, peu luy importe que son plaisir vienne de Jean ou de Vendome. Mais ce Vendome n'intéresse peutêtre pas assez par ce qu'il n'est point aimé, et parce qu'on ne pardonne point à un héros français d'être furieux contre une honnête femme qui luy dit de si bonnes raisons. Coucy vient encor prouver à notre homme qu'il est un pauvre homme d'être si amoureux. Tout cela fait qu'on ne prend pas un intérest bien tendre au succez de cet amour. Ajoutez que le s^{r} Dufrene a joué ce rôle indignement quoy qu'en dise Rochemore.

Le travail que j'ay fait pour corriger ce qui avoit paru révoltant dans ce Vendome à la première représentation, est très peu de chose. Je vous enverray la pièce, vous la trouverez presque la même. Le public qui aplaudit à la seconde représentation ce qu'il avait condamné à la première a prétendu pour se justifier que j'avois tout refondu, et je l'ay laissé croire. (D712)

Adélaïde was, in fact, only a very relative failure.[2] Eleven

[2] See Lancaster, p.187.

performances were given up to 20 February, and this was by no means an ignominious number. In 1734, Voltaire was curiously silent on one detail: the unfortunate rejoinder of 'Couci-couci' from the parterre in reply to Vendôme's question, 'Es-tu content, Coucy?' in the final scene (A65 V.209). This was obviously one of the hurried modifications to which he refers, since the line disappears from A34. It must have been galling to fall into so obvious a verbal trap, one which, in 1734, became a hallmark for *Adélaïde*. Thirty years later, the 'Couci-couci' episode had become such common knowledge that Voltaire could transform it into an anecdote of theatrical history, a mild joke against himself, and therefore a useful device of publicity.[3] Its real importance is to underscore the complete lack of critical discernment displayed by the public at the Comédie-Française, for an idiotic play on words was only one symptom of a reactionary spirit which seemed to have invaded the sensibilities of contemporary audiences. In *La Vie de Molière* (1734), Voltaire saw the problem very much in terms of language: 'Depuis lui [Molière], le théâtre français s'est soutenu, et même a été asservi à des lois de décence plus rigoureuses que du temps de Molière. On n'oserait aujourd'hui hasarder la scène où le Tartuffe presse la femme de son hôte; on n'oserait se servir des termes de *fils de putain*, de *carogne*, et même de *cocu*: la plus exacte bienséance règne dans les pièces modernes' (M.xxiii.126).

Obviously, the freedom permissible in comedy could not be applied directly to Voltaire's aesthetic of tragedy, and he himself would not have used, for the stage, the words he mentions. However, he constantly sought innovation in theatrical representation, and just as constantly the public refused to take him

[3] Already in 1738, 'Es-tu content, Coussi?' had become a catch-phrase in the correspondence of Mme de Graffigny. In a letter to Devaux of 3 March 1739 she reports that Voltaire had revised the play, but that the chances of its success were not greatly improved. She also provides an interesting anecdote supporting our hypothesis (p.15) that Voltaire had in mind Marie-Adélaïde de France when composing *Adélaïde* (see *Correspondance de Mme de Graffigny*, ed. J. A. Dainard *et al.*, Oxford 1985, i.354-55, letter 99).

seriously. Transported into the approximate but colourful world of *Adélaïde Du Guesclin*, witnesses to heroic deeds designed to stir the heart of any Frenchman, audiences should have been so far seduced that their suspension of disbelief would be not only willing but enthusiastic. *Zaïre* had succeeded magnificently; now there were more French names, historical events, scenes which were moving and, at the same time, realistic in their smaller detail. After a century of wrangling about the *bienséances* and their limits, it seemed possible to give to a modern and supposedly progressive public, not the full horror of death enacted before their eyes, but the *pathétique* of Nemours appearing wounded in act 2, the intensely dramatic cannon-shot marking his supposed death in act 5. By sheer chance, and there was Voltaire's most acute irritation, the less-educated greeted his efforts with facile witticisms, and those bearing the illustrious names, the select audience to which he was making a special appeal, could only fall back upon picayune objections based upon the honours and privileges of their social caste.

It is here that we must see the pivot of *Adélaïde*'s significance as a tragedy. The sources of inspiration that Voltaire used, whether they were of his own time or of the distant past, are secondary to his will for reform in the theatre generally, and in the treatment of historical themes particularly. The subject in its wider sense has, of course, been treated very extensively, and it is not our intention to elaborate upon it here. The innovations presented in *Adélaïde* are well summarised by Breitholtz:

Grâce au dénouement heureux de sa tragédie, Voltaire a pu éviter un récit qui aurait inévitablement refroidi les sentiments, mais il a tout de même réussi à construire une action qui fouette les sentiments; sang qui coule, de touchantes reconnaissances, attente émue du coup de canon, exécution, etc. Il n'a pas dépassé la limite du choquant – selon l'avis de l'auteur; le public, malheureusement, en jugea autrement. Sang, bandages et coup de canon, c'était trop pour les spectateurs, qui réagirent violemment. *Adélaïde Du Guesclin* fit fiasco. [...] Mais indépendamment de cet échec extérieur, le poète avait, par *Adélaïde Du Guesclin*, créé le prototype de la tragédie historique en France pendant la seconde partie du XVIIIe siècle.[4]

The degree of novelty presented in *Adélaïde* has been assessed by simply comparing the play with others written both before and after it. This hides much of the emotional nature of the issues at stake. To us, the innovations are hardly startling, but to Voltaire they were of deep importance since he was prepared to return to them and defend them over a long period of time. From the correspondence of 1734 we gain the impression of an author tired and irritated by the turn of events. It is as if, in spite of the months of diligent preparations and ardent discussions, a failure of this sort was to be expected. All sections of the audience had reacted negatively because they were quite simply unable to grasp the importance of the spectacle they were offered. In attempting to sway their emotions, Voltaire had somehow transgressed arbitrary rules which were absurd but which, in some way or other, had to be dominated.

He was so much a man of the theatre that he took good care not to cast aside *Adélaïde* in a fit of anger. If the moment of presentation in 1734 had not been propitious, a better one certainly lay in the future. Two thoughts were certainly with him as he withdrew the play. First, it should be re-considered with better possibilities for the actors, who themselves should be more able than those at the first performances. Second, the prestigious members of the audience, who would clearly remain fixed in their presumptions, could never be discounted: their support and approval was essential to the success of any theatrical enterprise. Some way had to be found to maintain, on the stage, the aura of their nobility and, in the boxes, their critical approbation.

For a period of four years, *Adélaïde* disappears from view. On 2 January 1738, from Cirey, Voltaire wrote to the actress Jeanne Françoise Quinault a letter filled with reflections, gossip and

[4] L. Breitholtz, *Le Théâtre historique en France jusqu'à la Révolution* (Uppsala 1952), p.119.

practical matters concerning the theatre. With Mlle Quinault herself clearly in mind, he drops a rather obvious hint: 'J'ay baucoup corrigé une certaine Adelaïde. Si quelque jour les comédiens en vouloient, je leur en ferais présent' (D1417). The matter went no further, and there is no trace of the modifications Voltaire brought to the text.

We must wait until 1749 before a mention of *Adélaïde* recurs, and appropriately it comes in a letter to d'Argental who, from this time onward, was intimately connected with the ways in which the play evolved. Voltaire had already decided upon the changes to be wrought in the original theme: 'Ce n'est pas une pièce tout à fait nouvelle, ce n'est pas non plus Adelaide, c'est quelque chose qui tient des deux, c'est une maison rebâtie sur d'anciens fondements. Adelaide française ne pouvoit réussir en France. On ne soufrira jamais qu'un prince du sang fasse assassiner son frère, surtout quand ce fait odieux n'est point attesté par l'histoire. Il faut mettre la scène ailleurs; il faut tirer party de ce qui pouvoit être passable dans la première façon, et en donner une seconde qui soit meilleure' (D3965).

Le Duc de Foix was at least prepared before Voltaire's visit to Prussia in 1750, and the shift in national emphasis reflects very clearly the disappointments which motivated, in part at least, his new exile. How much of the transformed *Adélaïde* was completed we can only guess, since at this point the exact sequence of composition is lost in a considerable number of details which are often only hints. At least one version of the original *Adélaïde* must have been in Voltaire's papers when he travelled to Potsdam, together with a draft of what would become *Le Duc de Foix*. The picture is blurred by two references, almost identical, in the correspondence of 1750. Both are to *Les Frères ennemis* and are addressed to Thibouville who was occupying Voltaire's house in the rue Traversière. '*Catilina* et *le Duc d'Alençon* se recommanderont à vos bonnes grâces dans mon grenier', writes Voltaire on 24 October (D4248), and in February of the following year the same correspondent is referred to as 'mon cher duc d'Alençon' (D4372). On this evidence it is safe to believe that Thibouville tried out the three-act version of *Adélaïde* in the small theatre installed in the attic of Voltaire's Parisian home.

Curiously, we have no direct reference by Voltaire himself to *Les Frères ennemis* being performed at Potsdam. There is ample evidence of the theatrical activity at the courts of both Frederick and prince Henry, and a clear indication of the way in which Amélie, in *Le Duc de Foix* acquired her name: 'Nous avons joué Zaïre. La princesse Amélie était Zaïre, et moi le bonhomme Lusignan' (D4344). The lineage of *Adélaïde* and *Amélie* goes back directly to Voltaire's most successful heroine. All indications point to a period in 1750-1751 when Voltaire thought of the various states of *Adélaïde* generically. In January or February 1751, he wrote to Charlotte Sophia of Aldenburg, countess Bentinck, 'Si je ne soufrais pas actuellement comme un chien je viendrois mettre à vos pieds touttes les Adélaïdes du monde' (D4366), and in a subsequent letter, 'Je crois comme vous madame que Coucy a bien sa cinquantaine. Mais en récompense les deux frères sont assez jeunes' (D4380). One or more presentations of *Les Frères ennemis* had no doubt aroused interest in the other versions of the play which Voltaire was prepared to circulate, provided no copies were made, as he had no hesitation in stipulating, even to the countess (D4368).

By the autumn of 1751, *Le Duc de Foix* was taking on a more definite shape, with Voltaire making a commentary, often repetitive, to the comte and comtesse d'Argental: 'Je vous donneray encor Adelaide toutte refondue. Il n'était pas praticable de faire un parricide d'un prince du sang, connu. Quodcumque ostendis mihi sic incredulus odi.[5] J'ay transporté la scène dans des temps plus reculez, qui laissent un champ plus libre à l'invention. La peinture des maires du palais, et des maures qui ravageoient alors la France vaudra bien Charles 7 et les anglais' (D4577).

In June 1752, a copy of *Le Duc de Foix* was sent to Mme Denis (see D4868), and again to d'Argental Voltaire repeats his reasons

[5] Horace, *Ars poetica*, 188.

for the change of historical setting and characters. There can be no doubt that he is nervous, on the defensive: 'L'histoire de Charles sept est trop connue. Jamais on ne se prêterait à une avanture si contraire aux faits, et si éloignée de nos mœurs. On pensera comme on a pensé et on dira incredulus odi. Peut on combattre l'expérience? Ce serait s'aveugler pour se jetter dens le précipice. Mais comment faire pour donner cet ouvrage? Comme on voudra, comme on poura, surtout n'en point parler. La grande affaire est que L'ouvrage soit bon et bien joué, le reste est très indifférent' (D4902).

More and more his attention is directed towards the performance of the play with the thought clearly in mind that this will prevent awkward questions and stifle old memories. He seems anxious to give over all responsibility to d'Argental, so strong are his fears of a public reaction similar to that of 1734. In particular, the cannon-shot in act 5 is firmly eliminated, and there is even an attempt to deny any identifiable historical context to the action. The characters of the tragedy have no genealogical background:

Pour les parents d'Amelie, et l'extrait batistaire de Lisois, mes chers anges, je ne les ay pas pu trouver. On ne connait personne de ces temps là, je ne puis faire une généalogie à la Moreri. N'esce pas assez qu'on dise qu'Amelie est d'une race qui a rendu des services à l'état? Cecy est une pièce de caractères, et non une tragédie historique. Si les caractères sont bien peints, s'ils sont bien rendus par les acteurs, vous pourez vous tirer d'affaire. (D4970)

These reservations are important, not so much for the real changes they brought about in *Le Duc de Foix*, but for the obsession Voltaire betrays in expressing them. As a 'failed' *Adélaïde* was transformed, he could not rid himself of notions of *bienséance*, the usefulness of which he disputed. At the same time these notions were linked in his mind with his own probity as an historian. Despite all his protestations about the emotional, non-historical nature of his tragedy, an aesthetic conflict was persistent in his mind and he was ill-equipped to resolve it entirely. The experience of Frederick's court did nothing, of course, to simplify his feelings towards 'les grands'. Indeed, if we use *Le Duc de Foix* as an indicator, it is clear that he became more paranoid about their susceptibilities the more intimately he frequented them. Insofar as the French nobility was concerned, distance from Paris seems only to have heightened the effect. This is why he hands the play over, as it were, to others. Blame, if it came would, in some curious way, fall on the heads of the comte and comtesse d'Argental rather than upon his own. Thibouville received the same brand of reservation concerning *Amélie*'s genealogy: 'Il s'agit d'un temps où l'on ne connaît personne' and he too is entrusted with the responsibility for the eventual fate of the piece. '[illegible] là trop sur ce pauvre ouvrage qui ne vaudra qu'autant que vous le ferez valoir. Je vous en laisse absolument le maitre' (D4945).

A possible explanation for this ambivalent series of pronouncements is that Voltaire had been much occupied with the publication of *Le Siècle de Louis XIV* in 1751. Even in the following year, the memory of ordered events of real historical significance was still very much with him, and they tended to displace lesser considerations. 'Il ne faut pas en demander baucoup à un homme tout absorbé dans la prose de Louis 14', he wrote to d'Argental in July 1752 (D4953). Nonetheless, *Le Duc de Foix* was to be presented at Fontainebleau, before the court. It was imperative that the acting and the general management of the play should be as effective as possible, but again with the reservation that 'le tout est un roman' (D4940).

The acid test was, of course, the first presentation at the Comédie-Française, where the reactions of a wider public were, as ever, unpredictable. Just before the launching of *Le Duc de Foix*, Voltaire sent a facetious prayer to d'Argental: 'Mon cher ange on m'a mandé que vos volontez célestes étaient que L'on représentât incessamment cette Amelie que vous aimez, et qu'on m'exposast encor aux bêtes dans le cirque de Paris. Votre volonté soit faitte au parterre comme au ciel' (D4953).

These mixed fears were entirely groundless. Voltaire had insisted that the hero of his 'new' tragedy should be played by

Lekain whose talents were very much responsible for the success of *Le Duc de Foix* at the Comédie on 17 August 1752. Lekain was a very astute judge of the most forceful dramatic moment, not only in his acting but in his recognition of the ways in which the audience may be won over to a play even before the curtain rises. In his memoirs we find the text of the speech he made as a preamble to *Le Duc de Foix* on its first night. Had Voltaire heard the following lines, all his doubts would have been calmed.

Messieurs,

La tragédie que nous avons eu l'honneur de vous annoncer, a été retardée jusqu'ici par un événement (*) qui répand dans vos cœurs autant d'allégresse qu'il y avait laissé de crainte. Ce poème, dont nous allons vous donner une représentation, ne peut être regardé ni comme une pièce nouvelle, ni comme une pièce remise au théâtre.

Il fut joué en 1734, sous le titre d'*Adélaïde Du Guesclin*; l'auteur, toujours attentif à saisir le vrai, et aussi avide de recevoir sa lumière que de la répandre dans toutes ses productions, crut s'apercevoir, aux représentations, que le public ne pouvait voir, sans une espèce d'horreur, un fratricide attribué à un prince de la maison de Bourbon. Ce nom gravé par l'amour dans tous les cœurs; ce nom adoré, que nos alarmes récentes, à peine dissipées, semblent nous rendre encore plus cher, ne nous présente en effet que des idées ou des modèles de vertu, et ne peut être souillé par le soupçon même d'un crime.

Voilà pourquoi l'auteur remonte à des siècles plus reculés, et place ses personnages dans ces temps d'anarchie et de calamités, où les factions des grands, les irruptions des étrangers et des barbares (malheurs inséparables de la faiblesse des rois fainéants), rendirent le trône méprisable et les peuples malheureux.

Il ne me conviendrait pas d'apprécier les autres changements que l'auteur a cru nécessaire: c'est à vous de les juger.

Je ne me présente à vous, Messieurs, que pour réclamer votre indulgence; jamais elle ne me fut plus utile.

Un rôle pénible, et joué autrefois de la manière la plus noble, par l'un des plus célèbres acteurs (**), dont vos suffrages aient immortalisé le nom, devrait l'être, du moins aujourd'hui, par le successeur (***) de son emploi et de ses talents; par le seul enfin qui l'aurait fait oublier, s'il pouvait l'être.

Le rôle, à son refus, m'a été destiné; je ne l'ai accepté qu'en tremblant.

J'ai senti toute ma faiblesse; mais la crainte de retarder vos amusements, l'a emporté sur toutes les considérations qui m'avaient arrêté, et je me suis flatté que le désir ardent de vous plaire, mes efforts non interrompus pour y parvenir, et mon profond respect, me tiendraient lieu des talents qui me manquent, ou du moins ne permettraient pas à mes juges de se ressouvenir de toute leur justice.

(*) La maladie mortelle de M. le dauphin. (**) Le sieur Dufresne, l'un des plus beaux acteurs de son siècle. (***) Le sieur Grandval.[6]

This could hardly be more polished nor more effective. Not only is the dauphin's recovery from a serious illness put to good account in gaining the audience's sympathy; the whole nationalistic theme of *Adélaïde-Le Duc de Foix* is reinforced by patriotic mention of the Bourbons. In addition, any invidious comparison with the former *Adélaïde* is forestalled by drawing attention away from the author to praise the talents of Dufresne and Grandval.

With the presentation of *Le Duc de Foix* in 1752, the nature of the original *Adélaïde* was inevitably altered. The borrowings from the texts of *Adélaïde* (A34) and of *Les Frères ennemis* were considerable, as our concordances show, but the technical difficulties, so small in fact, had now been swept away. The entire public reaction to the theme had been reversed. The shift in taste was quite unforeseeable, as Voltaire's nervousness right up to the last minute before the presentation of *Le Duc de Foix* demonstrates very clearly. It is certainly to Lekain that the greater part of this success must be attributed, and this fact in itself raises an important principle which we may understand in following the abnormally lengthy thread of *Adélaïde*'s fortunes. Voltaire's inspiration was nourished by advice which was more than the mere reaction of friends and intimates. For all his dramatic works his need of an audience was constant: not just in the performance of a given piece but in its very writing, its re-writing and in its adaptation, when that eventuality arose. This audience was not simply active

[6] Lekain, *Mémoires* (Paris 1801), p.23-25.

on the level of a response to a given idea or to a text submitted for comment. It was goaded, solicited obliquely at second or third hand. In this way there was created an additional discourse which threads in and out of the dramatic text, being of it in one mode, contributing to it by assent and reaction in another. Voltaire, of course, maintained the power of the author's voice, and his hypersensitivity to the dangers of plagiarism show his deep attachment to that personal copyright. Nonetheless, we can only be astonished by the degree to which Cideville and Thiriot, notable amongst others, appear to have been indispensable to the creation of *Adélaïde* in 1733; by how large a part the comte and comtesse d'Argental played in the working of *Le Duc de Foix*. Finally, Voltaire's obsession with the aesthetic of performance is, in the case of *Adélaïde*, so much focussed upon Lekain that this actor and friend was thought, briefly at least, to have been the author of the tragedy.[7] To a remarkable degree, Voltaire's theatre was a collective enterprise, the nature of which is gradually being understood.

Lekain maintained the reputation of *Le Duc de Foix*, with twenty-seven performances being given at the Comédie-Française between 1752 and 1761.[8] His energies in using dramatic material which, for one reason or another, had been neglected, were equal to Voltaire's own. In his memoirs once more, he recounts how, in the early part of 1763, he was given access to some of Voltaire's papers held by the comte and comtesse d'Argental. Amongst them was a copy of the original version of *Adélaïde*, and of *Les Frères ennemis*. By a process of editing and borrowing, not only from those texts, but also from the proven success of *Le Duc de Foix*, a revised *Adélaïde Du Guesclin* was manufactured: 'Je trouvai le moyen, à l'aide de quelques vers de liaison, de rétablir dans tous ses droits l'ancienne *Adélaïde*, en y

[7] The title-page of the first printed edition (Paris 1765, veuve Duchesne, 65PA) bears the name of Lekain, not that of Voltaire.

[8] Lancaster, p.187.

insérant toutes les beautés de détail que j'avais pu recueillir dans les deux tragédies du *Duc d'Alençon* et du *Duc de Foix*.'[9]

Voltaire became aware of this initiative in February 1763, and, incredible as it may appear after the great and continued success of *Le Duc de Foix*, he reacted with a note of alarm based upon the by now more than familiar objection that princes of the royal blood simply do not contemplate fratricide: 'Les gens sensés qui sçavent l'histoire, seront révoltés à la cour, je vous en avertis; et je présente requête par cette Lettre, à Mr le Duc de Duras; je le suplie très instamment de faire jouer le Duc de Foix, que je crois incomparablement moins mauvais qu'Adélaïde' (D11037). In his task of resurrection, Lekain had acted with the help of the comte and comtesse d'Argental. Voltaire turned to them immediately: 'Ne remplissez pas mes vieux jours d'amertume, ne me faites point mourir en ressuscitant Adélaïde, empêchez moi de boire ce calice; je vous le demande avec la plus vive instance' (D11042). 'Adélaide du Guesclin ou le duc de Foix, bonnet sale, ou sale bonnet, c'est la même chose. C'est à dire que ces deux pièces sont également médiocres, à cela près que le bonnet sale d'Adelaide est encor plus sale que celuy du duc de Foix' (D11144).

Some of this is assumed modesty, a brand of coquetry generated by the frequent and good-humoured correspondence between Voltaire and his friends. Its curious aspect is the immediate response produced by the mention of *Adélaïde*. Surely Lekain could be trusted to use as wisely as possible those talents which had been formed in such a large part under Voltaire's own tutelage? There was the most cordial relationship between author and actor and, it must be felt, no need to invoke the authority of the duc de Duras.

We can only point once more to the persistence with which Voltaire could maintain an idea once he had formed it. *Le Duc de Foix* had exorcised the failure of *Adélaïde* and despite the attractions inherent in the re-modelling of a text, there were simply too many

[9] Lekain, *Mémoires*, p.72.

unknown factors in the version that Lekain had pieced together. For two years the matter was left dormant, Lekain being anxious, no doubt, to allay Voltaire's fears and to calm any further objections.

It was therefore as a personal venture and something of a risk to a fruitful and prestigious friendship that Lekain presented the new *Adélaïde Du Guesclin* at the Comédie-Française on 9 September 1765. His professional instincts had guided him well. The day after the first night, Thiriot was able to write to Voltaire: 'Notre Grand Maitre et mon plus cher et plus ancien ami, je fus témoin hier du triomphe et des aplaudissements que remporta Adelaide du Guesclin. L'assemblée n'étoit point tumultueuse, tout fut bien entendu et les beautés inombrables dont cette Tragédie est remplie me parurent ne pas manquer leur effet. Sans être mécontent de M^le^ Dubois, on y désiroit cependant M^le^ Clairon. Il n'est pas possible que le Siége de Calais puisse se remontrer' (D12876).

None of the sensational elements of the original *Adélaïde* had been changed. The names of the characters were as before; the wounded Nemours appeared on the stage, his arm bandaged and his head bloodied; the cannon shot rang out to announce his supposed execution. On 15 September, Grimm noted in the *Correspondance littéraire*, 'Ce coup de canon [...] a fait un effet terrible à cette reprise, et il a arraché plus d'une fois un cri d'effroi involontaire à tout le parterre' (CLT, vi.368).[10]

If we examine the matter a little more closely, these points of detail upon which every contemporary observer seized are only manifestations of a wider phenomenon. Thiriot did not refer to *Le Siège de Calais* to make an idle comparison. The play by de Belloy had been presented in February 1765 and was destined to become one of the great dramatic successes of the century. Its patriotic and royalist themes came at the precise moment when a French public needed an antidote to the humiliation of the losses suffered at the end of the Seven Years' War. Furthermore, de

[10] See also Bachaumont, ii.233.

Belloy had set a remarkable precedent by linking historical drama with the *drame bourgeois* which, by 1765, was fully developed and extremely popular.[11]

Voltaire was certainly not ignorant of the changes in sensibility which had made possible the success of *Le Siège de Calais*. In his own *Tancrède* (1760), he had been able to introduce more realistic effects since the stage at the Comédie had been cleared of spectators a year earlier. And although *Adélaïde* had been a failure in 1734, the use of historical names and events from *Zaïre* to *Le Duc de Foix* had a cumulative effect in conditioning dramatic taste. Coupled with this were the more serious efforts on the part of actors and actresses during the second half of the century to adopt costumes modelled after those of the period in which the action of a play was set (Brenner, p.239).

The simple truth is that dramatic realism was far from a novelty by the mid 1760s and Lekain had seized upon an excellent opportunity. Had Voltaire's permission been sought, objections would have been raised precisely because the title and the reputation of *Adélaïde* were already known. There is the possibility too, and we cannot discount it, that Voltaire would have been reticent about Lekain's revival of *Adélaïde* because that play simply did not present the nationalistic theme in the new and forceful ways which de Belloy had discovered.[12]

Circumstantial evidence leads in the strongest possible way to the conclusion that the *Adélaïde Du Guesclin* of 1765 was well received because the public had been prepared by *Le Siège de Calais*. Theatre audiences were avid for more colourful drama, with a romantic interest and with evocations of national history providing a significant mainstay of the plot. Voltaire, had he been

[11] For a full analysis of the importance of this play, see C. D. Brenner, *L'Histoire nationale dans la tragédie française du XVIIIe siècle* (Berkeley 1929), p.251-66. Also, Breitholtz, p.191-217.

[12] This question is discussed in detail by Anne Boës, *La Lanterne magique de l'histoire: essai sur le théâtre historique en France de 1750 à 1789*, Studies 213 (1982), ch.4, 'Théoriciens et practiciens du sujet national'.

consulted, may well have seen that presenting some of his own innovations of thirty years previous, however ingeniously Lekain had refurbished them, was no way to compete with the avant-garde. As it was, he was delighted with the happy outcome.

His first move was to address an adroit compliment to the duc de Richelieu[13] who is credited with having disinterred 'je ne sais quelle Adélaïde morte en sa naissance, et que j'avais empaillée pour la déguiser en Duc De Foix, vous lui avez donné la plus belle vie du monde!' (D12886). The next day it is of course to the comte and comtesse d'Argental that he sends his reactions. The embarrassing 'Couci-couci' episode of 1734 is formalised as clear proof of the public's inconstancy and ignorance when presented on two different occasions with precisely the same dramatic situation. Immediately after these pleasantries, Voltaire passes to the subject which will constitute his last energetic concern for *Adélaïde*: the establishing of the definitive text of the play.

At Ferney, he claims that he has in his papers two copies of *Adélaïde*, 'toutes deux fort différentes, et probablement la troisième qu'on a jouée à la Comédie diffère beaucoup des deux autres. Je fais toujours mon thème en plusieurs façons'. Lekain must be persuaded to send to Ferney his acting copy so that a text may be produced which will be 'supportable à la lecture, et dont le succès fût indépendant du mérite des acteurs' (D12887).

This was a mark of consideration, since the first edition would be printed for Lekain's own profit, but the distinction Voltaire makes between dramatic performance and the printed text shows how persistently aware he was of the tenuous link between them. The request for Lekain's copy was repeated with insistence one week later (D12895), and again two days after that: 'encor une fois je suis très en peine de savoir la quelle des trois copies est la passable' (D12899).

[13] The great-nephew of cardinal Richelieu, the duke was a maréchal de France, a member of the Académie française, an old friend of Voltaire's and an extremely influential courtier.

By 8 October, Lekain had complied. His copy was, Voltaire claimed, 'pleine de fautes' (D12922). These had to be corrected speedily so that if *Adélaïde* were presented during the stay of the court at Fontainebleau (as indeed it was, on 2 November), Lekain could profit fully from the sales of the text which performance would ensure (D12928).

The order of these events is straightforward. They show the considerable energy Voltaire was ready to expend in order to reward an artist whose talents so ably complemented his own. In letters to the comte and comtesse d'Argental during this period, Voltaire constantly added words of encouragement which were passed along to Lekain, or a letter to the actor was sent in care of the comte and comtesse. In one of these (D13000), a further re-reading of copies at Ferney has suggested even more textual emendations which would be desirable before *Adélaïde* was sent to press.

When this event finally took place, in the middle of November 1765, Voltaire's reactions were again touched with a curious single-mindedness. Two lines spoken by Coucy to Vendôme in act 2 appeared reprehensible:

> Gardez d'être réduit au hazard dangereux
> Que les chefs de l'état ne trahissent leurs vœux.

Cela n'est ni français pour la construction, ni intelligible pour le sens. J'ai fait beaucoup de mauvais vers en ma vie, mais Dieu merci je n'ai pas à me reprocher celui là, il est plat et barbare. Voilà où mène la malheureuse coutume de couper et d'étriquer des tirades. (D13010)

The request to eliminate these two verses was made to Lekain. However, Voltaire clearly did not consider that measure strong enough. A firm letter was sent on 30 November to the veuve Duchesne, insisting that the offending couplet be removed and three others substituted (D13015). On 7 December, the matter was troubling Voltaire sufficiently for him to write to Lekain once more, giving yet another version and drawing his attention to a couplet from act 3 which had already been mentioned in the letter of 25 November. The stormy obsession came to a close, as it had begun, with a word to the comte and comtesse d'Argental. The offending lines are described as 'deux malheureux vers qui feraient tomber Phèdre, et Athalie [...] Je n'aurais pas fait de pareils vers à l'age de quatorze ans [...] Quand je les ai vus imprimés j'ai été sur le point de m'évanouir, comme vous croyez bien' (D13051).

What was the true reason for Voltaire's concern? The poetic value of the verses he found so objectionable is not high, certainly, but they are no worse than many hundreds of others we find in his dramatic works. They do have a political resonance, of course, and if we look for an explanation along that line of reasoning we must ask to which 'chefs d'état' they could possibly refer, outside the play and its supposed medieval setting. The obvious link, and it is a general one, is again with the Treaty of Paris (1763) and the loss of France's colonial empire. Those elements of national decadence which Voltaire had perceived in 1734, but which had, in fact, given impetus to his creative enthusiasm, were glaringly obvious in 1765. Nonetheless, the success of *Le Siège de Calais* made harsh criticism unwise. What must remain enigmatic is Voltaire's reason for selecting only the offending couplet to which he returned again and again (notably in the general preface to the theatre in W68). It seems trifling when it is set beside other lines from the same scene in act 2. For example, the 1765 and 1766 separate editions have the following (A65 II.317, variant):

Le Bourguignon, l'Anglais, dans leur triste alliance,
Ont creusé par nos mains les tombeaux de la France;
Votre sort est douteux, vos jours sont prodigués
Pour nos vrais ennemis qui nous ont subjugués.
Songez qu'il a fallu trois cents ans de constance
Pour saper par degrés cette vaste puissance;
Le dauphin vous offrait une honorable paix.[14]

There could surely be little more ironically pertinent to the events of 1765 than those sentiments, and the lines take on a species of black humour when we consider that the revival of

[14] These lines did not appear in NM or subsequent editions.

Adélaïde Du Guesclin was almost delayed by the final illness of the dauphin Louis, son of Louis xv, who died on 20 December 1765.

In attempting to narrow the enquiry a little, we may note that, in 1765, Voltaire was very much involved in the internal political quarrels of the Republic of Geneva. There is a temptation to see once more a direct parallel, between 'les chefs de l'état' and the Petit Conseil or the Conseil des Deux-Cents, but there is no reason why a line, or even several lines, of *Adélaïde* should have had any bearing on events in Geneva, or on Voltaire's participation, real or supposed, in them.

The most satisfactory answer lies along a broad front of Voltaire's developed political consciousness. René Pomeau has noted: 'c'est dans cette décade (1760-1770) qu'on le voit déployer ses dons de politique. Il groupe ses partisans, s'efforce de les maintenir unis, les tient en haleine, les pousse aux bonnes places, dans les Académies, dans les bureaux ministériels. Il diffuse les mots d'ordre, en fonction de l'actualité'.[15] By 1765, Voltaire was a man of advanced years in whom the enthusiasms of early middle age had evolved to embrace a large number of political causes. These he pursued with astonishing vigour and with increased rather than diminished perception of all the issues involved. In that volatile part of his creative temperament where his plays were composed, an aesthetic judgement would sometimes impinge upon a philosophical idea or a political opinion which might, somewhere, be wrongly construed. A line could sound incorrect or inharmonious because it was redolent of a *prise de position*, and it therefore had to be modified.

This is where our chronological analysis of the development of *Adélaïde* during Voltaire's lifetime must be ended. The theme of *Adélaïde* was repeated to some degree in *Don Pèdre*, begun in 1761 and brought to its final form in 1774. Reference should be made to the text of that play for an analysis of the influence that *Adélaïde* had upon its composition.

[15] R. Pomeau, *Politique de Voltaire* (Paris 1963), p.25.

After the incorporation of textual amendments in the *Nouveaux mélanges* (1765), Voltaire seems to have been satisfied with the final shape of *Adélaïde Du Guesclin* and *Le Duc de Foix*. The fortunes of both plays at the Comédie-Française were moderately distinguished up to the middle of the nineteenth century. *Adélaïde* was given 198 performances up to the decade ending in 1850. This figure takes account of the eleven performances of 1734 in the original version. The *Registres* show a revival of interest in the play during the years 1820-1830, but this can be attributed to no actor of particular brilliance who took over the part of the hero and made it his own, as had Lekain in 1752. It must be assumed that the medieval theme of the play was its chief attraction.

Le Duc de Foix fared decidedly less well. A total of 27 performances is recorded, and its career had ended by 1770. These are, of course, figures culled from one source.[16] Given the number of printed editions of both plays, to which we must add *Les Frères ennemis* which was published for the first time in 1821 (under the title of *Le Duc d'Alençon*), there is no means of telling exactly how wide the diffusion of the *Adélaïde* theme was throughout Europe of the eighteenth and nineteenth centuries. The name of Voltaire was sufficiently prestigious to draw an audience, even for a little-known play, and as hitherto uncatalogued editions of *Adélaïde* continue to make their appearance, we may suppose that *Adélaïde Du Guesclin* and *Le Duc de Foix* formed part of the repertory of many dozens of troupes of actors who played to audiences in the French provinces and, indeed, to both courts and commoners wherever French was understood. Certainly, *Adélaïde* was thought worthy of translation and adaptation, well into the nineteenth century.

The reader of this edition must decide for himself the degree to

[16] A statistical analysis of performances of Voltaire's plays at the Comédie-Française from 1718 to 1940 is given by S. Chevalley, 'Etat des représentations des pièces de Voltaire à la Comédie-Française' in her monograph on *L'Orphelin de la Chine* (Paris 1965), p.28-29.

which he wishes to investigate the five texts which make up the *Adélaïde* series. It would be specious to make exaggerated claims for *Adélaïde* as a tragedy of high artistic merit. In all versions of the play, *Alamire* notwithstanding, Voltaire provides dramatic interest, an aesthetic sense of the tragic, nobility of sentiment, a convincing use of action and spectacle. He was therefore consistent with the general principles which governed his writing in this, the most elevated of literary genres.[17] The moments of intense feeling which he wished to convey are abundantly clear, wherever we turn in the different versions of *Adélaïde*, and the faults of *vraisemblance* are now of academic interest only. We may easily identify them; we cannot presume to judge them. It is hardly Voltaire's imagination which we come to admire in the play; rather, we are impressed by the very sinuosities of his genius in the kaleidoscopic adaptation of a theme. We applaud the enthusiasm with which they were undertaken, as well as their audacity. To enter into them, through the chronological analysis we place at the reader's disposal, is to share something of Voltaire's temperament, not so much as a great dramatist but as a creator of poignant spectacle.

[17] See R. Naves, *Le Goût de Voltaire* (Paris 1938), p.260-94.

3

The structural evolution of 'Adélaïde': a thematic synopsis

The concordances we have provided between the five texts of the *Adélaïde* theme should answer most questions concerning the nature of Voltaire's borrowings, and conversely of his inventiveness, at each stage of his composition. The reader may find nonetheless that the process of checking individual lines or groups of lines is an arduous one. We propose to give, therefore, a description of individual states of the play, with the principal modifications made by Voltaire. The order of our presentation will be thematic, and by title, following the sequence established in our analysis of the chronology of the texts.

Before proceeding, a word must be said concerning Voltaire's technique of adaptation as it applies broadly to *Adélaïde*. Whatever attention he pays at successive dates to the 'finished' state of a text, his chief concern is for the play as a theatrical presentation. Although his modifications often take the form of additional lines, the overall effect is one of progressive economy. The *Adélaide* of 1734 has 1610 lines; that version taken as our base text, 1542; *Le Duc de Foix* has 1400; *Alamire*, 1402; and *Les Frères ennemis* has 746. Voltaire's intention, whether or not the fact is immediately visible when we read a given 'modified' text, was to facilitate the task of the players by a sharper delineation of the roles they would be asked to assume. At each successive stage of *Adélaïde*, the plot unfolds a little more easily. The quality of the verses may vary, and sometimes they are frankly bad, but they are adapted to ease of declamation by the actor or the actress who had to memorise them.

In a similar spirit, but not for entirely the same reasons, Voltaire made the plot of *Adélaïde* simpler as time progressed. We shall take note of this fact as our description proceeds, but the reader is referred to two résumés of the intrigue of *Adélaïde* (D.app.29; Lancaster, p.185), which may be consulted as a preliminary to the observations which follow, or as an introduction to a first reading of our base text.

'Adélaïde Du Guesclin'

The changes wrought by Voltaire after the first printed edition of 1765 are readily visible from our list of variants and from the commentary we have given to the principal events of composition and staging of the play. What remains is to describe the overall differences between the manuscript state of 1734 (A34) and *Adélaïde* in its final form (A65). The exact moment at which each of the following changes was made by Voltaire cannot be determined, but we can say quite definitely that nowhere in the successive states of *Adélaïde* is the effect of economy more visible than in this transformation of the *Adélaïde Du Guesclin* from its 'failed' state in 1734, to its revival and success in 1765.

In act 1 of A34, Voltaire is at obvious pains to present above all Coucy as the soldierly, patriotic figure. In his mouth are placed the references to the past historical glories of France: A34 I.9-14, 31-38, 79-86. These were modified by 1765, giving stronger definition to the role of Vendôme who is, after all, the hero of the piece. Similarly, in 1734, Voltaire was hesitant about the characterisation of Adélaïde. She should have spirit and courage, but also a pronounced feminine sentimentality in the manner of her predecessor, Zaïre. The result is a number of indecisive lines, A34 I.91-99, which add nothing to her character and which were subsequently omitted. Structurally, the end of a first scene is always important, and in 1734, the 'Adieu, madame' of Coucy was too abrupt. Four additional lines were intercalated (A65 I.167-70) to bring home to us once more his sense of duty and his valour.

It is in act 2 that more significant changes were undertaken after 1734. In the first two scenes, the number of lines repeating the patriotic theme – A34 II.37-40, 89-92 – was judged excessive and, by 1765, they had been stripped away. This left in greater prominence couplets such as, 'Je vois que de l'Anglais la race est peu chérie / Que leur joug est pesant; qu'on aime la patrie;' (A65 II.41-42), which have the ring of posterity about them. At the moment when Nemours enters, wounded, he is given three extra lines (A65 II.107-109) in the later version, to convey the full anguish of his capture and of his love for Adélaïde which he must conceal. In the later version too, the long dialogue between Adélaïde and Vendôme concerning the identity of Vendôme's rival, is strengthened. Although the name of Coucy is not mentioned, Adélaïde gives a dramatic hint with, 'D'un guerrier généreux j'ai recherché l'appui' (A65 II.243).

Scene 6 in A34 is a soliloquy by Vendôme where the suspected Coucy is named after a number of suspects are passed in review: in the final version he is left unmentioned so that the guilt falling on him is even more intense as he enters immediately afterwards in scene 7, with the words 'Prince, me voilà prêt. Disposez de mon bras....' (A65 II.259). By the end of act 2 in A34, Vendôme is in a state of nervous indecision: after 1765 he is resolute, thanks to Coucy's persuasions. He (Vendôme) will ally himself with the king and thus regain his true sentiments and win the heart of Adélaïde in the political as well as the personal sense. Coucy leaves to report this development to the monarch. The act is in every way more decided, more neatly rounded.

Act 3 brings with it the all-important question of the revelation of the identity of Nemours as Vendôme's rival. This was Voltaire's first preoccupation when the 1765 revival took place (D12895). In 1734, *Adélaïde* had been criticised, quite justly, on the grounds that the public was obliged to wait too long for this vital piece of evidence. In the final version, therefore, the revelation takes place in act 3, scene 3. This effectively changes the whole dramatic structure of the tragedy. With the true situation of Nemours fully understood quite early, the third act can end with Nemours being placed in the hands of Coucy, whose character can again be enriched by a discussion of national duty and personal sentiment (A65 III.309 ff). In A34, act 3 draws to a close with Vendôme pleading to Nemours for help in solving the rivalry enigma. The final scene shows us Nemours, left alone, deploring the general *impasse*. Clearly, the revised version is more interesting. The characters of Nemours and Coucy are made more attractive by the element of trust which now dominates their relationship. And nothing is lost from the point of view of suspense, since the fate of Nemours has been in no way decided.

Thus, with an essential conflict resolved in the later version, Voltaire was able to devote a good deal of act 4 to building our appreciation of the main characters. Nemours can show qualities of aristocratic solicitude by ordering Adélaïde to flee. Vendôme's decision to imprison Nemours becomes the central point of act 4, followed immediately by an impassioned exchange between Adélaïde and Vendôme who is by now taking on the stature of a true dramatic hero: 'Je veux vous haïr et mourir, / Vous rendre malheureuse encor plus que moi-même' (A65 IV.120-21). The final scene allows Vendôme to reflect with the faithful Coucy on the tragedy of the situation. He also orders the killing of Nemours which will be announced by the cannon shot.

In the 1734 version, this entire action was prolonged unduly and it was relieved by little exploration of character. In A34 Adélaïde discusses her proposed flight, with her confidante, Taïse. This is followed by a sentimental interlude between Nemours and Adélaïde where the action is at a standstill (scene 2). After Nemours reveals that he is not only Vendôme's rival, but also Adélaïde's husband: 'Vous êtes mon épouse...' (A34 IV.136), there remains only the imprisonment and the execution of Nemours to be dealt with. In 1734, as if he were unwilling to allow these events to stand unaided for their tragic impact, Voltaire added four more scenes. During these, Vendôme, Adélaïde and Coucy battle over the emotions which divide them but to no great purpose. Act 4 ends, as it begins, with an exchange of commiseration between Adélaïde and Taïse. We can readily understand why Voltaire wrote to Cideville on 15 November 1733, 'je tremble fort pour la fin de ce quatrième acte, dont je ne suis pas trop content' (D675). As further testimony to the weakness of this fourth act in the original version, we may point to the large number of alternative readings which accompany A34. Both Voltaire and the actors obviously made efforts to patch up the difficulty by re-writing.

In act 5 the differences between A34 and our base text are of small significance. The rapid sequence of actions leading to the *dénouement*: Vendôme's change of heart, the fateful cannon shot, Adélaïde's decision to marry Vendôme if he will spare Nemours, the appearance of Nemours who has been saved by Coucy's perspicacity – all these elements are common to both versions. A34 has, nominally, two extra scenes, one created by the entrance of Nemours (V.vi), the other by the appearance of an officer to announce the arrival of the king (V.vii). This allows a final note of patriotism from Vendôme: 'Je suis français, mon frère, et tu l'emportes: / Va, mon cœur est vaincu; je me rends tout entier' (V.230-31). The fatal 'Es-tu content, Coucy?' follows immediately.

A detailed reading will show that all of the changes brought about between A34 and the later version help the flow of the action. As we follow A34, we see the literary Voltaire constantly tempted to expand the patriotic theme of *Adélaïde Du Guesclin*, with stirring verses, or with more and more historical references of an incidental sort. When we turn to the revised text, we can appreciate the practical help given by Lekain, of course. But above all we see demonstrated Voltaire's accumulated sense of the way in which composition for the theatre must follow the reciprocal movements of attention between the play and its audience. By 1765, he had grasped the entire measure of the *Adélaïde* he had created so many years earlier, and which he had re-worked in such a variety of ways that he could make of it an eminently practical success.

'Les Frères ennemis': an exercise in condensation

The reasons for the production of a shorter version of *Adélaïde* whilst Voltaire was at Potsdam are easily explained. However francophile the court of Frederick II, its members could not be expected to attain the linguistic agilities of the actors at the Comédie-Française. If the prince Henry, his brothers, and their friends, were to produce theatricals, as they did constantly, then material had to be supplied which would flatter their talents without taxing the retentive powers of their memory. Voltaire knew exactly the milieu in which he found himself, and *Les Frères ennemis* was designed for very specific needs. The feminine spirit was not one which Frederick appreciated in the determinedly philosophical atmosphere he created around him. Actresses, even amateur ones, were not easily found. Here was another factor which had to be taken into account and which led Voltaire to the simple idea of an adaptation of *Adélaïde* where the heroine would be omitted as a stage presence but referred to obliquely. If we reflect a little on *Adélaïde Du Guesclin* in its version of five acts, we can see that Adélaïde is, after all, a passive force in the entire action of the play. As a captive of Vendôme she has to submit to the force of circumstance, with a vague attempt to flee. We have noted how the latter course was touched upon in A34 and rapidly discarded. Adélaïde is the object of fraternal dispute, a voice of national conscience, but inferior in that regard to Coucy; she is the sentimental catalyst who solicits from Coucy, from Vendôme and from Nemours the range of feelings they possess.

In *Les Frères ennemis*, Voltaire dispensed with her, almost. As a voice for her feelings and aspirations he introduced the character of Dangeste, now her brother. He inherited some of the lines she had spoken in 1734. Voltaire's task was then to select those passages of *Adélaïde* which could be committed to memory easily, declaimed with confidence by German princes, and at the same time be moulded to a comprehensible plot.

His success is remarkable. Act I of *Les Frères ennemis* is almost a mnemonic gloss of its counterpart in *Adélaïde Du Guesclin*, and with the introduction of a newly-minted soliloquy (FE I.90-108) which would find its way, unchanged, into *Le Duc de Foix* (DF I.210-28). By the third scene, a note of military urgency is introduced, together with the patriotic lines (FE I.129-46) which would flatter the historical knowledge of the Prussian audience and which, incidentally, Lekain would use for his revival of *Adélaïde* in 1765 (A65 II.317, variant). The act ends straightforwardly as the duc d'Alençon prepares for battle to win the favour of the absent heroine.

For act 2, Voltaire had to make provision for the introduction of the duke's brother, again Nemours, for his recognition by the duke, for the fact of their rivalry to become apparent, and for Nemours to be delivered into the merciful hands of, again, Coucy. Nearly all these events take place in scenes 3 and 4, and in such rapid succession that the effect would be comic if we did not take into particular account the situation for which Voltaire was writing. As it is, every couplet is clearly delineated, the syntactical patterns are kept very simple, and the whole text could be articulated with little or no difficulty. Just as importantly, the actors would be readily understood by an audience whose knowledge of French was not necessarily perfect.

With this remarkable feat of compression achieved, Voltaire had only to bring together a simplified *dénouement* in the final act. This he did in an intriguing mosaic of verses from *Adélaïde*, from *Alamire* and from *Le Duc de Foix*. Since the last two plays mentioned were still in an unfinished state, as far as we know, in 1751, we have to dismiss the idea of subtle borrowings from completed sources. Instead, we must assume that *Les Frères ennemis* was itself plundered for these other texts, just as it would be by Lekain in 1765.

More reasonably yet, we must suppose that by approximately 1750, Voltaire had committed to memory, or he had accessible to him in his papers, a stock of lines which could be adapted to several parts of the plot of *Adélaïde*. As we read the last act of *Les Frères ennemis*, we cannot imagine a Voltaire wrestling with poetic niceties. For the audiences at Potsdam there would be no quarrels about the theme of fratricide, nor about the *bienséance* of the cannon shot. He could use the simplest verses to convey vigorous decisions and sentiments, expressed with bold dramatic gesture.

The text of *Les Frères ennemis* was obviously produced without great effort. It is an exercise in compositional and dramatic précis and its interest to us is to reveal the startling degree to which Voltaire could reduce the volume of his material without losing the accurate representation of a plot, however simple. Naturally, most of the aesthetic values of resonant verse were lost. The bare framework that remains is a very accurate guide to the points of high emotion associated with *Adélaïde*, and a shorthand *aide-mémoire* to the gestures which the actors must have used in all states of the play.

Amélie ou le duc de Foix', the major re-working of '*Adélaïde*'

It has been our intention to refrain as far as possible from qualitative judgements which could hinder an understanding of the compositional development of *Adélaïde*. However, when we come to view *Adélaïde Du Guesclin* and *Le Duc de Foix* in juxtaposition, it is inevitable that we ask whether Voltaire's expressed preference for the latter over the former play has more than documentary interest. The change of historical setting in *Le Duc de Foix* has reasons upon which we have touched already and they need no further elaboration.

Of greater importance is the fact that, when Voltaire decided to re-work *Adélaïde Du Guesclin*, again in five acts but with the action pushed back into a more remote past, he made structural changes which are inseparable from an assessment of the play's effectiveness. Chief amongst them is, of course, the discovery of the fraternal rivalry in act 3, rather than in act 4, as was the case in the *Adélaïde* of 1734. This innovation came about, in fact, with *Le Duc de Foix*, and its effect is entirely the same as that which we have discovered in our confrontation of A34 with the *Adélaïde* of 1765. With this shift of dramatic balance in the plot, Voltaire could concentrate all his efforts upon a more interesting development of character in the penultimate act. The success of *Le Duc de Foix* in 1752 certainly prompted him to adopt this form as the more satisfactory, and therefore the definitive one.

In other regards, we feel obliged to offer the view that *Le Duc de Foix* is less forceful dramatically than the definitive *Adélaïde Du Guesclin*. The reader may wish to take the following details into consideration. Act 1 of *Le Duc de Foix* offers a long exposition of confidences between Amélie and Lisois on the model of the first scene of *Adélaïde Du Guesclin*. But this is followed by a very similar exchange between Amélie and Taïse. Amélie then leaves the scene and she and the duke do not meet at all before the second scene of act 2. This allows a very leisurely exposition indeed of patriotic sentiment in both acts 1 and 2.

The whole of act 3 runs with a smoothness which is almost banal. Vamir is led in as a captive; there has been no suspicion that he may be dead already (a small but dramatic detail in the *Adélaïde* of 1734), and he is uninjured. All the supposed horror of flowing blood in act 3 of *Adélaïde* (scene 3) is reduced in *Le Duc de Foix* (scenes 4 and 5) to a direct confrontation between the duke and Vamir who are immediately joined by Amélie. Vamir is made captive without violence and we witness little except the analysis of noble sentiments between the protagonists. Lisois, who is the character most truly representative of the play's moral sentiment, summarises the matter exactly when Vamir is delivered into his charge: 'Chevalier généreux, / Vous êtes dans des murs où l'on chérit la gloire, / Où l'on n'abuse point d'une faible victoire, / Où l'on sait respecter de braves ennemis: / C'est en de nobles mains que le sort vous a mis.' (DF III.60-64).

These are lines which appear only in *Le Duc de Foix* and they set an ordered tone where moments of high drama would be almost unseemly. The cannon shot disappears, but when we come across the point in act 5 where the shot rings out in *Adélaïde*, its omission from *Le Duc de Foix* seems natural. This happens despite the fact that acts 4 and 5 of both plays are almost identical.

The reason, we believe, is that *Le Duc de Foix* was destined for Lekain who could make the fullest use of Voltaire's sonorous alexandrines. The length of every speech in *Le Duc de Foix* is carefully measured so that it harmonises with the steady unfolding of events. The intervention of sudden dramatic effects would interrupt the flow of declamation. This consideration is significant because, paradoxical as it may appear, Voltaire appears to be retreating, in *Le Duc de Foix*, to the order of the classical *bienséances*. Through Lekain he was writing for a style of acting which was at variance with the less harmonious and therefore more 'realistic' effects he prescribed elsewhere. The pull towards the great tradition of the previous century was a strong one; as he polished *Adélaïde*, Voltaire set the play in another mode as well as setting it in another time. The verses of Corneille and Racine did not fail to present themselves to his mind, and although they could not be matched – no doubt *because* they could not be matched – their influence was simply to temper and to moderate in a seemly but anaemic way.[1]

The forgotten hybrid, 'Alamire'

Since the 'Avertissement' of the Kehl editors, *Alamire* has remained as an editorial footnote. Yet both manuscript copies of the play, MS1 and MS2, are complete and have been freely available in both Paris and Leningrad. Furthermore, the copy held at the Saltykov-Shchedrin Library is the only text of any of the versions of *Adélaïde* which bears traces of Voltaire's own hand. This fact alone would seem to be enough to have provoked at least a small spark of interest since Voltaire's death. As for the printing of the text, one can appreciate why editors of editions of complete works, or

[1] This was decidedly not the judgement of the chevalier de La Morlière, leader of the Voltaire *claque*, who produced a pamphlet of 42 pages describing in fulsome terms the literary perfections of *Le Duc de Foix*. See his *Observations sur la tragédie du Duc de Foix de Mr de Voltaire* (Paris 1752).

collected editions of Voltaire's theatre, would not wish to present a third version of *Adélaïde Du Guesclin*, again in five acts, with yet more asterisks to indicate borrowed lines. But the play in a separate edition, during Voltaire's lifetime would surely have found some sort of market. On the textual and on the critical level, *Alamire* has met with silence.

Having examined the text of the play, the reader may well decide that this oblivion has been well merited. For *Alamire* presents us with no real innovations, and in many respects it shows an aspect of Voltaire's compositional method which can only disappoint. The 'borrowed' material is simply too voluminous, and the rest too mediocre.

The action is set in the indeterminate Spain which we have attempted to identify in our historical introduction. The names of the characters are changed, of course, although Taïse is retained as the confidante of the heroine, showing a direct link with *Adélaïde Du Guesclin* and *Le Duc de Foix*. What is lost, above all, in *Alamire* is the general atmosphere of French historical and patriotic reference which, although approximate and often seemingly gratuitous, provided immediate interest for the audiences of *Adélaïde Du Guesclin*, *Les Frères ennemis* and *Le Duc de Foix*. It is when these references are missing, precisely, that we recognise their value as a stimulant of popular emotion.

Despite the mention of Alcalá, of Osma and of Burgos, the Spain of *Alamire* is so flimsy that it becomes meaningless. Voltaire simply did not take the trouble to situate the action at a point in time where some sort of historical resonance could be generated. Although the play appears never to have been presented, even for a private audience, the most devoted group of friends would surely have been lost without this essential guideline. As far as the plot is concerned, the most obvious affinities are with *Le Duc de Foix* since recognition between the rival brothers occurs in act 3 when Pélage (the Nemours-Vamir equivalent) appears as a captive, not wounded in the preceding fray. Again, the cannon shot is omitted, and acts 4 and 5 of *Alamire* borrow heavily from *Le Duc de Foix*.

What can Voltaire's intentions have been in composing this text? The two manuscripts extant are not in any way contradictory, and the one housed in Leningrad is in places covered with deletions and substitutions which are clarified in the copy at the Bibliothèque nationale.

All of this points to a not inconsiderable level of industry. Yet we find no reference to *Alamire* in Voltaire's correspondence, the very place where his plays and all their secrets, his criticism of them, his hopes for their success and his justification of their failure, are discussed endlessly. The only possible explanation is that *Alamire* was an exercise, in part like that of *Les Frères ennemis*, but confined to the manuscript page, with no intention that it should be published or performed. We hesitate to use the word experimentation because this indicates a sense of purpose which *Alamire*, slavishly following already existent versions of *Adélaïde*, does not have. With his immense creative energies, Voltaire obviously found time for this stringing together of verses. Clearly, an enormous number of them were dictated, and then at odd moments he must have made additions or deletions, sometimes of just a word or two. At more than one point (AL I.285, II.33-36), a line is written several times, each slightly differently, as if it were being tested. An entire speech (AL II.71-79) is pasted over an earlier one, a common enough practice in Voltaire's methods of composition and in his correction of printed text.

In this very particular way, *Alamire* is of interest since it shows us Voltaire working in a minor key. There can have been no intention in his mind of presenting *Alamire* as a rival to the failed *Adélaïde* of 1734, but he took up his pen to explore the *Adélaïde* theme in a slightly changed perspective. The first scene, for example, is a stock introduction made by the heroine Alamire and her confidante, then there is an immediate transition to the exchanges between the soldierly Arban (Coucy-Lisois) and Alamire, entirely in the manner of *Le Duc de Foix* and the final *Adélaïde*. This method of beginning the play was shaky, and a problem arose that can be easily understood. Other versions of *Adélaïde*, whether fully fledged or still in a preparatory state, were so numerous at the time *Alamire* came to be written, that they swamped the text of the 'new' play. Having decided upon a structure of classical sobriety, Voltaire was unable to create an additional series of striking, dramatic incidents. As he wrote, or as he dictated, his memory darted from one version of *Adélaïde* to another, taking odd speeches or hemistichs at random. When they were transcribed, they were not always recalled perfectly. In our concordances will be found, in alarming juxtaposition, snatches of *Adélaïde* (A34), *Les Frères ennemis* and *Le Duc de Foix*. Some of the latter are unique to *Alamire* and to the editions of *Le Duc de Foix* printed by Walther in 1752.

There is no apparent order or structure in this process of recall, except that dictated by a coherent telling of the story of the play. The plot-line of *Le Duc de Foix* was so much fixed in Voltaire's mind that he could allow verses to fall into place around it, not entirely at random, but in a routine way. And that is where the aesthetic failure of *Alamire* lies. We may follow Voltaire's borrowings in every detail, admiring the agility of his memory as we do so, but less than two hundred verses are found only in *Alamire*. More sadly, they lack any vitality. They are either expository (AL I.44-80), or they bridge passages between speeches already well-known (AL II.187-200, II.217-224, III.28-37, IV.47-50, 69-74).

If a stylistic parallel were to be drawn, it would perhaps be reasonable to place *Alamire* beside *Les Frères ennemis*. Both are indeed exercises, variations of a theme already established. But *Les Frères ennemis* is alive with the vigour of performance; *Alamire* can only be construed as an interesting literary indulgence.

4

Manuscripts

The manuscript sources for *Adélaïde* are more numerous than for any other play by Voltaire. Andrew Brown's 'Calendar of Voltaire manuscripts other than correspondance' (*Studies* 77, p.13-42) shows nine items for *Irène*, ten for *Mahomet*, whilst *Adélaïde* boasts eighteen, to which three more must now be added. The reason for this is simply the different versions of *Adélaïde* which grew from Voltaire's inspiration in 1733, a diversity whose effect was compounded by the long periods which fell between the stage production of 1734 and the first printed editions, of *Le Duc de Foix* in 1752, and of *Adélaïde Du Guesclin* in 1765. During a span of thirty years there was ample opportunity, not to mention an obvious practical need, for copies of the various texts to be made and to be disseminated by Voltaire himself and by those involved in the promotion and the interpretation of his dramatic works.

A number of the manuscripts of *Adélaïde* have disappeared, leaving only brief descriptions in the sale catalogues of the nineteenth century; others are copies used by Lekain and fellow members of the Comédie-Française and are of interest primarily for the light they shed on the ways in which Voltaire's plays were acted in the eighteenth century.

Unfortunately, no single source exists at present which would allow us to see, quite simply, the first state of Voltaire's composition in 1733. Indeed, no wholly autograph manuscript exists for any of the versions of *Adélaïde*. This is disappointing, but a moment's reflection will indicate that such a document was doubtless subjected immediately to Voltaire's passion for amendments and improvements. Given the public's reception of *Adélaïde*, changes were certainly made after the first performance, and for the eleven occasions on which *Adélaïde* was presented at the Comédie in 1734. Despite his obsession with a 'correct' printed state of his works, Voltaire was well aware of the constant subservience of a dramatic text to the hazards of theatrical presentation. At a distance of two hundred and fifty years, the editor of any one play is forced to admit that many essential keys to that presentation, and hence to the establishment of a text, have been fragmented to an alarming degree, or are seemingly and tantalizingly lost.

In this context, mention must be made of the caution, certainly justifiable, that Voltaire displayed with regard to the manuscript copies of his writings. The question as it existed in general is of significance in assessing his attitude toward various printers and, by extension, toward his public. Where it touched upon the diffusion of texts for the theatre, the problem became particularly acute, for even with the prestige that Voltaire's plays acquired early in his career, their satisfactory and immediate publication was by no means assured. Between literary composition and the printed text lay the essential business of staging. At this critical time Voltaire, whether present or not, had to consider the wayward performances of actors and actresses and to be on his guard against the predatoriness of copyists. The latter, inevitably numerous, were ready to work swiftly and surreptitiously to supply the pirate printer with very saleable material. 'Le sieur Minet', prompter and copyist at the Comédie-Française from March 1719 to April 1753, was a particular source of annoyance. 'Le s^r Minet, homme fort dangereux en fait de manuscripts', writes Voltaire to d'Argental in June 1749, 'et à qui je ne donnerais jamais ny pièces de vin, ny pièces de téâtre à garder' (D3950).[1] Given these conditions, it is hardly surprising that so many of the manuscript copies of Voltaire's plays are anonymous documents, made by unknown hands for legitimate or unauthorised reasons, and without the authenticating stamp of Voltaire's corrections upon them.

If we now turn to the complete list of manuscript sources which

[1] See S. Chevalley, 'Le "Sieur Minet"', *Studies* 62 (1968), p.273-83.

are known to exist, the following analyses treat each version of *Adélaïde* in sequence.

Adélaïde Du Guesclin, 1765

A65: MS1

Année 1765 / Second Rosle. Le Duc de Vendome. / Dans Adelaide du Guésclin Tragédie de / Monsieur de Voltaire, Remise àu Théatre. /

Copy by Lekain of the role of Vendôme; 205 x 312 mm; 12 leaves, of which f.2-11 paginated 1-[illegible]; f.1*r* title, as above; f.1*v* Personnages; f.2-11 Rosle de Duc de Vendome; f.12 blank.

Comédie-Française: Lekain 1760-1767, no.13.

Here we have a document which is immediately identifiable as belonging to the professional papers of Lekain. In a small, neat hand the actor has copied out the part of Vendôme, with the appropriate cues from the speeches of other characters. The text is closer to our base text (W75G) than to that of the 1765 first edition for which Lekain himself was so largely responsible and this manuscript was no doubt copied from an edition produced under Voltaire's control, such as the *Nouveaux mélanges* or W68.

Adélaïde, 1734

All the manuscripts listed under this heading include a similar selection of the variant readings which accumulated between 1734 and 1765 and are therefore unlikely to be contemporaneous with the earlier performances of the play.

A34: MS1

Adélaïde du Guesclin, / Tragédie, / Par M. de Voltaire; / représentée pour la Iere fois aux François, / le 18 Janvier 1734. /

Contemporary copy; 200 x 265 mm (except f.2, 125 x 195 mm); 41 leaves, of which f.3-41 paginated 1-77 on the rectos; f.1*r* title, as above; f.1*v* Personages; f.2*r* 'Adelaïde du Guesclin / Tragedie / Acte Premier'; f.2*v* Acteurs; f.3-41 Adélaïde Du Guesclin.

Comédie-Française: Lekain cinq tragédies, no.4.

The second leaf is in a different hand from the rest of the copy, and may have been removed from another manuscript; the list of 'Acteurs' is annotated by Lekain with the names of the players who took part in the 1765 revival of *Adélaïde*.

This is the copy we have selected to establish the version of *Adélaïde* we refer to as A34. There is no evidence to suggest it was a copy made specifically in 1734, but it gives the clearest account of our play as it stood between the first performance in 1734 and the first printed edition of 1765. The numerous alternative readings accumulated over thirty years are very legible in this manuscript and their suggested place in the main body of the text is, in every instance, clearly marked. The second title page, with its list of the players in Lekain's hand, reinforces the link between both the documentary and the representational sources of *Adélaïde* in 1734, and those same sources in 1765. It is a very clean copy, of generous format, in a large rounded hand; we may suppose that it was a working document used at the Comédie-Française, most certainly by Lekain himself and doubtless by others too.

A34: MS2

Adelaide du Guesclin / Tragedie / Par M. de Voltaire / Representée pour la 1.re fois aux françois / Le 18. Janvier 1734. /

Contemporary copy; 175 x 233 mm; 37 leaves, foliated 332-368; f.332*r* title, as above; f.332*v* Acteurs; f.333-368 text.

Leningrad: VM i.332-68.

This copy, with minor corrections in a second hand, is legible and the alternative readings are clearly placed. The same copyist, and the same corrector, were responsible for MS1 of *Les Frères ennemis* and for a manuscript of *Eriphyle* (Leningrad, VM i.276-312).

A34: MS3

Adelaïde du Guesclin / Tragedie / par mr. de Voltaire / Representée pour la premiere fois aux / François / Le dixhuit Jan.er 1734. /

Contemporary copy; 180 x 240/245 mm; 42 leaves, foliated 1-42 and 209-250; f.209*r* title, as above; f.209*v* blank; f.210-250 text.

Bn: F24343, f.209-50. This manuscript passed at the La Vallière sale

(Paris 12 janvier 1784), ii.445, no.3459.1.2, and the lot number is endorsed at the head of the title page.

The copy is clear, in a small and very regular hand, but the alternative readings are given at the foot of the page without precise indication of the text to which they relate. Its many minor errors have not been recorded in the critical apparatus.

A34: MS4

Adelaïde du Guesclin / Tragedie / Par M. de Voltaire / Representée pour la 1re fois aux françois / le 18 Janvier 1734. /

Contemporary copy; 190 x 265 mm; 39 leaves, of which f.1v paginated A and f.2-39*r* paginated 1-75; f.1*r* title, as above; f.1*v* Acteurs; f.2-39 text.

Arsenal: MS 2755. The last item (after *Samson* and *Eriphyle*) in a volume presented as a 'Supplément aux œuvres de theatre de M. De Voltaire'; from the d'Argenson collection.

This manuscript is clearly related to those sent by Lacombe to Voltaire in 1775 (see below, MS1 of *Les Frères ennemis*), and may even be their source (the introductory note to the 'Supplément' would appear to be earlier than the Lacombe copy).

A34: MS5

Adélaide du Guesclin. / Tragedie / faite / Par Monsieur de Voltaire. / Et / Representée pour la première fois sur le / Théâtre des Comédiens françois le 18.ème / Janvier 1734. /

Contemporary copy; 170 x 226 mm; 39 leaves.

Taylor: MS Volt. B 3.

The text of this copy is clearly and elegantly transcribed. Alternative readings conform with MS1. The relatively recent appearance of this manuscript, acquired by the Taylor Institution in 1977, adds weight to the view that, between 1734 and 1765, a large number of copies of *Adélaïde* must have been made, some of which are doubtless still unrecorded.

A34: MS6

Adelaïde du Guesclin / Tragédie / Par Monsieur de Voltaire / Representée pour la prémiere fois aux françois / Le 18.e Janvier 1734 /

Contemporary copy; 178 x 226 mm; 53 leaves, paginated 1-106.

Bn: N11620.

The variant readings are clearly marked. There are a few corrections in ink, in a hand other than that of the copyist, and some in pencil.

A34: MS7

Adélaïde du Guesclin. / Tragédie. / Par Monsieur de Voltaire. / Representée pour la prémierre fois aux François / le 18.e Janvier 1734. /

Contemporary copy; 187 x 245 mm; 54 leaves, of which f.2-53 paginated 1-104; f.1*r* title, as above; f.1*v* Acteurs; f.2-53 text; f.54 blank.

Comédie-Française: MS 119.

In two places (p.58 and p.75) a line has been missed and supplied by another hand. This could well be a prompt copy.

Les Frères ennemis

FE: MS1

Les Frères Ennemis / Tragédie / Par M. de Voltaire / Nota. C'est l'Adelaide du Guesclin que l'auteur / mit en trois actes en 1751 pour être jouée à / Potsdam par le Prince Henri et sa cour, / sans femmes /

Contemporary copy; 198 x 236 mm; 18 leaves.

Leningrad: VM i.312-31.

This copy was executed by the same copyist as MS2 of A34, and has been corrected by the same unknown revisor. The handwriting of the copyist is somewhat archaic, and the punctuation extremely sparse. A description of the characteristics of this, our base text for *Les Frères ennemis*, will be found below, in chapter 6.

The presence of this manuscript among Voltaire's papers in Leningrad strongly suggests a connection with Voltaire, but it most probably belongs to those plays covered by a holograph note at VM i.254*r*, 'paperasses / de theatre / envoiees / par la combe / 1775 / a examiner'. Voltaire acknowledges receipt of a manuscript from Lacombe on 29 May 1775 (D19494), stating that it seemed to him to have been 'copié d'après un original qui était depuis près de quarante ans entre les mains de Mr de Pondevèlle' (see below, p.73, item 2N). This one manuscript may be identified with a group of three or four plays under the collective title of 'Supplément aux œuvres de théâtre de M. de Voltaire'. An introductory text, on f.255*r*, reads:

'Ce supplément contient Samson que Rameau a voulu mettre en musique; mais qu'il n'a jamais achevé. Par conséquent cette Pièce n'a jamais été jouée, elle est imprimée dans les Œuvres de M. de Voltaire, mais avec des différences très considérables et avec un acte entier transposé et changé.

Eriphile eut dans sa nouveauté en 1732 12 représentations, et n'a jamais été imprimée; l'ombre d'Amphiarus qui paraît dans cette pièce fit un mauvais effet. M. de Voltaire en a été consolé par le succès qu'a eue celle de Ninus dans sa Sémiramis. Cette dernière pièce est prise en grande partie de celle-ci; mais M. de Voltaire n'a pas transporté dans l'une toutes les beautés de l'autre; et il reste dans cette pièce-ci quelques beaux vers et des situations qui méritaient d'être conservés.

Adélaïde a été remise au théâtre sous le nom du Duc de Foix en 1752 et en dernier lieu, en 1765, elle a été rejouée sous son ancien titre et revue avec plaisir. Le coup de canon qui avait contribué à sa chute en 1733 a réussi dans ses dernières représentations, et le nom de Coucy ne parut plus ridicule. Cependant il reste quelques différences entre la copie ci-jointe et la dernière édition d'Adélaïde, et ces différences rendent cette copie-ci curieuse et digne d'être conservée.

On trouvera cette Pièce de l'édition de 1765 publiée par M. Le Kain à qui M. de Voltaire l'avait abandonnée.

Voyez ma note à la tête de la tragédie des Frères ennemis.'

Another copy of this introductory text (probably an earlier copy) is found with MS4 of A34 (see above).

FE: MS2

Les Freres Ennemis / Tragedie / Par M. de Voltaire. / Nota... C'est l'Adelaïde du Guesclin que L'auteur / mit en trois actes en mil sept cent cinquante et un Pour être / Jouée à Postdam par le Prince Henri et sa cour./

Contemporary copy; 180 x 227 mm; 26 leaves; f.1*r* title; f.1*v* Acteurs; f.2-25*r* text; f.25*v*-26 blank.

Arsenal: MS 4839

The list of characters is in a second hand, which was also responsible for the addition of 'sans femmes' to the title and for a few corrections to the text.

FE: MS3

Les Frères Ennemis, / Tragédie, / en trois actes, / par M. de Voltaire. / 1751./

Copy by Decroix; 186 x 260 mm (f.1-2, 192 x 257 mm); 18 leaves, foliated 63-80; f.63*r* title, as above; f.63*v* blank; f.64*r* Avertissement de l'Editeur; f.64*v* blank; f.65-80 text.

Bn: N25137, f.63-80*r*; given by Decroix to Beuchot, and used by him as the basis of his edition (see M.iii.165). The 'Avertissement de l'éditeur', by Decroix, and printed by Beuchot, reads:

'En 1751 pendant son séjour en Prusse, M. de Voltaire transforma sa tragédie d'Adélaïde du Guesclin en celle du Duc de Foix; et l'envoya à Paris où elle fut representée l'année suivante. Il avait alors pour confident de ses travaux littéraires le roi de Prusse qui, frappé du sujet de cette pièce, témoigna un vif désir de la voir representée sur son théatre de Potsdam par les princes de sa famille. C'était un de leurs délassemens ordinaires. Souvent les acteurs et surtout les actrices ne se trouvant pas en nombre suffisant pour les pièces, le repertoire en était nécessairement borné. Pour surmonter cet inconvénient dans l'occasion dont il s'agit, le roi pressa M. de Voltaire d'arranger sa tragédie en trois actes, en retranchant les rôles de femmes. C'est ce qui fut exécuté dans les Frères ennemis. La pièce fut ainsi représentée plusieurs fois à Potsdam à la grande satisfaction du monarque. Les roles furent très-bien remplis et le prince Henri, son frere, s'y distinguait surtout par un talent rare, dont M. de Voltaire, nombre d'années après, parlait encore avec beaucoup d'intérêt.

On a vu dans la préface de ce suplément par quels motifs on publie cette tragédie en trois actes. On ne les repetera pas ici.

La copie s'en est trouvée avec celle d'Alamire dans les papiers de l'auteur.'

FE: MS4

Le Duc d'Alençon / ou *Les Frères ennemis*, / en trois actes par m.[r] [*leaf damaged*]/

Incomplete contemporary copy; 173 x 225 mm; 18 leaves, foliated 1-18; heading as above at the top of f.1*r*;

Bn: N2903, f.1-18.

This copy is close to the base text, has more errors than most, and stops short at III.247.

The three-act version of *Adélaïde* that Voltaire wrote for his Prussian hosts in 1751 and to which he gave the title *Les Frères ennemis*, presents nothing of special note in the manuscript copies which survive. From the beginning the text appears to have been well established, although its main title shifted early from *Le Duc d'Alençon* to *Les Frères ennemis* in the same way that *Le Duc de Foix* became *Amélie ou le duc de Foix*, as a reflection of the dominant theme of the play.

Amélie ou le duc de Foix

DF: MS1

Le Duc de Foix. /

Contemporary copy, corrected by several hands, including that of Mme Denis; 243 x 359 mm; 39 leaves, one section per act, paginated on the rectos 1-75, with errors; heading as above at the top of f.1*r*; a wrapper, not contemporary with the manuscript, is inscribed 'Amélie / ou le Duc de Foix / Tragedie en 5 actes'.

Comédie-Française: MS 200.

Amélie ou le duc de Foix has appeared in almost as many separate and collected editions as *Adélaïde*, but it is doubtless because the first edition of 1752 was printed immediately after the first performance that only one manuscript copy of the complete text has been preserved. This manuscript bears all the marks of a much-used prompt copy from the

l'amour est criminel, vous êtes malheureux
je vous aime il suffit je me rends à vos vœux
Je vois qu'il est des tems pour les partis extrêmes,
que les plus saints devoirs peuvent se taire eux mêmes
je ne souffrirai pas que d'un autre que moi
dans de pareils momens vous éprouviez la foi
et vous reconnaîtrez au succès de mon zèle
si Lisois vous aimait et s'il vous fut fidèle

Le Duc

je te retrouve enfin dans ma calamité
L'univers m'abandonne et toi seul m'es resté
tu ne souffriras pas que mon rival tranquille
jouisse impunément de ma rage inutile .....
qu'un ennemi vaincu maître de mes états
[illegible]
dans les bras d'une ingrate applaudisse à mon trépas
[illegible]
[illegible] ....

Lisois

[illegible] mais en vous rendant ces malheureux services
Prince, je vous demande un autre sacrifice

Le Duc

Parle.

Lisois

Je ne veux pas que le Maure en ces lieux
Protecteur insolent commande sous mes yeux
je ne veux point servir un tyran qui me brave
ne puis-je vous venger sans être son esclave
Si vous voulez tomber, pourquoi prendre un appui?
pour mourir avec vous ai-je besoin de lui?
du sort de ce grand jour laissez-moi la conduite
ce que je fais pour vous peut-être le mérite

1. *Amélie ou le duc de Foix*: a page of MS1 (IV.v.183-206), with corrections by Mme Denis (Comédie-Française, Paris).

Comédie-Française. Certain passages are marked 'bon' or 'très bon', many lines are underscored, and several speeches have heavy and sometimes ornamental markings in the margins to give prominence to moments of particular dramatic intensity. There are corrections by Mme Denis at I.206, III.179, 213, IV.31, 36, 194-197, V.37-38, 56-62, and perhaps elsewhere. See figure 1.

DF: MS2

Année. 1752. / Sixiéme Rôle – Le Duc de Foix / Dans La Tragédie Du même nom / De Monsieur De Voltaire. /

Copy by Lekain of the role of the Duc de Foix; 196 x 313 mm; 11 leaves, of which [illegible] paginated [illegible]; f.1r title, as above; f.1v Personnages; f.[illegible] 11 Rosle Du Duc de Foix.

Comédie-Française: Lekain 1750-1753, no.22.

This belongs to the same collection as MS1 of A65. The transcription of the role created by Lekain in 1752 is without emendation and follows the text of the first printed edition exactly.

Alamire

AL: MS1

Copy by two hands with holograph corrections; endorsed by Wagnière in the top left-hand corner of the first page 'Ancien original d'Adélaïde du Guéclin, sous le titre des Frères ennemis'; 170 x 235 mm; 52 leaves, foliated 202-253. The first copyist was responsible for I.1-94, III.1-21 and III.31-295; the second for I.97-198, 209-310, II.1-70, 80-322, III.22-30, 296-316, IV and V. Voltaire's longer corrections (I.199-208, II.70a-79) were pasted down over the original text.

Leningrad: VM i.202-53.

The interest of this manuscript lies not so much in the light it sheds on a definitive state of *Alamire* as in the glimpse it gives us of a rough copy of a play by Voltaire. Large sections of the text have few alterations, but there are other places where Voltaire was much less decided as to the version he wished to adopt. He changed his mind, adding lines upon lines already altered either by himself or dictated to a secretary. The

par de justes respects, ie vous ay répondu
vos bienfaits votre amour et mon amitié même
tout vous flattoit sur moy d'un Empire suprême
tout vous a fait penser qu'un rang si glorieux
présenté par vos mains ébloüiroit mes yeux
vous vous trompiez il faut rompre enfin le silen
je vais vous offenser, ie me fais violence,
mais reduitte a parler, ie vous diray seigneur
que L'amour de mes Rois est gravé dans mon coeur
votre sang est auguste celemen est sans crime
il coula pour l'état, que l'étranger opprima
un pere vertueux en mon coeur a transmis
l'horreur qu'un castillan
doit a ses Ennemis,
et sa fille jamais n'acceptera pour maître
L'amy de nos tirans quelque grand qu'il puisse être

2. *Alamire*: a page of MS1 (II.iii.108-124), with holograph corrections (Saltykov-Shchedrin State Public Library, Leningrad).

result occasionally degenerated to near illegibility, but it is intriguing as an exercise in aural reconstruction. In the jumble of hasty composition, deletions and re-writings we can almost hear Voltaire testing his alexandrines for their most pleasing and striking dramatic effects. See figure 2.

AL: MS2

Alamire/Tragédie./

Copy by Wagnière, except for the title and the list of characters, added by Decroix; f.30, 180 x 239 mm; f.31-39, 186 x 234 mm; f.40-62, 186 x 231 mm; 32 leaves; f.30*r* title, as above, endorsed by Decroix 'Copie à garder'; f.30*v* blank; f.31*r* Personnages, in the hand of Decroix; f.32-62 text.

Bn: N25137, f.30-62; given to Beuchot by Decroix.

This manuscript incorporates the holograph corrections found in MS1, and therefore provides our base text for *Alamire*, the previously unpublished version of *Adélaïde*. Slips of paper, prepared by Decroix, have been neatly pasted over the text of this manuscript in a number of places; in particular, 'Taïse' has, in this way, been corrected throughout to 'Phénise'.

At the foot of f.56*r*, Decroix has written out lines IV.221-224 of A65, under the notation 'Ces quatre vers omis doivent etre retablis dans le texte', subsequently adding 'Non ce serait un anacronisme'. This text is now covered by a slip of paper.

In this long catalogue of the manuscript sources for all the versions of *Adélaïde*, there remains the vexing enigma of those documents of which present location is unknown. Five items may be listed thus, using the entry numbers of Andrew Brown's 1971 'Calendar':

2N. Contemporary copy originally in the possession of one of Voltaire's secretaries, it passed at the Pont de Veyle sale (Paris 1774), p.90-92, no.654, and at the Soleinne sale (Paris 20 avril 1844), ii.75, no.1684. For another Pont de Veyle provenance, see above, MS1 of *Les Frères ennemis*.

2O. Contemporary copy in 40 leaves. It was sold to Le Prince at the La Vallière sale (Paris 12 janvier 1784), ii.453, no.3462.

2P. Contemporary copy in 126 quarto pages, with 20 holograph corrections, damaged and repaired, bound in red russia leather with an armorial stamp. It passed at the comte C... V... and comte B... de L... sale (Paris 6 décembre 1864), p.249, no.2683.

2Q. Contemporary copy in 54 quarto pages (leaves?), with holograph corrections, damaged and repaired, bound in russia leather, and bearing corrections by the censor (erroneously identified in the sale catalogues as François Antoine Chevrier, the publicist, who was born in 1721), to whom it was sent on 8 January 1734; at the end appears René Hérault's signed permission to produce, dated 12 January 1734. It passed at the Gilbert sale (Paris 7 décembre 1865), p.168, no.1193, and at the Dubrunfaut sale (Paris 22 décembre 1884), p.36, no.186.

2R. Old copy on 82 quarto pages, bound in marbled calf. Offered by Saffroy (Paris octobre 1924), catalogue 96, no.12339.

Of these 2P and 2Q are clearly the most significant and their loss or misplacement is the most regrettable. Andrew Brown surmises that they could be one and the same manuscript (*Studies* 77, p.13). For the censor to have seen the text; for René Hérault, *lieutenant de police*, to have approved it just six days before the first performance; above all, for Voltaire to have made his own corrections to the manuscript – all these factors combined must surely point to a definitive 'manuscrit de 1734', to the *Adélaïde* which was performed on the night of 18 January 1734. We may console ourselves only with the thought that the discovery of such a source, whilst adding an important element to the history of Voltaire's theatre, would not eliminate the deciphering of the multiple forms taken by Voltaire's inspiration after the first night of *Adélaïde* had passed.

5

Editions

Both *Le Duc de Foix* and *Adélaïde* were frequently published during Voltaire's life, sometimes under his supervision. We describe below all those editions and appearances known to us, up to 1778, together with the three printings of the posthumous Kehl edition and the first edition of *Les Frères ennemis* (1811). In each case we give only the location of the copy or copies described.

Amélie ou le duc de Foix

52D

AMELIE / OU / LE DUC DE FOIX / *TRAGEDIE* / DE / MONSIEUR DE VOLTAIRE / GENTILHOMME ORDINAIRE DE LA CHAMBRE / DU ROI DE FRANCE ET CHAMBELAN DU ROI / DE PRUSSE. / [*woodcut, floral motif with owl, 62 x 40 mm*] / [*rule, 89 mm*] / *A DRESDE* 1752. / CHEZ GEORGE CONRAD WALTHER / LIBRAIRE DU ROY. / [*lines 1, 3, 6 and 10 in red*]

8°. sig. A-E[8]; pag. 80; $5 signed, arabic (– A1); page catchwords.

[1] title; [2] blank; [3] Avis du libraire (see below, Appendix 1); [4] Personnages; [5]-80 Amélie ou le duc de Foix, tragédie.

Voltaire appears to have sent out two different manuscripts of *Le Duc de Foix*, one to Lambert and one to Walther, and the resulting editions were probably published at around the same time. The textual tradition initiated by this, the first Walther edition, was continued in 53L (the London edition) but terminated with W48D: Walther's last edition, in W52 (1756), follows Cramer's W56.

The present edition was also issued at the head of some copies of volume 10 (1754) of the Walther edition of the *Œuvres* (Dresde 1748-1754), in place of the sheets printed specifically for that volume. For further details see W48D, below.

Quérard, *Bibliographie voltairienne*, no.113, reports the existence of a 1752 edition of the *Duc de Foix* from Amsterdam and one of 1753 from Dresden. Neither has been traced, and one suspects that he simply transposed the dates of 52D and 53A.

Arsenal: Rf 14240; ImV: A 1748/2 (10-1) (in volume 10 of W48D).

52P

LE DUC / *DE FOIX*, / TRAGEDIE / *Par M. DE VOLTAIRE*. / [*rule, 59 mm*] / *Le Prix eſt de trente ſols*. / [*rule, 59 mm*] / [*woodcut, head in sunburst, 52 x 32 mm*] / A PARIS, / Chez *LAMBERT*, Libraire, rue & à côté / de la Comédie Françaiſe, / au Parnaſſe. / [*thick-thin rule, 52 mm*] / M. DCC. LII. /

[*half-title*:] LE DUC / DE FOIX, / *TRAGE'DIE*. /

12°. sig. π^2 A-E$^{8.4}$ F^1; pag. [*4*] [1]-64 [2]; $4 signed, roman (E7 signed 'F'); sheet catchwords.

[*1*] half-title; [*2*] blank; [*3*] title; [*4*] Acteurs; [1]-64 Le Duc de Foix, tragédie; 64 Approbation (6 décembre 1752, Crébillon); [65-66] On trouvera, chez le même libraire [...].

The incompetence and indecision of the printer of this volume confirms the imprint. Variant states include: 1. $\pi 2v$ (p.[*4*]) blank, with the actors printed on a separate leaf pasted onto this page (the separate leaf reads 'TAISE' in place of 'TAISE, Confidente d'Amélie'); 2. A1 and C1 signed respectively *A and *C; 3. E1 not signed. These variants may well belong to quite distinct impressions of the text, since an abnormally large number of copies of this edition are extant in public collections.

The text of this edition is close to that of W75G, our base text, and constitutes the ultimate source of all subsequent editions, with the exception of the two derived from 52D. It varies from W75G at I.84, III.32, 245, 346, III.363, IV.92, 116.

Bn: Yf 6426 (no variants); 8° Yth 5497 (variants 1 and 2); Rés. Z Bengesco 32 (variants 1 and 3).

52B

LE DUC / *DE FOIX*, / TRAGÉDIE. / *Par Mr. DE VOLTAIRE*. / [*woodcut, signed* 'MS', *68 x 48 mm*] / *A BRUXELLES*. / [*thick-thin rule, 70 mm*] / M. DCC. LII. /

8°. sig. A-H⁴; pag. 62; $2 signed, roman (– A1); signature catchwords.

[1] title; [2] Acteurs; [3]-62 Le Duc de Foix, tragédie.

A reprint based upon 52P.

Arsenal: Rf 14239; Taylor: V3 D9 1752.

53A

AMÉLIE / OU / LE DUC / DE FOIX, / *TRAGÉDIE* / PAR / M^R^. DE VOLTAIRE. / [*woodcut, 54 x 35 mm*] / *A AMSTERDAM*, / Chez ESTIENNE LEDET & COMPAGNIE. / MDCCLIII. /

8°. sig. A-F⁸ G²; pag. 99 [1]; $5 signed, arabic (– A1); page catchwords.

[1] title; [2] Acteurs; [3]-99 Amélie ou le duc de Foix, tragédie; [100] Approbation (6 décembre 1752, Crébillon).

Sheet G exists in two states: 1. the ornament on G2*r* (p.99) has a flower at each corner, and measures 42 x 30 mm; 2. the ornament consists of stylised foliage, and measures 46 x 35 mm; the text has been reset, but no textual differences are apparent.

The text follows 52P.

Taylor: V3 A2 1764 (3) (state 1); V3 M7 1736 (state 2).

53L

AMÉLIE / OU / LE DUC DE FOIX / *TRAGEDIE* / DE / MONSIEUR DE VOLTAIRE / GENTILHOMME ORDINAIRE DE LA CHAMBRE / DU ROI DE FRANCE ET CHAMBELAN DU ROI / DE PRUSSE. / [*woodcut, 58 x 38 mm*] / [*rule, 77 mm*] / A LONDRE: / Chez D. WILSON & T. DURHAM. / [*rule, 19 mm*] / MDCCLIII. /

8°. sig. A-H⁴; pag. 64; $2 signed, arabic (– A1); page catchwords.

[1] title; [2] blank; [3] Avis du libraire; [4] Personnages; [5]-64 Amélie ou le duc de Foix, tragédie.

Press figures on B3*v*, 4; C3*v*, 6; E3*r*, 7; G4*r*, 2; H3*r*, 4.

The text follows 52D except at I.68 and III.363.

Taylor: V3 D9 1753; BL: 11737 f 9.

53P

LE DUC / DE FOIX, / *TRAGÉDIE* / PAR M. DE VOLTAIRE. / [*woodcut,*

62 x 53 mm] / A PARIS, / Chez LAMBERT, Libraire, rue & à côté de la / Comédie Françaiſe, au Parnaſſe. / [*triple rule, 44 mm*] / M. DCC. LIII. /

8°. sig. A-F4; pag. 46; $1 signed (– A1); sheet catchwords.

[1] title; [2] Acteurs; [3]-46 Le Duc de Foix, tragédie; 46 Approbation (6 décembre 1752, Crébillon).

The text follows 52P.

Br: FS 12.

T53

[*within thick-thin rule border*] LE / THÉATRE / DE / M. DE VOLTAIRE. / *NOUVELLE EDITION*, / Qui contient un Recuëil complet de toutes / les Piéces de Théatre que l'Auteur a / données juſqu'ici. / TOME QUATRIEME. / [*woodcut, floral cartouche, 43 x 30 mm*] / A AMSTERDAM, / Chez FRANÇOIS-CANUT RICHOFF, / près le Comptoir de Cologne. / [*thick-thin rule, 60 mm*] / M. DCC. LIII. /

8°. sig. π^2 A-T8 V2; pag. [*4*] 308; $4 signed, arabic (– M3, V2); direction line '*Théâtre Tome IV.*'; sheet catchwords.

[*1*] title; [2] blank; [*3*] Table des Piéces contenuës dans le quatriéme Volume; [*4*] blank, but for catchword 'SAMSON'; [1]-246 other texts; [247] Q4*r* 'LE DUC / DE FOIX, / *TRAGEDIE*. / Q4'; [248] Acteurs; 249-308 Le Duc de Foix, tragédie.

The text follows 52P.

Bn: Yf 12337.

54B

LE DUC / DE FOIX, / TRAGE'DIE / *Par Mr DE VOLTAIRE*. / Représentée à Bruxelles pour la premiere fois / le 29. Novembre 1753. par les Comediens / Français ſous les ordres de S.A.R. / [*woodcut, coat of arms, 44 x 50 mm*] / A PARIS, / Chez LAMBERT, Libraire, ruë à côté de la / Comédie Françaiſe, au Parnaſſe. / (*Et ſe vend,*) / A BRUXELLES, chez JEAN JOSEPH / BOUCHERIE, Imprimeur-Libraire ruë / de l'Empereur. / [*rule, 47 mm*] / M. D. CC. LIV. /

8°. sig. A-D8; pag. 64; $3 signed, arabic (– A1, C3; + B4); sheet catchwords.

[1] title; [2] Acteurs; [3]-64 Le Duc de Foix, tragédie; 64 Approbation (6 décembre 1752, Crébillon).

The woodcut on the title represents the arms of Charles-Alexandre, prince de Lorraine (1712-1780), Austrian governor in Brussels from 1744 until the time of his death.

The text follows 52P.

Taylor: V3 D9 1754.

W48D (1754)

OEUVRES / DE / Mr. DE VOLTAIRE / *NOUVELLE EDITION* / REVUE, CORRIGEE / ET CONSIDERABLEMENT AUGMENTÉE / PAR L'AUTEUR / ENRICHIE DE FIGURES EN TAILLE-DOUCE / *TOME DIXIEME.* / [*intaglio engraving, plate size 79 x 71 mm*] / *A DRESDE 1754.* / CHEZ GEORGE CONRAD WALTHER / LIBRAIRE DU ROI. / *AVEC PRIVILEGE.* / [*lines 1, 3, 5, 7, 9, 11 and 13 in red*]

8°. sig. π^2 A-Aa^8 Bb^4 Cc^2; pag. [*4*] 396 (p.281-284 numbered '181', '182', '183', '184'); $5 signed, arabic (– Bb4, Cc2; Z3 signed 'X3'); direction line 'VOLT. Tom. X.'; page catchwords.

[*1*] title; [*2*] blank; [*3*] Pieces contenues dans le tome dixième; [*4*] blank; [1] A1*r* 'AMELIE / OU / LE DUC DE FOIX / *TRAGEDIE.* / VOLT. Tom. X. A'; [2] Personnages; [3]-80 Amélie ou le duc de Foix, tragédie; [81]-396 other texts.

In the ImV copy of W48D, *Amélie* consists of a copy of 52D (see above) in place of the sheets intended for W48D, but in all other sets examined *Amélie* is an integral part of volume 10. At the end of *Oreste* one reads 'Fin du cinquiéme Acte, & du septiéme & dernier tome.', a formula erroneously picked up from the end of volume 7 of W52. The imprint, p.396, reads: 'Imprimé à Leipſic / *chez Jean Gottl. Imman. Breitkopf.* / 1754.'

The text follows 52D, except at I.68 and III.363; compare 53L.

Bn: Rés. Z Beuchot 12 (10).

55V

LE DUC / DE FOIX, / TRAGÉDIE. / *PAR MONSIEUR* / DE VOLTAIRE. / [*woodcut, winged Mercury, 35 x 36 mm*] / [*thick-thin rule, 81 mm*] /

VIENNE EN AUTRICHE, / Dans l'Imprimerie de J. L. N. de Guelen. / [*rule, 69 mm*] / M. DCC. LV. /

12°. not collated; pag. 96; signed arabic; page catchwords.

[1] title; [2] Acteurs; 3-96 Le Duc de Foix, tragédie.

Österreichische Nationalbibliothek, Vienna: 132403 A.

W56

OUVRAGES / DRAMATIQUES / AVEC / *LES PIECES RELATIVES A CHACUN*. / TOME TROISIEME. / [*woodcut, emblems of the arts, 87 x 72 mm*] / [*thick-thin rule, 59 mm*] / *MDCCLVI*. / [*lines 2, 4 and thick-thin rule in red*]

[*half-title*] COLLECTION / COMPLETTE / DES / ŒUVRES / *de Mr. de VOLTAIRE*. / PREMIERE EDITION. / *TOME NEUVIEME*. /

8°. sig. π^2 A-Bb^8 Cc^2; pag. [*4*] 403 (folio 217 inverted); $4 signed, arabic (– Cc2); direction line '*Théatre* Tom. III.'; page catchwords.

[*1*] half-title; [*2*] blank; [*3*] title; [*4*] blank; [1]-234 other texts; [235] P6*r* 'AMÉLIE / OU LE / DUC DE FOIX, / *TRAGÉDIE*. / *Repréſentée au mois de Décembre* 1752. / PRE-'; [236] blank; 237 Préface; [238] Acteurs; [239]-312 Amélie ou le duc de Foix, tragédie; [313]-402 other texts; 403 Ouvrages dramatiques contenus en ce volume, avec les piéces qui sont rélatives à chacun.

The first Cramer printing of *Le Duc de Foix*, and based closely on 52P.

Bn: Z 24584.

W52 (1756)

OEUVRES / DE / Mr. DE VOLTAIRE / *NOUVELLE EDITION* / REVUE, CORRIGE'E / ET CONSIDERABLEMENT AUGMENTE'E / PAR L'AUTEUR. / *TOME HUITIEME*. / [*intaglio engraving*] / *A DRESDE ET A LEIPZIG, 1756*. / CHEZ GEORGE CONRAD WALTHER / LIBRAIRE DU ROY. / *AVEC PRIVILEGE*. / [*lines 1, 3, 5, 8, 10 and 12 in red*]

12°. sig. π^3 A-M^{8,4} ^{2}A-^{2}F^{8,4} ^{2}G^6, *A-N*^{8,4} *O*^{2} *P*^{2}; pag. [*6*] 144 [84] 168; $5,3 signed, (+ M4; A4 signed 'A5'); direction line 'VOLT. Tom. VIII.' (sig. ^{2}A 'VOLT. L'ORPHEL.'; sig. ^{2}B-G 'VOLT. L'ORPH.'); page catchwords.

[*1*] title; [*2*] blank; [*3-4*] Avertissement de l'éditeur sur ce huitieme volume; [*5-6*] Table du tome huitieme; [1] A1*r* 'AMÉLIE / OU LE / DUC DE FOIX, / *TRAGÉDIE.* / *Repréſentée au mois de Décembre* 1752. / VOLT. Tom. VIII. A'; [2] blank; 3 Préface; [4] Acteurs; [5]-64 Amélie ou le duc de Foix, tragédie; [65]-144 Rome sauvée; [1]-[84] L'Orphelin de la Chine; [1]-168 Mélanges de poésies, de littérature, d'histoire et de philosophie.

The text of *Amélie* is taken from W56.

Österreichische Nationalbibliothek, Vienna: *38 L i (8).

W57G(A)

OUVRAGES / DRAMATIQUES / AVEC / *LES PIECES RELATIVES A CHACUN.* / TOME TROISIEME. / [*woodcut, emblems of astronomy, 81 x 73 mm*] / [*thick-thin rule, 61 mm*] / *MDCCLVII.* / [*lines 2, 4 and thick-thin rule in red*]

[*half-title*] COLLECTION / COMPLETTE / DES / ŒUVRES / *de Mr. de VOLTAIRE.* / PREMIERE EDITION. / *TOME NEUVIEME.* /

8°. sig. π^2 A-Bb⁸ Cc²; pag. [*4*] 403 (p.355 numbered '285'); $4 signed, arabic (– Cc2; A4 signed 'A3'); direction line '*Théatre* Tom. III.'; page catchwords.

[*1*] half-title; [*2*] blank; [*3*] title; [*4*] blank; [1]-234 other texts; [235] P6*r* 'AMÉLIE / OU LE / DUC DE FOIX, / *TRAGÉDIE.* / *Repréſentée au mois de Décembre* 1752. / PRE-'; [236] blank; 237 Préface; [238] Acteurs; [239]-312 Amélie ou le duc de Foix, tragédie; [313]-402 other texts; 403 Ouvrages dramatiques contenus en ce volume.

This is not simply a straight reprint of W56. There is, for example, a change to the text of the *Duc de Foix* at III.363.

Bn: Rés. Z Beuchot 21 (9).

W57G(B)

OUVRAGES / DRAMATIQUES / AVEC / *LES PIECES RELATIVES A CHACUN.* / TOME TROISIEME. / [*woodcut, emblems of the arts, 87 x 72 mm*] / [*thick-thin rule, 59 mm*] / *MDCCLVII.* / [*lines 2, 4 and thick-thin rule in red*] [*half-title*] COLLECTION / COMPLETTE / DES / ŒUVRES / *de Mr. de VOLTAIRE.* / PREMIERE EDITION. / *TOME NEUVIEME.* /

8°. sig. π^2 A-P^8 1Q^8 2Q^8 3Q^4 4Q^2 Q-Bb^8 Cc^2; pag. [*4*] 1-234 234.1-[234.6] [234.9]-234.47 [236]-403 (p.122 numbered on the right); $4 signed, arabic (– 3Q3, 3Q4, 4Q2, Cc2; 1Q3 signed 'Q3'); direction line '*Théatre* Tom. III.'; page catchwords.

[*1*] half-title; [*2*] blank; [*3*] title; [*4*] blank; [1]-234.47 other texts; [236] P6*r* 'AMÉLIE / OU LE / DUC DE FOIX, / *TRAGÉDIE.* / *Repréſentée au mois de Décembre* 1752. / PRE-'; 237 Préface; [238] Acteurs; [239]-312 Amélie ou le duc de Foix, tragédie; [313]-402 other texts; 403 Ouvrages dramatiques contenus en ce volume.

The text of *Le Duc de Foix* follows W57G(A). The main differences between this edition and the earlier version of W57G are to be found in *Oreste*.

Bn: Rés. Z Beuchot 20; Taylor: V1 1757 (9) (lacking sig. 1Q through 4Q).

W57P

ŒUVRES / DE / M. DE VOLTAIRE, / SECONDE ÉDITION / Conſidérablement augmentée, / *Enrichie de Figures en taille-douce.* / TOME V. / Contenant ſes Piéces de Théâtre. / [*typographic ornament*] / [*thick-thin rule, 57 mm*] / M. DCC. LVII. / [*thick-thin rule, 56 mm*] / [*lines 1, 3, 5, 7 and 9 in red*]

[*half-title*] ŒUVRES / DE / M. DE VOLTAIRE. /

12°. sig. π^2 A-Nn^{8,4} Oo^6; pag. [*4*] 444 (p.103 numbered '203', 146 '144', 150 '242'); $4,2 signed, roman (– Oo4); direction line '*Tome V.*'; sheet catchwords.

[*1*] half-title; [*2*] blank; [*3*] title; [*4*] Piéces contenues dans ce Volume; [1]-83 other texts; [84] blank; [85] G7*r* 'LE DUC / DE FOIX, / *TRAGEDIE.*'; 86 Acteurs; [87]-153 Le Duc de Foix, tragédie; [154] blank; [155]-444 other texts.

The text follows 52P. The *Duc de Foix* is omitted from the list of contents on p.[*4*].

Bn: Z 24646.

S058

SUPPLEMENT / AUX ŒUVRES / DE M^{R}. *DE VOLTAIRE.* / TOME PREMIER. / [*woodcut, 36 x 34 mm*] / *A LONDRES.* / [*thick-thin rule, 58 mm*] / M. DCC. LVIII. /

12°. sig. π^1 A-Ll^{8,4} (Hh5 blank); pag. [2] [408]; $4,2 signed, roman (Gg1 signed 'G'; Hh6 signed 'Hhiiij'); direction line '*Tome I.*'; sheet catchwords.

[*1*] title; [*2*] blank; [1]-84 Rome sauvée; [85] G7*r* half-title to Le Duc de Foix; [86] Acteurs; [87]-158 Le Duc de Foix, tragédie; 158 Approbation (6 décembre 1752, Crébillon); [159]-406 other texts; [407-408] Table des pièces contenues dans le premier volume.

A supplement to the Lambert 1751 edition of the works (W51P). The *Duc de Foix* follows 52P.

Bn: Rés. Z Beuchot 16 (*bis* 1).

59P

LE DUC / DE FOIX, / *TRAGÉDIE* / PAR M^{r}. DE VOLTAIRE. / *NOUVELLE EDITION.* / [*woodcut, with motto* 'SERERE NE DUBITES', *69 x 52 mm*] / A PARIS, / Chez LAMBERT, Libraire, rue & à côté / de la Comédie Françaiſe, au Parnaſſe. / [*thick-thin rule, 53 mm*] / M DCC. LIX. /

8°. sig. A-F^4; pag. 48

[1] title; [2] Acteurs; [3]-48 Le Duc de Foix, tragédie; 48 Approbation.

This description is based upon information kindly supplied by M. Jean-Daniel Candaux, and upon photocopies of p.[1-3] and 48 of the Toulouse copy.

Bibliothèque municipale, Toulouse.

60P

LE DUC / DE FOIX, / *TRAGÉDIE*, / PAR M. DE VOLTAIRE. / [*woodcut, 68 x 42 mm*] / A PARIS, / Chez LAMBERT, Libraire, rue & à côté de la / Comédie Françaiſe, au Parnaſſe. / [*thick-thin rule, 60 mm*] / M. DCC. LX./

8°. sig. A-G^4 (G4 blank); pag. 53; $1 signed (– A1); sheet catchwords.

[1] title; [2] Acteurs; [3]-53 Le Duc de Foix, tragédie; 53 Approbation (6 décembre 1752, Crébillon).

The text follows 52P.

Bn: 8° Yth 5499.

T62

[*within ornamented border*] / LE / THÉATRE / DE / M. DE VOLTAIRE. / *NOUVELLE ÉDITION*, / Qui contient un Recuëil complet de toutes / les Pièces de Théâtre que l'Auteur a / données juſqu'ici. / TOME TROISIÉME. / [*woodcut*] / *A AMSTERDAM*, / Chez FRANÇOIS-CANUT RICHOFF, / près le Comptoir de Cologne. / [*thick-thin rule*] / M. DCC. LXII. /

8°. sig. a^2 A-X^8 Y^4; pag. [*4*] 342; $4 signed, arabic (– a1); sheet catchwords.

[*1*] title; [*2*] blank; [*3*] Table; [*4*] blank; 1-198 other texts; [199] half-title to Amélie; [200] blank; 201 Préface; [202] Acteurs; 203-264 Amélie ou le duc de Foix, tragédie; [265]-342 other texts.

The text of *Amélie* follows 52P.

Bn: Rés. Z Bengesco 123 (3).

T64G

LE / THÉATRE / DE MONSIEUR / *DE VOLTAIRE*, / NOUVELLE ÉDITION. / *QUI contient un Rècueil complet de tou- / tes les Pièees* [*sic*] *que l'Auteur a donné juſ- / qu'à ce jour.* / TOME CINQUIEME. / [*woodcut, flowers and fruit, 47 x 21 mm*] / *A GÉNÉVE*, / Chez les Freres CRAMER, Libraires. / [*thick-thin rule, composed of 3 elements, 46 mm*] / M. DCC. LXIV. /

12°. sig. A-Ee^6 Ff^2; pag. 339 [*1*]; $3 signed, roman (– A1, A2, Ff2); direction line '*Tome V.*'; sheet catchwords.

[1] title; [2] blank; [3]-185 other texts; [186] Q3*v* half-title to Le Duc de Foix; [187] blank; [188] Acteurs; 189-252 Le Duc de Foix, tragédie; [253]-339 other texts; [340] Table des piéces contenuës dans le V. volume.

This edition (in which the Cramers had no hand) appears to be based upon T53.

Arsenal: Rf 14092 (5).

T64P

ŒUVRES / *DE* / THÉATRE / *DE* / M. DE VOLTAIRE, / *De l'Académie Françaiſe, de celle de Berlin,* / *& de la Société Royale de Londres, &c.* / TOME QUATRIEME. / [*woodcut, sunrise within cartouche, 29 x 22 mm*] / A PARIS, / Chez DUCHESNE, Libraire, rue Saint Jacques, / au-deſſous de la Fontaine Saint Benoît, / au Temple du Goût. / [*thick-thin rule, 47 mm*] / M. DCC. LXIV. / *Avec Approbation & Privilége du Roi.* / [*lines 1, 3, 5, 8, 9 and 13 in red*]

[*half-title*] THÉATRE / *DE* / M. DE VOLTAIRE. / *TOME IV.* /

12° sig. π² 1π¹ A-C¹² D⁶ E-K¹² L⁶ M-Z¹²; pag. [*6*] 528 (238-240 numbered '[illegible]', '[illegible]', '[illegible]'); $6 signed, arabic (– D4, D5, D6, L4, L5, L6); direction line '*Tome IV.*'; sheet catchwords.

[*1*] half-title; [*2*] blank; [*3*] title; [*4*] blank; [*5*] Table des pieces contenues dans ce quatrieme volume; [*6*] blank, but for catchword 'ROME'; [1]-84 other texts; [85] E1*r* 'AMÉLIE, / *OU* / LE DUC / DE FOIX, / *TRAGÉDIE;* / *Repréſentée pour la première fois par les* / *Comédiens Français ordinaires du Roi,* / *le* 17 *Août* 1752. / *Tome IV.* E'; [86] blank; 87 Préface; 88 Acteurs; [89]-156 Amélie ou le duc de Foix, tragédie; [157]-528 other texts.

Many of the plays in this Duchesne edition were also issued separately, the pagination and signatures having been altered on the press; no such separate edition of the *Duc de Foix* has been traced. See also T67, which itself consists largely (and in the case of *Le Duc de Foix*, entirely) of the sheets printed for T64P.

The text follows 52P.

Bn: Rés. Yf 4255.

W64G

OUVRAGES / DRAMATIQUES / *AVEC* / LES PIÉCES RELATIVES / A CHACUN. / *TOME TROISIEME.* / [*woodcut, emblems of the arts, 59 x 37 mm*] / [*thick-thin rule, 68 mm*] / M. DCC. LXIV. /

[*half-title*] COLLECTION / COMPLETTE / DES / ŒUVRES / *de Mr. de VOLTAIRE,* / DERNIERE EDITION. / *TOME NEUVIEME.* /

8°. sig. A-Cc⁸ Dd⁴; pag. 422 [*2*]; $4 signed, arabic; direction line '*Théatre* Tom. III.'; page catchwords.

[1] half-title; [2] blank; [3] title; [4] blank; [1]-270 other texts; [271] R8*r* 'AMÉLIE / OU LE / DUC DE FOIX, / *TRAGÉDIE*. / *Repréſentée au mois de Décembre* 1752. / PRE-'; [272] Préface; Acteurs; [273]-338 Amélie ou le duc de Foix, tragédie; [339]-422 other texts; [*1-2* Table des piéces contenues dans ce Volume.

The text of *Le Duc de Foix* follows W57G(B).

Merton College, Oxford: 36 f 11.

W64R

COLLECTION / *COMPLETE* / DES ŒUVRES / *de Monsieur* / DE VOLTAIRE, / NOUVELLE ÉDITION, / *Augmentée de ſes dernieres Pieces de Théâtre*, / *& enrichie de 61 Figures en taille-douce*. / TOME DIX-HUITIEME. / [*typographic ornament*] / *A AMSTERDAM*, / AUX DÉPENS DE LA COMPAGNIE. / [*thick-thin rule, 48 mm*] / M. DCC. LXIV. /

12°. sig. π^2 A-G^{12} H^6 I-R^{12} (– R8-12); pag. [2] 386 (p.47 numbered '74'; p.300 numbered '260'); $6 signed, arabic (– A6, H4-6, M3); direction line '*Tome XVIII.*'; sheet catchwords (– H).

[*1*] title; [2] blank; [1] half-title to Le Duc de Foix; [2] Acteurs; [3]-54 Le Duc de Foix, tragédie; [55]-386 other texts.

The text follows 52P.

Bn: Rés. Z Beuchot 26 (18,i).

65A

LE DUC / DE FOIX, / *TRAGÉDIE*. / Par Mr. DE VOLTAIRE. / [*typographic ornament*] / A AVIGNON, / Chez *LOUIS CHAMBEAU*, Imprimeur-Libraire, / près les RR. PP. Jéſuites. / [*triple rule, 49 mm*] / M. DCC. LXV. /

8°. sig. A-E^4 F^2; pag. 43; $2 signed, arabic (– F2); sheet catchwords.

[1] title; [2] Acteurs; [3]-43 Le Duc de Foix, tragédie.

ImV: D Duc 2/1765/1.

T67

ŒUVRES / *DE THÉATRE* / DE / M. DE VOLTAIRE, / Gentilhomme Ordinaire du Roi, de / l'Académie Françaiſe, / &c. &c. / *NOUVELLE ÉDITION*, / *Revûe & corrigée exactement ſur l'Édition* / *de Genève in-4°*. /

TOME QUATRIÈME. / [*typographic ornament*] / *A PARIS*, / Chez la Veuve Duchesne, Libraire, rue Saint- / Jacques, au-dessous de la Fontaine Saint- / Benoît, au Temple du Goût. / [*thick-thin rule, 54 mm*] / M. DCC. LXVII. /

12°. sig. π^2 A-C^{12} D^6 E-K^{12} L^6 M-Z^{12} (± I8, K4, L1-6; + K4*); pag. [*4*] 212 211*bis* 212*bis* 213-528; $6 signed, arabic (– D4, D5, D6, L4, L5, L6); direction line '*Tome IV.*'; sheet catchwords.

[*1*] title; [*2*] blank; [*3*] Table; [*4*] Errata; [1]-84 other texts; [85] E1*r* half-title to Amélie, as T64P; [86] blank; 87 Préface; 88 Acteurs; [89]-156 Amélie ou le duc de Foix, tragédie; [157]-528 other texts.

Sheets A to K (including *Amélie*) and M to Z are from the same printing as those in T64P, but K4 is a cancel, followed by an additional leaf (K4*, foliated 211*bis* and 212bis). The effect of this cancel is to shorten scene 5 of act 3 of *L'Orphelin de la Chine* and to add scene 6. Sheet L is completely reset.

Bn: Rés. Yf 3390.

T68

LE / THÉATRE / *DE* / M. DE VOLTAIRE. / *NOUVELLE ÉDITION.* / Qui contient un Recueil complet de toutes / les Pieces de Théatre que l'Auteur a / données jusqu'ici. / *TOME TROISIEME.* / [*woodcut, hanging floral basket, 28 x 23 mm*] / *A AMSTERDAM*, / Chez François Canut Richoff, / près le Comptoir de Cologne. / [*ornamented rule, 38 mm*] / M. DCC. LXVIII. /

12°. sig. π^2 A-O^{12} P^6 (P6 blank); pag. [*4*] 345; $6 signed, arabic (– P4, P5, P6; direction line '*Théâtre. Tome III.*'; sheet catchwords.

[*1-2*] blank; [*3*] title; [*4*] blank; [1]-200 other texts; [201] 'AMÉLIE, / *OU LE* / DUC DE FOIX, / *TRAGÉDIE.* / *Représentée au mois de Décembre 1752.* / I5'; [202] blank; 203 Préface; [204] Acteurs; 205-265 Amélie ou le duc de Foix, tragédie; [266] blank; [267]-344 other texts; 345 Table des pieces contenues dans ce troisieme volume.

The text follows T62.

Bn: Yf 4259.

W68

See below, under *Adélaïde Du Guesclin*.

W70G

OUVRAGES / DRAMATIQUES / *AVEC* / LES PIÉCES RELATIVES / A CHACUN. / *TOME TROISIEME.* / [*woodcut, emblems of the arts, 59 x 37 mm*] / [*thick-thin rule, 70 mm*] / M. DCC. LXX. /

[*half-title*] COLLECTION / COMPLETTE / DES / ŒUVRES / DE / MR. *de VOLTAIRE.* / DERNIERE EDITION. / *TOME NEUVIEME.* /

8°. sig. A-Cc⁸ Dd4; pag. 422 [2] (p.393 numbered '193' in the Bn copy; 421 numbered '42'; folio 389 absent in the Bn copy, numbered '38' in the Taylor copy); $4 signed, arabic (– A1, A2, Y2, Dd3, Dd4); direction line '*Théâtre* Tom. III.'; page catchwords.

[1] half-title; [2] blank; [3] title; [4] blank; [5]-270 other texts; [271] R8*r* 'AMÉLIE / OU LE / DUC DE FOIX, / *TRAGÉDIE.* / *Repréſentée au mois de Décembre* 1752. / PRE-'; [272] Préface; Acteurs; [273]-338 Amélie ou le duc de Foix, tragédie; [339]-422 other texts; [423-424] Table des piéces contenues dans ce volume.

A Cramer reprint of W64G.

Bn: Z 24752; Taylor: V1 1770G/1 (9).

T70

LE / THEATRE / *DE* / M. DE VOLTAIRE, / *NOUVELLE EDITION.* / Qui contient un recueil complet de toutes / les Pieces de Théâtre que l'Auteur a don- / nées juſqu'ici. / *TOME TROISIEME.* / [*woodcut, 46 x 34 mm*] / *A AMSTERDAM,* / Chez FRANÇOIS-CANUT RICHOEF, / près le Comptoir de Cologne. / [*thick-thin rule, 55 mm*] / M. DCC. LXX. /

12°. sig. π^1 A-O¹² P⁶; pag. [2] 345; $6 signed, arabic (– P4, P5, P6); direction line '*Théatre. Tome III.*'; sheet catchwords.

[*1*] title; [2] blank; [1]-200 other texts; [201] 'AMÉLIE, / *OU LE* / DUC DE FOIX, / *TRAGÉDIE.* / Repréſentée au mois de Décembre 1752. / I5'; [202] blank; 203 Préface; [204] Acteurs; 205-265 Amélie ou le duc de Foix, tragédie; [266] blank; [267]-344 other texts; 345 Table des pieces contenues dans ce troisieme volume.

Based upon T68.

Bn: Yf 4265.

W71

See below, under *Adélaïde Du Guesclin.*

W72P

See below, under *Adélaïde Du Guesclin.*

W72X

OUVRAGES / DRAMATIQUES / *AVEC* / LES PIECES RELATIVES / A CHACUN. / *TOME TROISIEME.* / [*typographic ornament*] / [*ornamented rule, [illegible] mm*] / M. DCC. LXXII. /

[*half-title*] COLLECTION / COMPLETTE / DES / ŒUVRES / DE / *Mr.* / *DE VOLTAIRE.* / DERNIERE ÉDITION. / *TOME NEUVIEME.* /

8°. sig. A-Bb⁸ (Bb8 blank); pag. 396 [2]; $4 signed, arabic (– A1, A2; A3 signed 'A2'); direction line '*Théâtre* Tom. III.'; sheet catchwords.

[1] half-title; [2] blank; [3] title; [4] blank; [5]-256 other texts; [257] R1*r* 'AMÉLIE, / OU LE / DUC DE FOIX, / *TRAGÉDIE.* / *Représentée au mois de* [*sic*] *Décembre 1752.* / *Théâtre.* Tome III. R'; [258] Préface; Acteurs; [259]-320 Amélie ou le duc de Foix, tragédie; [321]-396 other texts; [397-398] Table des pieces contenues dans ce volume.

Another reprint of the Cramer *Collection complette* of 1756, and in the same textual tradition.

Bn: 16° Z 15081 (9).

For the remaining appearances of *Le Duc de Foix* (W75G, W75X, T76A, T77, K84, K85 and K12), see below, under *Adélaïde Du Guesclin.*

Adélaïde Du Guesclin

65PA

ADÉLAÏDE / DU GUESCLIN, / *TRAGÉDIE;* / *Représentée pour la premiere fois le 18* / *Janvier 1734, & remise au Théâtre* / *le 9 Septembre 1765.* / Donnée au Public par M. LE KAIN, / Comédien ordinaire du Roi. / [*double rule, 46 mm*] / Le prix est de 30 sols. / [*double rule, 47 mm*] / [*woodcut, the Temple du goût'; signed* 'Papillon 1763', *47 x 28 mm*] / *A PARIS*, / Chez la Veuve Duchesne, Libraire, rue Saint / Jacques, au-deſſous de la Fontaine Saint Benoît, / au Temple du Goût. / [*thick-thin rule, 59 mm*] / M. DCC. LXV. / *Avec Approbation & Privilège du Roi.* /

8°. sig. a^4 A-D^8 E^4; pag. [*8*] [1]-71; $4 signed, roman (– *a*1, *a*3-4).

[*1*] title; [*2*] blank; [*3-6*] Préface de l'éditeur; [*7*] Avertissement de l'éditeur (see below, Appendix II); [*8*] Acteurs; [1]-71 Adélaïde Du Guesclin, tragédie; [72] Approbation (10 novembre 1765, Marin); 'Le Privilège & l'Enregistrement se trouvent aux Œuvres de Théatre de l'Auteur'.

This is the first edition of *Adélaïde*, and was printed by or for Mme Duchesne. The head-piece on p.61 is the same as that on v.291 of T64P, and is also found on p.[3] of the 1763 duodecimo issue of the *Droit du seigneur*.

Bn: 8° Yth 171; Leningrad: BV3478 (see next below).

65PA*

A copy of 65PA corrected by Voltaire, at I.33, 78, II.136, 193, 336, III.138, 277.

Leningrad: BV3478.

65PB

ADÉLAÏDE / DU GUESCLIN, / *TRAGÉDIE; / Repréſentée pour la premiere fois le* / 18 *Janvier* 1734, *& remiſe au / Théâtre le* 9 *Septembre* 1765. / Donnée au Public par M. le Kain, / Comédien ordinaire du Roi. / [*double rule, 46 mm*] / Le prix eſt de 30 ſols. / [*double rule, 47 mm*] / [*woodcut, identical that in* 65PA] / *A PARIS*, / Chez la Veuve Duchesne, Libraire, rue / Saint Jacques, au-deſſous de la Fontaine / Saint Benoît, au Temple du Goût. / [*thick-thin rule, 59 mm*] / M. DCC. LXV. / *Avec Approbation & Privilège du Roi.* /

12°. sig. π^1 A-C^{12} D^4; pag. [2] 79; $6 signed, arabic; sheet catchwords.

[*1*] title; [*2*] blank; [1] half-title; [2] blank; [3-6] Préface de l'éditeur; [7] Avertissement de l'éditeur; [8] Acteurs; [9]-79 Adélaïde Du Guesclin, tragédie; [80] Approbation (10 novembre 1765, Marin).

A duodecimo issue of 65PA, reimposed from standing type. Only the titlepage has been actually re-set, to suit the narrower measure, but several textual corrections were carried out, either during reimposition or on the press: I.115, 122, 264, 325, III.173, V.33. Voltaire's corrections to 65PA* were also carried out, except those at II.193 and III.138.

Bn: 8° Yth 169.

65X

ADÉLAÏDE / DU GUESCLIN, / *TRAGÉDIE,* / Par M. DE VOLTAIRE, / *Mise au Théatre le 9 Septembre* 1765. / [*woodcut, roses and foliage, 61 x 53 mm*] / A PARIS, / Chez la Veuve DUCHESNE, Libraire, rue S. Jac- / ques, au dessous de la Fontaine Saint Benoît, / au Temple du Goût. / [*triple rule, 60 mm*] / M. DCC. LXV. / *Avec Approbation & Privilège du Roi.* /

8°. not collated; pag. 60.

[1] title; [2] Acteurs; [3]-60 Adélaïde Du Guesclin, tragédie.

This description is based upon photocopies of p.[1-3] and 60, kindly supplied by the Humanities Research Center of the University of Texas at Austin.

The fine floral woodcut on the title is found in the *Enfant prodigue* 'Avignon 1761', and in 67P, below; the head-piece on p.[3] in the *Lois de Minos* 'Genève 1773' and *Charlot* 'Genève, Paris: Merlin, 1767'. The flaws in the triple rule are identical to those in the rule used on the title of 67P.

Austin: Pq 2077 A3 1765 HRC.

NM65A

NOUVEAUX / MELANGES / PHILOSOPHIQUES, / HISTORIQUES, / CRITIQUES, / &c. &c. / *TROISIEME PARTIE.* / [*woodcut, Candide 'a', 47 x 32 mm*] / [*thick-thin rule, 69 mm*] / M. DCC. LXV. /

[*half-title*] NOUVEAUX / MELANGES / PHILOSOPHIQUES, / HISTORIQUES, / CRITIQUES, / &c. &c. &c. / *TROISIEME PARTIE.* /

8°. sig. A-Cc⁸ Dd² (± Bb8, Cc2; − Dd², + Dd⁸); pag. 418 *or* 432; $4 signed, arabic (− A1, A2, Dd2); direction line '*Nouv. Mél.* III. Part.'; page catchwords.

[1] half-title; [2] blank; [3] title; [4] blank; [5]-214 other texts; [215] O4r 'ADÉLAÏDE / DU GUESCLIN, / *TRAGÉDIE,* / Jouée en 1734. & reprise

en 1765. / O4'; [216] blank; [217]-219 Préface de l'éditeur; [220] blank; 221-294 Adélaïde Du Guesclin, tragédie; [295]-414 other texts; 415-418 Table des articles contenus dans cette troisième partie; [419] Dd2*r* half-title Supplément aux Nouveaux mélanges; [420] blank; 421-432 other texts; 432 Table des pièces contenues dans ce supplément.

The volume first ended on p.418, Dd1*v* (the original Dd2 being presumably blank). Sheet Dd was then replaced with an eight-leaf sheet, containing the last leaf of the 'Table des articles' (re-set) and the 'Supplément'. There appears to be no textual difference between the cancel and cancellans in the case of Bb8 (*A Mlle Clairon*); the cancel of Cc2, however, has the effect of removing four sentences from p.403 ('On a oublié [...] *des mourants.*'), on which see D13040.

This is the first time that *Adélaïde* was printed under Voltaire's supervision, and he changed the text but little in subsequent editions (W70L excepted). The base text (W75G) differs at I.55, II.291, IV.35, 240, V.160a.

Bn: Rés. Z Beuchot 1608 (original state, 418 pages, Bb8 and Cc2 not cancelled); Rés. Z Beuchot 21 (25) (432 pages, Bb8 and Cc2 cancelled).

NM65B

NOUVEAUX/MELANGES/PHILOSOPHIQUES,/HISTORIQUES,/ CRITIQUES, / &c. &c. / *TROISIEME PARTIE.* / [*woodcut, Candide 'a', 47 x 32 mm*] / [*thick-thin rule, 68 mm*] / M. DCC. LXV. /

[*half-title*] NOUVEAUX / MELANGES / PHILOSOPHIQUES, / HISTORIQUES, / CRITIQUES, / &c. &c. &c. / *TROISIEME PARTIE.* /

8°. sig. A-Dd⁸ (± F1, F2, F4, F6, G1, G3; Dd8 is blank); pag. 430; $4 signed, arabic (– A1, A2); direction line '*Nouv. Mél.* III. Part.'; page catchwords.

[1] half-title; [2] blank; [3] title; [4] blank; [5]-214 other texts; [215] O4*r* 'ADÉLAÏDE / DU GUESCLIN, / *TRAGÉDIE*, / Jouée en 1734. & repriſe en 1765. / O4'; [216] blank; [217]-219 Préface de l'éditeur; [220] Acteurs; 221-294 Adélaïde Du Guesclin, tragédie; [295]-426 other texts; 427-430 Table des pièces contenues dans cette troisième partie.

This is a new setting of the volume, and provides *Adélaïde* with a list of characters, p.[220].

Bn: Rés. Z Bengesco 487 (3).

66PA

ADÉLAÏDE / DU GUESCLIN, / *TRAGÉDIE.* / *Représentée pour la premiere fois le* 18 / *Janvier* 1734, *& remise au Théatre* / *le* 9 *Septembre* 1765. / Donnée au Public par M. LE KAIN, / Comédien ordinaire du Roi. / [*rule, 81 mm*] / *Nouvelle Edition à laquelle on a joint deux* / *Lettres de l'Auteur.* / [*typographic ornament*] / *A PARIS*, / Chez la Veuve DUCHESNE, Libraire, rue Saint- / Jacques, au-dessous de la Fontaine St. Benoît, / au Temple du Goût. / [*double rule, 60 mm*] / M. DCC. LXVI. / *Avec Approbation & Privilège du Roi.* /

8°. sig. π^4 A-E^8 (E7-8 blank); pag. [*8*] [1]-71 [*5*]; $4 signed, roman; sheet catchwords.

[*1*] title; [*2*] blank; [*3-6*] Préface de l'éditeur; [*7*] Avertissement de l'éditeur; [*8*] Acteurs; [1]-71 Adélaïde Du Guesclin, tragédie; [*72*] Approbation (10 novembre 1765, Marin); [73-74] Au Château de Fernay 4 novembre (Voltaire to Laborde, D12966); [75-76] Lettre de M. de Voltaire à M. Berger (D12413).

The text is that of 65PA, except for v.33 which gives 'ta haine', a reading from 65PB (the duodecimo reimposition of 65PA). This suggests that 65PA might well have been corrected on press, before being reimposed, and that copies exist with the 'ta haine' reading. See also II.193, III.173 and 213-218.

Bn: 8° Yth 172.

66PB

ADÉLAYDE / DU GUESCLIN, / *TRAGÈDIE* / Par M. DE VOLTAIRE. / *Représentée pour la premiere fois le* 18 / *Janvier* 1734, *& remise au Théatre le* 9. *Septembre* 1765. / Donnée au Public par M. LE KAIN, / Comédien ordinaire du Roi. / [*rule, 60 mm*] / Le Prix est de 30 sols. / [*rule, 58 mm*] / [*woodcut*] / A PARIS, / Chez la Veuve DUCHESNE, Libraire, rue St Jacques, / au-dessous de la Fontaine Saint Benoît, / au Temple du Goût. / [*ornamented rule, 54 mm*] / M. DCC. LXVI. / *Avec approbation & Privilege.* /

8°. sig. A-D^8 E^2; pag. [*8*] [1]-60; $4 signed, roman (– A1, C3, E2); sheet catchwords.

[*1*] title; [*2*] blank; [*3-6*] Préface de l'éditeur; [*7*] Avertissement de l'éditeur; [*8*] Acteurs; [1]-60 Adélayde Du Guesclin, tragédie.

The text follows 65PA.

Bn: Rés. Z Beuchot 87.

66PC

ADÉLAÏDE / DU GUESCLIN, / *TRAGÉDIE*, / PAR M. DE VOLTAIRE, / *Mise au Théâtre le 9 Septembre 1765.* / [*woodcut, 61 x 39 mm*] / A PARIS, / Chez la Veuve DUCHESNE, Libraire, rue / S. Jacques, au-dessous de la Fontaine / S. Benoît, au Temple du Goût. / [*thick-thin rule, 66 mm*] / M. DCC. LXVI. / *Avec Approbation & Privilège du Roi.* /

8°. sig. A-G⁴ H²; pag. 59; $1 signed (– A1); sheet catchwords.

[1] title; [2] Acteurs; [3]-59 Adélaïde Du Guesclin, tragédie.

The text follows 65PB except at I.78, II.2, 114a, 373, III.138, 162, IV.14, 148b.

Taylor: V3 A3 1766.

66A

ADÉLAÏDE / DU GUESCLIN, / *TRAGÉDIE.* / *Par M. LE KAIN.* / *Représentée pour la premiere fois par les Comédiens* / *Ordinaires du Roi, le* 18 *Janvier* 1734, *& remise* / *au Théâtre le 9 Septembre* 1765. / [*woodcut, roses and foliage, 57 x 54 mm*] / A AVIGNON, / Chez *LOUIS CHAMBEAU*, Imprimeur-Libraire, / près les RR. PP. Jésuites. / [*triple rule, 50 mm*] / M. DCC. LXVI. /

8°. sig. A-F⁴; pag. 47; $2 signed, arabic; sheet catchwords.

[1] title; [2] Acteurs; [3]-47 Adélaïde Du Guesclin, tragédie.

ImV: D Adélaïde 1766.

66G

ADÉLAÏDE / DU GUESCLIN, / *TRAGÉDIE*; / *Représentée pour la première fois le* / *18 Janvier 1734, & remise au* / *Théâtre le 9 Septembre 1765.* / Donnée au Public par M. LE KAIN, / Comédien ordinaire du Roi. / [*ornament*] / A GENÈVE, / [*double rule*] / M. DCC. LXVI. /

8°. sig. A-I⁴; pag. 70; $2 signed, roman (– A1, E1, F2, I1); sheet catchwords.

[1] title; [2] Acteurs; [3]-70 Adélaïde Du Guesclin, tragédie.

Private collection.

67P

ADÉLAÏDE / DU GUESCLIN, / *TRAGÉDIE*, / Par M. DE VOLTAIRE, / *Mise au Théatre le 9 Septembre 1765. / [woodcut, roses and foliage, 61 x 53 mm]* / A PARIS, / Chez la Veuve DUCHESNE, Libraire, rue S. Jacques, / au-dessous de la Fontaine Saint Benoit, / au Temple du Goût. / [*triple rule, 60 mm*] / M. DCC. LXVII. / *Avec Approbation & Privilege du Roi.* /

8°. sig. A-G^4 H^2; pag. 60; \$1 signed (– A1); sheet catchwords.

[1] title; [2] Acteurs; [3]-60 Adélaïde Du Guesclin, tragédie.

The woodcut on the title is the same as that in 65X, as is the triple rule.

The text follows [illegible]

Arsenal: Rf 14226.

T67

ŒUVRES / *DE THÉATRE* / DE / M. DE VOLTAIRE, / Gentilhomme Ordinaire du Roi, de / l'Académie Françaiſe, / &c. &c. / *NOUVELLE ÉDITION*, / *Revûe & corrigée exactement sur l'Édition / de Genève in-4°.* / TOME CINQUIÈME. / [*typographic ornament*] / *A PARIS*, / Chez la Veuve DUCHESNE, Libraire, rue Saint- / Jacques, au-dessous de la Fontaine Saint- / Benoît, au Temple du Goût. / [*thick-thin rule, 52 mm*] / M. DCC. LXVII./

12°. sig. π^2 $^2\pi^1$ A-V^{12} ^{2}S-$^2V^{12}$ (– I11-12; ± C1, C2); pag. [*4*] 212 [*3*] 220-479 [*3*] 339-400 [*7*]; \$6 signed, arabic on sheets A-E, roman on sheets F-V (F3 signed 'Aiij'; F5 signed 'Av'); direction line '*Tome V.*'; sheet catchwords (– E, M).

[*1*] title; [*2*] blank; [*3*] Table; [*4*] Errata; [1]-288 other texts; [289] N1*r* half-title to Adélaïde Du Guesclin; [290] blank; [291]-295 Préface de l'éditeur; 296 Acteurs; [297]-372 Adélaïde Du Guesclin, tragédie; [373]-400 other texts; [401] Approbation (23 janvier 1763, Marin); [401-402] Privilège (30 mars 1763, régistré 8 mai 1763); [403-406] Catalogue général de théâtres, nouveaux ou nouvellement réimprimés, qui se trouvent chez Duchesne, rue S. Jacques; [407] Table des pieces qui composent le théatre de M. de Voltaire.

Sheets A to E are those of T64P, except for the cancels at C1 and C2; F to V first sequence (including *Adélaïde*) are new; ^{2}S-^{2}V (the second sequence) are from T64P. The Table on p.[407] appears to relate to the

1764 edition. The cancels and new sheets found in most volumes of T67 are intended to justify the 'corrigée exactement' claim of the title-page, itself a response to Voltaire's anger at the inaccuracies of T64P. The text of *Adélaïde* follows the first Paris editions in most points of detail, but substantial variants from w68 (or NM) were incorporated (I.239-242, II.93-100, 193-194, 317-328, III.110, 143-145, 213-218, IV.110a-116a, 186-189, etc.).

Bn: Rés. Yf 3391 (C1, C2 cancelled); BL: C 69 b 10 (4) (C1, C2 uncancelled).

68V

ADÉLAÏDE / DU / GUESCLIN, / *TRAGÉDIE* / EN CINQ ACTES. / [*typographic ornament*] / *A VIENNE*, / DE L'IMPRIMERIE DES DE GHÉLEN / [*ornamented rule, 50 mm*] / MDCCLXVIII. /

8°. sig. A-E⁸; pag. 77; $5 signed, arabic (– A1; E5 signed 'D5'); sheet catchwords.

[1] title; [2] Acteurs; [3]-77 Adélaïde Du Guesclin, tragédie.

BL: T 939 (3).

W68

THÉATRE / Complet / DE / *M*ᴿ. *DE VOLTAIRE*. / [*rule, 127 mm*] / TOME TROISIÉME. / [*rule, 126 mm*] / *CONTENANT* / ADELAÏDE DU GUESCLIN, *LE DUC DE FOIX*, / L'ORPHELIN DE LA CHINE, TANCREDE, / ZULIME, OLIMPIE, avec toutes les piéces / rélatives à ces Drames. / [*rule, 118 mm*] / *GENEVE*. / [*thin-thick rule, 117 mm*] / M. DCC. LXVIII. /

[*half-title*] COLLECTION / Complette / DES / *ŒUVRES* / DE / Mᴿ. DE VOLTAIRE. / [*thick-thin rule, 118 mm*] / *TOME CINQUIÉME*. / [*thin-thick rule, 119 mm*] /

4°. sig. π^2 A-Ppp⁴ Qqq²; pag. [*4*] 492; $3 signed, roman (– Qqq2); direction line '*Tom.* IV. *& du Théâtre le troiſiéme.*' (in roman type on L1 and M1); sheet catchwords.

[*1*] half-title; [*2*] blank; [*3*] title; [*4*] blank; [1] A1*r* 'ADÉLAÏDE / DE GUESCLIN, / *TRAGÉDIE*. / [*rule, 120 mm*] / *Jouée en 1734. & repriſe en 1765*. / [*rule, 117 mm*] / *Tom.* IV. *& du Théâtre le troiſiéme.* A'; [2] blank; 3-5 Préface de l'éditeur; 6 Acteurs; 7-76 Adélaïde Du Guesclin, tragédie;

[77] K3*r* 'AMÉLIE, / OU LE / DUC DE FOIX, / *TRAGÉDIE*. / [*rule, 118 mm*] / *Repréſentée au mois de Décembre 1752.* / [*rule, 117 mm*] / K iij'; [78] blank; 79 Préface; [80] Acteurs; 81-144 Amélie ou le duc de Foix, tragédie; [145]-491 other texts; 492 Table des piéces contenues dans ce quatrième volume.

The text of both plays approaches its final form in this monumental edition, of which the earlier volumes were produced by Cramer under Voltaire's supervision.

Bn: Rés. m Z 587 (5).

69C

ADELAIDE / DU GUESCLIN, / *TRAGÉDIE,* / Par Mr. DE VOL-TAIRE. / *Jouée en 1734. & repriſe en 1765.* / *Repréſentée ſur le Théâtre de la Cour, par* / *les Comédiens François ordinaires du Roi,* / *le* 1769. / Suivant la nouvelle édition in 4°. 1768. / [*woodcut, version of Candide 'd', 41 x 22 mm*] / [*thick-thin rule, 83 mm*] / *A COPENHAGUE*, / Chez CL. PHILIBERT, / Imprimeur-Libraire. / [*rule, 80 mm*] / M DCC LXIX. / *Avec Permiſſion du Roi.* /

8°. sig. A-E^8; pag. 77; \$5 signed, arabic (– A1); page catchwords.

[1] title; [2] blank; [3]-5 Préface de l'éditeur; [6] Acteurs; [7]-77 Adélaïde Du Guesclin, tragédie; [78-80] Pièces dramatiques représentées au Théâtre de la Cour, & imprimées à Copenhague chez Cl. Philibert [...] 25 aoust 1769.

The blank appears on the title page as shown.

Kungliga Biblioteket, Stockholm: Litt. Fr. Dram. Pjes.

70P

ADÉLAYDE / DU GUESCLIN, / *TRAGÉDIE*, / PAR M. DE VOLTAIRE. / *Repréſentée pour la première fois le 18 Janvier 1734,* / *& remiſe au Théâtre le 9. Septembre 1765.* / Donnée au Public par M. LE KAIN, / Comédien ordinaire du Roi. / [*rule, 84 mm*] / Le Prix eſt de 30 ſols. / [*rule, 84 mm*] / [*engraved portrait of Voltaire, signed* 'de Boubers, ſculp.'] / A PARIS, / Chez la Veuve DUCHESNE, Libraire, rue St. Jacques. / MDCCLXX. /

8°. sig. π^6 B-D^8 E^2; pag. [*4*] 60 (p.56 numbered '65'); \$5 signed, arabic (– D4, E2); page catchwords.

[*1*] title; [*2*] Acteurs; [*3-4*] Préface de l'éditeur; [1]-60 Adelayde Du Guesclin, tragédie.

Taylor: V3 A3 1770.

NM70

NOUVEAUX/MELANGES/PHILOSOPHIQUES,/HISTORIQUES,/ CRITIQUES, / &c. &c. / *TROISIEME PARTIE.* / [*woodcut, bird of prey on ornamented swag, 46 x 37 mm*] / [*thick-thin rule, 61 mm*] / M. DCC. LXX. /

[*half-title*] NOUVEAUX / MELANGES / PHILOSOPHIQUES, / HISTORIQUES, / CRITIQUES, / &c. &c. &c. / *TROISIEME PARTIE.* /

8°. sig. A-Dd^8; pag. 430 (p.121 numbered '221', p.203 '20', p.204 '201'); $4 signed, arabic (– A1, A2); direction line '*Nouv. Mél.* III. Part.'; page catchwords.

[1] half-title; [2] blank; [3] title; [4] blank; [5]-214 other texts; [215] O4 half-title to Adélaïde Du Guesclin; [216] blank; [217]-219 Préface de l'éditeur; [220] Acteurs; 221-294 Adélaïde Du Guesclin, tragédie; [295]-426 other texts; 427-430 Table des articles contenus dans cette troisième partie.

This is a new setting of the volume.

Bn: Rés. Z Bengesco 487 (3).

72PA

ADELAIDE / DU GUESCLIN, / *TRAGÉDIE* / Par M. Le Kain. / *Repréſentée pour la premiere fois par les Co- / médiens ordinaires du Roi, le* 18 *Janvier* / 1734, *& remiſe au Théâtre le* 9 *Septem- / bre* 1765. / [*ornamented rule, 86 mm*] / NOUVELLE ÉDITION. / [*ornamented rule, 86 mm*] / [*typographic ornament*] / *A PARIS*, / Chez N. B. Duchesne, Libraire, Rue S. Jacques, au- / deſſus de la Fontaine S. Bénoît, au Temple du Goût. / [*ornamented rule, 54 mm*] / M. DCC. LXXII. / *Avec Approbation & permiſſion.* /

8°. sig. A-F^4; pag. 48; $2 signed, roman; sheet catchwords.

[1] title; [2] Acteurs; [3]-48 Adélaïde Du Guesclin, tragédie.

The text follows 65PA.

Bn: Rés. Z Bengesco 31.

72PB

ADÉLAÏDE / DU GUESCLIN, / *TRAGÉDIE.* / *Repréſentée pour la premiere fois le* 18 / *Janvier* 1734, *& remiſe au Théâtre* / *le* 9 *Septembre* 1765. / Donnée au Public par M. LE KAIN, / Comédien ordinaire du Roi. / [*woodcut, 37 x 34 mm*] / *A PARIS*, / Chez la Veuve DUCHESNE, Libraire, rue Saint / Jacques, au-deſſous de la Fontaine St. Benoît, / au Temple du Goût. / [*thick-thin rule, 59 mm*] / M. DCC. LXXII. / *Avec Approbation & Privilège du Roi.* /

8°. sig. A-F^4; pag. 48; $1 signed (– A1; + Cij).

[1] title; [2] Acteurs; [3]-48 Adélaïde Du Guesclin, tragédie.

The text follows 65PA.

Bpu: Hf 5011/29 (6).

W70L (1772)

THÉATRE / COMPLET / *DE* / M^R. DE VOLTAIRE. / Le tout révû & corrigé par l'Auteur même. / TOME QUATRIEME, / *CONTENANT* / L'ORPHELIN DE LA CHINE, / ADÉLAÏDE DU GUESCLIN, / TANCRÉDE, ET LES SCYTHES. / [*woodcut, 43 x 30 mm*] / *A LAUSANNE*, / CHEZ FRANÇ. GRASSET ET COMP. / [*ornamented rule, 79 mm*] / M. DCC. LXXII. /

[*half-title*] *COLLECTION* / COMPLETTE / *DES* / ŒUVRES / *DE* / M^R. DE VOLTAIRE. / [*ornamented rule, 79 mm*] / *TOME DIXSEPTIEME.* / [*ornamented rule, 79 mm*] /

8°. sig. *^{4} (– *4) A-Aa^8 (Aa7-8 blank); pag. vi 380; $5 signed, arabic (– *1, *2; V4 signed 'T4'); direction line '*Théâtre.* Tome IV.'; sheet catchwords.

[i] half-title; [ii] blank; [iii] title; [iv] blank; v-vi Table des piéces contenues dans ce volume; [1]-90 other texts; [91] F6*r* 'ADÉLAÏDE / DU GUESCLIN, / *TRAGÉDIE*, / Jouée en 1734, & repriſe en 1765.'; [92] Avertissement des éditeurs; 93-95 Préface des éditeurs; 96 Personnages; 97-176 Adélaïde Du Guesclin, tragédie; 177-380 other texts.

Also issued with a different half-title: THÉATRE / COMPLET / DE / M^R. DE VOLTAIRE. / [*ornamented rule, 79 mm*] / TOME QUATRIEME. / [*ornamented rule, 79 mm*] /

This edition was indeed revised and corrected by the author, although in a somewhat haphazard fashion. In the case of *Adélaïde*, Voltaire added the 'Avertissement des éditeurs' (the text of which is given in appendix III, below), and a number of new lines (I.239-242, III.14-17). Other significant variants may be found at I.243, III.13, IV.35 and 240.

Taylor: V1 1770L (17).

W71 (1772)

THEATRE / *COMPLET* / DE / *M. DE VOLTAIRE*, / [*rule, 69 mm*] / TOME TROISIEME. / [*rule, 67 mm*] / *CONTENANT* / ADELAÏDE DU GUESCLIN, *LE DUC DE FOIX*, / L'ORPHELIN DE LA CHINE, TANCREDE, / ZULIME, OLIMPIE, avec toutes les piéces réla- / tives à ces Drames. / [*woodcut, 28 x 17 mm*] / *GENEVE*. / [*ornamented rule, 35 mm*] / M. DCC. LXXII. /

[*half-title*] COLLECTION / *COMPLETTE* / DES / *ŒUVRES* / DE / M[R]. DE VOLTAIRE. / [*ornamented rule, 74 mm*] / *TOME QUATRIEME*. / [*ornamented rule, 74 mm*] /

12°. not collated; pag. [*4*] 400.

[*1*] half-title; [2] blank; [*3*] title; [*4*] blank; [1] half-title to Adélaïde Du Guesclin; [2] blank; 3-5 Préface de l'éditeurs; 6 Acteurs; 7-62 Adélaïde Du Guesclin, tragédie; [63] half-title to Amélie; [64] blank; 65 Préface; 66 Acteurs; 67-117 Amélie ou le duc de Foix, tragédie; [118] blank; [119]-400 other texts; 400 Table des Piéces contenues dans ce quatriéme volume.

This description is based upon photocopies of the half-title, title and p.400.

An unauthorised edition produced at Liège by Plomteux, generally following W68.

Universitetsbiblioteket, Uppsala: Litt. fransk.

W72P

ŒUVRES / *DE M. DE VOLTAIRE*. / [*thick-thin rule, 77 mm*] / THÉATRE. / TOME TROISIÈME, / *Contenant* / *SÉMIRAMIS, ORESTE, ADÉLAÏDE* / *DU GUESCLIN; AMÉLIE,* OU *LE DUC* / *DE FOIX*. / [*woodcut, 44 x 28 mm*] / *A NEUFCHATEL*. / [*ornamented rule, 60 mm*] / M. DCC. LXXI /

[*half-title*] *ŒUVRES* / DE THÉATRE / *DE M. DE VOLTAIRE*. / TOME TROISIÈME. /

12°. sig. π^2 A-V^{12}; pag. [*4*] 480; $6 signed, roman; direction line 'Th. *Tome III.*'; sheet catchwords.

[*1*] half-title; [*2*] blank; [*3*] title; [*4*] blank; [1]-319 other texts; [320] blank; [321] O5*r* half-title to Adélaïde Du Guesclin; [322] blank; 323-327 Préface de l'éditeur; [328] Personnages; [329]-408 Adélaïde Du Guesclin, tragédie; 409 S1*r* half-title to Amélie; [410] blank; [411] Préface; [412] Personnages; [413]-480 Amélie ou le duc de Foix, tragédie.

This edition, produced by or for Panckoucke, follows w68.

Other volumes in this set are dated 1773, and it would seem that 'II.' has dropped off the end of the date in this volume.

Arsenal. Rf 14095 (3).

73P

ADÉLAÏDE / DU GUESCLIN, / *TRAGÉDIE* / EN CINQ ACTES ET EN VERS, / Par M. DE VOLTAIRE; / *Jouée en* 1734, *& reprise en* 1765. / [*rule, 81 mm*] / NOUVELLE ÉDITION, / *Revue sur celle in* 4°. *de Geneve.* / [*rule, 82 mm*] / [*ornamented rule, 58 mm*] / Le prix est de 12 sols. / [*ornamented rule, 58 mm*] / [*woodcut, theatrical emblems, 29 x 27 mm*] / A PARIS, / Chez la Veuve DUCHESNE, Libraire rue S. Jacques au-dessous / de la Fontaine S. Benoît, au Temple du Goût. / [*ornamented rule, 58 mm*] / M. DCC. LXXIII./

8°. sig. A-H^4 I^2; pag. 67; $2 signed, roman (– A1, I2); sheet catchwords.

[1] title; [2] Acteurs; [3]-67 Adélaïde Du Guesclin, tragédie; [68] On trouve à Toulon, chez J. L. R. Mallard, Imprimeur-Libraire, place St. Pierre, un assortiment de Piéces de Théatre, imprimées dans le même goût.

Kungliga Biblioteket, Stockholm: Litt. Fr. Dram. Pjes.

73X

[*within elaborate typographic border, 94 x 157 mm*] / ADÉLAÏDE / *DU* / GUESCLIN, / *TRAGÉDIE*. / Par M. DE VOLTAIRE. / [*woodcut*] / [*ornamented rule, 41 mm*] / M. DCC. LXXIII. /

8°. sig. A-E^8; pag. 77; $4 signed, roman (– A1); sheet catchwords.

[1] title; [2] Acteurs; [3]-77 Adélaïde Du Guesclin, tragédie.

Br: FS 10.

W75G

[*with ornamented border*] OUVRAGES / *DRAMATIQUES,* / PRÉCÉDÉS ET SUIVIS / DE TOUTES LES PIÉCES QUI LEUR / SONT RELATIFS. / [*rule, 75 mm*] / TOME TROISIÉME. / [*rule, 75 mm*] / *M. DCC. LXXV.* /

[*half-title, within ornamented border*] TOME QUATRIÉME. /

8°. sig. π² A-Cc⁸ Dd⁴ (Dd4 blank); pag. [*4*] 422; $4 signed, roman; direction line '*Théatre.* Tom. III.'; sheet catchwords.

[*1*] half-title; [*2*] blank; [*3*] title; [*4*] blank; 1-267 other texts; [268] blank; [269] R7*r* 'ADÉLAÏDE / DU GUESCLIN, / *TRAGÉDIE.* / [*rule, 71 mm*] / *Jouée en* 1734. *& reprise en* 1765. / [*rule, 71 mm*]'; [270] blank; 271-273 Préface de l'éditeur; [274] Acteurs; 275-347 Adélaïde Du Guesclin, tragédie; [348] blank; [349] Y7*r* 'AMÉLIE, / OU LE / DUC DE FOIX, / *TRAGÉDIE.* / [*rule, 74 mm*] / *Représentée au mois de Décembre* 1752. / [*rule, 74 mm*]' [350] blank; 351 Préface; [352] Acteurs; 353-420 Amélie ou le duc de Foix, tragédie; 421-422 Table des piéces contenues dans ce volume.

This is the *encadrée* edition, produced by or for Cramer under Voltaire's partial supervision, and provides the base text for *Adélaïde* and for *Le Duc de Foix*. This volume is absent from one of the two corrected sets of the *encadrée* in Voltaire's library in Leningrad, and the other copy is unopened.

The theatre volumes were reissued with a new title page, dated 1776 (London: Westfield College). The corner ornament used on this title page is that employed throughout the so-called *contrefaçon* of the *encadrée*, W75X.

Taylor: VF.

W75X

[*within ornamented border*] OUVRAGES / *DRAMATIQUES,* / PRÉCÉDÉS ET SUIVIS / *DE TOUTES LES PIÉCES QUI LEUR / SONT RELATIVES.* / [*rule, 75 mm*] / TOME TROISIÈME. / [*rule, 73 mm*] / [*typographic ornament*] / [*ornamented rule, 80 mm*] / *M. DCC. LXXV.* /

[*half-title, within ornamented border*] ŒUVRES / DE / *M*[R]*. DE VOLTAIRE.* / [*rule, 78 mm*] / TOME QUATRIEME. / [*rule, 78 mm*]

8°. sig. π^2 A-Cc[8] Dd[4] (Dd4 blank); pag. [*4*] 422; $4 signed, arabic (– Dd4); direction line '*Théatre.* Tom. III.'; sheet catchwords.

[*1*] half-title; [*2*] blank, but for border (as all blanks recorded below); [*3*] title; [*4*] blank; 1-267 other texts; [268] blank; [269] R7r 'ADÉLAÏDE / DU GUESCLIN, / *TRAGÉDIE.* / [*rule, 78 mm*] / *Jouée en 1734, & reprise en 1765.* / [*rule, 78 mm*]'; [270] blank; 271-273 Préface de l'éditeur; [274] Acteurs; 275-347 Adélaïde Du Guesclin, tragédie; [348] blank; [349] Y7r 'AMÉLIE, / OU LE / DUC DE FOIX, / *TRAGÉDIE.* / [*rule, 77 mm*] / *Représentée au mois de Décembre* 1752. / [*rule, 77 mm*]'; [350] blank; 351 Préface; [352] Acteurs; 353-420 Amélie ou le duc de Foix, tragédie; 421-422 Table des piéces contenues dans ce volume.

A close imitation of the original *encadrée*, w75G, this edition may have been produced in Lyon. The 1776 re-issue of the theatre volumes, referred to above, suggests the possibility of contact between those responsible for the two editions.

Bn: Z 24883.

76x

[*elaborate typographic border, 94 x 157 mm*] / ADÉLAIDE / *DU* / GUESCLIN, / *TRAGÉDIE.* / Par M. DE VOLTAIRE. / [*woodcut*] / [*ornamented rule, 50 mm*] / M. DCC. LXXVI. /

8°. sig. A-E[8]; pag. 77; $4 signed, roman (– A1); sheet catchwords.

[1] title; [2] Acteurs; [3]-77 Adélaïde Du Guesclin, tragédie.

An edition similar to 73x, and probably produced by the same printer.

Br: FS 11.

T76x

THEATRE / COMPLET / DE MONSIEUR / DE VOLTAIRE. / TOME TROISIEME. / Contenant ROME SAUVÉE *ou* CATILINA, / ADELAIDE DU GUESCLIN, AMÉLIE *ou* LE / DUC DE FOIX, L'ORPHELIN DE LA CHINE, / TANCREDE, ZULIME, *avec toutes les* / *Pièces relatives à ces Drames.* / [*woodcut, 50 x 45 mm*] / [*ornamented rule, 46 mm*] / M. DCC. LXXVI. / [*lines 1, 3, 5 and date in red*]

8°. sig. π^1 A-Ii[8] Kk[4] Ll[1]; pag. [2] 522 (p.244-256 numbered 144-156); $4 signed, roman (– F4, Y2, Kk3, Kk4); direction line '*Théatre. Tome*

III.' (except sigs A, E: '*Théat. Tom. III*'; and I, L: '*Tome III. Théatre*'); sheet catchwords.

[*1*] title; [*2*] blank; [1]-85 other texts; [86] blank; [87] F3*r* 'ADÉLAÏDE / DU GUESCLIN, / *TRAGÉDIE*. / [*rule*] / *Jouée en 1734, & repriſe en 1765*. / [*rule*]'; [88] blank; 89-92 Préface de l'éditeur; 92 Acteurs; [93]-167 Adélaïde Du Guesclin, tragédie; [168] blank; [169] 'AMÉLIE, / *OU LE* / DUC DE FOIX, / *TRAGÉDIE*. / [*rule*] / *Repréſentée au mois de Décembre 1752*. / [*rule*]'; [170] blank; [171] Préface; [172] Acteurs; [173]-240 Amélie ou le duc de Foix, tragédie; [241]-520 other texts; 521-522 Table des pièces contenues dans ce 3me. volume.

Arsenal: Rf 14096 (3).

77N

ADÉLAÏDE / DU GUESCLIN, / *TRAGÉDIE*. / EN CINQ ACTES EN VERS / Par Mr. LE KAIN, / [*triple rule, 75*] / LE PRIX EST DE 20. GRAINS. / [*triple rule, 75*] / [*typographic ornament*] / NAPLES / DE L'IMPRIMERIE DE JEAN GRAVIER. / MDCCLXXVII. / [*rule, 26 mm*] / *AVEC APPROBATION ET PRIVILEGE*. /

8°. sig. A-F⁴; pag. [*4*] 48; $1 signed (– A1); sheet catchwords.

[1] title; [2] Acteurs; [3]-48 Adélaïde Du Guesclin, tragédie.

Taylor: V3 A3 1777.

77P

ADELAIDE / DU GUESCLIN, / *TRAGÉDIE* / Par M. LE KAIN. / *Repréſentée pour la premiere fois par les Co- / médiens ordinaires du Roi,* le 18 *Janvier* / 1734, *& remiſe au Théâtre le* 9 *Septem- / bre* 1765. / [*ornamented rule, 86 mm*] / NOUVELLE EDITIO[N] / [*ornamented rule, 86 mm*] / [*typographic ornament*] / *A PARIS*, / Chez N. B. DUCHESNE, Libraire, rue S. Jacques, au- / deſſous de la Fontaine S. Bénoît, au Temple du Goût. / [*ornamented rule, 59 mm*] / M. DCC. [L]XXVII. /

8°. sig. A-E⁴ F²; pag. 44; $2 signed, arabic (– A1, F2); sheet catchwords.

[1] title; [2] Acteurs; [3]-44 Adélaïde Du Guesclin, tragédie.

The title-page is damaged where shown; the spacing of the date indicates 1777 rather than 1787.

Bengesco mentions a Delalain edition of 1777, but this may be a mistake for 1787, when such an edition did appear.

Arsenal: Rf 14230.

78P

ADÉLAIDE / *DU GUESCLIN*, / *TRAGEDIE*. / EN CINQ ACTES / *ET EN VERS*. / Par Monſieur DE VOLTAIRE. / *Jouée en* 1734, *& repriſe en* 1765. / [*ornamented double rule, 84 mm*] / *NOUVELLE ÉDITION*. / *Revue ſur celle in-4° de Geneve*. / [*ornamented double rule, 84 mm*] / [*woodcut*] / *A PARIS*, / Chez DIDOT, l'aîné, Imprimeur / & Libraire, Rue Pavée. / [*ornamented rule, 63 mm*] / M. DCC LXVIII. /

8°. sig. A-F^4; pag. 48; $2 signed, arabic ([illegible]); sheet catchwords.

[1] title; [2] Acteurs; [3]-47 Adélaïde Du Guesclin, tragédie; [48] On trouve à Avignon, chez les Freres, Bonnet, Imprimeurs, Libraires, vis-à-vis le Puits des Bœufs, un assortiment de Pieces de Théâtre, imprimées dans le même goût.

ImV: D Adélaïde 1778/1.

K84

OEUVRES / COMPLETES / DE / VOLTAIRE. / TOME SECOND. / [*swelled rule, 38 mm*] / DE L'IMPRIMERIE DE LA SOCIÉTÉ LITTÉ-RAIRE- / TYPOGRAPHIQUE. / 1784.

8°. sig. π^1 a^2 A-Dd^8 Ee^4 Ff^1, pag. [*2*] iv 441 [*1*]; $4 signed, arabic (– a2, Ee3, Ee4); direction line '*Théâtre. Tom. II.*' (sigs A-B, H, K, L-R, T-Y, Aa, Bb), '*Théâtre*. Tome II.' (sigs a, C-G, S, Z, Cc-Ff); sheet catchwords.

[*1*] title; [*2*] blank; [i] 'THEATRE.'; [ii] blank; [iii]-iv Table des pieces contenues dans ce volume; [1]-[112] other texts; [113] H1*r* 'ADELAIDE / DU GUESCLIN, / *TRAGEDIE*. / Repréſentée en 1734, & repriſe en 1765. / *Théâtre. Tom. II.* H'; [114] blank; [115]-119 Avertissement des éditeurs; [120] Personnages; [121]-189 Adélaïde Du Guesclin, tragédie; [190]-191 Variantes d'Adélaïde; [192] Notes; [193]-223 Variantes d'Adélaïde Du Guesclin, d'après le manuscrit de 1734; [224] blank, but for catch-word 'AMELIE'; [225] P1*r* 'AMELIE, / OU / LE DUC DE FOIX, / *TRAGÉDIE*. / Repréſentée au mois de décembre 1752. / *Théâtre. Tom. II.* P'; [226] Personnages; [227]-290 Amélie ou le duc de Foix, tragédie; [291]-[442] other texts.

Taylor: VF.

K85

OEUVRES / COMPLETES / DE / VOLTAIRE. / TOME SECOND. / [*swelled rule, 39 mm*] / DE L'IMPRIMERIE DE LA SOCIÉTÉ LITTÉ-RAIRE- / TYPOGRAPHIQUE. / 1785.

[*half-title*] OEUVRES / COMPLETES / DE / VOLTAIRE. /

8°. sig. π^2 a^2 A-Dd^8 Ee^4 Ff^1; pag. [*2*] iv 441 [*1*] (p.223 numbered '225'); $4 signed, arabic (– a2, Ee3, Ee4); direction line '*Théâtre*. Tome II.'; sheet catchwords.

[*1*] title; [*2*] blank; [i] 'THEATRE. / *Théâtre*. Tome II. a'; [ii] blank; [iii]-iv Table des pieces contenues dans ce volume; [1]-[112] other texts; [113] H1*r* 'ADELAÏDE / DU GUESCLIN, / *TRAGEDIE*. / Repréſentée en 1734, et repriſe en 1765. / *Théâtre*. Tom. II. H'; [114] blank; [115]-119 Avertissement des éditeurs; [120] Personnages; [121]-189 Adélaïde Du Guesclin, tragédie; [190]-191 Variantes d'Adélaïde; [192] Notes; [193]-[223] Variantes d'Adélaïde Du Guesclin, d'après le manuscrit de 1734; [224] blank, but for catch-word 'AMELIE'; [225] P1*r* 'AMELIE, / OU / LE DUC DE FOIX, / *TRAGEDIE*. / Repréſentée au mois de décembre 1752. / *Théâtre*. Tom. II. P'; [226] Personnages; [227]-290 Amélie ou le duc de Foix, tragédie; [291]-[442] other texts.

Taylor: V1 1785/2 (2).

K12

OEUVRES / COMPLETES / DE / VOLTAIRE. / TOME SECOND. / [*swelled rule, 23 mm*] / DE L'IMPRIMERIE DE LA SOCIÉTÉ LITTÉ-RAIRE- / TYPOGRAPHIQUE. / 1785.

[*half-title*] OEUVRES / COMPLETES / DE / VOLTAIRE. /

12°. sig. π^2 A-$Rr^{8,4}$ Ss^6; pag. [*4*] 492; $4,2 signed, arabic (– Ss4); direction line '*Théâtre*. Tome II.'; sheet catchwords.

[*1*] half-title; [*2*] blank; [*3*] title; [*4*] blank; [1] 'THEATRE. / *Théâtre*.Tome II. *A'; [2] blank; [3]-[130] other texts; [131] L6*r* 'ADELAÏDE / DU GUESCLIN. / *TRAGEDIE*. / Repréſentée en 1734, & repriſe en 1765.' [132] blank; [133]-137 Avertissement des éditeurs; [138] Personnages; [139]-217 Adélaïde Du Guesclin, tragédie; [218]-219 Variantes d'Adélaïde; [220] Notes; [221]-[252] Variantes d'Adélaïde Du Guesclin d'après le manuscrit de 1734; [253] X7*r* 'AMELIE, / OU / LE DUC DE FOIX, /

TRAGEDIE. / Repréfentée au mois de décembre 1752.'; [254] Personnages; [255]-324 Amélie ou le duc de Foix, tragédie; [325]-490 other texts; [491]-492 Table des pièces contenues dans ce volume.

Taylor: V1 1785/1 (2).

Les Frères ennemis

1821

LE DUC D'ALENÇON / OU / LES FRÈRES ENNEMIS; / TRAGÉDIE EN TROIS ACTES, / PAR VOLTAIRE; / OUVRAGE INÉDIT, PUBLIÉ POUR LA PREMIÈRE FOIS / PAR M. LOUÏS DU BOIS, / ANCIEN BIBLIOTHÉCAIRE, MEMBRE DE PLUSIEURS ACADÉMIES / DE PARIS, DES DÉPARTEMENS ET DE L'ÉTRANGER. / [*ornament*] / A PARIS, / Chez PLUQUET, Libraire, rue de Tournon, n.° 4, / Et BRISSOT-THIVARS, Libraire, rue Neuve-des-Petits- / Champs, n.° 22. / [*ornamented rule*] / 1821. /

8°. sig. π^5 1-2^8 π^2; pag. [x] 35; $1 signed, arabic; no catchwords.

[i] half-title; [ii] imprint; [iii] title; [iv] blank; [v]-ix Avertissement (1 February 1821); [1]-35 Le Duc d'Alençon.

Bn: Yth 5494.

6

Principles of the edition

Voltaire's working and re-working of *Adélaïde* can only be understood fully if all the texts of every version are made available. The limits of the printed page are, however, all too apparent. Ideally, texts could be juxtaposed to allow immediate comparisons, but the presence of five parallel columns on one page, or on a page spread, is disconcerting. If to these columns are added variants, the effect is cumbersome, and when the length of a scene or of an act varies substantially in each version – and such, of course, is the case – then the reader becomes confused and the purpose of the exercise is defeated.

As a first consideration one has the matter of presenting five versions of a single theme: *Adélaïde Du Guesclin* in two forms, 1734 and 1765; *Les Frères ennemis*, 1751; *Le Duc de Foix*, 1752; *Alamire*, 1751-1752. Secondly, all versions except *Alamire* have had considerable careers in manuscript and printed form, so some form of cross-reference is essential. Up to and including Moland, editions of the complete works of Voltaire published after 1765 gave *Adélaïde Du Guesclin* and *Le Duc de Foix* in a slightly uncomfortable but inevitable alliance.[1] The Kehl editors placed asterisks against those lines of *Le Duc de Foix* which were also to be found in *Adélaïde Du Guesclin* and they acknowledged in appendices the previous versions of *Adélaïde*, notably the very considerable variants for the original, 1734, text. In 1830 Beuchot, followed by Moland, added the three-act *Les Frères ennemis* (under the title *Le Duc d'Alençon*), which had been published separately in 1821, but a note points out the number of 'derived' lines in

[1] The exception is W70L. See the 'Avertissement' published below, Appendix III.

this version, and this is given as sufficient reason for not following the practice of indicating them by asterisks. Both the Kehl and the Moland editors set *Alamire* firmly to one side as being of insufficient originality to warrant publication.

The idea of a synchronous presentation has been rejected, therefore, in favour of one where the reader may make a progressive discovery of all the known versions of *Adélaïde*, and this in a sequence where chronological factors and the relative importance of each play have been given their due weight. We have selected, in the first instance, a base text of *Adélaïde Du Guesclin* following principles which have guided this edition of the complete works.[2] On this base text are collated the variants for printed editions of *Adélaïde Du Guesclin*. Immediately afterwards we give, from manuscript sources, *Adélaïde Du Guesclin* as the play stood between 1734 and 1765.

In this way, the most significant branch of the *Adélaïde* theme is established, but one must then decide upon a sequence for *Les Frères ennemis*, *Le Duc de Foix*, and *Alamire*. *Le Duc de Foix* is so obviously the twin of *Adélaïde Du Guesclin* that one is tempted to follow exactly the pattern of the Kehl edition where the two plays are juxtaposed. Alternatively, despite the neglect of *Alamire*, that text may be seen as a synthesis of all other versions and it could provide a fitting preface to them. We have preferred to make chronology the dominant, but not the absolute factor in our choice. Thus, despite the fact that *Les Frères ennemis* is really a *pièce de circonstance*, its first performance is clearly documented in 1751. It must therefore be placed immediately after the two versions of *Adélaïde Du Guesclin*, followed by *Le Duc de Foix*. *Alamire*, although printed for the first time here, is most usefully placed last in the sequence. There the text may be used as a source of verification and revision, an indicator of the length to which Voltaire could stretch his powers of dramatic adaptation.

[2] For a detailed description, see below p.112-14.

Logically, *Le Duc de Foix*, published and performed for the first time in 1752, would be derived from one of the several manuscript copies of A34, but in fact *Le Duc de Foix* is much closer to what will *become* the *Adélaïde Du Guesclin* of 1765. The precise extent of Voltaire's revisions between 1734 and 1752 is impossible to determine. What we may say is that *Le Duc de Foix* was most decidedly a determining factor in the shaping of the final *Adélaïde Du Guesclin*. The two plays were clearly paired in Voltaire's mind after 1752, and although material composed before that date was indeed referred to and used sporadically, it must be seen largely as a source of pillage, a convenient stock of lines that remained after the failure of *Adélaïde* at the Comédie-Française in 1734.

The degree of intermarriage between the five versions of the play can be examined in detail through the concordances of parallel lines of verse, given below. The equivalences are reduced to two types: identical lines (=); and similar lines (±), ranging from one identical hemistich to closely paraphrased lines.

Despite the considerable number of pages involved in this form of presentation of the plays, we feel that an essential condition has been met: by consulting our first text the reader gains an immediate idea of the play to which tradition has given the title *Adélaïde Du Guesclin*. In progressive stages he may then discover the different forms that Voltaire gave to a single dramatic theme over a period of thirty-two years. Whatever the merits of *Adélaïde* as a tragedy, the observation of this creative process is not to be dismissed lightly.

Selection of a base text

From the preceding observations it will be clear that we have given the most prominent place in our sequence to that version of *Adélaïde Du Guesclin* which was established at the revival of the play in 1765. Although the temptation exists to reconstitute a version of the 1734 text in its entirety, ignoring the many 'alternative readings', the very presence of these indecisive variants and the fact that no manuscript copy of *Adélaïde Du Guesclin* bears the authoritative stamp of Voltaire's hand,[3] discourages this initiative.

Moving forward in time, the first separate edition of 1765 has many claims to our attention. It provides a state of the text when *Adélaïde Du Guesclin* was performed successfully, after the general acceptance of *Le Duc de Foix* too, and when both plays were admitted by Voltaire to the canon. However, the 1765 edition of *Adélaïde* was very much the work of Lekain. Voltaire was happy at the theatrical event, but he made urgent appeals to Lekain, to the comte d'Argental and even to la veuve Duchesne for changes in the text. These were not impossibly numerous; they are simply numerous enough to prevent us adopting the 1765 text as definitive. Furthermore, separate editions of the play, clearly based on the text of 1765 and without emendations, continued to appear throughout Voltaire's lifetime and beyond. *Le Duc de Foix* suffered a similar fate.

In the final analysis, considerations based upon date of composition or first performance yield before the very full evidence produced by Samuel Taylor's analysis of the Leningrad *encadrée*.[4] Although Taylor makes every allowance for the adoption of other texts in particular cases, it is clear that the corrected Leningrad *encadrée* will supply the base text for many of the volumes in this edition of the complete works.

By an accident of circumstance, that happy solution cannot be applied for *Adélaïde*. The fourth volume of the *encadrée* set (*Théâtre*, III containing both *Adelaïde Du Guesclin* and *Amélie ou le Duc de Foix*) 'is inexplicably missing from the set although it may merely be misplaced in the library. So far as the other volumes of theatre are concerned, there are signs of intensive revision of all the later plays about which Voltaire apparently felt some hesitation' (p.22).

The second part of Taylor's discovery offers at least a crumb of consolation: the larger number of corrections made to the later

[3] See above, p.63-66.

[4] 'The definitive text of Voltaire's works: the Leningrad *encadrée*', *Studies* 124 (1974), p.7-132.

plays indicates that Voltaire was satisfied, on the whole, with the way in which the texts of his earlier productions had stabilised over the years.

From the editions we have examined it is clear that, for *Adélaïde Du Guesclin* the text becomes fixed, with only the very smallest variations after 1768. With *Le Duc de Foix*, the chief variants arise in those editions printed by Walther in Dresden in 1752 and 1754, and in the London edition of 1753 which was clearly derived from them. Walther's carelessness did not fail to provoke Voltaire's irritation.[5]

Adélaïde Du Guesclin

The base text is W75G, and variants are drawn from 65PA, 65PA*, 65PB, NM, 66PA, 66PB, 66PC, T67, W68, W70L, K84, K85 and K12. Except when otherwise stated, the siglum 65PA indicates 66PA, 66PB and 66PC, while K indicates K84, K85 and K12.

The following errors in the base text have not been recorded in the variants: 'droit' for 'droits' (I.72); 'glolre' for 'gloire' (I.262); 'honneur' for 'horreur' (V.127); 'trahison' for 'trahisons' (II.247).

Modernisation of the base text

The spelling of the names of persons and places has been respected and the original punctuation retained.

The following aspects of orthography and grammar in the base text have been modified to conform to modern usage:

1. Consonants

– the consonant *p* was not used in: tems, nor in its compound: longtems

– the consonant *t* was not used in syllable endings *–ans* and *–ens*: battemens, enfans, jugemens, plaisans, prudens, etc. (exception: garants)

– double consonants were used in: allarmer, allarmes, appeller, débar-

[5] For one complaint, amongst many, see D4632.

rasser, fidelle (but also: fidèle), indiscrette, infidelle, jettés, rappeller, rejetter, secrette

– a single consonant was used in: couroux, falait, falu, pourait (but: pourrais)
– archaic forms were used, as in: azile, domter, entr'ouverte, hazarder, promt, solemnel

2. Vowels

– *y* was used in place of *i* in: ayeux, enyvré, essuyent, proye, voye, yvresse
– *ai* was used in place of *é* in: puissai je, dussai-je

3. Accents

The acute accent

– was used in place of the grave in: cinquiéme, entiérement, niéce, piéce, piége, soulévemens
– was not used in: deshonneur, reprimée
– was used hesitantly in: désespérer, désespoir

The grave accent

– was not used in: déja

The circumflex accent

– was not used in: ame, apprites, coute, disgrace, grace, infame, théatre
– was used in: oublîrai, toûjours

The dieresis

– was used in: éblouïr, jouïr, ruïne

4. Capitalisation

– initial capitals were attributed to: Acteurs, Arts, Auteur, Avocat, Banquier, Connétable, Dauphin, Duc, Journaux, Léopards, Lys, Madame, Maison Royale, Maître, Ministre, Monarque, Musicien, Opéra, Prince, Public, Régimens, Roi, Seigneur, Sénateur, Souverain, Théatre, Tragédie
– and to adjectives denoting nationality: Français, Germain, Vénétien

5. Points of grammar

– agreement of the past participle was not consistent
– the cardinal number *cent* was invariable

– the final *–s* was not used in the second person singular of the imperative: crain, puni, pren, vi, reconnai
– the plural in *–x* was used in: loix

6. Various
– the ampersand was used
– the hyphen was used in: aussi-bien
– monsieur was abbreviated: Mr.

Adélaïde 1734

The base text (MS1) is a manuscript which belonged formerly to Lekain (see above, p.63-64) and which carries the text of alternative readings from other sources. The critical apparatus to the present edition draws variants from a further six manuscripts. Obvious errors of the copyists are disregarded.

Modernisation of the base text

Since MS1 is a manuscript in the hand of a copyist, without corrections by Voltaire, the text has been modernised, as have the variants. The spelling of proper names and the punctuation have been respected. The following forms have been modified:

1. Consonants
– the consonant *t* was not used in syllable endings *–ans* and *–ens*: brillans, emportemens, enfans, impatiens, prudens, sentimens, etc. (exception: garants)
– double consonants: appaiser
– single consonant: flame, flater, fraper
– archaic forms: azyle, étendart, hazard, plustôt, solemnel, thrône

2. Vowels
– *oi* was used in place of *ai* in the imperfect and conditional tenses, and in: Anglois, connoître, foible, foiblement, foiblesse, François, méconnoître, paroître, reconnoître

3. Accents
The acute accent
– was absent from: cederont, differer, regler, regner

– was used in: rébelle
– was used in place of the grave in: piége

The grave accent
– was not used in: amene, acheve, barriere, breche, cede, chere, colere, déja, enleve, entiere, espere, étrangere, fidele, fiere, frere, indiscrete, infidele, interprete, léger, leve, ministere, misere, mystere, niece, pere, possede, préfere, priere, protege, rachetent, ramene, regne, révere, secrete, severe, sincere, voila
– was used hesitantly in: zèle

The circumflex accent
– was not used in: [illegible], [illegible], du, grace, [illegible], maitrisant, théatre, traine
– was used in: ajoûte

The dieresis
– was used in: réünir, joüir, obeïr

4. Capitalisation
– initial capitals were attributed to: Ciel, Cour, Connêtable, Dauphin, Duc, l'Etranger, Madame, Prince, Roi, Seigneur

5. Points of grammar
– the final *s* of the first person singular was not used in: je voi, doi

6. Various
– the hyphen was not used in: ecoutez moi, faut il, pardonnez moi, peutêtre, soi même

Les Frères ennemis

The base text is taken from a copy sent by Lacombe to Voltaire, and described above on p.66-67. Variants are drawn from three other manuscripts. Obvious errors of the copyists are not recorded in the critical apparatus.

Modernisation of the base text

As MS1 bears no trace of Voltaire's hand, the text has been modernised. The punctuation is sparse, particularly at the end of a line, and has been supplemented in the present edition in the interests of readability: such editorial interventions can be distinguished by the use of sans serif characters: '.' instead of '.', ';' instead of ';', and so on (see above, p.xvii). The following details of orthography and grammar have been modified:

1. Consonants
   - the consonant *p* was not used in: tems, longtems
   - the consonant *t* was not used in the syllable endings *–ans* and *–ens*: assaillans, emportemens, enfans, differens (but it was used in: égarements, épanchements, insolents, moments, ressentiments, sanglants, sentiments)
   - double consonants: allarmes, s'allarmer, appaiser, deffaut, deffense (also: défense), deffendre, jetté, rebuttez
   - single consonant: abatre, apelle, aprend (but: apprendre), aprête, apui, combatre (but also: combattre), couroux (also: courroux), mole, opose, oprimé, poura, pourait, pouriez, rapeler, raprochez, suplice, tranquile, tranquilité
   - archaic forms: azile, etendarts, plustôt
2. Vowels
   - *oi* was used in place of *ai* in the imperfect and conditional tenses (but: fallait, aimais, faisais), and in: connoitre, foiblement, foiblesse, François, paroitre, reconnoissance
   - *y* was used in place of *i* in: celuy, foy, loy, luy, moy, quoy (also: quoi), Roy, vray; ay, auray, diray, iray, serviray (but: commanderai)
   - *i* was used in place of *y* in: appuier, effroiable, essuia, himen, tiran
3. Accents

The acute accent was rarely used except in the final *é*

- it was used in: dégrez, désespere, désordre, éblouir, échanger, étale, étende, éternel, étonne, étranger, évite, méprise, pénétrans, précipité
- it was used hesitantly in: désespoir, étranger, égarements, élevé, épouser, état, étendart, trépas, prépare, sépare
- it was used in place of the grave in: améne (also: amene), aprés, auprés, excés, piége, succés

The grave accent was not used.

The circumflex accent

- was not used in: abime, ame, arreter (but: arrête), bientot, blame, conquete, couter, disgrace, enchainé, etes, etre, extreme, gouter, grace, infame, lache, lachement, maitre, maitriser, naitre, oter, preté, puisames, sur, sureté, trainer, traitre

– was used in: dû, pû, sçû, vaincû, vû

The dieresis

– was used in: païs, prevenüe, vüe

4. Capitalisation

– initial capitals were attributed to: Ciel, Cour, Dauphin, Empire, Epée, Epoux, Etendarts, Guerre, Prince, Roy

5. Various

– *ez* was used in place of *és* in adjectives and in the plural of the past participle: sont prodiguez, entourez, elevez, étonnez, fatiguez, etc; and in the following nouns: alliez, dégrez

– etymological spelling was used for: sçait, sçavez, sçaurait, sçu

– the hyphen was used with great inconsistency; one finds 'est-ce' close by 'est ce', 'songez vous' close by 'penses-tu'

Amélie ou le duc de Foix

As in the case of *Adélaïde du Guesclin*, the base text is W75G, as the relevant volume of the corrected set of the *encadrée* has not survived. Variants are taken from: MS1, 52D, 52P, 53L, W48D, W56, W57G(A), W57P, 60P, T64P, W64R, T67, W68 and K. Except when otherwise stated, 52D stands for 52D, 53L and W48D (except at I.68), and 52P stands for 52P and 60P.

The base text has been modernised following the principles set out above for *Adélaïde*. The practice, originated in W68, of indicating by the use of italics those lines or part-lines unique to *Le Duc de Foix* has not been followed: such information can be derived from the concordances.

Alamire

The base text (MS2) is a manuscript in the hand of Wagnière, incorporating the holograph corrections found in MS1.

This base text manuscript was later altered by Decroix (and by an unknown hand), probably with publication in view. Some of the alterations were written by Decroix on small slips of paper, pasted over the original text, while others were made on the text itself: all are relegated to the critical apparatus, and the text printed below is that left by Wagnière.

His spelling and punctuation have been retained, given that the manuscript was in all probability transcribed under the supervision of Voltaire. Where punctuation is patently absent it has been supplied, with MS1 serving as a guide. Editorial punctuation is indicated by the use of sans serif characters: '.' instead of '.', ';' instead of ';', and so on (see above, p.xvii).

Other emendations:

- initial capitals are supplied after the period and at the start of a line, where necessary
- the names of people and places are capitalised
- compound words are split: envain, aumoins, aulieu
- the apostrophe has been added to: delle
- the hyphen has been added where necessary: peut être, ecoutez moi
- stage directions are given in italics.

ADÉLAÏDE
DU GUESCLIN,
TRAGÉDIE;

Représentée pour la premiere fois le 18 Janvier 1734, & remise au Théâtre le 9 Septembre 1765.

Donnée au Public par M. LE KAIN, Comédien ordinaire du Roi.

Le prix est de 30 sols.

A PARIS,
Chez la Veuve DUCHESNE, Libraire, rue Saint Jacques, au-dessous de la Fontaine Saint Benoît, au Temple du Goût.

M. DCC. LXV.
Avec Approbation & Privilège du Roi.

3. *Adélaïde Du Guesclin*: the title page of the duodecimo issue of the first edition, 65PB (Institut et musée Voltaire, Geneva).

ADÉLAÏDE DU GUESCLIN

TRAGÉDIE

Jouée en 1734 et reprise en 1765

PRÉFACE DE L'ÉDITEUR

L'auteur m'ayant laissé le maître de cette tragédie, j'ai cru ne pouvoir mieux faire que d'imprimer la lettre qu'il écrivit à cette occasion à un de ses amis.

'Quand vous m'apprîtes, Monsieur, qu'on jouait à Paris une *Adélaïde du Guesclin* avec quelque succès, j'étais très loin d'imaginer que ce fût la mienne, et il importe fort peu au public que ce soit la mienne, ou celle d'un autre. Vous savez ce que j'entends par le public. Ce n'est pas l'*univers*, comme nous autres barbouilleurs de papier l'avons dit quelquefois. Le public, en fait de livres, est composé de quarante ou cinquante personnes, si le livre est sérieux, de quatre ou cinq cents lorsqu'il est plaisant, et d'environ onze ou douze cents s'il s'agit d'une pièce de théâtre. Il y a toujours dans Paris plus de cinq cents mille âmes qui n'entendent jamais parler de tout cela.

Il y avait plus de trente ans que j'avais hasardé devant ce public une *Adélaïde du Guesclin* escortée d'un duc de Vendôme et d'un duc de Nemours qui n'existèrent jamais dans l'histoire. Le fond de la pièce était tiré des Annales de Bretagne, et je l'avais ajustée comme j'avais pu au théâtre sous des noms supposés; elle fut sifflée dès le premier acte. Les sifflets redoublèrent au second, quand on vit arriver le duc de Nemours blessé, et le bras en écharpe. Ce fut bien pis lorsqu'on entendit au cinquième le signal que le duc de Vendôme avait ordonné; et lorqu'à la fin le duc de Vendôme disait, *Es-tu content, Coucy?* plusieurs bons plaisants crièrent, *coussi-coussi*.

a W70L: Préface des éditeurs
1 W70L: L'auteur nous ayant laissé les maîtres [...] nous avons cru
2 65PA, 65PB: qu'il écrivait
3 W70L, between 3-4: Lettre de l'auteur à M. Tiriot
9 65PA, 65PB: quelquefois. ¶Le public
20 65PA, 65PB, T67: acte. ¶Les sifflets
22 65PA, 65PB: pis, quand on

Vous jugez bien que je ne m'obstinai pas contre cette belle réception. Je donnai quelques années après la même tragédie sous le nom du *Duc de Foix*, mais je l'affaiblis beaucoup par respect pour le ridicule. Cette pièce devenue plus mauvaise réussit assez, et j'oubliai entièrement celle qui valait mieux. 25

Il restait une copie de cette *Adélaïde* entre les mains des acteurs de Paris. Ils ont ressuscité, sans m'en rien dire, cette défunte tragédie; ils l'ont représentée telle qu'ils l'avaient donnée en 1734, sans y changer un seul mot, et elle a été accueillie avec beaucoup d'applaudissements. Les endroits qui avaient été le plus sifflés ont été ceux qui ont excité le plus de battements de mains. 30 35

Vous me demanderez auquel des deux jugements je me tiens. Je vous répondrai ce que dit un avocat vénitien aux sérénissimes sénateurs devant lesquels il plaidait: *Il mese passato*, disait-il, *le vostre Eccellenze hanno judicato così, e questo mese nella medesima causa hanno judicato tutto l'contrario, e sempre ben*. Vos Excellences, le mois passé, jugèrent de cette façon, et ce mois-ci, dans la même cause, elles ont jugé tout le contraire, et toujours à merveille. 40

M. Oghières, riche banquier à Paris, ayant été chargé de faire composer une marche pour un des régiments de Charles XII, s'adressa au musicien Mourette. La marche fut exécutée chez le banquier, en présence de ses amis, tous grands connaisseurs. La musique fut trouvée détestable; Mourette remporta sa marche, et l'inséra dans un opéra qu'il fit jouer. Le banquier et ses amis allèrent à son opéra. La marche fut très applaudie. Eh voilà ce que nous voulions, disaient-ils à Mourette, que ne nous donniez-vous une pièce dans ce goût-là? Messieurs, c'est la même. 45 50

On ne tarit point sur ces exemples. Qui ne sait que la même chose est arrivée aux idées innées, à l'émétique, et à l'inoculation,

30 65PA, 65PB: mains d'un des
31 65PA, 65PB: Il a ressuscité,
31-33 65PA, 65PB: tragédie, et elle a été accueillie
45 65PA, 65PB, T67: Mouret
49 65PA, 65PB, T67: allèrent à l'opéra
51 65PA, 65PB, T67: pièce de ce

tour à tour sifflés et bien reçus? Les opinions ont ainsi flotté dans les affaires sérieuses, comme dans les beaux arts et dans les sciences. 55

Quod petiit spernit, repetit quod nuper omisit.[1]

La vérité et le bon goût n'ont remis leur sceau que dans la main du temps. Cette réflexion doit retenir les auteurs des journaux dans les bornes d'une grande circonspection. Ceux qui rendent 60 compte des ouvrages, doivent rarement s'empresser de les juger. Ils ne savent pas si le public, à la longue, jugera comme eux; et puisqu'il n'a un sentiment décidé et irrévocable qu'au bout de plusieurs années, que penser de ceux qui jugent de tout sur une lecture précipitée?

63-64 65PA, 65PB, T67: bout de quelques années,

[1] Horace, *Epistles*, I.i.98.

ACTEURS

Le duc de VENDÔME.
Le duc de NEMOURS.
Le sire de COUCY.
ADÉLAÏDE DU GUESCLIN.
TAÏSE DANGLURE. 5
DANGESTE, confident du duc de Nemours.
Un officier.
Un garde etc.

La scène est à Lille.

a K12: PERSONNAGES
1-8 65PA:

Le sire de COUCY	M. Granval
Le duc de VENDÔME	M. le Kain
Le duc de NEMOURS, son frère	M. Molé
DANGESTE, écuyer du duc de Nemours	M. D'Auberval
Un officier du duc de Vendôme	M. Fromentin
ADÉLAÏDE DU GUESCLIN	Mlle Dubois
TAÏSE D'ANGLURE, confidente d'Adélaïde	Mlle Despinai

ACTE PREMIER

SCÈNE PREMIÈRE

LE SIRE DE COUCY, ADÉLAÏDE

COUCY

Digne sang de Guesclin, vous qu'on voit aujourd'hui,
Le charme des Français dont il était l'appui,
Souffrez, qu'en arrivant dans ce séjour d'alarmes,
Je dérobe un moment au tumulte des armes:
Ecoutez-moi. Voyez d'un œil mieux éclairci, 5
Les desseins, la conduite, et le cœur de Coucy;
Et que votre vertu cesse de méconnaître
L'âme d'un vrai soldat, digne de vous peut-être.

ADÉLAÏDE

Je sais quel est Coucy; sa noble intégrité
Sur ses lèvres toujours plaça la vérité. 10
Quoi que vous m'annonciez, je vous croirai sans peine.

COUCY

Sachez que si ma foi dans Lille me ramène,
Si du duc de Vendôme embrassant le parti,
Mon zèle en sa faveur ne s'est pas démenti,
Je n'approuvai jamais la fatale alliance 15
Qui l'unit aux Anglais et l'enlève à la France;
Mais dans ces temps affreux de discorde et d'horreur,
Je n'ai d'autre parti que celui de mon cœur.
Non que pour ce héros mon âme prévenue,
Prétende à ses défauts fermer toujours ma vue. 20
Je ne m'aveugle pas; je vois avec douleur

De ses emportements l'indiscrète chaleur:
Je vois que de ses sens l'impétueuse ivresse
L'abandonne aux excès d'une ardente jeunesse;
Et ce torrent fougueux que j'arrête avec soin, 25
Trop souvent me l'arrache, et l'emporte trop loin.
Il est né violent, non moins que magnanime,
Tendre, mais emporté, mais capable d'un crime.
Du sang qui le forma je connais les ardeurs;
Toutes les passions sont en lui des fureurs: 30
Mais il a des vertus qui rachètent ses vices;
Et qui saurait, madame, où placer ses services,
S'il ne nous fallait suivre et ne chérir jamais
Que des cœurs sans faiblesse et des princes parfaits?
Tout mon sang est à lui; mais enfin cette épée 35
Dans celui des Français à regret s'est trempée;
Le dauphin généreux...

ADÉLAÏDE

Osez le nommer roi;
Il l'est, il le mérite.

COUCY

Il ne l'est pas pour moi.
Je voudrais, il est vrai, lui porter mon hommage;
Tous mes vœux sont pour lui; mais l'amitié m'engage. 40
Mon bras est à Vendôme, et ne peut aujourd'hui
Ni servir, ni traiter, ni changer qu'avec lui.
Le malheur de nos temps, nos discordes sinistres,
Charle qui s'abandonne à d'indignes ministres,
Dans ce cruel parti tout l'a précipité; 45
Je ne peux à mon choix fléchir sa volonté.

33 65PA: ne vous fallait [65PA*, corrected to: nous]
37 65PA, 65PB, K: Ce fils de Charles Six...
44 65PA, 65PB: Le dauphin aveuglé par d'indignes

J'ai souvent, de son cœur aigrissant les blessures,
Révolté sa fierté par des vérités dures:
Vous seule, à votre roi le pourriez rappeler,
Madame, et c'est de quoi je cherche à vous parler. 50
J'aspirai jusqu'à vous avant qu'aux murs de Lille,
Vendôme trop heureux vous donnât cet asile.
Je crus que vous pouviez, approuvant mon dessein,
Accepter sans mépris mon hommage et ma main;
Que je pouvais unir, sans une aveugle audace, 55
Les lauriers des Guesclins aux lauriers de ma race.
La gloire le voulait, et peut-être l'amour,
Plus puissant et plus doux, l'ordonnait à son tour.
Mais à de plus beaux nœuds je vous vois destinée.
La guerre dans Cambrai vous avait amenée, 60
Parmi les flots d'un peuple à soi-même livré,
Sans raison, sans justice, et de sang enivré.
Un ramas de mutins, troupe indigne de vivre,
Vous méconnut assez pour oser vous poursuivre.
Vendôme vint, parut, et son heureux secours 65
Punit leur insolence, et sauva vos beaux jours.
Quel Français, quel mortel eût pu moins entreprendre?
Et qui n'aurait brigué l'honneur de vous défendre?
La guerre en d'autres lieux égarait ma valeur.
Vendôme vous sauva, Vendôme eut ce bonheur: 70
La gloire en est à lui, qu'il en ait le salaire.
Il a par trop de droits mérité de vous plaire.
Il est prince, il est jeune, il est votre vengeur;
Ses bienfaits et son nom, tout parle en sa faveur.
La justice et l'amour vous pressent de vous rendre: 75
Je n'ai rien fait pour vous; je n'ai rien à prétendre:
Je me tais... Mais sachez que pour vous mériter,

53 65PA, 65PB, T67: vous pourriez, approuvant
55 NM: Et que je pus unir
63 65PA, 65PB: Un amas de
69 65PA, 65PB, T67: lieux occupait ma

A tout autre qu'à lui j'irais vous disputer;
Je céderais à peine aux enfants des rois même;
Mais Vendôme est mon chef, il vous adore, il m'aime; 80
Coucy ni vertueux, ni superbe à demi,
Aurait bravé le prince, et cède à son ami.
Je fais plus; de mes sens maîtrisant la faiblesse,
J'ose de mon rival appuyer la tendresse,
Vous montrer votre gloire, et ce que vous devez 85
Au héros qui vous sert et par qui vous vivez.
Je verrai d'un œil sec et d'un cœur sans envie,
Cet hymen qui pouvait empoisonner ma vie.
Je réunis pour vous, mon service et mes vœux.
Ce bras qui fut à lui combattra pour tous deux. 90
Voilà mes sentiments; si je me sacrifie,
L'amitié me l'ordonne, et surtout la patrie.
Songez que si l'hymen vous range sous sa loi,
Si ce prince est à vous, il est à votre roi.

ADÉLAÏDE

Qu'avec étonnement, seigneur, je vous contemple! 95
Que vous donnez au monde un rare et grand exemple!
Quoi, ce cœur (je le crois sans feinte et sans détour)
Connaît l'amitié seule et peut braver l'amour!
Il faut vous admirer quand on sait vous connaître:
Vous servez votre ami, vous servirez mon maître. 100
Un cœur si généreux doit penser comme moi:
Tous ceux de votre sang sont l'appui de leur roi.
Eh bien, de vos vertus je demande une grâce.

COUCY

Vos ordres sont sacrés, que faut-il que je fasse?

78 65PA*, corrected: ⟨qu'à⟩ que
65PB, T67: autre que lui
79 65PA, 65PB, T67: Je ne céderais pas aux
98 65PA, 65PB: et sait braver

ADÉLAÏDE

Vos conseils généreux me pressent d'accepter 105
Ce rang dont un grand prince a daigné me flatter.
Je n'oublierai jamais combien son choix m'honore;
J'en vois toute la gloire; et quand je songe encore
Qu'avant qu'il fût épris de cet ardent amour,
Il daigna me sauver et l'honneur et le jour, 110
Tout ennemi qu'il est de son roi légitime,
Tout vengeur des Anglais, tout protecteur du crime,
Accablée à ses yeux du poids de ses bienfaits,
Je crains de l'affliger, seigneur, et je me tais.
Mais malgré son service et ma reconnaissance, 115
Il faut par des refus répondre à sa constance.
Sa passion m'afflige, il est dur à mon cœur,
Pour prix de tant de soins, de causer son malheur.
A ce prince, à moi-même, épargnez cet outrage.
Seigneur, vous pouvez tout sur ce jeune courage. 120
Souvent on vous a vu, par vos conseils prudents,
Modérer de son cœur les transports turbulents.
Daignez débarrasser ma vie et ma fortune,
De ces nœuds trop brillants dont l'éclat m'importune.
De plus fières beautés, de plus dignes appas 125
Brigueront sa tendresse où je ne prétends pas.
D'ailleurs, quel appareil, quel temps pour l'hyménée!
Des armes de mon roi Lille est environnée;
J'entends de tous côtés les clameurs des soldats,
Et les sons de la guerre, et les cris du trépas. 130
La terreur me consume; et votre prince ignore
Si Nemours… si son frère hélas respire encore!
Ce frère qu'il aima… ce vertueux Nemours…
On disait que la Parque avait tranché ses jours.

112 65PA, 65PB: Anglais, et protecteur
115 65PA, 65PB: Oui, malgré
122 65PA, 65PB: cœur les vœux impatients.

Que la France en aurait une douleur mortelle! 135
Seigneur, au sang des rois il fut toujours fidèle.
S'il est vrai que sa mort… excusez mes ennuis,
Mon amour pour mes rois et le trouble où je suis.

COUCY

Vous pouvez l'expliquer au prince qui vous aime,
Et de tous vos secrets l'entretenir vous-même. 140
Il va venir, madame, et peut-être vos vœux…

ADÉLAÏDE

Ah! Coucy, prévenez le malheur de tous deux.
Si vous aimez ce prince, et si dans mes alarmes,
Avec quelque pitié vous regardez mes larmes,
Sauvez-le, sauvez-moi de ce triste embarras, 145
Daignez tourner ailleurs ses desseins et ses pas.
Pleurante et désolée, empêchez qu'il me voie.

COUCY

Je plains cette douleur, où votre âme est en proie;
Et loin de la gêner d'un regard curieux,
Je baisse devant elle un œil respectueux; 150
Mais quel que soit l'ennui dont votre cœur soupire,
Je vous ai déjà dit ce que j'ai dû vous dire.
Je ne puis rien de plus. Le prince est soupçonneux;
Je lui serais suspect en expliquant vos vœux.
Je sais à quel excès irait sa jalousie, 155
Quel poison mes discours répandraient sur sa vie:
Je vous perdrais peut-être, et mon soin dangereux,
Madame, avec un mot ferait trois malheureux.
Vous, à vos intérêts rendez-vous moins contraire,

135 65PA, 65PB, T67: en avait une
147 65PA, 65PB, T67: qu'il ne voie

Pesez sans passion l'honneur qu'il veut vous faire. 160
Moi, libre entre vous deux, souffrez que dès ce jour,
Oubliant à jamais le langage d'amour,
Tout entier à la guerre, et maître de mon âme,
J'abandonne à leur sort et vos vœux et sa flamme.
Je crains de l'affliger; je crains de vous trahir; 165
Et ce n'est qu'aux combats que je dois le servir.
Laissez-moi d'un soldat garder le caractère,
Madame; et puisqu'enfin la France vous est chère,
Rendez-lui ce héros qui serait son appui:
Je vous laisse y penser, et je cours près de lui. 170
Adieu, madame.

SCÈNE II

ADÉLAÏDE, TAÏSE

ADÉLAÏDE

Où suis-je? hélas! tout m'abandonne.
Nemours... De tous côtés le malheur m'environne.
Ciel! qui m'arrachera de ce cruel séjour?

TAÏSE

Quoi? du duc de Vendôme et le choix et l'amour,
Quoi? ce rang qui ferait le bonheur ou l'envie 175
De toutes les beautés dont la France est remplie,
Ce rang qui touche au trône, et qu'on met à vos pieds,
Ferait couler les pleurs dont vos yeux sont noyés?

175 65PA, 65PB, T67: bonheur et l'envie

ADÉLAÏDE

Ici du haut des cieux, Du Guesclin me contemple.
De la fidélité ce héros fut l'exemple. 180
Je trahirais le sang, qu'il versa pour nos lois,
Si j'acceptais la main du vainqueur de nos rois.

TAÏSE

Quoi? dans ces tristes temps de ligues et de haines,
Qui confondent des droits les bornes incertaines,
Où le meilleur parti semble encor si douteux, 185
Où les enfants des rois sont divisés entre eux;
Vous qu'un astre plus doux semblait avoir formée
Pour unir tous les cœurs et pour en être aimée;
Vous refusez l'honneur qu'on offre à vos appas,
Pour l'intérêt d'un roi qui ne l'exige pas? 190

ADÉLAÏDE (*en pleurant.*)

Mon devoir me rangeait du parti de ses armes.

TAÏSE

Ah! le devoir tout seul fait-il verser des larmes?
Si Vendôme vous aime, et si par son secours...

ADÉLAÏDE

Laisse là ses bienfaits, et parle de Nemours.
N'en as-tu rien appris? sait-on s'il vit encore? 195

TAÏSE

Voilà donc en effet le soin qui vous dévore,
Madame?

190a 65PA, 65PB, T67, no stage direction

ADÉLAÏDE

Il est trop vrai. Je l'avoue, et mon cœur
Ne peut plus soutenir le poids de sa douleur.
Elle échappe, elle éclate, elle se justifie;
Et si Nemours n'est plus, sa mort finit ma vie. 200

TAÏSE

Et vous pouviez cacher ce secret à ma foi?

ADÉLAÏDE

Le secret de Nemours dépendait-il de moi?
Nos feux toujours brûlants, dans l'ombre du silence,
Trompaient de tous les yeux la triste vigilance.
Séparés l'un de l'autre, et sans cesse présents, 205
Nos cœurs de nos soupirs étaient seuls confidents;
Et Vendôme, surtout, ignorant ce mystère,
Ne sait pas si mes yeux ont jamais vu son frère.
Dans les murs de Paris… Mais, ô soins superflus!
Je te parle de lui quand peut-être il n'est plus. 210
O murs où j'ai vécu de Vendôme ignorée!
O temps où de Nemours en secret adorée,
Nous touchions l'un et l'autre au fortuné moment
Qui m'allait aux autels unir à mon amant!
La guerre a tout détruit. Fidèle au roi son maître, 215
Mon amant me quitta, pour m'oublier peut-être.
Il partit, et mon cœur qui le suivait toujours,
A vingt peuples armés redemanda Nemours.
Je portai dans Cambrai ma douleur inutile;
Je voulus rendre au roi cette superbe ville;[1] 220
Nemours à ce dessein devait servir d'appui;

[1] Cambrai was restored to France by the Treaty of Nijmegen (1678) which marked the high point of Louis XIV's foreign policy. This important political event would have been recalled by audiences of 1734, perhaps even more poignantly by those of 1765, in view of France's colonial losses.

ADÉLAÏDE DU GUESCLIN

L'amour me conduisait, je faisais tout pour lui.
C'est lui qui d'une fille animant le courage,
D'un peuple factieux me fit braver la rage.
Il exposa mes jours pour lui seul réservés, 225
Jours tristes! jours affreux, qu'un autre a conservés!
Ah! qui m'éclaircira d'un destin que j'ignore?
Français! qu'avez-vous fait du héros que j'adore?
Ses lettres, autrefois chers gages de sa foi,
Trouvaient mille chemins pour venir jusqu'à moi. 230
Son silence me tue; hélas! il sait peut-être
Cet amour, qu'à mes yeux son frère a fait paraître.
Tout ce que j'entrevois conspire à m'alarmer;
Et mon amant est mort, ou cesse de m'aimer!
Et pour comble de maux, je dois tout à son frère! 235

TAÏSE

Cachez bien à ses yeux ce dangereux mystère.
Pour vous, pour votre amant, redoutez son courroux.
Quelqu'un vient.

ADÉLAÏDE

C'est lui-même, ô ciel!

TAÏSE

Contraignez-vous.

SCÈNE III

LE DUC DE VENDÔME, ADÉLAÏDE, TAÏSE

VENDÔME

J'oublie à vos genoux, charmante Adélaïde,
Le trouble et les horreurs où mon destin me guide. 240
Vous seule adoucissez les maux que nous souffrons;
Vous nous rendez plus pur l'air que nous respirons.
La discorde sanglante afflige ici la terre,
Vos jours sont entourés des pièges de la guerre.
J'ignore à quel destin le ciel veut me livrer; 245
Mais si d'un peu de gloire il daigne m'honorer,
Cette gloire, sans vous obscure et languissante,
Des flambeaux de l'hymen deviendra plus brillante.
Souffrez que mes lauriers attachés par vos mains
Ecartent le tonnerre et bravent les destins; 250
Ou si le ciel jaloux a conjuré ma perte,
Souffrez que de nos noms, ma tombe au moins couverte,
Apprenne à l'avenir que Vendôme amoureux
Expira votre époux et périt trop heureux.

ADÉLAÏDE

Tant d'honneurs, tant d'amour servent à me confondre,[2] 255

238c 65PA, 65PB, NM, T67, W70L: LE DUC DE VENDÔME
239-242 65PA, 65PB, W70L:
Enfin, c'est trop attendre, enfin je dois connaître,
Dans les derniers moments qui me restent peut-être,
Si volant aux combats, j'y dois porter un cœur
Accablé d'infortune ou fier de son bonheur.
243 W70L: L'horreur de la discorde afflige
244 65PA, 65PB: Nos pas sont entourés
255 65PA, 65PB, T67: Tant d'honneur, tant

[2] This speech is marked *à part* in Lekain's acting copy (A65:MS1).

Prince... Que lui dirai-je? et comment lui répondre?
Ainsi, seigneur... Coucy ne vous a point parlé?

VENDÔME

Non, madame... d'où vient que votre cœur troublé
Répond en frémissant à ma tendresse extrême?
Vous parlez de Coucy quand Vendôme vous aime. 260

ADÉLAÏDE

Prince, s'il était vrai, que ce brave Nemours,
De ses ans pleins de gloire eût terminé le cours,
Vous qui le chérissiez d'une amitié si tendre,
Vous qui devez au moins des larmes à sa cendre,
Au milieu des combats, et près de son tombeau, 265
Pourriez-vous de l'hymen allumer le flambeau?

VENDÔME

Ah! je jure par vous, vous qui m'êtes si chère,
Par les doux noms d'amants, par le saint nom de frère,
Que ce frère après vous, fut toujours à mes yeux,
Le plus cher des mortels, et le plus précieux. 270
Lorsqu'à mes ennemis sa valeur fut livrée,
Ma tendresse en souffrit, sans en être altérée.
Sa mort m'accablerait des plus horribles coups;
Et pour m'en consoler, mon cœur n'aurait que vous.
Mais on croit trop ici l'aveugle renommée; 275
Son infidèle voix vous a mal informée.
Si mon frère était mort, doutez-vous que son roi
Pour m'apprendre sa perte eût dépêché vers moi?
Ceux que le ciel forma d'une race si pure,
Au milieu de la guerre écoutant la nature, 280

264 65PA, T67: qui deviez au moins
269 K: Que Nemours après vous
65PA, 65PB: après vous, est toujours

Et protecteurs des lois que l'honneur doit dicter,
Même en se combattant savent se respecter.
A sa perte, en un mot, donnons moins de créance.
Un bruit plus vraisemblable et m'afflige et m'offense.
On dit que vers ces lieux il a porté ses pas. 285

ADÉLAÏDE

Seigneur, il est vivant?

VENDÔME

Je lui pardonne hélas,
Qu'au parti de son roi son intérêt le range;
Qu'il le défende ailleurs, et qu'ailleurs il le venge;
Qu'il triomphe pour lui, je le veux, j'y consens:
Mais se mêler ici parmi les assiégeants, 290
Me chercher, m'attaquer, moi, son ami, son frère…

ADÉLAÏDE

Le roi le veut, sans doute.

VENDÔME

Ah! destin trop contraire!
Se pourrait-il qu'un frère élevé dans mon sein,
Pour mieux servir son roi, levât sur moi sa main?
Lui qui devrait plutôt, témoin de cette fête, 295
Partager, augmenter mon bonheur qui s'apprête.

ADÉLAÏDE

Lui?

VENDÔME

C'est trop d'amertume en des moments si doux.

285 65PA, 65PB, T67: vers ces murs il

ADÉLAÏDE DU GUESCLIN

Malheureux par un frère, et fortuné par vous,
Tout entier à vous seule, et bravant tant d'alarmes,
Je ne veux voir que vous, mon hymen et vos charmes. 30
Qu'attendez-vous? donnez à mon cœur éperdu
Ce cœur que j'idolâtre, et qui m'est si bien dû.

ADÉLAÏDE

Seigneur, de vos bienfaits mon âme est pénétrée;
La mémoire à jamais m'en est chère et sacrée;
Mais c'est trop prodiguer vos augustes bontés, 30
C'est mêler trop de gloire à mes calamités;
Et cet honneur…

VENDÔME

Comment! ô ciel! qui vous arrête?

ADÉLAÏDE

Je dois…

SCÈNE IV

VENDÔME, ADÉLAÏDE, TAÏSE, COUCY

COUCY

Prince, il est temps, marchez à notre tête.
Déjà les ennemis sont aux pieds des remparts;
Echauffez nos guerriers du feu de vos regards. 3
Venez vaincre.

308b 65PA, 65PB: LE DUC DE VENDÔME, ADÉLAÏDE, TAÏSE, COUCY, SOLDATS

VENDÔME

Ah! courons: dans l'ardeur qui me presse...
Quoi vous n'osez d'un mot rassurer ma tendresse?
Vous détournez les yeux! vous tremblez! et je vois
Que vous cachez des pleurs qui ne sont pas pour moi?

COUCY

Le temps presse.

VENDÔME

Il est temps que Vendôme périsse: 315
Il n'est point de Français que l'amour avilisse.
Amants aimés, heureux, ils cherchent les combats,
Ils courent à la gloire, et je vole au trépas.
Allons, brave Coucy, la mort la plus cruelle,
La mort que je désire est moins barbare qu'elle. 320

ADÉLAÏDE

Ah! Seigneur, modérez cet injuste courroux;
Autant que je le dois je m'intéresse à vous.
J'ai payé vos bienfaits, mes jours, ma délivrance,
Par tous les sentiments qui sont en ma puissance;
Sensible à vos dangers, je plains votre valeur. 325

VENDÔME

Ah! que vous savez bien le chemin de mon cœur!
Que vous savez mêler la douceur à l'injure!
Un seul mot m'accablait, un seul mot me rassure.
Content, rempli de vous, j'abandonne ces lieux,
Et crois voir ma victoire écrite dans vos yeux. 330

319 65PA, 65PB: Marchons, brave Coucy
325 65PB: je crains votre [65PA*, corrected: ⟨plains⟩ crains]

SCÈNE V

ADÉLAÏDE, TAÏSE

TAÏSE

Vous voyez sans pitié sa tendresse alarmée.

ADÉLAÏDE

Est-il bien vrai? Nemours serait-il dans l'armée?
O discorde fatale! amour plus dangereux!
Que vous coûterez cher à ce cœur malheureux!

Fin du premier acte.

333 65PA, 65PB: O discorde! ô dangers! Amour trop dangereux

ACTE II

SCÈNE PREMIÈRE

VENDÔME, COUCY

VENDÔME

Nous périssions sans vous, Coucy, je le confesse.
Vos conseils ont guidé ma fougueuse jeunesse;
C'est vous dont l'esprit ferme et les yeux pénétrants
M'ont porté des secours en cent lieux différents.
Que n'ai-je, comme vous, ce tranquille courage, 5
Si froid dans le danger, si calme dans l'orage!
Coucy m'est nécessaire aux conseils, aux combats;
Et c'est à sa grande âme à diriger mon bras.

COUCY

Ce courage brillant, qu'en vous on voit paraître,
Sera maître de tout quand vous en serez maître. 10
Vous l'avez su régler, et vous avez vaincu.
Ayez dans tous les temps cette utile vertu.
Qui sait se posséder, peut commander au monde.
Pour moi, de qui le bras faiblement vous seconde,
Je connais mon devoir, et je vous ai suivi; 15
Dans l'ardeur du combat, je vous ai peu servi.
Nos guerriers sur vos pas marchaient à la victoire,
Et suivre les Bourbons, c'est voler à la gloire.
Vous seul, seigneur, vous seul avez fait prisonnier

c 65PA, 65PB: VENDÔME, COUCY, GARDES *dans le fond.*
2 66PC: Vos discours ont
9 65PA, 65PB: Prince, ce feu guerrier qu'en vous
16 65PA, 65PB: Dans le feu du combat

Ce chef des assaillants, ce superbe guerrier. 20
Vous l'avez pris vous-même, et maître de sa vie,
Vos secours l'ont sauvé de sa propre furie.

VENDÔME

D'où vient donc, cher Coucy, que cet audacieux,
Sous son casque fermé, se cachait à mes yeux?
D'où vient qu'en le prenant, qu'en saisissant ses armes, 25
J'ai senti, malgré moi, de nouvelles alarmes?
Un je ne sais quel trouble en moi s'est élevé;
Soit que ce triste amour, dont je suis captivé,
Sur mes sens égarés répandant sa tendresse,
Jusqu'au sein des combats, m'ait prêté sa faiblesse, 30
Qu'il ait voulu marquer toutes mes actions
Par la molle douceur de ses impressions;
Soit plutôt que la voix de ma triste patrie
Parle encore en secret au cœur qui l'a trahie;
Qu'elle condamne encor mes funestes succès, 35
Et ce bras qui n'est teint que du sang des Français.

COUCY

Je prévois que bientôt cette guerre fatale,
Ces troubles intestins de la maison royale,
Ces tristes factions céderont au danger
D'abandonner la France au fils de l'étranger. 40
Je vois que de l'Anglais la race est peu chérie;
Que leur joug est pesant; qu'on aime la patrie;
Que le sang de Clovis est toujours adoré.
Tôt ou tard il faudra que de ce tronc sacré
Les rameaux divisés et courbés par l'orage, 45
Plus unis et plus beaux, soient notre unique ombrage.
Nous, seigneur, n'avons-nous rien à nous reprocher?

42 65PA, 65PB: Que son joug
43 65PA, 65PB, K: le sang des Capets est

Le sort au prince anglais voulut vous attacher.
De votre sang, du sien la querelle est commune;
Vous suivez son parti, je suis votre fortune. 50
Comme vous aux Anglais le destin m'a lié,
Vous, par le droit du sang, moi, par notre amitié;
Permettez-moi ce mot… Eh! quoi! votre âme émue…

VENDÔME

Ah! voilà ce guerrier qu'on amène à ma vue.

SCÈNE II

VENDÔME, LE DUC DE NEMOURS,
COUCY, SOLDATS, SUITE

VENDÔME

Il soupire, il paraît accablé de regrets. 55

COUCY

Son sang sur son visage a confondu ses traits;
Il est blessé sans doute.

NEMOURS (*dans le fond du théâtre.*)

Entreprise funeste,
Qui de ma triste vie arrachera le reste!
Où me conduisez-vous?

48 K84, K85: voulut nous attacher
54b-c 65PA, 65PB: VENDÔME, COUCY, LE DUC DE NEMOURS (*soutenu sur Dangeste ou son écuyer*), SOLDATS.
56 W75G, omitted
57a 65PA, 65PB: NEMOURS, *dans le fond.*

VENDÔME

Devant votre vainqueur,
Qui sait d'un ennemi respecter la valeur. 60
Venez, ne craignez rien.

NEMOURS (*se tournant vers son écuyer.*)

Je ne crains que de vivre;
Sa présence m'accable, et je ne puis poursuivre.
Il ne me connaît plus, et mes sens attendris...

VENDÔME

Quelle voix, quels accents ont frappé mes esprits?

NEMOURS (*le regardant.*)[1]

M'as-tu pu méconnaître?

VENDÔME (*l'embrassant.*)

Ah Nemours! ah mon frère! 65

NEMOURS

Ce nom jadis si cher, ce nom me désespère.
Je ne le suis que trop ce frère infortuné,
Ton ennemi vaincu, ton captif enchaîné.

VENDÔME

Tu n'es plus que mon frère. Ah! moment plein de charmes!

61a 65PA, 65PB: NEMOURS, *vers son écuyer.*
64 65PA, 65PB: Qu'entends-je! et quels accents
65a 65PA, 65PB, no stage direction

[1] The dramatic effect of the injury suffered by Nemours would be fully appreciated at this point.

Ah! laisse-moi laver ton sang avec mes larmes. 70

(*à sa suite*.)

Avez-vous par vos soins…

NEMOURS

Oui, leurs cruels secours

Ont arrêté mon sang, ont veillé sur mes jours,

De la mort que je cherche ont écarté l'approche.

VENDÔME

Ne te défends point, ne crains point mon reproche

Mon cœur te fut connu; peux-tu t'en défier? 75

Le bonheur de te voir me fait tout oublier.

J'eusse aimé contre un autre à montrer mon courage.

Hélas! que je te plains!

NEMOURS

Je te plains davantage,

De haïr ton pays, de trahir sans remords,

Et le roi qui t'aimait, et le sang dont tu sors. 80

VENDÔME

Arrête: Epargne-moi l'infâme nom de traître;

A cet indigne mot je m'oublierais peut-être.

Frémis d'empoisonner la joie et les douceurs,

Que ce tendre moment doit verser dans nos cœurs.

Dans ce jour malheureux, que l'amitié l'emporte. 85

NEMOURS

Quel jour!

83 65PA, 65PB: Ne corromps point ainsi [66PC: ici] la joie

VENDÔME

Je le bénis.

NEMOURS

Il est affreux.

VENDÔME

N'importe;

Tu vis; je te revois; et je suis trop heureux.
O ciel! de tous côtés vous remplissez mes vœux!

NEMOURS

Je te crois. On disait que d'un amour extrême,
Violent, effréné, (car c'est ainsi qu'on aime) 90
Ton cœur depuis trois mois s'occupait tout entier.

VENDÔME

J'aime; oui, la renommée a pu le publier;
Oui, j'aime avec fureur: une telle alliance
Semblait pour mon bonheur attendre ta présence;
Oui, mes ressentiments, mes droits, mes alliés, 95
Gloire, amis, ennemis, je mets tout à ses pieds.

(*à un officier de sa suite.*)

Allez, et dites-lui que deux malheureux frères,

89 65PA, 65PB, T67: Je le crois
93-100 65PA, 65PB:
Oui, j'aime Adélaïde, et pour son alliance
Il semblait que ma flamme attendît ta présence.
NEMOURS (*à part.*)
Qu'entends-je!... Il est donc vrai...
VENDÔME (*à un officier.*)
Qu'on la fasse avertir;
Mon frère est avec moi, qu'elle daigne venir.
94 T67: Semble pour

Jetés par le destin dans des partis contraires,
Pour marcher désormais sous le même étendard,
De ses yeux souverains n'attendent qu'un regard. 100

(*à Nemours.*)

Ne blâme point l'amour où ton frère est en proie;
Pour me justifier il suffit qu'on la voie.

NEMOURS

O ciel… elle vous aime!…

VENDÔME

Elle le doit, du moins;
Il n'était qu'un obstacle au succès de mes soins;
Il n'en est plus; je veux que rien ne nous sépare. 105

NEMOURS

Quels effroyables coups le cruel me prépare!
Ecoute; à ma douleur ne veux-tu qu'insulter?
Me connais-tu? sais-tu ce que j'ose attenter?
Dans ces funestes lieux sais-tu ce qui m'amène?

VENDÔME

Oublions ces sujets de discorde et de haine. 110

103 65PA, 65PB: Cruel! elle vous aime?
104-105 65PA, 65PB:
Après tant de tendresse, et d'hommage et de soins,
Il faudrait que son cœur fût injuste et barbare.
105a 65PA, 65PB: NEMOURS *à part*
107 65PA, 65PB, with stage direction: (*haut*)

SCÈNE III

VENDÔME, NEMOURS, ADÉLAÏDE, COUCY

VENDÔME

Madame, vous voyez que du sein du malheur,
Le ciel qui nous protège, a tiré mon bonheur.
J'ai vaincu: je vous aime, et je retrouve un frère;
Sa présence à mon cœur vous rend encor plus chère.

ADÉLAÏDE

Le voici! malheureuse! ah! cache au moins tes pleurs! 115

NEMOURS (*entre les bras de son écuyer.*)

Adélaïde… ô ciel!… c'en est fait, je me meurs.

VENDÔME

Que vois-je! Sa blessure à l'instant s'est rouverte!
Son sang coule.

NEMOURS

Est-ce à toi de prévenir ma perte?

VENDÔME

Ah! mon frère!

NEMOURS

Ote-toi, je chéris mon trépas.

110b 65PA, 65PB: VENDÔME, COUCY, LE DUC DE NEMOURS, DANGESTE, ADÉLAÏDE, SOLDATS
110c-114 65PA, 65PB, absent
114a 66PC: ADÉLAÏDE (*à part.*)

ADÉLAÏDE

Ciel!... Nemours!

NEMOURS *à Vendôme.*

Laisse-moi.

VENDÔME

Je ne te quitte pas. 120

SCÈNE IV

ADÉLAÏDE, TAÏSE.

ADÉLAÏDE

On l'emporte: il expire: il faut que je le suive.

TAÏSE

Ah! que cette douleur se taise et se captive.
Plus vous l'aimez, madame, et plus il faut songer
Qu'un rival violent...

ADÉLAÏDE

Je songe à son danger.
Voilà ce que l'amour, et mon malheur lui coûte. 125
Taïse, c'est pour moi qu'il combattait sans doute,
C'est moi que dans ces murs il osait secourir;
Il servait son monarque, il m'allait conquerir.
Quel prix de tant de soins! quel fruit de sa constance!

128 65PA, 65PB: Il servait Charles-Sept, il

Hélas! mon tendre amour accusait son absence. 130
Je demandais Nemours, et le ciel me le rend.
J'ai revu ce que j'aime, et l'ai revu mourant.
Ces lieux sont teints du sang qu'il versait à ma vue.
Ah! Taïse, est-ce ainsi que je lui suis rendue?
Va le trouver; va, cours auprès de mon amant. 135

TAÏSE

Eh! ne craignez-vous pas que tant d'empressement
N'ouvre les yeux jaloux d'un prince qui vous aime?
Tremblez de découvrir…

ADÉLAÏDE

J'y volerai moi-même.
D'une autre main, Taïse, il reçoit des secours!
Un autre a le bonheur d'avoir soin de ses jours! 140
Il faut que je le voie, et que de son amante
La faible main s'unisse à sa main défaillante.
Hélas! des mêmes coups nos deux cœurs pénétrés…

TAÏSE

Au nom de cet amour, arrêtez, demeurez;
Reprenez vos esprits.

ADÉLAÏDE

Rien ne m'en peut distraire. 145

136 65PA: Ah! [65PA*, corrected to: Eh]
145 65PA, 65PB, T67: Rien ne peut me distraire…

SCÈNE V

VENDÔME, ADÉLAÏDE, TAÏSE

ADÉLAÏDE

Ah! Prince, en quel état laissez-vous votre frère?

VENDÔME

Madame, par mes mains son sang est arrêté.
Il a repris sa force et sa tranquillité.
Je suis le seul à plaindre, et le seul en alarmes;
Je mouille en frémissant mes lauriers de mes larmes; 150
Et je hais ma victoire et mes prospérités,
Si je n'ai par mes soins vaincu vos cruautés;
Si votre incertitude, alarmant mes tendresses,
Ose encor démentir la foi de vos promesses.

ADÉLAÏDE

Je ne vous promis rien. Vous n'avez point ma foi, 155
Et la reconnaissance est tout ce que je dois.

VENDÔME

Quoi! lorsque de ma main je vous offrais l'hommage!...

ADÉLAÏDE

D'un si noble présent j'ai vu tout l'avantage;
Et sans chercher ce rang qui ne m'était pas dû,
Par de justes respects je vous ai répondu. 160
Vos bienfaits, votre amour, et mon amitié même,
Tout vous flattait sur moi d'un empire suprême;

145b 65PA, 65PB: ADÉLAÏDE, TAÏSE, VENDÔME

Tout vous a fait penser qu'un rang si glorieux,
Présenté par vos mains, éblouirait mes yeux.
Vous vous trompiez: Il faut rompre enfin le silence. 165
Je vais vous offenser; je me fais violence;
Mais réduite à parler, je vous dirai, seigneur,
Que l'amour de mes rois est gravé dans mon cœur.
De votre sang au mien je vois la différence;
Mais celui dont je sors a coulé pour la France. 170
Ce digne connétable en mon cœur a transmis
La haine qu'un Français doit à ses ennemis;
Et sa nièce jamais n'acceptera pour maître
L'allié des Anglais, quelque grand qu'il puisse être.
Voilà les sentiments que son sang m'a tracés, 175
Et s'ils vous font rougir, c'est vous qui m'y forcez.

VENDÔME

Je suis, je l'avouerai, surpris de ce langage.
Je ne m'attendais pas à ce nouvel outrage,
Et n'avais pas prévu que le sort en courroux,
Pour m'accabler d'affronts dût se servir de vous. 180
Vous avez fait, madame, une secrète étude
Du mépris, de l'insulte et de l'ingratitude;
Et votre cœur, enfin, lent à se déployer,
Hardi par ma faiblesse, a paru tout entier.
Je ne connaissais pas tout ce zèle héroïque, 185
Tant d'amour pour vos rois, ou tant de politique.
Mais vous qui m'outragez, me connaissez-vous bien?
Vous reste-t-il ici de parti que le mien?
Vous qui me devez tout; vous qui sans ma défense,
Auriez de ces Français assouvi la vengeance, 190
De ces mêmes Français à qui vous vous vantez
De conserver la foi d'un cœur que vous m'ôtez!

186 65PA, 65PB, T67: rois et tant

Est-ce donc là le prix de vous avoir servie?

ADÉLAÏDE

Oui, vous m'avez sauvée; oui, je vous dois la vie;
Mais, seigneur, mais, hélas, n'en puis-je disposer? 195
Me la conserviez-vous pour la tyranniser?

VENDÔME

Je deviendrai tyran; mais moins que vous, cruelle;
Mes yeux lisent trop bien dans votre âme rebelle;
Tous vos prétextes faux m'apprennent vos raisons;
Je vois mon déshonneur, je vois vos trahisons. 200
Quel que soit l'insolent que ce cœur me préfère,
Redoutez mon amour, tremblez de ma colère;
C'est lui seul désormais que mon bras va chercher;
De son cœur tout sanglant j'irai vous arracher;
Et si dans les horreurs du sort qui nous accable, 205
De quelque joie encor ma fureur est capable,
Je la mettrai, perfide, à vous désespérer.

ADÉLAÏDE

Non, seigneur, la raison saura vous éclairer.
Non, votre âme est trop noble, elle est trop élevée,
Pour opprimer ma vie, après l'avoir sauvée. 210
Mais si votre grand cœur s'avilissait jamais
Jusqu'à persécuter l'objet de vos bienfaits,
Sachez que ces bienfaits, vos vertus, votre gloire,
Plus que vos cruautés vivront dans ma mémoire.

193-4 65PA, 65PB:
Vous qui me tenez [65PA*, corrected to: teniez, → 65PB] lieu de rois [66PA: roi] et de patrie,
Vous dont les jours…
ADÉLAÏDE
Je sais que je vous dois la vie.

Je vous plains, vous pardonne et veux vous respecter. 215
Je vous ferai rougir de me persécuter;
Et je vous conserverai, malgré votre menace,
Une âme sans courroux, sans crainte, et sans audace.

VENDÔME

Arrêtez; pardonnez aux transports égarés,
Aux fureurs d'un amant que vous désespérez. 220
Je vois trop qu'avec vous Coucy d'intelligence
D'une cour qui me hait embrasse la défense,
Que vous voulez tous deux m'unir à votre roi,
Et de mon sort enfin disposer malgré moi.
Vos discours sont les siens. Ah! parmi tant d'alarmes, 225
Pourquoi recourez-vous à ces nouvelles armes?
Pour gouverner mon cœur, l'asservir, le changer,
Aviez-vous donc besoin d'un secours étranger?
Aimez, il suffira d'un mot de votre bouche.

ADÉLAÏDE

Je ne vous cache point, que du soin qui me touche, 230
A votre ami, seigneur, mon cœur s'était remis;
Je vois qu'il a plus fait qu'il ne m'avait promis.
Ayez pitié des pleurs que mes yeux lui confient;
Vous les faites couler, que vos mains les essuient.
Devenez assez grand pour m'apprendre à dompter 235
Des feux que mon devoir me force à rejeter.
Laissez-moi toute entière à la reconnaissance.

VENDÔME

Le seul Coucy, sans doute, a votre confiance!
Mon outrage est connu; je sais vos sentiments.

235 65PA, 65PB, T67: pour apprendre à

ADÉLAÏDE

Vous les pourrez, seigneur, connaître avec le temps; 240
Mais vous n'aurez jamais le droit de les contraindre,
Ni de les condamner, ni même de vous plaindre.
D'un guerrier généreux j'ai recherché l'appui;
Imitez sa grande âme, et pensez comme lui.

SCÈNE VI

VENDÔME (*seul.*)

Eh bien, c'en est donc fait; l'ingrate, la parjure, 245
A mes yeux sans rougir étale mon injure:
De tant de trahisons l'abîme est découvert;
Je n'avais qu'un ami, c'est lui seul qui me perd.
Amitié, vain fantôme, ombre que j'ai chérie,
Toi qui me consolais des malheurs de ma vie, 250
Bien que j'ai trop aimé, que j'ai trop méconnu,
Trésor cherché sans cesse, et jamais obtenu!
Tu m'as trompé, cruelle, autant que l'amour même;
Et maintenant pour prix de mon erreur extrême,
Détrompé des faux biens trop faits pour me charmer, 255
Mon destin me condamne à ne plus rien aimer.
Le voilà cet ingrat, qui fier de son parjure,
Vient encor de ses mains déchirer ma blessure.

SCÈNE VII

VENDÔME, COUCY

COUCY

Prince, me voilà prêt. Disposez de mon bras…
Mais d'où naît à mes yeux cet étrange embarras? 260
Quand vous avez vaincu, quand vous sauvez un frère,
Heureux de tous côtés, qui peut donc vous déplaire?

VENDÔME

Je suis désespéré, je suis haï, jaloux.

COUCY

Eh bien, de vos soupçons quel est l'objet, qui?

VENDÔME

Vous.
Vous, dis-je; et du refus qui vient de me confondre, 265
C'est vous, ingrat ami, qui devez me répondre.
Je sais qu'Adélaïde ici vous a parlé.
En vous nommant à moi, la perfide a tremblé.
Vous affectez sur elle un odieux silence,
Interprète muet de votre intelligence. 270
Elle cherche à me fuir, et vous à me quitter.
Je crains tout, je crois tout.

COUCY

Voulez-vous m'écouter?

258b 65PA, 65PB, T67: COUCY, VENDÔME

VENDÔME

Je le veux.

COUCY

Pensez-vous que j'aime encor la gloire?
M'estimez-vous encore, et pourrez-vous me croire?

VENDÔME

Oui, jusqu'à ce moment je vous crus vertueux; 275
Je vous crus mon ami.

COUCY

Ces titres glorieux
Furent toujours pour moi l'honneur le plus insigne;
Et vous allez juger si mon âme en est digne.
Sachez qu'Adélaïde avait touché mon cœur,
Avant que de sa vie heureux libérateur, 280
Vous eussiez par vos soins, par cet amour sincère,
Surtout par vos bienfaits, tant de droits de lui plaire.
Moi plus soldat que tendre, et dédaignant toujours
Ce grand art de séduire inventé dans les cours,
Ce langage flatteur, et souvent si perfide, 285
Peu fait pour mon esprit, peut-être trop rigide;
Je lui parlai d'hymen, et ce nœud respecté,
Resserré par l'estime et par l'égalité,
Pouvait lui préparer des destins plus propices,
Qu'un rang plus élevé, mais sur des précipices. 290
Hier avec la nuit je vins dans vos remparts;
Tout votre cœur parut à mes premiers regards.
De cet ardent amour la nouvelle semée,

280 65PA, 65PB: de ses jours heureux
289 65PA, 65PB: Aurait pu lui former des destins
291 65PA, 65PB, NM, W70L: Hier avant la nuit

Par vos emportements me fut trop confirmée.
Je vis de vos chagrins les funestes accès; 295
J'en approuvai la cause, et j'en blâmai l'excès.
Aujourd'hui j'ai revu cet objet de vos larmes;
D'un œil indifférent j'ai regardé ses charmes.
Libre et juste auprès d'elle, à vous seul attaché,
J'ai fait valoir les feux dont vous êtes touché; 300
J'ai de tous vos bienfaits rappelé la mémoire,
L'éclat de votre rang, celui de votre gloire,
Sans cacher vos défauts, vantant votre vertu;
Et pour vous contre moi, j'ai fait ce que j'ai dû.
Je m'immole à vous seul, et je me rends justice; 305
Et si ce n'est assez d'un si grand sacrifice,
S'il est quelque rival qui vous ose outrager,
Tout mon sang est à vous; et je cours vous venger.

VENDÔME

Ah! généreux ami, qu'il faut que je révère,
Oui, le destin dans toi me donne un second frère; 310
Je n'en étais pas digne, il le faut avouer:
Mon cœur...

COUCY

Aimez-moi, prince, au lieu de me louer;
Et si vous me devez quelque reconnaissance,
Faites votre bonheur, il est ma récompense.
Vous voyez quelle ardente et fière inimitié 315
Votre frère nourrit contre votre allié.
Sur ce grand intérêt souffrez que je m'explique.

317-328 65PA, 65PB:
Le Bourguignon, l'Anglais, dans leur triste alliance,
Ont creusé par nos mains les tombeaux de la France;
Votre sort est douteux, vos jours sont prodigués
Pour nos vrais ennemis qui nous ont subjugués.
Songez qu'il a fallu trois cents ans de constance

Vous m'avez soupçonné de trop de politique,
Quand j'ai dit que bientôt on verrait réunis
Les débris dispersés de l'empire des lis. 320
Je vous le dis encore au sein de votre gloire;
Et vos lauriers brillants cueillis par la victoire,
Pourront sur votre front se flétrir désormais,
S'ils n'y sont soutenus de l'olive de paix.
Tous les chefs de l'Etat lassés de ces ravages, 325
Cherchent un port tranquille après tant de naufrages;
Gardez d'être réduit au hasard dangereux,
De vous voir ou trahir, ou prévenir par eux.

Pour saper par degrés cette vaste puissance;
Le dauphin vous offrait une honorable paix.
VENDÔME
Non, de ses favoris je ne l'aurai jamais;
Ami, je hais l'Anglais, mais je hais davantage
Ces lâches conseillers dont la faveur m'outrage:
Ce fils de Charles Six, cette odieuse cour,
Ces maîtres insolents m'ont aigri sans retour;
De leurs sanglants affronts mon âme est trop frappée;
Contre Charle, en un mot, quand j'ai tiré l'épée,
Ce n'est pas, cher Coucy, pour la mettre à ses pieds,
Pour baisser dans sa cour nos fronts humiliés,
Pour servir lâchement un ministre arbitraire.
COUCY
Non, c'est pour obtenir une paix nécessaire.
Gardez d'être réduit au hasard dangereux.
Que les chefs de l'Etat ne trahissent leurs vœux.[2]

[2] Voltaire proposed the following lines in 1765 to Mme Duchesne (D13015):
Non, c'est pour obtenir une paix nécessaire.
Les Anglais la feront, et peut-être sans vous.
Laissez à l'intérêt désarmer le courroux.
Tous les chefs de l'état, lassés de ses ravages,
Cherchent un port tranquille après tant de naufrages.
Ne vous exposez point au hasard dangereux
De vous voir ou trahir ou prévenir par eux.
Lines 2 and 3 were not used; the last four appear at II.325-328. See also D13010, D13029 and D13051.

Passez-les en prudence, aussi bien qu'en courage.
De cet heureux moment prenez tout l'avantage; 330
Gouvernez la fortune, et sachez l'asservir;
C'est perdre ses faveurs que tarder d'en jouir:
Ses retours sont fréquents, vous devez les connaître.
Il est beau de donner la paix à votre maître.
Son égal aujourd'hui, demain dans l'abandon, 335
Vous vous verrez réduit à demander pardon.
La gloire vous conduit, que la raison vous guide.

VENDÔME

Brave et prudent Coucy, crois-tu qu'Adélaïde
Dans son cœur amolli partagerait mes feux,
Si le même parti nous unissait tous deux? 340
Penses-tu qu'à m'aimer je pourrais la réduire?

COUCY

Dans le fond de son cœur je n'ai point voulu lire:
Mais qu'importent pour vous ses vœux et ses desseins?
Faut-il que l'amour seul fasse ici nos destins?
Lorsque Philippe-Auguste, aux plaines de Bovines,[3] 345
De l'Etat déchiré répara les ruines,
Quand seul il arrêta dans nos champs inondés,
De l'Empire germain les torrents débordés,
Tant d'honneurs étaient-ils l'effet de sa tendresse?
Sauva-t-il son pays pour plaire à sa maîtresse? 350
Verrai-je un si grand cœur à ce point s'avilir?

336 65PA*, corrected to: verriez
65PB, T67: vous verriez réduit
347 65PA, 65PB: Quand son bras arrêta

[3] The famous victory of 1214 against Otto IV of Germany brought about the consolidation of French interests. Coucy's speech is derived from that of Lusignan in *Zaïre*, II.iii.

Le salut de l'Etat dépend-il d'un soupir?
Aimez, mais en héros qui maîtrise son âme,
Qui gouverne à la fois ses Etats et sa flamme.
Mon bras contre un rival est prêt à vous servir; 355
Je voudrais faire plus, je voudrais vous guérir.
On connaît peu l'amour, on craint trop son amorce;
C'est sur nos lâchetés qu'il a fondé sa force;
C'est nous qui sous son nom troublons notre repos;
Il est tyran du faible, esclave du héros. 360
Puisque je l'ai vaincu, puisque je le dédaigne,
Dans l'âme d'un Bourbon souffrirez-vous qu'il règne?
Vos autres ennemis par vous sont abattus,
Et vous devez en tout l'exemple des vertus.

VENDÔME

Le sort en est jeté, je ferai tout pour elle; 365
Il faut bien à la fin désarmer la cruelle;
Ses lois seront mes lois, son roi sera le mien;
Je n'aurai de parti, de maître que le sien.
Possesseur d'un trésor où s'attache ma vie,
Avec mes ennemis je me réconcilie; 370
Je lirai dans ses yeux mon sort et mon devoir:
Mon cœur est enivré de cet heureux espoir.
Enfin plus de prétexte à ses refus injustes;
Raison, gloire, intérêt, et tous ces droits augustes
Des princes de mon sang et de mes souverains, 375
Sont des liens sacrés resserrés par ses mains.
Du roi, puisqu'il le faut, soutenons la couronne,
La vertu le conseille, et la beauté l'ordonne.

359 66PC: qui sur son nom
363 65PA, 65PB, T67: sont par vous abattus
369-372 65PA, 65PB, absent
373 66PC: plus de prétextes à
374 65PA, 65PB: Raisons, gloire, intérêts, et
66PC: gloire, intérêts, et

Je veux entre tes mains, en ce fortuné jour,
Sceller tous les serments que je fais à l'amour. 380
Quant à mes intérêts, que toi seul en décide.

COUCY

Souffrez donc, près du roi, que mon zèle me guide;
Peut-être il eût fallu que ce grand changement
Ne fût dû qu'au héros, et non pas à l'amant;
Mais si d'un si grand cœur une femme dispose, 385
L'effet en est trop beau pour en blâmer la cause;
Et mon cœur tout rempli de cet heureux retour,
Bénit votre faiblesse, et rend grâce à l'amour.

Fin du second acte.

383 65PA, 65PB: qu'un si grand

ACTE III

SCÈNE PREMIÈRE

NEMOURS, DANGESTE

NEMOURS

Combat infortuné, destin qui me poursuis!
O mort, mon seul secours, douce mort qui me fuis!
Ciel! n'as-tu conservé la trame de ma vie,
Que pour tant de malheurs, et tant d'ignominie?
Adélaïde, au moins, pourrai-je la revoir? 5

DANGESTE

Vous la verrez, seigneur.

NEMOURS

Ah! mortel désespoir!
Elle ose me parler, et moi je le souhaite.

DANGESTE

Seigneur, en quel état votre douleur vous jette!
Vos jours sont en péril, et ce sang agité…

NEMOURS

Mes déplorables jours sont trop en sûreté. 10
Ma blessure est légère, elle m'est insensible;
Que celle de mon cœur est profonde et terrible!

7 65PA, 65PB, T67: me revoir et

DANGESTE

Remerciez les cieux de ce qu'ils ont permis,
Que vous ayez trouvé de si chers ennemis.
Il est dur de tomber dans des mains étrangères; 15
Vous êtes prisonnier du plus tendre des frères.

NEMOURS

Mon frère! ah! malheureux!

DANGESTE

Il vous était lié
Par les nœuds les plus saints d'une pure amitié.
Que n'éprouvez-vous point de sa main secourable!

NEMOURS

Sa fureur m'eût flatté; son amitié m'accable. 20

DANGESTE

Quoi! pour être engagé dans d'autres intérêts,
Le haïssez-vous tant?

NEMOURS

Je l'aime, et je me hais;
Et dans les passions de mon âme éperdue,
La voix de la nature est encore entendue.

13 65PA, 65PB, W70L: Rendez grâces au ciel de ce qu'il a permis
14-17 W70L:
Que vous soyez tombé sous de tels ennemis,
Non sous le joug affreux d'une main étrangère.
NEMOURS
Il est dur quelquefois de dépendre d'un frère.
DANGESTE
De quoi l'accusez-vous? Il vous était lié
18 65PA, 65PB, T67: d'une tendre amitié

DANGESTE

Si contre un frère aimé vous avez combattu, 25
J'en ai vu quelque temps frémir votre vertu:
Mais le roi l'ordonnait, et tout vous justifie.
L'entreprise était juste, aussi bien que hardie.
Je vous ai vu remplir, dans cet affreux combat,
Tous les devoirs d'un chef, et tous ceux d'un soldat; 30
Et vous avez rendu, par des faits incroyables,
Votre défaite illustre, et vos fers honorables.
On a perdu bien peu quand on garde l'honneur.

NEMOURS

Non, ma défaite, ami, ne fait point mon malheur.
Du Guesclin, des Français l'amour et le modèle, 35
Aux Anglais si terrible, à son roi si fidèle,
Vit ses honneurs flétris par de plus grands revers:
Deux fois sa main puissante a langui dans les fers:
Il n'en fut que plus grand, plus fier et plus à craindre;
Et son vainqueur tremblant fut bientôt seul à plaindre. 40
Du Guesclin, nom sacré, nom toujours précieux!
Quoi, ta coupable nièce évite encor mes yeux!
Ah! sans doute, elle a dû redouter mes reproches;
Ainsi donc, cher Dangeste, elle fuit tes approches?
Tu n'as pu lui parler?

DANGESTE

Seigneur, je vous ai dit 45
Que bientôt...

NEMOURS

Ah! pardonne à mon cœur interdit.

26 65PA, 65PB, T67: temps gémir votre
43 65PA, 65PB: Sans doute elle a raison de craindre mes

ADÉLAÏDE DU GUESCLIN

Trop chère Adélaïde! Eh bien quand tu l'as vue,
Parle, à mon nom du moins paraissait-elle émue?

DANGESTE

Votre sort en secret paraissait la toucher;
Elle versait des pleurs, et voulait les cacher. 50

NEMOURS

Elle pleure et m'outrage! elle pleure et m'opprime!
Son cœur, je le vois bien, n'est pas né pour le crime.
Pour me sacrifier elle aura combattu;
La trahison la gêne, et pèse à sa vertu,
Faible soulagement à ma fureur jalouse! 55
T'a-t-on dit en effet que mon frère l'épouse?

DANGESTE

S'il s'en vantait lui-même, en pouvez-vous douter?

NEMOURS

Il l'épouse! à ma honte elle vient insulter.
Ah Dieu!

SCÈNE II

ADÉLAÏDE, NEMOURS

ADÉLAÏDE

Le ciel vous rend à mon âme attendrie;

57 65PA, 65PB, T67: en pourriez-vous
57a 65PA, 65PB, T67: NEMOURS (*apercevant Adélaïde.*)
59b 65PA, 65PB, T67: NEMOURS, DANGESTE, ADÉLAÏDE

En veillant sur vos jours il conserva ma vie. 60
Je vous revois, cher prince, et mon cœur empressé…
Juste ciel! quels regards, et quel accueil glacé!

NEMOURS

L'intérêt qu'à mes jours vos bontés daignent prendre,
Est d'un cœur généreux; mais il doit me surprendre.
Vous aviez en effet besoin de mon trépas: 65
Mon rival plus tranquille eût passé dans vos bras.
Libre dans vos amours, et sans inquiétude,
Vous jouiriez en paix de votre ingratitude;
Et les remords honteux qu'elle traîne après soi,
S'il peut vous en rester, périssaient avec moi. 70

ADÉLAÏDE

Hélas! que dites-vous? Quelle fureur subite…

NEMOURS

Non, votre changement n'est pas ce qui m'irrite.

ADÉLAÏDE

Mon changement? Nemours!

NEMOURS

A vous seule asservi,
Je vous aimai trop bien pour n'être point trahi;
C'est le sort des amants, et ma honte est commune; 75
Mais que vous insultiez vous-même à ma fortune!
Qu'en ces murs où vos yeux ont vu couler mon sang,
Vous acceptiez la main qui m'a percé le flanc,
Et que vous osiez joindre à l'horreur qui m'accable,

61 65PA, 65PB: revois, seigneur, et
79 65PA, 65PB, T67: vous ajoutiez à

ADÉLAÏDE DU GUESCLIN

D'une fausse pitié l'affront insupportable! 8
Qu'à mes yeux…

ADÉLAÏDE

Ah! plutôt donnez-moi le trépas.
Immolez votre amante, et ne l'accusez pas.
Mon cœur n'est point armé contre votre colère,
Cruel, et vos soupçons manquaient à ma misère.
Ah! Nemours, de quels maux nos jours empoisonnés… 8

NEMOURS

Vous me plaignez, cruelle, et vous m'abandonnez.

ADÉLAÏDE

Je vous pardonne, hélas! cette fureur extrême,
Tout jusqu'à vos soupçons; jugez si je vous aime.

NEMOURS

Vous m'aimeriez? qui, vous? Et Vendôme à l'instant
Entoure de flambeaux l'autel qui vous attend. 9
Lui-même il m'a vanté sa gloire et sa conquête.
Le barbare! il m'invite à cette horrible fête.
Que plutôt…

ADÉLAÏDE

Ah! cruel! me faut-il employer
Les moments de vous voir à me justifier?
Votre frère, il est vrai, persécute ma vie, 9
Et par un fol amour et par sa jalousie,
Et par l'emportement dont je crains les effets,
Et, le dirai-je encor, seigneur? par ses bienfaits.

96 65PA, 65PB, T67: par son fol

J'atteste ici le ciel témoin de ma conduite....
Mais pourquoi l'attester? Nemours, suis-je réduite, 100
Pour vous persuader de si vrais sentiments,
Au secours inutile et honteux des serments?
Non, non, vous connaissez le cœur d'Adélaïde;
C'est vous qui conduisez ce cœur faible et timide.

NEMOURS

Mais mon frère vous aime?

[illegible]

Ah! n'en redoutez rien. 105

NEMOURS

Il sauva vos beaux jours!

ADÉLAÏDE

Il sauva votre bien.
Dans Cambrai, je l'avoue, il daigna me défendre.
Au roi que nous servons, il promit de me rendre;
Et mon cœur se plaisait, trompé par mon amour,
Puisqu'il est votre frère, à lui devoir le jour. 110
J'ai répondu, seigneur, à sa flamme funeste,
Par un refus constant, mais tranquille et modeste,
Et mêlé du respect que je devrai toujours

99 65PA, 65PB: Mais j'atteste le ciel
100 65PA, 65PB: Eh! pourquoi
110 65PA, 65PB, between 110-111:
Mais bientôt abusant de ma reconnaissance,
Et de ses vœux hardis écoutant l'espérance,
Il regarda mes jours, ma liberté, ma foi,
Comme un bien de conquête et qui n'est plus à moi.[1]

[1] See D12964 and D12987.

A mon libérateur, au frère de Nemours.
Mais mon respect l'enflamme, et mon refus l'irrite. 115
J'anime en l'évitant l'ardeur de sa poursuite.
Tout doit, si je l'en crois, céder à son pouvoir;[2]
Lui plaire est ma grandeur, l'aimer est mon devoir.
Qu'il est loin, juste Dieu! de penser que ma vie,
Que mon âme à la vôtre est pour jamais unie, 120
Que vous causez les pleurs dont mes yeux sont chargés,
Que mon cœur vous adore, et que vous m'outragez!
Oui, vous êtes tous deux formés pour mon supplice,
Lui par sa passion, vous par votre injustice:
Vous, Nemours, vous, ingrat! que je vois aujourd'hui, 125
Moins amoureux peut-être, et plus cruel que lui.

NEMOURS

C'en est trop… pardonnez… voyez mon âme en proie
A l'amour, aux remords, à l'excès de ma joie.
Digne et charmant objet d'amour et de douleur,
Ce jour infortuné, ce jour fait mon bonheur. 130
Glorieux, satisfait, dans un sort si contraire,
Tout captif que je suis, j'ai pitié de mon frère.
Il est le seul à plaindre avec votre courroux;
Et je suis son vainqueur étant aimé de vous.

117-118 65PA, 65PB:
Enflé de sa victoire, et teint de votre sang,
Il m'ose offrir la main qui vous perça le flanc.

[2] This couplet was suggested by Voltaire to Lekain in 1765 (D13000; see D13029).

SCÈNE III

VENDÔME, NEMOURS, ADÉLAÏDE

VENDÔME

Connaissez donc enfin, jusqu'où va ma tendresse, 135
Et tout votre pouvoir, et toute ma faiblesse:
Et vous, mon frère, et vous, soyez ici témoin
Si l'excès de l'amour peut emporter plus loin.
Ce que votre amitié, ce que votre prière,
Les conseils de Coucy, le roi, la France entière, 140
Exigeaient de Vendôme et qu'ils n'obtenaient pas,
Soumis et subjugué je l'offre à ses appas.
L'amour, qui malgré vous nous a faits l'un pour l'autre,
Ne me laisse de choix, de parti que le vôtre.
Je prends mes lois de vous; votre maître est le mien; 145
De mon frère, et de moi, soyez l'heureux lien.
Soyez-le de l'Etat, et que ce jour commence
Mon bonheur et le vôtre, et la paix de la France.
Vous, courez, mon cher frère, allez dès ce moment
Annoncer à la cour un si grand changement. 150
Moi, sans perdre de temps, dans ce jour d'allégresse,
Qui m'a rendu mon roi, mon frère et ma maîtresse,
D'un bras vraiment français je vais dans nos remparts,
Sous nos lys triomphants briser les léopards.[3]

134b 65PA, 65PB: NEMOURS, DANGESTE, ADÉLAÏDE, VENDÔME
138 65PA, 65PB: s'emporter [65PA*, corrected]
143-145 65PA, 65PB:
Vous avez refusé, vous condamnez, cruelle,
L'hommage d'un Français aux Anglais trop fidèle.
Eh bien! il faut céder: votre maître est le mien.

[3] The leopards here are those of the English royal standard. They are still three in number, as they would have been at the time of the supposed action of *Adélaïde*. Under the Norman kings they were only two.

ADÉLAÏDE DU GUESCLIN

Soyez libre, partez, et de mes sacrifices 155
Allez offrir au roi vos heureuses prémices.
Puissé-je à ses genoux, présenter aujourd'hui
Celle qui m'a dompté, qui me ramène à lui,
Qui d'un prince ennemi fait un sujet fidèle,
Changé par ses regards et vertueux par elle! 160

NEMOURS

(*à part.*)

Il fait ce que je veux, et c'est pour m'accabler!

(*à Adélaïde.*)

Prononcez notre arrêt, madame, il faut parler.

VENDÔME

Eh quoi! vous demeurez interdite et muette?
De mes soumissions êtes-vous satisfaite?
Est-ce assez qu'un vainqueur vous implore à genoux? 165
Faut-il encor ma vie, ingrate? elle est à vous.
Vous n'avez qu'à parler, j'abandonne sans peine
Ce sang infortuné, proscrit par votre haine.

ADÉLAÏDE

Seigneur, mon cœur est juste; on ne m'a vu jamais
Mépriser vos bontés, et haïr vos bienfaits; 170
Mais je ne puis penser qu'à mon peu de puissance
Vendôme ait attaché le destin de la France;
Qu'il n'ait lu son devoir que dans mes faibles yeux;
Qu'il ait besoin de moi pour être vertueux.
Vos desseins ont sans doute une source plus pure; 175
Vous avez consulté le devoir, la nature;

162 66PC: Prononcez votre arrêt
173 65PA, 'yeux' omitted
66PA: faibles vœux

L'amour a peu de part, où doit régner l'honneur.

VENDÔME

L'amour seul a tout fait, et c'est là mon malheur;
Sur tout autre intérêt ce triste amour l'emporte.
Accablez-moi de honte, accusez-moi, n'importe! 180
Dussé-je vous déplaire et forcer votre cœur,
L'autel est prêt; venez.

NEMOURS

Vous osez?...

ADÉLAÏDE

Non, seigneur.
Avant que je vous cède, et que l'hymen nous lie,
Aux yeux de votre frère arrachez-moi la vie.
Le sort met entre nous un obstacle éternel. 185
Je ne puis être à vous.

VENDÔME

Nemours... ingrate... Ah ciel!
C'en est donc fait... mais non... mon cœur sait se contraindre.
Vous ne méritez pas que je daigne m'en plaindre.
Vous auriez dû peut-être, avec moins de détour,
Dans ses premiers transports étouffer mon amour; 190
Et par un prompt aveu, qui m'eût guéri sans doute,
M'épargner les affronts que ma bonté me coûte.
Mais je vous rends justice; et ces séductions,
Qui vont au fond des cœurs chercher nos passions,
L'espoir qu'on donne à peine afin qu'on le saisisse, 195
Ce poison préparé des mains de l'artifice,
Sont les armes d'un sexe aussi trompeur que vain,
Que l'œil de la raison regarde avec dédain.

ADÉLAÏDE DU GUESCLIN

Je suis libre par vous: cet art que je déteste,
Cet art qui m'enchaîna, brise un joug si funeste; 200
Et je ne prétends pas, indignement épris,
Rougir devant mon frère, et souffrir des mépris.
Montrez-moi seulement ce rival qui se cache;
Je lui cède avec joie un poison qu'il m'arrache.
Je vous dédaigne assez tous deux pour vous unir, 205
Perfide! et c'est ainsi que je dois vous punir.

ADÉLAÏDE

Je devrais seulement vous quitter et me taire;
Mais je suis accusée, et ma gloire m'est chère.
Votre frère est présent, et mon honneur blessé
Doit repousser les traits dont il est offensé. 210
Pour un autre que vous ma vie est destinée;
Je vous en fais l'aveu, je m'y vois condamnée.
Oui, j'aime; et je serais indigne devant vous
De celui que mon cœur s'est promis pour époux,
Indigne de l'aimer, si par ma complaisance 215
J'avais à votre amour laissé quelque espérance.
Vous avez regardé ma liberté, ma foi,
Comme un bien de conquête, et qui n'est plus à moi.
Je vous devais beaucoup; mais une telle offense
Ferme à la fin mon cœur à la reconnaissance: 220
Sachez que des bienfaits qui font rougir mon front,
A mes yeux indignés ne sont plus qu'un affront.
J'ai plaint de votre amour la violence vaine;
Mais après ma pitié, n'attirez point ma haine.

213-218 65PA, 65PB:
Mais je mériterais la haine et le mépris
Du héros dont mon cœur en secret est épris,
Si jamais d'un coup d'œil l'indigne complaisance
Avait à votre amour laissé quelque espérance.
Vous pensiez que mes vœux [66PA: ma foi], ma liberté, mes jours
Vous étaient asservis pour prix de vos secours;

J'ai rejeté vos vœux, que je n'ai point bravés. 225
J'ai voulu votre estime, et vous me la devez.

VENDÔME

Je vous dois ma colère, et sachez qu'elle égale
Tous les emportements de mon amour fatale.
Quoi donc, vous attendiez, pour oser m'accabler,
Que Nemours fût présent, et me vît immoler? 230
Vous vouliez ce témoin de l'affront que j'endure?
Allez, je le croirais l'auteur de mon injure,
Si [illegible] mais il n'a point vu vos funestes appas;
Mon frère trop heureux ne vous connaissait pas.
Nommez donc mon rival: mais gardez-vous de croire 235
Que mon lâche dépit lui cède la victoire.
Je vous trompais: mon cœur ne peut feindre longtemps:
Je vous traîne à l'autel à ses yeux expirants;
Et ma main sur sa cendre à votre main donnée
Va tremper dans le sang les flambeaux d'hyménée. 240
Je sais trop qu'on a vu lâchement abusés
Pour des mortels obscurs des princes méprisés;
Et mes yeux perceront, dans la foule inconnue,
Jusqu'à ce vil objet qui se cache à ma vue.

NEMOURS

Pourquoi d'un choix indigne osez-vous l'accuser? 245

VENDÔME

Et pourquoi, vous, mon frère, osez-vous l'excuser?
Est-il vrai que de vous elle était ignorée?
Ciel! à ce piège affreux ma foi serait livrée!
Tremblez.

NEMOURS

Moi, que je tremble! Ah! j'ai trop dévoré

L'inexprimable horreur où toi seul m'as livré. 250
J'ai forcé trop longtemps mes transports au silence:
Connais-moi donc, barbare; et remplis ta vengeance.
Connais un désespoir à tes fureurs égal.
Frappe, voilà mon cœur, et voilà ton rival.

VENDÔME

Toi, cruel! toi, Nemours?

NEMOURS

Oui, depuis deux années, 255
L'amour[4] la plus secrète a joint nos destinées.
C'est toi dont les fureurs ont voulu m'arracher
Le seul bien sur la terre où j'ai pu m'attacher.
Tu fais depuis trois mois les horreurs de ma vie.
Les maux que j'éprouvais passaient ta jalousie. 260
Par tes égarements juge de mes transports.
Nous puisâmes tous deux dans ce sang dont je sors,
L'excès des passions qui dévorent une âme.
La nature à tous deux fit un cœur tout de flamme.
Mon frère est mon rival, et je l'ai combattu. 265
J'ai fait taire le sang, peut-être la vertu.
Furieux, aveuglé, plus jaloux que toi-même,
J'ai couru, j'ai volé, pour t'ôter ce que j'aime;
Rien ne m'a retenu, ni tes superbes tours,
Ni le peu de soldats que j'avais pour secours, 270
Ni le lieu, ni le temps, ni surtout ton courage;
Je n'ai vu que ma flamme, et ton feu qui m'outrage.
L'amour fut dans mon cœur plus fort que l'amitié.
Sois cruel comme moi, punis-moi sans pitié:
Aussi bien tu ne peux t'assurer ta conquête, 275
Tu ne peux l'épouser qu'aux dépens de ma tête.

[4] The word was feminine in the eighteenth century.

A la face des cieux je lui donne ma foi;
Je te fais de nos vœux le témoin malgré toi.
Frappe, et qu'après ce coup ta cruauté jalouse
Traîne aux pieds des autels ta sœur, et mon épouse. 280
Frappe, dis-je: oses-tu?

VENDÔME

Traître, c'en est assez.
Qu'on l'ôte de mes yeux: soldats, obéissez.

ADÉLAÏDE

(*aux soldats.*)

Non, demeurez, cruels… Ah! Prince, est-il possible
Que la nature en vous trouve une âme inflexible?
Seigneur!

NEMOURS

Vous le prier? plaignez-le plus que moi. 285
Plaignez-le: il vous offense, il a trahi son roi.
Va, je suis dans ces lieux plus puissant que toi-même;
Je suis vengé de toi: l'on te hait, et l'on m'aime.

ADÉLAÏDE

(*à Nemours.*) (*à Vendôme.*)

Ah cher prince!… Ah seigneur! voyez à vos genoux…

VENDÔME

(*aux soldats.*) (*à Adélaïde.*)

Qu'on m'en réponde, allez: Madame, levez-vous. 290
Vos prières, vos pleurs en faveur d'un parjure,
Sont un nouveau poison versé sur ma blessure:

277 65PA: A la face des dieux [65PA*, corrected to: cieux]

ADÉLAÏDE DU GUESCLIN

Vous avez mis la mort dans ce cœur outragé;
Mais, perfide, croyez que je mourrai vengé.
Adieu: Si vous voyez les effets de ma rage, 295
N'en accusez que vous; nos maux sont votre ouvrage.

ADÉLAÏDE

Je ne vous quitte pas: Ecoutez-moi, seigneur.

VENDÔME

Eh bien, achevez donc de déchirer mon cœur:
Parlez.

SCÈNE IV

VENDÔME, NEMOURS, ADÉLAÏDE, COUCY,
DANGESTE, UN OFFICIER, SOLDATS

COUCY

J'allais partir: un peuple téméraire
Se soulève en tumulte au nom de votre frère. 300
Le désordre est partout: vos soldats consternés
Désertent les drapeaux de leurs chefs étonnés;
Et pour comble de maux, vers la ville alarmée
L'ennemi rassemblé fait marcher son armée.

VENDÔME

Allez, cruelle, allez; vous ne jouirez pas 305

298 K: de décider mon
299b-c 65PA, 65PB: NEMOURS, DANGESTE, ADÉLAÏDE, VENDÔME, COUCY, UN OFFICIER, SOLDATS

Du fruit de votre haine, et de vos attentats:
Rentrez. Aux factieux je vais montrer leur maître.
(*à l'officier.*) (*à Coucy.*)
Qu'on la garde. Courons. Vous, veillez sur ce traître.

SCÈNE V

NEMOURS, COUCY

COUCY

Le seriez-vous, seigneur? auriez-vous démenti
Le sang de ces héros dont vous êtes sorti? 310
Auriez-vous violé, par cette lâche injure,
Et les droits de la guerre, et ceux de la nature?
Un prince à cet excès pourrait-il s'oublier?

NEMOURS

Non; mais suis-je réduit à me justifier?
Coucy, ce peuple est juste; il t'apprend à connaître 315
Que mon frère est rebelle, et que Charle est son maître.

COUCY

Ecoutez: Ce serait le comble de mes vœux,
De pouvoir aujourd'hui vous réunir tous deux.
Je vois avec regret la France désolée,
A nos dissensions la nature immolée, 320
Sur nos communs débris l'Anglais trop élevé,
Menaçant cet Etat par nous-même énervé.

308 65PA, 65PB: Qu'on la retienne ici. Vous, veillez
319-322 65PA, 65PB, absent

Si vous avez un cœur digne de votre race,
Faites au bien public servir votre disgrâce.
Rapprochez les partis; unissez-vous à moi,[5] 325
Pour calmer votre frère, et fléchir votre roi,
Pour éteindre le feu de nos guerres civiles.

NEMOURS

Ne vous en flattez pas; vos soins sont inutiles.
Si la discorde seule avait armé mon bras,
Si la guerre et la haine avaient conduit mes pas, 330
Vous pourriez espérer de réunir deux frères,
L'un de l'autre écartés dans des partis contraires.
Un obstacle plus grand s'oppose à ce retour.

COUCY

Et quel est-il, seigneur?

NEMOURS

Ah! reconnais l'amour,
Reconnais la fureur qui de nous deux s'empare, 335
Qui m'a fait téméraire, et qui le rend barbare.

COUCY

Ciel! faut-il voir ainsi, par des caprices vains,
Anéantir le fruit des plus nobles desseins?
L'amour subjuguer tout? ses cruelles faiblesses
Du sang qui se révolte étouffer les tendresses? 340
Des frères se haïr, et naître en tous climats
Des passions des grands le malheur des Etats?
Prince, de vos amours laissons là le mystère.
Je vous plains tous les deux; mais je sers votre frère.
Je vais le seconder; je vais me joindre à lui, 345

[5] See D12964.

Contre un peuple insolent qui se fait votre appui.
Le plus pressant danger est celui qui m'appelle.
Je vois qu'il peut avoir une fin bien cruelle:
Je vois les passions plus puissantes que moi;
Et l'amour seul ici me fait frémir d'effroi. 350
Mon devoir a parlé; je vous laisse, et j'y vole.
Soyez mon prisonnier, mais sur votre parole;
Elle me suffira.

NEMOURS

Je vous la donne.

COUCY

Et moi
Je voudrais de ce pas porter la sienne au roi;
Je voudrais cimenter, dans l'ardeur de lui plaire, 355
Du sang de nos tyrans une union si chère.
Mais ces fiers ennemis sont bien moins dangereux
Que ce fatal amour qui vous perdra tous deux.

Fin du troisième acte.

347-351 65PA, 65PB: Je lui dois mon secours; je vous laisse et j'y vole

ACTE IV

SCÈNE PREMIÈRE

NEMOURS, ADÉLAÏDE, DANGESTE

NEMOURS

Non, non, ce peuple en vain s'armait pour ma défense;
Mon frère teint de sang, enivré de vengeance,
Devenu plus jaloux, plus fier et plus cruel,
Va traîner à mes yeux sa victime à l'autel.
Je ne suis donc venu disputer ma conquête, 5
Que pour être témoin de cette horrible fête!
Et dans le désespoir d'un impuissant courroux,
Je ne puis me venger qu'en me privant de vous!
Partez, Adélaïde.

ADÉLAÏDE

Il faut que je vous quitte!...
Quoi, vous m'abandonnez!... vous ordonnez ma fuite! 10

NEMOURS

Il le faut: chaque instant est un péril fatal;
Vous êtes une esclave aux mains de mon rival.
Remercions le ciel, dont la bonté propice
Nous suscite un secours aux bords du précipice.
Vous voyez cet ami qui doit guider vos pas; 15
Sa vigilance adroite a séduit des soldats.

c 65PA, 65PB: ADÉLAÏDE, NEMOURS, DANGESTE
14 66PC: secours au bord du

(*à Dangeste.*)

Dangeste, ses malheurs ont droit à tes services;
Je suis loin d'exiger d'injustes sacrifices;
Je respecte mon frère, et je ne prétends pas
Conspirer contre lui dans ses propres Etats. 20
Ecoute seulement la pitié qui te guide;
Ecoute un vrai devoir, et sauve Adélaïde.

ADÉLAÏDE

Hélas! ma délivrance augmente mon malheur.
Je détestais ces lieux, j'en sors avec terreur.

NEMOURS

Privez-moi par pitié d'une si chère vue. 25
Tantôt à ce départ vous étiez résolue,
Le dessein était pris, n'osez-vous l'achever?

ADÉLAÏDE

Ah, quand j'ai voulu fuir, j'espérais vous trouver.

NEMOURS

Prisonnier sur ma foi dans l'horreur qui me presse,
Je suis plus enchaîné par ma seule promesse, 30
Que si de cet Etat les tyrans inhumains
Des fers les plus pesants avaient chargé mes mains.
Au pouvoir de mon frère ici l'honneur me livre;
Je peux mourir pour vous, mais je ne peux vous suivre;
Vous suivrez cet ami par des détours obscurs, 35
Qui vous rendront bientôt sous ces coupables murs.
De la Flandre à sa voix on doit ouvrir la porte;
Du roi sous les remparts il trouvera l'escorte.
Le temps presse, évitez un ennemi jaloux.

35 65PA, 65PB, NM, W70L: Cet ami vous conduit par

ADÉLAÏDE

Je vois qu'il faut partir… cher Nemours, et sans vous! 40

NEMOURS

L'amour nous a rejoints, que l'amour nous sépare.

ADÉLAÏDE

Qui! moi? que je vous laisse au pouvoir d'un barbare?
Seigneur, de votre sang l'Anglais est altéré;
Ce sang à votre frère est-il donc si sacré?
Craindra-t-il d'accorder, dans son courroux funeste, 45
Aux alliés qu'il aime, un rival qu'il déteste?

NEMOURS

Il n'oserait.

ADÉLAÏDE

Son cœur ne connaît point de frein;
Il vous a menacé, menace-t-il en vain?

NEMOURS

Il tremblera bientôt; le roi vient et nous venge;
La moitié de ce peuple à ses drapeaux se range. 50
Allez: Si vous m'aimez, dérobez-vous aux coups
Des foudres allumés grondant autour de nous,
Au tumulte, au carnage, au désordre effroyable,
Dans des murs pris d'assaut, malheur inévitable:
Mais craignez encor plus mon rival furieux, 55
Craignez l'amour jaloux qui veille dans ses yeux.
Je frémis de vous voir encor sous sa puissance;
Redoutez son amour autant que sa vengeance;
Cédez à mes douleurs; qu'il vous perde, partez.

ADÉLAÏDE

Et vous vous exposez seul à ses cruautés! 60

NEMOURS

Ne craignant rien pour vous, je craindrai peu mon frère;
Et bientôt mon appui lui devient nécessaire.

ADÉLAÏDE

Aussi bien que mon cœur mes pas vous sont soumis.
Eh bien, vous l'ordonnez, je pars et je frémis!
Je ne sais... mais enfin la fortune jalouse 65
M'a toujours envié le nom de votre épouse.

NEMOURS

Partez avec ce nom. La pompe des autels,
Ces voiles, ces flambeaux, ces témoins solennels,
Inutiles garants d'une foi si sacrée,
La rendront plus connue, et non plus assurée. 70
Vous, mânes des Bourbons, princes, rois mes aïeux,
Du séjour des héros tournez ici les yeux.
J'ajoute à votre gloire en la prenant pour femme;
Confirmez mes serments, ma tendresse et ma flamme;
Adoptez-la pour fille, et puisse son époux 75
Se montrer à jamais digne d'elle et de vous!

ADÉLAÏDE

Rempli de vos bontés, mon cœur n'a plus d'alarmes,
Cher époux; cher amant...

NEMOURS

Quoi, vous versez des larmes!

61 65PA, 65PB: Ne craignez rien

C'est trop tarder, adieu… Ciel! quel tumulte affreux!

SCÈNE II

ADÉLAÏDE, NEMOURS, VENDÔME, GARDES

VENDÔME

Je l'entends, c'est lui-même: arrête, malheureux; 8
Lâche qui me trahis, rival indigne, arrête.

NEMOURS

Il ne te trahit point; mais il t'offre sa tête.
Porte à tous les excès ta haine et ta fureur;
Va, ne perds point de temps, le ciel arme un vengeur.
Tremble, ton roi s'approche, il vient, il va paraître. 8
Tu n'as vaincu que moi, redoute encor ton maître.

VENDÔME

Il pourra te venger, mais non te secourir;
Et ton sang…

ADÉLAÏDE

Non, cruel, c'est à moi de mourir.
J'ai tout fait, c'est par moi que ta garde est séduite;
J'ai gagné tes soldats, j'ai préparé ma fuite. 9
Punis ces attentats, et ces crimes si grands,
De sortir d'esclavage, et de fuir ses tyrans:
Mais respecte ton frère, et sa femme, et toi-même;

79b 65PA, 65PB: ADÉLAÏDE, NEMOURS, DANGESTE, VENDÔME, SOLDATS

Il ne t'a point trahi, c'est un frère qui t'aime;
Il voulait te servir, quand tu veux l'opprimer. 95
Quel crime a-t-il commis, cruel, que de m'aimer?
L'amour n'est-il en toi qu'un juge inexorable?

VENDÔME

Plus vous le défendez, plus il devient coupable;
C'est vous qui le perdez, vous qui l'assassinez;
Vous par qui tous nos jours étaient empoisonnés; 100
Vous, qui pour leur malheur armiez des mains si chères.
Puisse tomber sur vous tout le sang des deux frères!
Vous pleurez! mais vos pleurs ne peuvent me tromper,
Je suis prêt à mourir, et prêt à le frapper.
Mon malheur est au comble, ainsi que ma faiblesse. 105
Oui, je vous aime encor; le temps, le péril presse.
Vous pouvez à l'instant parer le coup mortel;
Voilà ma main, venez. Sa grâce est à l'autel.

ADÉLAÏDE

Moi, seigneur?

VENDÔME

C'est assez.

ADÉLAÏDE

Moi, que je le trahisse!

VENDÔME

Arrêtez… répondez…

ADÉLAÏDE

Je ne puis.

101 65PA, 65PB: malheur armez des

VENDÔME

Qu'il périsse. 110

NEMOURS

Ne vous laissez pas vaincre en ces affreux combats;
Osez m'aimer assez pour vouloir mon trépas;
Abandonnez mon sort au coup qu'il me prépare.
Je mourrai triomphant des coups de ce barbare;
Et si vous succombiez à son lâche courroux, 115
Je n'en mourrais pas moins, mais je mourrais par vous.

VENDÔME

Qu'on l'entraîne à la tour: allez: qu'on m'obéisse.

SCÈNE III

VENDÔME, ADÉLAÏDE

ADÉLAÏDE

Vous, cruel! vous feriez cet affreux sacrifice!
De son vertueux sang vous pourriez vous couvrir!
Quoi, voulez-vous?...

110a-116a 65PA, 65PB:

ADÉLAÏDE *à Vendôme*

Qu'il périsse, barbare!

NEMOURS

En ces affreux combats,
Osez m'aimer assez pour vouloir mon trépas.

VENDÔME *à ses gardes*

117a-125 65PA, 65PB, scene absent, subsequent scenes numbered in consequence

VENDÔME

Je veux vous haïr et mourir, 120
Vous rendre malheureuse encor plus que moi-même,
Répandre devant vous tout le sang qui vous aime,
Et vous laisser des jours plus cruels mille fois,
Que le jour où l'amour nous a perdus tous trois.
Laissez-moi: votre vue augmente mon supplice. 125

SCÈNE IV

VENDÔME, ADÉLAÏDE, COUCY

ADÉLAÏDE *à Coucy*.

Ah! je n'attends plus rien que de votre justice,
Coucy, contre un cruel osez me secourir.

VENDÔME

Garde-toi de l'entendre, ou tu vas me trahir.

ADÉLAÏDE

J'atteste ici le ciel...

VENDÔME

Qu'on l'ôte de ma vue.
Ami, délivre-moi d'un objet qui me tue. 130

ADÉLAÏDE

Va, tyran, c'en est trop, va, dans mon désespoir,

125b 65PA, 65PB: COUCY, VENDÔME, ADÉLAÏDE
129 65PA, 65PB: Eloignez de ma vue
130 65PA, 65PB, NM, T67, W70L, W75G: Ami, délivrez-moi

J'ai combattu l'horreur que je sens à te voir;
J'ai cru, malgré ta rage, à ce point emportée,
Qu'une femme du moins en serait respectée.
L'amour adoucit tout, hors ton barbare cœur; 135
Tigre! je t'abandonne à toute ta fureur.
Dans ton féroce amour, immole tes victimes;
Compte dès ce moment ma mort parmi tes crimes;
Mais compte encor la tienne: un vengeur va venir,
Par ton juste supplice, il va tous nous unir. 140
Tombe avec tes remparts; tombe, et péris sans gloire,
Meurs, et que l'avenir prodigue à ta mémoire,
A tes feux, à ton nom justement abhorrés,
La haine et le mépris que tu m'as inspirés.

SCÈNE V

VENDÔME, COUCY

VENDÔME

Oui, cruelle ennemie, et plus que moi farouche, 145
Oui, j'accepte l'arrêt prononcé par ta bouche;
Que la main de la haine, et que les mêmes coups
Dans l'horreur du tombeau nous réunissent tous.

(*Il tombe dans un fauteuil.*)[1]

143 65PA, 65PB, T67: justement abhorré,
144 65PA, 65PB, T67: m'as inspiré.
148a 65PA, 65PB, no stage direction

[1] See D12964.

COUCY

Il ne se connaît plus, il succombe à sa rage.

VENDÔME

Eh bien, souffriras-tu ma honte et mon outrage? 150
Le temps presse; veux-tu qu'un rival odieux
Enlève la perfide et l'épouse à mes yeux?
Tu crains de me répondre! attends-tu que le traître
Ait soulevé mon peuple, et me livre à son maître?

COUCY

Je vois trop, en effet, que le parti du roi 155
Du peuple fatigué fait chanceler la foi.
De la sédition la flamme réprimée
Vit encor dans les cœurs en secret rallumée.

VENDÔME

C'est Nemours qui l'allume, il nous a trahi tous.

COUCY

Je suis loin d'excuser ses crimes envers vous; 160
La suite en est funeste, et me remplit d'alarmes.
Dans la plaine déjà les Français sont en armes;
Et vous êtes perdu, si le peuple excité
Croit dans la trahison trouver sa sûreté.
Vos dangers sont accrus.

VENDÔME

Eh bien, que faut-il faire? 165

148b 66PC: COUCY, *à part.*
161-162 65PA, 65PB:
L'amitié des Anglais est toujours incertaine,
Les étendards de France ont paru vers [66PC: dans] la plaine;

COUCY

Les prévenir, dompter l'amour et la colère.
Ayons encor, mon prince, en cette extrémité,
Pour prendre un parti sûr, assez de fermeté.
Nous pouvons conjurer, ou braver la tempête;
Quoi que vous décidiez, ma main est toute prête. 170
Vous vouliez ce matin, par un heureux traité,
Apaiser avec gloire un monarque irrité:
Ne vous rebutez pas: Ordonnez, et j'espère
Signer en votre nom cette paix salutaire:
Mais s'il vous faut combattre, et courir au trépas, 175
Vous savez qu'un ami ne vous survivra pas.

VENDÔME

Ami, dans le tombeau, laisse-moi seul descendre;
Vis pour servir ma cause, et pour venger ma cendre;
Mon destin s'accomplit, et je cours l'achever.
Qui ne veut que la mort est sûr de la trouver; 180
Mais je la veux terrible, et lorsque je succombe,
Je veux voir mon rival entraîné dans ma tombe.

COUCY

Comment! de quelle horreur vos sens sont possédés!

VENDÔME

Il est dans cette tour, où vous seul commandez;
Et vous m'avez promis que contre un téméraire… 185

COUCY

De qui me parlez-vous, seigneur? de votre frère?

186-189 65PA, 65PB:
Contre Nemours? ah, ciel!
VENDÔME
Nemours est-il mon frère?

VENDÔME

Non, je parle d'un traître, et d'un lâche ennemi,
D'un rival qui m'abhorre, et qui m'a tout ravi.
L'Anglais attend de moi la tête du parjure.

COUCY

Vous leur avez promis de trahir la nature? 190

VENDÔME

Dès longtemps du perfide ils ont proscrit le sang.

COUCY

Et pour leur obéir, vous lui percez le flanc?

VENDÔME

Non, je n'obéis point à leur haine étrangère;
J'obéis à ma rage, et veux la satisfaire.
Que m'importe l'Etat, et mes vains alliés? 195

COUCY

Ainsi donc à l'amour vous le sacrifiez?
Et vous me chargez, moi, du soin de son supplice!

VENDÔME

Je n'attends pas de vous cette prompte justice.

Il me livre à son maître, il m'a seul opprimé,
Il soulève mon peuple, enfin il est aimé;
Contre moi, dans ce jour, il commet tous les crimes.
Partage mes fureurs, elles sont légitimes;
Toi seul, après ma mort, en cueilleras le fruit.
Le chef de ces Anglais, dans la ville introduit,
Demande au nom des siens la tête du parjure.

195 K85: m'importent l'Etat

Je suis bien malheureux! bien digne de pitié!
Trahi dans mon amour, trahi dans l'amitié! 200
Ah! trop heureux dauphin, c'est ton sort que j'envie;
Ton amitié, du moins, n'a point été trahie;
Et Tangui du Châtel,[2] quand tu fus offensé,
T'a servi sans scrupule, et n'a pas balancé.
Allez; Vendôme encor, dans le sort qui le presse, 205
Trouvera des amis qui tiendront leur promesse;
D'autres me serviront, et n'allégueront pas
Cette triste vertu, l'excuse des ingrats.

COUCY (*après un long silence.*)

Non; j'ai pris mon parti. Soit crime, soit justice,
Vous ne vous plaindrez pas que Coucy vous trahisse. 210
Je ne souffrirai pas que d'un autre que moi,

205-209 65PA, 65PB:

COUCY

Il a payé bien cher ce fatal sacrifice.

VENDÔME

Le mien coûtera plus; mais je veux ce service:
Oui, je le veux, ma mort à l'instant le suivra;
Mais du moins mon rival avant moi périra.

COUCY *après un long silence.*

J'obéirai, seigneur; soit crime, soit justice

210 65PA, 65PB, T67: plaindrez plus que

211-212 65PA, 65PB:
Je me rends, non à vous, non à votre fureur,
Mais à d'autres raisons qui parlent à mon cœur.

[2] Tanneguy Duchâtel (*c.*1368-*c.*1458) was responsible for saving the young dauphin, the future Charles VII, from Burgundian forces who made a surprise raid on Paris in May 1418. Tanneguy worked ardently in the cause of peace between the warring factions of Burgundy and Armagnac, but he was compromised by the murder of Jean-sans-Peur at Montereau in 1419. Tanneguy was thought guilty of this crime and was 'exiled' by Charles VII to administrative and diplomatic posts of increasing importance. He was made governor of Provence in 1446, and ambassador to Rome in 1448. Again, Voltaire bends a striking detail of history to his dramatic theme.

Dans de pareils moments, vous éprouviez la foi.
Quand un ami se perd, il faut qu'on l'avertisse,
Il faut qu'on le retienne au bord du précipice;
Je l'ai dû, je l'ai fait, malgré votre courroux; 215
Vous y voulez tomber, je m'y jette avec vous;
Et vous reconnaîtrez, au succès de mon zèle,
Si Coucy vous aimait, et s'il vous fut fidèle.

VENDÔME

Je revois mon ami… vengeons-nous, vole… attend…
Non, va, te dis-je, frappe, et je mourrai content. 220
Qu'à l'instant de sa mort, à mon impatience,
Le canon des remparts annonce ma vengeance.
J'irai, je l'apprendrai sans trouble et sans effroi,
A l'objet odieux qui l'immole par moi.
Allons.

COUCY

En vous rendant ce malheureux service, 225
Prince, je vous demande un autre sacrifice.

VENDÔME

Parle.

COUCY

Je ne veux pas que l'Anglais en ces lieux,
Protecteur insolent, commande sous mes yeux;
Je ne veux pas servir un tyran qui nous brave.
Ne puis-je vous venger sans être son esclave? 230
Si vous voulez tomber, pourquoi prendre un appui?
Pour mourir avec vous, ai-je besoin de lui?
Du sort de ce grand jour laissez-moi la conduite.

225 65PA, 65PB: Volez…

ADÉLAÏDE DU GUESCLIN

Ce que je fais pour vous peut-être le mérite.
Les Anglais avec moi pourraient mal s'accorder; 235
Jusqu'au dernier moment je veux seul commander.

VENDÔME

Pourvu qu'Adélaïde, au désespoir réduite,
Pleure en larmes de sang l'amant qui l'a séduite;
Pourvu que de l'horreur de ses gémissements,
Mon courroux se repaisse à mes derniers moments; 240
Tout le reste est égal, et je te l'abandonne:
Prépare le combat, agis, dispose, ordonne.
Ce n'est plus la victoire où ma fureur prétend;
Je ne cherche pas même un trépas éclatant.
Aux cœurs désespérés, qu'importe un peu de gloire? 245
Périsse ainsi que moi ma funeste mémoire!
Périsse avec mon nom le souvenir fatal
D'une indigne maîtresse, et d'un lâche rival!

COUCY

Je l'avoue avec vous: une nuit éternelle
Doit couvrir, s'il se peut, une fin si cruelle: 250
C'était avant ce coup qu'il nous fallait mourir:
Mais je tiendrai parole, et je vais vous servir.

Fin du quatrième acte.

237 65PA, 65PB: Oui: pourvu que l'ingrate au désespoir
240 65PA, 65PB, NM, W70L: Ma fureur se repaisse à ses [NM: mes] derniers moments

ACTE V

SCÈNE PREMIÈRE

VENDÔME, UN OFFICIER, GARDES

VENDÔME

O ciel! me faudra-t-il de moments en moments,
Voir et des trahisons et des soulèvements?
Eh bien, de ces mutins, l'audace est terrassée?

L'OFFICIER

Seigneur, ils vous ont vu, leur foule est dispersée.

VENDÔME

L'ingrat de tous côtés m'opprimait aujourd'hui; 5
Mon malheur est parfait, tous les cœurs sont à lui.
Dangeste est-il puni de sa fourbe cruelle?

L'OFFICIER

Le glaive a fait couler le sang de l'infidèle.

VENDÔME

Ce soldat, qu'en secret vous m'avez amené,
Va-t-il exécuter l'ordre que j'ai donné? 10

L'OFFICIER

Oui, seigneur, et déjà vers la tour il s'avance.

VENDÔME

Je vais donc à la fin jouir de ma vengeance.

Sur l'incertain Coucy mon cœur a trop compté;
Il a vu ma fureur avec tranquillité.
On ne soulage point des douleurs qu'on méprise; 15
Il faut qu'en d'autres mains ma vengeance soit mise.
Vous, que sur nos remparts on porte nos drapeaux;
Allez, qu'on se prépare à des périls nouveaux.
Vous sortez d'un combat, un autre vous appelle;
Ayez la même audace avec le même zèle; 20
Imitez votre maître; et s'il vous faut périr,
Vous recevrez de moi l'exemple de mourir.

(*seul.*)

Le sang, l'indigne sang qu'a demandé ma rage,
Sera du moins, pour moi, le signal du carnage.
Un bras vulgaire et sûr va punir mon rival; 25
Je vais être servi: j'attends l'heureux signal.
Nemours, tu vas périr, mon bonheur se prépare…
Un frère assassiné! quel bonheur! ah, barbare!
S'il est doux d'accabler ses cruels ennemis,
Si ton cœur est content, d'où vient que tu frémis? 30
Allons… mais quelle voix gémissante et sévère
Crie au fond de mon cœur, arrête, il est ton frère!
Ah! Prince infortuné, dans ta haine affermi,
Songe à des droits plus saints; Nemours fut ton ami.
O jours de notre enfance! ô tendresses passées! 35
Il fut le confident de toutes mes pensées.
Avec quelle innocence et quels épanchements,
Nos cœurs se sont appris leurs premiers sentiments!
Que de fois partageant mes naissantes alarmes,
D'une main fraternelle essuya-t-il mes larmes! 40
Et c'est moi qui l'immole! et cette même main,

17 65PA, 65PB, T67, with stage direction: (*à l'officier*)
23-61 65PA, 65PB, T67, separate scene created (II), subsequent scenes numbered in consequence
33 65PA: dans la haine

D'un frère que j'aimai, déchirerait le sein!
O passion funeste! ô douleur qui m'égare!
Non, je n'étais point né pour devenir barbare.
Je sens combien le crime est un fardeau cruel. 45
Mais, que dis-je? Nemours est le seul criminel.
Je reconnais mon sang, mais c'est à sa furie;
Il m'enlève l'objet dont dépendait ma vie;
Il aime Adélaïde... Ah! trop jaloux transport!
Il l'aime; est-ce un forfait qui mérite la mort? 50
Hélas! malgré le temps, et la guerre et l'absence,
Leur tranquille union croissait dans le silence;
Ils nourrissaient en paix leur innocente ardeur,
Avant qu'un fol amour empoisonnât mon cœur.
Mais lui-même il m'attaque, il brave ma colère, 55
Il me trompe, il me hait; n'importe, il est mon frère!
Il ne périra point. Nature, je me rends;
Je ne veux point marcher sur les pas des tyrans.
Je n'ai point entendu le signal homicide,
L'organe des forfaits, la voix du parricide; 60
Il en est encor temps.

SCÈNE II

VENDÔME, L'OFFICIER DES GARDES

VENDÔME

Que l'on sauve Nemours;

43 65PA, 65PB: funeste! ô fureur qui
44 65PA, 65PB, T67: n'étais pas né
51 65PA, 65PB: malgré les temps
61b-c 65PA, 65PB:
VENDÔME, L'OFFICIER, GARDES
VENDÔME, *à l'officier qui entre.*

ADÉLAÏDE DU GUESCLIN

Portez mon ordre, allez, répondez de ses jours.

L'OFFICIER

Hélas, seigneur! j'ai vu, non loin de cette porte,
Un corps souillé de sang qu'en secret on emporte;
C'est Coucy qui l'ordonne, et je crains que le sort… 6

VENDÔME

(*On entend le canon.*)

Quoi, déjà!… Dieu, qu'entends-je! Ah ciel! mon frère est
mort!
Il est mort, et je vis! Et la terre entrouverte,
Et la foudre en éclats n'ont point vengé sa perte!
Ennemi de l'Etat, factieux, inhumain,
Frère dénaturé, ravisseur, assassin, 7
Voilà quel est Vendôme. Ah! vérité funeste!
Je vois ce que je suis, et ce que je déteste!
Le voile est déchiré, je m'étais mal connu.
Au comble des forfaits je suis donc parvenu!
Ah, Nemours! ah, mon frère! ah, jour de ma ruine! 7
Je sens que je t'aimais, et mon bras t'assassine,
Mon frère!

L'OFFICIER

Adélaïde, avec empressement,
Veut, seigneur, en secret vous parler un moment.

62a-65a 65PA, 65PB, absent
65b-69 65PA, 65PB:
(*on entend un coup de canon.*)
Que Couci… Dieu! qu'entends-je! ah! j'ai perdu mon frère!
Il est mort, et je vis!… ce jour encor m'éclaire!
Ennemi de mon roi, factieux, inhumain,

VENDÔME

Chers amis, empêchez que la cruelle avance;
Je ne puis soutenir ni souffrir sa présence. 80
Mais non. D'un parricide elle doit se venger;
Dans mon coupable sang sa main doit se plonger;
Qu'elle entre... Ah! je succombe, et ne vis plus qu'à peine.

SCÈNE III

VENDÔME, ADÉLAÏDE

ADÉLAÏDE

Vous l'emportez, seigneur, et puisque votre haine,
(Comment puis-je autrement appeler en ce jour 85
Ces affreux sentiments que vous nommez amour?)
Puisqu'à ravir ma foi, votre haine obstinée
Veut, ou le sang d'un frère, ou ce triste hyménée...
Puisque je suis réduite au déplorable sort
Ou de trahir Nemours, ou de hâter sa mort, 90
Et que de votre rage et ministre et victime,
Je n'ai plus qu'à choisir mon supplice et mon crime,
Mon choix est fait, seigneur, et je me donne à vous.
Par le droit des forfaits vous êtes mon époux.
Brisez les fers honteux dont vous chargez un frère; 95
De Lille sous ses pas abaissez la barrière;
Que je ne tremble plus pour des jours si chéris;
Je trahis mon amant; je le perds à ce prix.

79 65PA, 65PB: Adélaïde! ô ciel! empêchez qu'elle avance:
83b 65PA, 65PB, T67: VENDÔME, ADÉLAÏDE, TAÏSE
89-92 65PA, 65PB, absent

Je vous épargne un crime, et suis votre conquête;
Commandez, disposez, ma main est toute prête; 100
Sachez que cette main que vous tyrannisez,
Punira la faiblesse où vous me réduisez.
Sachez qu'au temple même, où vous m'allez conduire…
Mais vous voulez ma foi, ma foi doit vous suffire.
Allons… Eh quoi! d'où vient ce silence affecté? 105
Quoi! votre frère encor n'est point en liberté?

VENDÔME

Mon frère?

ADÉLAÏDE

Dieu puissant! dissipez mes alarmes.
Ciel! de vos yeux cruels je vois tomber des larmes!

VENDÔME

Vous demandez sa vie…

ADÉLAÏDE

Ah! qu'est-ce que j'entends?
Vous qui m'aviez promis…

VENDÔME

Madame, il n'est plus temps. 110

ADÉLAÏDE

Il n'est plus temps! Nemours!…

101 65PA, 65PB: Peut-être cette main
103 65PA, 65PB: Peut-être au temple même
104 65PA, 65PB: voulez ma main; ma main doit

VENDÔME

Il est trop vrai, cruelle!
Oui, vous avez dicté sa sentence mortelle.
Coucy pour nos malheurs a trop su m'obéir.
Ah! revenez à vous, vivez pour me punir,
Frappez: que votre main contre moi ranimée[1] 115
Perce un cœur inhumain qui vous a trop aimée,
Un cœur dénaturé qui n'attend que vos coups.
Oui, j'ai tué mon frère, et l'ai tué pour vous.
Vengez sur un amant coupable, et sanguinaire,
Tous les crimes affreux que vous m'avez fait faire. 120

ADÉLAÏDE

Nemours est mort? barbare!...

VENDÔME

Oui: mais c'est de ta main
Que son sang veut ici le sang de l'assassin.

ADÉLAÏDE (*soutenue par Taïse et presque évanouie.*)

Il est mort!

VENDÔME

Ton reproche...

113 65PA, 65PB: a su trop m'obéir
119 65PA, 65PB: sur un coupable, un monstre sanguinaire
122a 65PA, 65PB: *presque évanouie et soutenue par Taïse*

[1] In Lekain's acting copy (A65:MS1), lines 115-18 are omitted. The text after line 120 runs as follows: 'ADÉLAÏDE / Grand dieu, Nemours expire!... il périt par tes coups! / VENDÔME / Oui, j'ai tué mon frère, et l'ai tué pour vous. / ADÉLAÏDE / Barbare! / VENDÔME / Ton reproche [...]'

ADÉLAÏDE

Epargne ma misère:
Laisse-moi, je n'ai plus de reproche à te faire.
Va, porte ailleurs ton crime, et ton vain repentir. 125
Je veux encor le voir, l'embrasser, et mourir.

VENDÔME

Ton horreur est trop juste. Eh bien, Adélaïde,
Prends ce fer, arme-toi, mais contre un parricide;
Je ne mérite pas de mourir de tes coups;
Que ma main les conduise.

SCÈNE IV

VENDÔME, ADÉLAÏDE, COUCY

COUCY

Ah ciel! que faites-vous? 130

VENDÔME (*on le désarme.*)

Laissez-moi me punir, et me rendre justice.

ADÉLAÏDE *à Coucy.*

Vous, d'un assassinat vous êtes le complice?

VENDÔME

Ministre de mon crime, as-tu pu m'obéir?

129 K85: mourir sous tes
130b 65PA, 65PB: VENDÔME, ADÉLAÏDE, TAÏSE, COUCY
130c 65PA, 65PB: COUCY, *arrêtant le bras de Vendôme.*
130d 65PA, 65PB, NM, W70L, no stage direction

COUCY

Je vous avais promis, seigneur, de vous servir.

VENDÔME

Malheureux que je suis! ta sévère rudesse 135
A cent fois de mes sens combattu la faiblesse.
Ne devais-tu te rendre à mes tristes souhaits,
Que quand ma passion t'ordonnait des forfaits?
Tu ne m'as obéi que pour perdre mon frère!

COUCY

Lorsque j'ai refusé ce sanglant ministère, 140
Votre aveugle courroux n'allait-il pas soudain,
Du soin de vous venger charger une autre main?

VENDÔME

L'amour, le seul amour, de mes sens toujours maître,
En m'ôtant ma raison, m'eût excusé peut-être:
Mais toi, dont la sagesse, et les réflexions, 145
Ont calmé dans ton sein toutes les passions,
Toi, dont j'avais tant craint l'esprit ferme et rigide,
Avec tranquillité permettre un parricide!

COUCY

Eh bien, puisque la honte avec le repentir,
Par qui la vertu parle à qui peut la trahir, 150
D'un si juste remords ont pénétré votre âme;
Puisque malgré l'excès de votre aveugle flamme,

140 65PA, 65PB: Si j'avais refusé ce sanglant
141 65PA, 65PB: courroux n'aurait-il
142 65PA, 65PB: chargé toute autre
147 65PA, 65PB: Toi, qui montras toujours un cœur ferme et rigide,
149 65PA, 65PB: la honte et que le repentir

ADÉLAÏDE DU GUESCLIN

Au prix de votre sang, vous voudriez sauver
Ce sang dont vos fureurs ont voulu vous priver,
Je peux donc m'expliquer, je peux donc vous apprendre, 155
Que de vous-même enfin Coucy sait vous défendre.
Connaissez-moi, madame, et calmez vos douleurs.

(*au duc.*) (*à Adélaïde.*)

Vous, gardez vos remords; et vous, séchez vos pleurs.
Que ce jour à tous trois soit un jour salutaire.
Venez, paraissez, prince, embrassez votre frère. 160

Le théâtre s'ouvre, Nemours paraît.

SCÈNE V

VENDÔME, ADÉLAÏDE, NEMOURS, COUCY

ADÉLAÏDE

Nemours!

VENDÔME

Mon frère!

ADÉLAÏDE

Ah ciel!

VENDÔME

Qui l'aurait pu penser?

160a 65PA, 65PB, NM, W70L, no stage direction
160c 65PA, 65PB: VENDÔME, ADÉLAÏDE, TAISE, COUCY, NEMOURS, SOLDATS, *dans le fond.*

NEMOURS (*s'avançant du fond du théâtre.*)

J'ose encor te revoir, te plaindre et t'embrasser.

VENDÔME

Mon crime en est plus grand, puisque ton cœur l'oublie.

ADÉLAÏDE

Coucy, digne héros, qui me donnez la vie!

VENDÔME

Il la donne à tous trois.

COUCY

Un indigne assassin 165
Sur Nemours à mes yeux avait levé la main;
J'ai frappé le barbare; et, prévenant encore
Les aveugles fureurs du feu qui vous dévore,
J'ai fait donner soudain le signal odieux,
Sûr que le repentir vous ouvrirait les yeux. 170

VENDÔME

Après ce grand exemple, et ce service insigne,
Le prix que je t'en dois, c'est de m'en rendre digne.
Le fardeau de mon crime est trop pesant pour moi;
Mes yeux couverts d'un voile et baissés devant toi,
Craignent de rencontrer, et les regards d'un frère, 175
Et la beauté fatale à tous les deux trop chère.

NEMOURS

Tous deux auprès du roi, nous voulions te servir.

161d 65PA, 65PB, no stage direction
164 65PA, 65PB: me rendez la vie!
167 65PA, 65PB: J'ai saisi le barbare

Quel est donc ton dessein? parle.

VENDÔME

De me punir,
De nous rendre à tous trois une égale justice;
D'expier devant vous, par le plus grand supplice, 180
Le plus grand des forfaits, où la fatalité,
L'amour et le courroux m'avaient précipité.
J'aimais Adélaïde, et ma flamme cruelle,
Dans mon cœur désolé, s'irrite encor pour elle.
Coucy sait à quel point j'adorais ses appas, 185
Quand ma jalouse rage ordonnait ton trépas;
Dévoré, malgré moi, du feu qui me possède,
Je l'adore encor plus... et mon amour la cède.
Je m'arrache le cœur, je la mets dans tes bras;
Aimez-vous: mais au moins ne me haïssez pas. 190

NEMOURS (*à ses pieds.*)

Moi vous haïr jamais! Vendôme, mon cher frère!
J'osai vous outrager... vous me servez de père.

ADÉLAÏDE

Oui, seigneur, avec lui j'embrasse vos genoux;
La plus tendre amitié va me rejoindre à vous.
Vous me payez trop bien de ma douleur soufferte. 195

VENDÔME

Ah! c'est trop me montrer mes malheurs et ma perte!
Mais vous m'apprenez tous à suivre la vertu.
Ce n'est point à demi que mon cœur est rendu.

189 65PA, 65PB: cœur la voyant dans tes bras
195 65PA, 65PB: bien de mes douleurs souffertes
196 65PA, 65PB: et mes pertes!

(*à Nemours.*)

Trop fortunés époux, oui, mon âme attendrie
Imite votre exemple, et chérit sa patrie. 200
Allez apprendre au roi, pour qui vous combattez,
Mon crime, mes remords, et vos félicités.
Allez; ainsi que vous, je vais le reconnaître.
Sur nos remparts soumis amenez votre maître,
Il est déjà le mien: nous, allons à ses pieds 205
Abaisser sans regret nos fronts humiliés.
J'égalerai pour lui votre intrépide zèle;
Bon Français, meilleur frère, ami, sujet fidèle;
Es-tu content, Coucy?

COUCY

J'ai le prix de mes soins,
Et du sang des Bourbons je n'attendais pas moins. 210

Fin du cinquième et dernier acte.

200 65PA, 65PB, stage direction from 199a placed between 200-201

ADÉLAÏDE DU GUESCLIN

TRAGÉDIE,

Par M. de Voltaire;

représentée pour la 1ere foix aux Français,

le 18 Janvier 1734.

PERSONNAGES

Le sire de Coucy.
Adélaïde du Guesclin.
Taïse d'Anglurre.
Le duc de Vendôme.
Le duc de Nemours.
Dangeste, confident du duc de Nemours.
Un officier.
Un garde.

La scène est à Cambray.

a MS1 insert, MS6, MS7: Acteurs
1-8 MS1 insert:

Le Sire de Coucy	M^{r}. Grandval
Adélaïde du Guesclin	Mlle Dubois
Taïse D'Anglure	Mlle Préville
Le Duc de Vendôme	Le Kain
Le Duc de Nemours	M^{r}. Molé
Dangeste, ⟨confident⟩ écuyer du Duc de Nemours	M^{r}. D'Auberval
Un officier	M^{r}. Fromentin
⟨Un Garde⟩ Gardes du duc de Nemours.	

3 MS2, MS4: d'Anglure
9 MS1 insert: *à L'Isle.*

ACTE PREMIER

SCÈNE PREMIÈRE

LE SIRE DE COUCY, ADÉLAÏDE

COUCY

Digne sang de Guesclin, vous, qu'on voit aujourd'hui
Le charme des Français dont il était l'appui,
Souffrez qu'en arrivant dans ce séjour d'alarmes
Je dérobe un moment au tumulte des armes:
Ecoutez-moi. Voyez d'un œil mieux éclairci 5
Les desseins, la conduite et le cœur de Coucy;
Et que votre vertu cesse de méconnaître
L'âme d'un vrai soldat digne de vous peut-être.

ADÉLAÏDE

Vous pouvez tout: parlez.

COUCY

J'ai dans les champs de Mars
De Vendôme en tout temps suivi les étendards; 10
Pour lui seul au dauphin j'ai déclaré la guerre:
C'est Vendôme que j'aime, et non pas l'Angleterre.
L'amitié fut mon guide, et l'honneur fut ma loi;
Et jusqu'à ce moment je n'eus point d'autre roi:
Non qu'après tout pour lui mon âme prévenue 15
Prétende à ses défauts fermer ma faible vue:

---

c MS3, MS4: ADELAÏDE DU GUESCLIN
6 MS6: Le dessein, la
14 MS2-MS4: n'eus pas d'autre

Je ne m'aveugle pas; je vois avec douleur
De ses emportements l'indiscrète chaleur;
Je vois que de ses sens l'impétueuse ivresse
L'abandonne aux excès d'une ardente jeunesse; 20
Et ce torrent fougueux que j'arrête avec soin,
Trop souvent me l'arrache et l'emporte trop loin:
Mais il a cent vertus qui rachètent ses vices.
Eh, qui saurait, madame, où placer ses services,
S'il ne nous fallait suivre et ne chérir jamais 25
Que des cœurs sans faiblesse et des princes parfaits!
C'est de lui seul enfin que j'ai pris la défense
Contre le fils d'un roi, si funeste à la France,
Ce fils de Charles Six...

ADÉLAÏDE

Osez le nommer roi:
Il l'est, il le mérite.

COUCY

Il ne l'est pas pour moi. 30
Je le voulais servir; un autre nœud m'engage:
Aux Anglais, malgré moi, j'ai porté mon hommage.
J'ai tout fait pour Vendôme, et ne puis aujourd'hui,
Ni reconnaître un roi, ni changer qu'avec lui.
Le temps réglera tout; mais quoi qu'il en puisse être, 35
Prenez moins de souci sur l'intérêt d'un maître:
Nos bras, et non vos vœux sont faits pour le régler;
Et d'un autre intérêt je cherche à vous parler.
J'aspirai jusqu'à vous, avant qu'aux murs de Lille

25 MS2-MS4: ne vous fallait
28 MS2-MS4, MS7: Contre ce fils
31 MS6: autre nom m'engage
33 MS2-MS4: ne peux aujourd'hui
37 MS3: non nos vœux

Vendôme trop heureux vous donnât cet asile: 40
Je crus que vous pouviez, approuvant mon dessein,
Accepter sans mépris mon hommage et ma main,
Et que je pus unir, sans une aveugle audace,
Les lauriers des Guesclins aux lauriers de ma race:
La gloire le voulait; et peut-être l'amour, 45
Plus puissant et plus doux, l'ordonnait à son tour.
Mais à de plus beaux nœuds je vous vois destinée.
La guerre dans Cambray vous avait amenée
Parmi les flots d'un peuple à soi-même livré,
Sans raison, sans justice, et de sang enivré; 50
Un ramas de mutins, troupe indigne de vivre,
Vous méconnut assez pour oser vous poursuivre:
Vendôme vint, parut; et son heureux secours
Punit leur insolence et sauva vos beaux jours.
Quel Français, quel mortel eût pu moins entreprendre, 55
Et qui n'aurait brigué l'honneur de vous défendre!
La guerre en d'autres lieux égarait ma valeur:
Vendôme vous sauva, Vendôme eut ce bonheur:
La gloire en est à lui; qu'il en ait le salaire:
Il a, par trop de droits, mérité de vous plaire; 60
Il est prince, il est jeune, il est votre vengeur;
Ses bienfaits et son nom, tout parle en sa faveur:
La justice et l'amour vous pressent de vous rendre.
Je n'ai rien fait pour vous; je n'ai rien à prétendre;
Je me tais… Cependant, s'il faut vous mériter, 65
A tout autre qu'à lui j'irais vous disputer:
Je céderais à peine aux enfants des rois même.
Mais Vendôme est mon chef; il vous adore, il m'aime;
Coucy, ni vertueux ni superbe à demi,
Aurait bravé le prince, et cède à son ami. 70
Je fais plus; de mes sens maîtrisant la faiblesse,
J'ose de mon rival appuyer la tendresse,

51 MS2, MS4: mutins trop indigne
MS3: mutins trop indignes

Vous montrer votre gloire, et ce que vous devez
Au héros qui vous aime et par qui vous vivez.
Je verrai d'un œil sec, et d'un cœur sans envie, 75
Cet hymen qui pouvait empoisonner ma vie.
Je réunis pour vous mon service et mes vœux:
Ce bras, qui fut à lui, combattra pour tous deux:
Dans Cambray votre amant, dans Lille ami fidèle,
Soldat de tous les deux, et plein du même zèle, 80
Je servirai sous vous, comme il faudra qu'un jour,
Quand je commanderai, l'on me serve à mon tour.
Voilà mes sentiments. Considérez, madame,
Le nom de cet amant, ses services, sa flamme.
J'ose lui souhaiter un cœur tel que le mien. 85
Oubliez mon amour, et répondez au sien.

ADÉLAÏDE

Qu'avec étonnement, seigneur, je vous contemple!
Que vous donnez au monde un rare et grand exemple!
Quoi, ce cœur (Je le crois sans feinte et sans détour)
Connaît l'amitié seule, et sait braver l'amour! 90
Pouvais-tu, Dieu puissant, qu'à mon secours j'appelle,
Laisser tant de vertus dans le cœur d'un rebelle!
Pardonnez-moi ce mot; il échappe à ma foi:
Puis-je autrement nommer les sujets de mon roi,
Quand, détruisant un trône affermi par leurs pères, 95
Ils ont livré la France à des mains étrangères!
C'est en vain que j'en parle; hélas, dans ces horreurs,
Ma voix, ma faible voix ne peut rien sur vos cœurs!
Mais puis-je au moins de vous obtenir une grâce?

COUCY

Vos ordres sont sacrés: que faut-il que je fasse? 100

84 MS3: amant mes services, ma flamme.
92 MS2-MS4: tant de vertu dans l'âme d'un

ADÉLAÏDE

Vos conseils généreux me pressent d'accepter
Ce rang dont un grand prince a daigné me flatter.
Je n'oublierai jamais combien son choix m'honore;
J'en vois toute la gloire; et, quand je songe encore
Qu'avant qu'il fût épris de cet ardent amour 105
Il daigna me sauver et l'honneur et le jour,
Tout ennemi qu'il est de son roi légitime,
Tout vengeur des Anglais, tout protecteur du crime,
Accablée à ses yeux du poids de ses bienfaits,
Je crains de l'offenser, je tremble, je me tais; 110
Je lui dois tout, seigneur: et pour reconnaissance
Il faut par des refus accabler sa constance.
Sa passion m'afflige: il est dur à mon cœur,
Pour prix de tant de soins, de causer son malheur.
A ce prince, à moi-même épargnez cet outrage. 115
Seigneur, vous pouvez tout sur ce jeune courage:
Souvent on vous a vu, par vos conseils prudents,
Modérer de son cœur les vœux impatients.
Daignez débarrasser ma vie et ma fortune
De ces nœuds trop brillants, dont l'éclat m'importune. 120
De plus fières beautés, de plus dignes appas
Brigueront sa tendresse, où je ne prétends pas.
Quels temps choisirait-il pour un tel hyménée!
Des armes de mon roi Lille est environnée:
J'entends de tous côtés les clameurs des soldats, 125
Et les sons de la guerre et les cris du trépas.
Seigneur, songez-vous bien que votre prince ignore
Si Nemours... si son frère, hélas, respire encore!
Ce frère, qu'il aima... ce vertueux Nemours,...
On disait que la Parque avait tranché ses jours... 130

104 MS3: toute ma gloire
109 MS6, MS7: à mes yeux
110 MS2, MS3: tremble et me
MS4: tremble et je me

Que la France en avait une douleur mortelle.
Seigneur, au sang des rois il fut toujours fidèle.
S'il est vrai que sa mort... excusez mes ennuis,
Mon amour pour mes rois, et le trouble où je suis.

COUCY

Vous pouvez l'expliquer au prince qui vous aime, 135
Et de tous vos secrets l'entretenir lui-même:
Il va venir, madame; et peut-être vos vœux...

ADÉLAÏDE

Ah, Coucy, prévenez le malheur de tous deux!
Si vous aimez ce prince, et si dans mes alarmes
Avec quelque pitié vous regardez mes larmes, 140
Sauvez-le, sauvez-moi de ce triste embarras;
Daignez tourner ailleurs ses desseins et ses pas:
Pleurante et désolée, empêchez qu'il ne voie...

COUCY

Je plains cette douleur où votre âme est en proie;
Et, loin de la gêner d'un regard curieux, 145
Je baisse devant elle un œil respectueux:
Mais, quel que soit l'ennui dont votre cœur soupire,
Je vous ai déjà dit ce que j'ai dû vous dire;
Je ne puis rien de plus. Le prince est soupçonneux;
Je lui serais suspect, en expliquant vos vœux: 150
Je sais à quel excès irait sa jalousie,
Quel poison mes discours répandraient sur sa vie;
Je vous perdrais peut-être; et mon soin dangereux,
Madame, avec un mot ferait trois malheureux.
Vous... à vos intérêts rendez-vous moins contraire; 155

143 MS6: qu'il me voie.
144 MS3: plains votre douleur
149 MS2, MS4: ne peux rien

Pesez sans passion l'honneur qu'il veut vous faire:
Moi, libre entre vous deux, souffrez que dès ce jour,
Oubliant à jamais le langage d'amour,
Tout entier à la guerre, et maître de mon âme,
J'abandonne à leur sort et vos vœux et sa flamme. 160
Je crains de l'affliger; je crains de vous trahir:
Et ce n'est qu'aux combats que je dois le servir.
Adieu, madame.

SCÈNE II

ADÉLAÏDE, TAÏSE

ADÉLAÏDE

Où suis-je, hélas! Tout m'abandonne...
Nemours... De tous côtés le malheur m'environne...!
Ciel, qui m'arrachera de ce cruel séjour! 165

TAÏSE

Quoi, du duc de Vendôme et le choix et l'amour...!
Quoi, ce rang, qui ferait le bonheur et l'envie
De toutes les beautés dont la France est remplie,
Ce rang qui touche au trône, et qu'on met à vos pieds,
Ferait couler les pleurs dont vos yeux sont noyés! 170

ADÉLAÏDE

Ici du haut des cieux Du Guesclin me contemple.

162 MS2-MS7: je le dois servir
163b MS2-MS4: ADELAÏDE DE [MS4: DU] GUESCLIN, TAÏSE D'ANGLURE
167 MS4-MS7: bonheur ou l'envie

De la fidélité ce héros fut l'exemple:
Je trahirais le sang qu'il versa pour nos lois,
Si j'acceptais la main du vainqueur de nos rois.

TAÏSE

Quoi, dans ces tristes temps de ligues et de haines, 175
Qui confondent des droits les bornes incertaines,
Où le meilleur parti semble encor si douteux,
Où les enfants des rois sont divisés entre eux,
Vous, qu'un astre plus doux semblait avoir formée
Pour unir tous les cœurs et pour en être aimée, 180
Vous refusez l'honneur qu'on offre à vos appas,
Pour l'intérêt d'un roi qui ne l'exige pas!

ADÉLAÏDE *pleurant.*

Mon devoir me rangeait du parti de ses armes.

TAÏSE

Ah, le devoir tout seul fait-il verser des larmes!
Si Vendôme vous aime, et si par son secours… 185

ADÉLAÏDE

Laisse là ses bienfaits, et parle de Nemours.
N'en as-tu rien appris? Sait-on s'il vit encore?

TAÏSE

Voilà donc en effet le soin qui vous dévore,
Madame?

175 MS3: dans ce triste temps
181 MS2-MS5: Refusez-vous l'honneur
MS6, MS7: Refuserez-vous
182a MS2-MS7: *en pleurant*

ADÉLAÏDE

Il est trop vrai, je l'avoue; et mon cœur
Ne peut plus soutenir le poids de sa douleur: 190
Elle échappe, elle éclate, elle se justifie;
Et, si Nemours n'est plus, sa mort finit ma vie.

TAÏSE

Eh, vous pouviez cacher ce secret à ma foi!

ADÉLAÏDE

Le secret de Nemours dépendait-il de moi!
Mes feux toujours brûlants, dans l'ombre du silence, 195
Trompaient de tous les yeux la triste vigilance:
Séparés l'un de l'autre, et sans cesse présents,
Nos cœurs de nos soupirs étaient seuls confidents;
Et Vendôme surtout, ignorant ce mystère,
Ne sait pas si mes yeux ont jamais vu son frère. 200
Dans les murs de Paris... Mais, ô soins superflus,
Je te parle de lui, quand peut-être il n'est plus!
O murs, où j'ai vécu de Vendôme ignorée!
O temps, où, de Nemours en secret adorée,
Nous touchions l'un et l'autre au fortuné moment 205
Qui m'allait aux autels unir à mon amant!
La guerre a tout détruit. Fidèle au roi son maître,
Mon amant me quitta, pour m'oublier peut-être:
Il partit; et mon cœur, qui le suivait toujours,
A vingt peuples armés redemanda Nemours. 210
Je portai dans Cambray ma douleur inutile.
Je voulus rendre au roi cette superbe ville:
Nemours à ce dessein devait servir d'appui.
L'amour me conduisait; je faisais tout pour lui:
C'est lui qui, d'une fille animant le courage, 215

193 MS3-MS7: Et vous

D'un peuple factieux me fit braver la rage.
Il exposa mes jours, pour lui seul réservés;
Jours tristes, jours affreux, qu'un autre a conservés.
Ah, qui m'éclaircira d'un destin que j'ignore!
Français, qu'avez-vous fait du héros que j'adore? 220
Ses lettres autrefois, chers gages de sa foi,
Trouvaient mille chemins pour venir jusqu'à moi:
Son silence me tue. Hélas, il sait peut-être
Cet amour qu'à mes yeux son frère a fait paraître!
Tout ce que j'entrevois conspire à m'alarmer; 225
Et mon amant est mort, ou cesse de m'aimer:
Et pour comble de maux, je dois tout à son frère!

TAÏSE

Cachez bien à ses yeux ce dangereux mystère:
Pour vous, pour votre amant, redoutez son courroux...
Quelqu'un vient.

ADÉLAÏDE

C'est lui-même, ô ciel!

TAÏSE

Contraignez-vous. 230

222 MS2-MS4: pour aller jusqu'à

SCÈNE III

LE DUC DE VENDÔME, ADÉLAÏDE, TAÏSE

VENDÔME

J'oublie à vos genoux, charmante Adélaïde,
Le trouble et les horreurs où mon destin me guide:
Vous seule adoucissez les maux que nous souffrons;
Vous nous rendez plus pur l'air que nous respirons.
La discorde sanglante afflige ici la terre; 235
Nos jours sont entourés des pièges de la guerre
J'ignore à quel destin le ciel veut me livrer:
Mais, si d'un peu de gloire il daigne m'honorer,
Cette gloire, sans vous, obscure et languissante,
Des flambeaux de l'hymen deviendra plus brillante. 240
Souffrez que mes lauriers, attachés par vos mains,
Ecartent le tonnerre et bravent les destins:
Ou, si le ciel jaloux a conjuré ma perte,
Souffrez que de nos noms ma tombe au moins couverte
Apprenne à l'avenir que Vendôme amoureux 245
Expira votre époux, et périt trop heureux.

ADÉLAÏDE

Tant d'honneurs, tant d'amour, servent à me confondre,
Prince... Que lui dirai-je, et comment lui répondre!...
Ainsi, seigneur... Coucy ne vous a point parlé?

VENDÔME

Non, madame... D'où vient que votre cœur troublé 250

230e MS2-MS7: LE DUC DE VENDÔME
232 MS6: Le trouble, les
246 MS2: Expire votre

Répond en frémissant à ma tendresse extrême?
Vous parlez de Coucy, quand Vendôme vous aime!

ADÉLAÏDE

Prince, s'il était vrai que ce brave Nemours
De ses ans pleins de gloire eût terminé le cours,
Vous, qui le chérissiez d'une amitié si tendre, 255
Vous, qui devez au moins des larmes à sa cendre,
Au milieu des combats, et près de son tombeau,
Pourriez-vous de l'hymen allumer le flambeau?

VENDÔME

Ah, je jure par vous, vous qui m'êtes si chère,
Par le doux nom d'amant, par le saint nom de frère, 260
Que ce frère, après vous, fut toujours à mes yeux
Le plus cher des mortels et le plus précieux!
Lorsqu'à mes ennemis sa valeur fut livrée,
Ma tendresse en souffrit, sans en être altérée.
Sa mort m'accablerait des plus horribles coups: 265
Et, pour m'en consoler, mon cœur n'aurait que vous.
Mais on croit trop ici l'aveugle renommée;
Son infidèle voix vous a mal informée.
Si mon frère était mort, doutez-vous que son roi,
Pour m'apprendre sa perte, eût dépêché vers moi! 270
Ceux que le ciel forma d'une race si pure
Au milieu de la guerre écoutant la nature;
Et, protecteurs des lois que l'honneur doit dicter,
Même en se combattant, savent se respecter.
A sa perte en un mot donnons moins de créance. 275
Un bruit plus vraisemblable et m'afflige et m'offense:
On dit que vers ces lieux il a porté ses pas.

255 MS3: le chérissez d'une
277 MS1, alternative reading given: murs / lieux

ADÉLAÏDE

Seigneur, il est vivant!

VENDÔME

Je lui pardonne, hélas,
Qu'au parti de son roi son intérêt le range,
Qu'il le défende ailleurs et qu'ailleurs il le venge: 280
Qu'il triomphe pour lui! Je le veux, j'y consens:
Mais se mêler ici parmi les assiégeants,
Me chercher, m'attaquer, moi, son ami, son frère!

ADÉLAÏDE

Le roi le veut, sans doute.

VENDÔME

Ah! destin trop contraire!
Se pourrait-il qu'un frère élevé dans mon sein, 285
Pour mieux servir son roi, levât sur moi sa main;
Lui, qui devrait plutôt, témoin de cette fête,
Partager, augmenter mon bonheur qui s'apprête!

ADÉLAÏDE

Lui!

VENDÔME

C'est trop d'amertume en des moments si doux.
Malheureux par un frère, et fortuné par vous, 290
Tout entier à vous seule, et bravant tant d'alarmes,
Je ne veux voir que vous, mon hymen et vos charmes.
Qu'attendez-vous? Donnez à mon cœur éperdu

281 MS1-MS4: Quel triomphe
287 MS2-MS4: qui devait plutôt

Ce cœur que j'idolâtre, et qui m'est si bien dû.

ADÉLAÏDE

Seigneur, de vos bienfaits mon âme est pénétrée; 295
La mémoire à jamais m'en est chère et sacrée:
Mais c'est trop prodiguer vos augustes bontés,
C'est mêler trop de gloire à mes calamités:
Et cet honneur…

VENDÔME

Comment! O ciel! Qui vous arrête?

ADÉLAÏDE

Je dois…

SCÈNE IV

VENDÔME, ADÉLAÏDE, TAÏSE, COUCY

COUCY

Prince, il est temps, marchez à notre tête: 300
Déjà les ennemis sont au pied des remparts:
Echauffez nos guerriers du feu de vos regards;
Venez vaincre.

VENDÔME

Ah, courons! Dans l'ardeur qui me presse,…
Quoi, vous n'osez d'un mot rassurer ma tendresse!

301 MS2-MS7: sont aux pieds des

Vous détournez les yeux, vous tremblez, et je vois 305
Que vous cachez des pleurs qui ne sont pas pour moi!

ADÉLAÏDE

Non, ne doutez jamais de ma reconnaissance.

VENDÔME

Et vous pouvez le dire avec indifférence!
Ingrate, attendiez-vous ce temps pour m'affliger?
Est-ce donc près de vous qu'est mon plus grand danger? 310
Ah Dieu!

COUCY

Le temps nous presse.

VENDÔME

Oui: j'aurais dû vous suivre:
J'ai honte de tarder, de l'aimer et de vivre!
Allez, cruel objet, dont je fus trop épris,
Dans vos yeux, malgré vous, je lis tous vos mépris.
Marchons, brave Coucy: la mort la plus cruelle 315
A mon cœur malheureux est moins barbare qu'elle.

ADÉLAÏDE

Ah, seigneur, modérez cet injuste courroux!
Autant que je le dois je m'intéresse à vous.
J'ai payé vos bienfaits, mes jours, ma délivrance,
Par tous les sentiments qui sont en ma puissance. 320
Sensible à vos dangers, je crains votre valeur.

308 MS1: Eh vous
311 MS4: Ah dieux!
321 MS2-MS4: je plains votre

VENDÔME

Ah, que vous savez bien le chemin de mon cœur!
Que vous savez mêler la douceur à l'injure!
Un seul mot m'accablait; un seul mot me rassure.
Content, rempli de vous, je m'arrache à ces lieux, 325
Et crois voir ma victoire écrite dans vos yeux.

SCÈNE V

ADÉLAÏDE, TAÏSE

TAÏSE

Vous voyez, sans pitié, sa tendresse alarmée!

ADÉLAÏDE

Est-il bien vrai; Nemours serait-il dans l'armée?
Vendôme, et toi, cher prince, objet de tous mes vœux,
Qui de nous trois, ô ciel, est le plus malheureux! 330

Fin du premier acte.

325 MS6, MS7: m'arrache de ces
326a MS2, scene misnumbered: IV

ACTE II

SCÈNE PREMIÈRE

VENDÔME, COUCY

VENDÔME

Nous périssions sans vous, Coucy: je le confesse,
Vos conseils ont guidé ma fougueuse jeunesse;
C'est vous dont l'esprit ferme et les yeux pénétrants
M'ont porté des secours en cent lieux différents.
Que n'ai-je, comme vous, ce tranquille courage, 5
Si froid dans le danger, si calme dans l'orage!
Coucy m'est nécessaire au conseil, aux combats;
Et c'est à sa grande âme à diriger mon bras.

COUCY

Prince, ce feu guerrier, qu'en vous on voit paraître,
Sera maître de tout, quand vous en serez maître: 10
Vous l'avez su régler, et vous avez vaincu.
Ayez dans tous les temps cette utile vertu.
Qui sait se posséder peut commander au monde.
Pour moi, de qui le bras faiblement vous seconde,
Je connais mon devoir, et l'ai bien mal suivi: 15
Dans l'ardeur du combat je vous ai peu servi.
Nos guerriers sur vos pas marchaient à la victoire;
Et suivre les Bourbons, c'est voler à la gloire.
Vous seul, seigneur, vous seul avez fait prisonnier
Ce chef des assaillants, ce superbe guerrier; 20
Vous l'avez pris vous-même; et, maître de sa vie,
Vos secours l'ont sauvé de sa propre furie.

VENDÔME

D'où vient donc, cher Coucy, que cet audacieux,
Sous son casque fermé, se cachait à mes yeux?
D'où vient qu'en le prenant, qu'en saisissant ses armes, 25
J'ai senti malgré moi, de nouvelles alarmes?
Un je ne sais quel trouble en moi s'est élevé:
Soit que ce triste amour dont je suis captivé,
Sur mes sens égarés répandant sa tendresse,
Jusqu'au sein des combats m'ait prêté sa faiblesse, 30
Qu'il ait voulu marquer toutes mes actions
De la molle douceur de ses impressions;
Soit plutôt que la voix de ma triste patrie
Me reproche en secret un cœur qui l'a trahie,
Qu'elle condamne encor mes funestes succès, 35
Et ce bras qui n'est teint que du sang des Français.

COUCY

Quant aux traits dont votre âme a senti la puissance,
Tous les conseils sont vains: agréez mon silence.
Quant à ce sang français que nos mains font couler,
A cet Etat, au trône, il faut vous en parler. 40
Je prévois que bientôt cette guerre fatale,
Ces troubles intestins de la maison royale,
Ces tristes factions, céderont au danger
D'abandonner la France au fils de l'étranger.
Je vois que de l'Anglais la race est peu chérie; 45
Que leur joug est pesant; qu'on aime la patrie;
Que le sang des Français est encore adoré.
Tôt ou tard il faudra que de ce tronc sacré

29 MS2, MS3, MS5-MS7: répandant ma tendresse
32 MS3: De la noble douceur
MS2, MS3: de mes impressions
36 MS6: Et le bras
39 MS6: ⟨Quant au⟩ ↑Mais ce sang des Français

Les rameaux divisés et courbés par l'orage,
Plus unis et plus beaux, soient notre unique ombrage. 50
Nous, seigneur, nous n'avons rien à nous reprocher:
Le sort au prince anglais voulut vous attacher:
De votre sang, du sien, la querelle est commune:
Vous suivez son parti; je suis votre fortune:
Comme vous, aux Anglais le destin m'a lié; 55
Vous, par le droit du sang, moi, par notre amitié;
Permettez-moi ce mot… Eh quoi, votre âme émue…!

VENDÔME

Ah, voilà ce guerrier qu'on amène à ma vue!

SCÈNE II

VENDÔME, NEMOURS, COUCY,
SOLDATS, SUITE

VENDÔME

Il soupire, il paraît accablé de regrets.

COUCY

Son sang sur son visage a confondu ses traits: 60
Il est blessé sans doute.

52 MS3: voulut nous attacher
55 MS2-MS4: Anglais mon destin
56 MS3: par votre amitié
58b-c MS2-MS4, MS6, MS7: LE DUC DE VENDÔME, LE DUC DE NEMOURS, COUCY, SOLDATS, SUITE

NEMOURS, *au fond du théâtre.*

Entreprise funeste!
Qui de ma triste vie arrachera le reste?
Où me conduisez-vous?

VENDÔME

Devant votre vainqueur,
Qui sait d'un ennemi respecter la valeur.
Venez; ne craignez rien.

NEMOURS, *se tournant vers son écuyer.*

Je ne crains que de vivre… 65
Sa présence m'accable, et je ne puis poursuivre.
Il ne me connaît plus, et mes sens attendris…

VENDÔME

Quelle voix, quels accents ont frappé mes esprits!

NEMOURS, *le regardant.*

M'as-tu pu méconnaître?

VENDÔME, *l'embrassant.*

Ah, Nemours, ah, mon frère!

NEMOURS

Ce nom fait mon malheur, ce nom me désespère! 70
Je ne le suis que trop ce frère infortuné,
Ton ennemi vaincu, ton captif enchaîné!

61a MS2-MS7: *dans le fond*
65a MS2-MS4: *en se tournant*
66 MS2-MS4: ne peux poursuivre
68a MS2-MS4: *en le regardant*
69a MS2-MS4: *en l'embrassant*

VENDÔME

Tu n'es plus que mon frère. Ah, moment plein de charmes!
Ah, laisse-moi laver ton sang avec mes larmes!
(*à sa suite.*)
Avez-vous par vos soins...

NEMOURS

Oui, leurs cruels secours 75
Ont arrêté mon sang, ont veillé sur mes jours,
De la mort que je cherche ont écarté l'approche.

VENDÔME

Ne te détourne point; ne crains point mon reproche:
Mon cœur te fut connu; peux-tu t'en défier!
Le bonheur de te voir me fait tout oublier. 80
J'eusse aimé contre un autre à montrer mon courage.
Hélas! que je te plains!

NEMOURS

Je te plains davantage
De haïr ton pays, de trahir sans remords
Et le roi qui t'aimait et le sang dont tu sors!

VENDÔME

Arrête; épargne-moi l'infâme nom de traître: 85
A cet indigne mot, je m'oublierais peut-être.
Ne corromps point ici la joie et les douceurs
Que ces tendres moments ont versé dans nos cœurs:
Donnons, donnons, mon frère, à ces tristes provinces,
Aux enfants de nos rois, au reste de nos princes, 90
L'exemple auguste et saint de la réunion,

90 MS2, omitted

Comme ils nous l'ont donné de la division:
Dans ce jour malheureux, que l'amitié l'emporte!

NEMOURS

Quel jour!

VENDÔME

Je le bénis!

NEMOURS

Il est affreux!

VENDÔME

N'importe:
Tu vis, je te revois; et je suis trop heureux! 95
O ciel, de tous côtés vous remplissez mes vœux!

NEMOURS

Je te crois. On disait que d'un amour extrême,
Violent, effréné, car c'est ainsi qu'on aime,
Ton cœur depuis trois mois s'occupe tout entier.

VENDÔME

J'aime, oui: la renommée a pu le publier: 100
J'aime; et, prêt à jurer la plus sainte alliance,
Il semblait que ma flamme attendît ta présence.

NEMOURS

Qu'entends-je! Il est donc vrai...?

VENDÔME, *à sa suite.*

Qu'on la fasse avertir.

102 MS3: que sa flamme

Mon frère est avec moi: qu'elle daigne venir.

(*à Nemours*)

Ne blâme point l'ardeur dont mon âme est la proie: 105
Pour la justifier, il suffit qu'on la voie.

NEMOURS

O ciel! Elle vous aime?

VENDÔME

Elle le doit du moins:
Après tant de tendresse et d'hommage et de soins,
Il faudrait que son cœur fût injuste et barbare…

NEMOURS

Quel effroyable coup le cruel me prépare! 110

SCÈNE III

VENDÔME, NEMOURS, ADÉLAÏDE, COUCY, SUITE

VENDÔME

Madame, vous voyez que du sein du malheur
Le ciel, qui nous protège, a tiré mon bonheur:
J'ai vaincu, je vous aime, et je retrouve un frère.
Sa présence à mon cœur vous rend encor plus chère.

105 MS2-MS4: point l'amour dont
106 MS2-MS4, MS6, MS7: Pour le justifier
108 MS2, MS4-MS7: d'hommages et

ADÉLAÏDE

Le voici! Malheureuse, ah, cache au moins tes pleurs! 115

NEMOURS (*retombant entre les bras de son écuyer.*)

Adélaïde... ô ciel!... C'en est fait, je me meurs!

VENDÔME

Que vois-je! Sa blessure à l'instant s'est rouverte;
Son sang coule!

NEMOURS

Est-ce à toi de prévenir ma perte!

VENDÔME

Ah, mon frère!

NEMOURS

Ote-toi; je chéris mon trépas.

ADÉLAÏDE

Ciel!... Nemours!

NEMOURS, *à Vendôme.*

Laisse-moi.

VENDÔME

Je ne te quitte pas. 120

115a MS2-MS4: *entre les mains de*
116 MS2: je meurs

SCÈNE IV

ADÉLAÏDE, TAÏSE.

ADÉLAÏDE

On l'emporte… il expire! Il faut que je le suive!

TAÏSE

Ah, que cette douleur se taise et se captive!
Plus vous l'aimez, madame, et plus il faut songer
Qu'un rival violent…

ADÉLAÏDE

Je songe à son danger.
Voilà ce que l'amour et mon malheur lui coûte, 125
Taïse: c'est pour moi qu'il combattait sans doute;
C'est moi que dans ces murs il osait secourir;
Il servait son monarque, il m'allait conquérir.
Quel prix de tant de soins, quel fruit de sa constance!
Hélas, mon tendre amour accusait son absence! 130
Je demandais Nemours, et le ciel me le rend:
J'ai revu ce que j'aime, et l'ai revu mourant!
Ces lieux sont teints du sang qu'il versait à ma vue…
Taïse, prends pitié de mon âme éperdue;
Va le trouver; va, cours auprès de mon amant. 135

TAÏSE

Ah, madame, craignez que tant d'empressement
N'ouvre les yeux jaloux d'un prince qui vous aime!

129 MS3: Quel fruit de tant de
130 MS3: ma tendre amour
137 MS2: du prince

Tremblez de découvrir…

ADÉLAÏDE

J'y volerai moi-même.
D'une autre main, Taïse, il reçoit des secours!
Un autre a le bonheur d'avoir soin de ses jours! 140
Il faut que je le voie, et que de son amante
La faible main s'unisse à sa main défaillante.
Hélas, des mêmes coups nos deux cœurs pénétrés…!

TAÏSE

Au nom de cet amour, arrêtez, demeurez;
Reprenez vos esprits.

ADÉLAÏDE

Rien ne m'en peut distraire. 145

SCÈNE V

VENDÔME, ADÉLAÏDE, TAÏSE

ADÉLAÏDE

Ah, prince, en quel état laissez-vous votre frère?

VENDÔME

Madame, par mes mains son sang est arrêté;
Il a repris sa force et sa tranquillité.
Je suis le seul à plaindre et le seul en alarmes;
Je mouille en frémissant mes lauriers de mes larmes; 150
Et je hais ma victoire et mes prospérités,

Si je n'ai par mes soins vaincu vos cruautés,
Si votre incertitude, alarmant mes tendresses,
Ose encor démentir la foi de vos promesses.

ADÉLAÏDE

Je ne vous promis rien, vous n'avez point ma foi, 155
Et la reconnaissance est tout ce que je dois.

VENDÔME

Quoi, lorsque de ma main je vous offrais l'hommage...!

ADÉLAÏDE

D'un si noble présent j'ai vu tout l'avantage;
Et, sans chercher ce rang, qui ne m'était pas dû,
Par de profonds respects je vous ai répondu. 160
Seigneur, si votre cœur, moins prévenu, moins tendre,
Moins plein de confiance, avait daigné m'entendre,
Vous auriez honoré de plus dignes beautés
Par des soins plus heureux et bien mieux mérités.
Votre amour vous trompa; votre fatale flamme 165
Vous permit aisément de l'empire sur mon âme:
J'étais entre vos mains; et, sans me consulter,
Vous ne soupçonniez pas qu'on pût vous résister.
Mais, puisqu'il faut enfin dévoiler ce mystère,
Puisque je dois répondre, et qu'il faut vous déplaire, 170
Réduite à m'expliquer, je vous dirai, seigneur,
Que l'amour de mes rois est gravé dans mon cœur.
De votre sang au mien je vois la différence;

152 MS3: vaincu mes cruautés
157 MS3: vous offris l'hommage
160 MS4: Par de justes respects
166 MS2-MS4: aisément l'empire de mon
MS6: Vous ⟨permit⟩ ↑promit aisément ⟨de⟩ l'empire ⟨sur⟩ ↑de mon âme.
173 MS2-MS4: je sais la

Mais celui dont je sors a coulé pour la France:
Ce digne connétable en mon cœur a transmis 175
La haine qu'un Français doit à ses ennemis;
Et sa nièce jamais n'acceptera pour maître
Un vengeur des Anglais, quelque grand qu'il puisse être.
Voilà les sentiments que mon sang m'a tracés;
Et, s'ils vous ont déplu, c'est vous qui m'y forcez. 180

VENDÔME

Je suis, je l'avouerai, surpris de ce langage:
Je ne m'attendais pas à ce nouvel outrage;
Je n'avais pas prévu que le sort en courroux,
Pour m'accabler d'affronts, pût se servir de vous.
Vous avez fait, madame, une secrète étude 185
Du mépris, de l'insulte, et de l'ingratitude;
Et votre cœur enfin, lent à se déployer,
Hardi par ma faiblesse, a paru tout entier.
Je ne connaissais pas tout ce zèle héroïque,
Tant d'amour pour vos rois, ou tant de politique. 190
Mais vous, qui m'outragez, me connaissez-vous bien?
Vous reste-t-il ici de parti que le mien?
Vous, qui me devez tout, vous, qui sans ma défense,
Auriez de ces Français assouvi la vengeance,
De ces mêmes Français à qui vous vous vantez 195
De conserver la foi d'un cœur que vous m'ôtez;
Vous, qui me teniez lieu de rois et de patrie,
Vous, dont les jours...

ADÉLAÏDE

Je sais que je vous dois la vie:

175 MS3: cœur est transmis
183 MS2-MS7: Et n'avais
184 MS2, MS4-MS7: se put servir
MS3: se peut servir

Mais, seigneur, mais, hélas, n'en puis-je disposer?
Me la conserviez-vous pour la tyranniser? 200

VENDÔME

Quoi, vous osez...! Mais non... j'ai tort... je le confesse,
De mes emportements ne voyez point l'ivresse;
Pardonnez un reproche où j'ai pu m'abaisser:
L'amour, qui vous parlait, doit-il vous offenser!
Excuse mes fureurs; toi seule en es la cause: 205
Ce que j'ai fait pour toi sans doute est peu de chose;
Non, tu ne me dois rien: dans tes fers arrêté,
J'attends tout de toi seule, et n'ai rien mérité.
Te servir, t'adorer est ma grandeur suprême;
C'est moi qui te dois tout, puisque c'est moi qui t'aime. 210
Tyran, que j'idolâtre, à qui je suis soumis,
Ennemi plus cruel que tous mes ennemis,
Au nom de tes attraits, de tes yeux, dont la flamme
Sait calmer, sait troubler, pousse et retient mon âme,
Ne réduis point Vendôme au dernier désespoir; 215
Crains d'étendre trop loin l'excès de ton pouvoir!
Tu tiens entre tes mains le destin de ma vie,
Mes sentiments, ma gloire, et mon ignominie.
Toutes les passions sont en moi des fureurs;
Et tu vois ma vengeance à travers mes douleurs: 220
Dans mes soumissions crains-moi, crains ma colère.
J'ai chéri la vertu; mais c'était pour te plaire:
Laisse-la dans mon cœur; c'est assez qu'à jamais
Ta beauté dangereuse en ait banni la paix.

ADÉLAÏDE

Je plains votre tendresse, et je plains davantage 225
Les excès où s'emporte un si noble courage.

210 MS2-MS4: qui me doit
224 MS4, MS6, MS7: ait chassé la

Votre amour est barbare, il est rempli d'horreurs;
Il ressemble à la haine, il s'exhale en fureurs.
Seigneur, il nous rendrait malheureux l'un et l'autre.
Abandonnez un cœur si peu fait pour le vôtre, 230
Qui gémit de vous plaire et de vous affliger.

VENDÔME

Eh bien! c'en est donc fait?

ADÉLAÏDE

Oui, je ne puis changer.
Calmez cette colère où votre âme est ouverte;
Respectez-vous assez pour dédaigner ma perte:
Pour vous, pour votre honneur, encor plus que pour moi, 235
Renvoyez-moi plutôt à la cour de mon roi;
Loin de ses ennemis souffrez qu'il me revoie.

VENDÔME

Me punisse le ciel, si je vous y renvoie!
Apprenez que ce roi, l'objet de mon courroux,
Je le hais d'autant plus qu'il est servi par vous. 240
Un rival insolent à sa cour vous rappelle:
Quel qu'il soit, frémissez, tremblez pour lui, cruelle.
C'est lui seul désormais que mon bras va chercher;
De son cœur tout sanglant j'irai vous arracher:
Et si dans les horreurs du sort qui nous accable, 245
De quelque joie encor ma fureur est capable,
Je la mettrai, perfide, à vous désespérer.

ADÉLAÏDE

Non, seigneur: la raison saura vous éclairer;
Non; votre âme est trop noble, elle est trop élevée,

232 MS2-MS4: ne peux changer

Pour opprimer ma vie, après l'avoir sauvée. 250
Mais, si votre grand cœur s'avilissait jamais
Jusqu'à persécuter l'objet de vos bienfaits,
Sachez que ces bienfaits, vos vertus, votre gloire,
Plus que vos cruautés, vivront dans ma mémoire.
Je vous plains, vous pardonne, et veux vous respecter; 255
Je vous ferai rougir de me persécuter:
Et je conserverai, malgré votre menace,
Une âme sans courroux, sans crainte, et sans audace.

SCÈNE VI

VENDÔME

Adélaïde! Ingrate! Ah, tant de fermeté,
Sa funeste douceur, sa tranquille fierté, 260
L'orgueil de ses vertus, redoublent mon injure!
Quel amant, quel héros contre moi la rassure?
Par qui mon tendre amour est-il donc traversé?
Ce n'est point le dauphin; d'autres yeux l'ont blessé:
Ce n'est point Richemont, La Trémouille, La Hire;[1] 265

253 MS3: bienfaits, votre vertu
257 MS1: je vous conserverai
265 MS2, MS5-MS7: La Trémouille et La Hire
MS3, MS4: La Trémouille ou La Hire

[1] Arthur III de Bretagne, comte de Richemont, continued to serve the English cause after the death of Henry V of England, and of Charles VI of France in 1422. Richemont changed his allegiance after marriage with Marguerite de Bourgogne, daughter of Jean-sans-Peur. He was made *connétable* in 1425. He succeeded only partially in influencing the policies of the weak Charles VII, and he was eclipsed during the years 1427-1433 by Georges de La Trémouille (1385-1446). Etienne Vignolles, dit La Hire, was a guardian of the dauphin (future Charles VII) when the latter was taken from Paris for his own safety by

On sait de quels appas ils ont suivi l'empire:
C'est encor moins mon frère; et d'ailleurs à ses yeux
Le sort n'offrit jamais ses charmes odieux...
Que l'on cherche Coucy. Je ne sais, mais peut-être,
Sous les traits d'un héros, mon ami n'est qu'un traître. 270
Mon cœur de noirs soupçons se sent empoisonner.
Quoi, toujours vers son prince elle veut retourner!
Quoi, dans le même instant, Coucy plus infidèle
Vient me parler de paix, et s'entend avec elle!
L'aime-t-il? Pourrait-il à ce point m'insulter? 275
Puisqu'il l'a vue, il l'aime; il n'en faut point douter.
Les conseils de Coucy, les vœux d'Adélaïde,
Leurs secrets entretiens, tout m'annonce... Ah, perfide!

SCÈNE VII

VENDÔME, COUCY

COUCY

Prince, me voilà prêt; disposez de mon bras...
Mais d'où naît à mes yeux cet étrange embarras? 280

276 MS4: il ne faut

Tanneguy Duchâtel in 1418. La Hire, a persistent enemy of the English, used as his headquarters between 1420 and 1422 the château de Coucy in Picardy. This collection of names is, of course, part of the medieval atmosphere of *Adélaïde*, although the persons mentioned have no direct part in the plot of the tragedy. Descendants of these illustrious families were still living in 1734.

Quand vous avez vaincu, quand vous sauvez un frère,
Heureux de tous côtés, qui peut donc vous déplaire?

VENDÔME

Je suis désespéré; je suis haï, jaloux.

COUCY

Eh bien, de vos soupçons quel est l'objet? Qui?

VENDÔME

Vous, dis-je; et du refus qui vient de me confondre 285
C'est vous, ingrat ami, qui devez me répondre.
Je sais qu'Adélaïde ici vous a parlé:
En vous nommant à moi, la perfide a tremblé:
Vous affectez sur elle un odieux silence,
Interprète muet de votre intelligence: 290
Elle cherche à me fuir, et vous à me quitter:
Je crains tout, je crois tout.

COUCY

Voulez-vous m'écouter?

VENDÔME

Je le veux.

COUCY

Pensez-vous que j'aime encor la gloire?
M'estimez-vous encore, et pourrez-vous me croire?

VENDÔME

Oui, jusqu'à ce moment je vous crus vertueux, 295

286 MS2-MS4: qui me devez

Je vous crus mon ami.

COUCY

Ces titres glorieux
Furent toujours pour moi l'honneur le plus insigne;
Et vous allez juger si mon âme en est digne.
Sachez qu'Adélaïde avait touché mon cœur
Avant que, de sa vie heureux libérateur, 300
Vous eussiez, par vos soins, par cet amour sincère,
Surtout par vos bienfaits, tant de droits de lui plaire.
Moi, plus soldat que tendre, et plus vrai qu'amoureux,
Je ne fis point parler mes soupirs ni mes feux,
Ni cet art enchanteur, et souvent si perfide, 305
Peu fait pour mon esprit peut-être trop rigide.
Je lui parlai d'hymen: et ce nœud respecté,
Resserré par l'estime et par l'égalité,
Lui pouvait préparer des destins plus propices
Qu'un rang plus élevé, mais sur des précipices... 310
Hier, avant la nuit, je vins dans vos remparts.
Votre flamme parut à mes premiers regards.
De cet ardent amour la nouvelle semée,
Par vos emportements, me fut trop confirmée.
Je vis de vos chagrins les funestes accès; 315
J'en approuvai la cause, et j'en blâmai l'excès.
Aujourd'hui j'ai revu cet objet de vos larmes:
D'un œil indifférent j'ai regardé ses charmes;
Libre et juste auprès d'elle, à vous seul attaché,
J'ai fait valoir les feux dont vous êtes touché; 320
J'ai de tous vos bienfaits rappelé la mémoire,
L'éclat de votre rang, celui de votre gloire;
Sans cacher vos défauts, vantant votre vertu:
Et pour vous, contre moi, j'ai fait ce que j'ai dû.
Je m'immole à vous seul, et je me rends justice: 325
Et, si ce n'est assez d'un pareil sacrifice,
S'il est quelque rival qui vous ose outrager,
Tout mon sang est à vous, et je cours vous venger.

VENDÔME

Ah, généreux ami, qu'il faut que je révère,
Oui, le destin dans toi me donne un second frère! 330
Je n'en étais pas digne; il le faut avouer:
Mon cœur…

COUCY

Aimez-moi, prince, au lieu de me louer;
Et sur vos intérêts souffrez que je m'explique.
Vous m'avez soupçonné de trop de politique,
Quand j'ai dit que bientôt on verrait réunis 335
Les débris dispersés de l'empire des lis.
Je vous le dis encore au sein de votre gloire:
Et vos lauriers brillants, cueillis par la victoire,
Pourront sur votre front se flétrir désormais,
S'ils n'y sont soutenus de l'olive de paix. 340
Tous les chefs de l'Etat, lassés de ces ravages,
Cherchent un port tranquille après tant de naufrages;
Gardez d'être réduit au hasard dangereux
De vous voir ou trahir ou prévenir par eux:
Passez-les en prudence, aussi bien qu'en courage; 345
De cet heureux moment prenez tout l'avantage:
Gouvernez la fortune, et sachez l'asservir:
C'est perdre ses faveurs que tarder d'en jouir.
Ses retours sont fréquents: vous devez les connaître.
Il est beau de donner la paix à votre maître. 350
Son égal aujourd'hui, demain dans l'abandon,
Vous vous verrez réduit à demander pardon.
La gloire vous conduit; que la raison vous guide.

VENDÔME

Brave et prudent Coucy, crois-tu qu'Adélaïde

348 MS2, MS5, MS7: que de tarder

Dans son cœur amolli partagerait mes feux, 35
Si le même parti nous unissait tous deux?
Penses-tu qu'à m'aimer je pourrais la réduire?

COUCY

Dans le fond de son cœur je n'ai point voulu lire.
Mais qu'importent pour vous ses vœux et ses desseins!
Est-ce donc à l'amour à régler vos destins! 36
Ce bras victorieux met-il dans la balance
Le plaisir et la gloire, une femme et la France!
Verrai-je un si grand cœur à ce point s'avilir!
Le salut de l'Etat dépend-il d'un soupir!
La paix, le bien public, la commune allégresse, 36
Tant d'honneurs, seront-ils l'effet d'une faiblesse!
Aimez, mais en héros qui possède son âme,
Qui gouverne à la fois ses Etats et sa flamme.
Mon bras contre un rival est prêt à vous servir:
Je voudrais faire plus, je voudrais vous guérir. 37
On connaît peu l'amour; on craint trop son amorce:
C'est sur nos lâchetés qu'il a fondé sa force;
C'est nous qui sous son nom troublons notre repos:
Il est tyran du faible, esclave du héros.
Puisque je l'ai vaincu, puisque je le dédaigne, 37
Dans l'âme d'un Bourbon souffrirez-vous qu'il règne!
Vos autres ennemis par vous sont abattus;
Et vous devez en tout l'exemple des vertus.

366 MS2-MS4, between 366-367:
Dans les conseils d'Etat l'amour est-il admis
Aimez, mais à l'amour ne soyez point soumis
368 MS3: fois sa maîtresse et
MS2: fois sa maîtresse et sa femme
MS6: et sa femme

VENDÔME

Ah, je n'en puis donner jamais que de faiblesse!
Mon cœur désespéré cherche et craint la sagesse: 380
Je la vois, je la fuis; j'aime en vain ses attraits,
Et j'embrasse en pleurant les erreurs que je hais.
Ma chaîne est trop pesante; elle est affreuse et chère.
Si tu brisas la tienne, elle fut bien légère:
D'un feu peu violent ton cœur fut enflammé: 385
Non, tu n'as point vaincu; tu n'avais pas aimé:
De la pure amitié ton cœur eût été maître.
Par moi, par mon supplice, apprends à le connaître;
Vois à quel désespoir il nous peut entraîner:
Sers-moi, plains-moi du moins, mais sans me condamner. 390
Malgré tous tes conseils, il faut qu'Adélaïde
Gouverne mes destins, ou m'égare, ou me guide.

Fin du deuxième acte.

379 MS2: n'en puis jamais donner
379-382 MS1-MS7, variant given:
Cesse [MS6: donc] de me faire un affront si funeste,
De [MS3, 'De' absent] vanter des vertus qu'il faut que je déteste;
De montrer à mon âme, au sein de ses ennuis,
Tout ce que je dois être et tout ce que je suis!
380 MS4-MS7: craint ta sagesse
389 MS2-MS7: il peut nous

ACTE III

SCÈNE PREMIÈRE

NEMOURS, DANGESTE

NEMOURS

Combat infortuné! Destin, qui me poursuis!
O mort, mon seul recours, douce mort qui me fuis!
Ciel! n'as-tu conservé la trame de ma vie,
Que pour tant de malheurs et tant d'ignominie!
Adélaïde, au moins, pourrai-je encor la voir? 5

DANGESTE

Vous la verrez, seigneur.

NEMOURS

Ah! mortel désespoir!
Elle ose me revoir, et moi je le souhaite!

DANGESTE

Seigneur, en quel état votre douleur vous jette!
Vos jours sont en péril; et ce sang agité…

NEMOURS

Mes déplorables jours sont trop en sûreté; 10
Ma blessure est légère; elle m'est insensible:

4 MS3: Que par tant
5 MS2-MS4, MS7: ne pourrai-je la voir?
6 MS2-MS4: Vous la verriez

Que celle de mon cœur est profonde et terrible!

DANGESTE

Remerciez les cieux de ce qu'ils ont permis
Que vous ayez trouvé de si chers ennemis.
Il est dur de tomber dans des mains étrangères: 15
Vous êtes prisonnier du plus tendre des frères.

NEMOURS

Mon frère! Ah, malheureux!

DANGESTE

Il vous était lié
Par les nœuds les plus saints d'une pure amitié:
Que n'éprouvez-vous point de sa main secourable!

NEMOURS

Sa fureur m'eût flatté, son amitié m'accable. 20

DANGESTE

Quoi, pour être engagé dans d'autres intérêts,
Le haïssez-vous tant?

NEMOURS

Je l'aime, et je me hais;
Et dans les passions de mon âme éperdue
La voix de la nature est encore entendue.

DANGESTE

Si contre un frère aimé vous avez combattu, 25

19 MS2: Que ne pouvez-vous
22 MS2: je le hais;

J'en ai vu quelque temps frémir votre vertu:
Mais le roi l'ordonnait; vos desseins étaient justes.

NEMOURS

Non; l'amour se cachait sous ces voiles augustes:
Et, lorsque pour mon roi j'armais mon faible bras,
La seule Adélaïde emportait tous mes pas: 30
Et je me vois enfin, pour prix de ma tendresse,
Captif de mon rival, haï de ma maîtresse.
Liberté, gloire, amour, tout est perdu pour moi.

DANGESTE

Il vous reste l'honneur d'être fidèle au roi.
Songez que Du Guesclin, dont la sage vaillance 35
A subjugué l'Espagne,[1] a conservé la France,
Vit ses honneurs flétris par de plus grands revers:

27 MS3, MS5-MS7: vos destins étaient
27-33 MS1-MS7, variant given:
Mais le roi l'ordonnait; Et tout vous justifie.
L'entreprise était juste aussi bien que hardie.
Je vous ai vu remplir, dans ce triste combat,
Tous les devoirs [MS3: Tout le devoir] d'un chef et tous ceux d'un soldat:
Et vous avez rendu, par des faits incroyables,
Votre défaite illustre, et vos fers honorables.
On a perdu bien peu, quand on garde l'honneur.
28 MS3: sous ses voiles
33a-36 MS1-MS7, variant given:
NEMOURS
Non ma défaite, ami, ne fait point mon malheur.
Guesclin, ce [MS1, MS6: le] grand Guesclin, des Français le modèle,
Aux Anglais si terrible, à son roi si fidèle
[this speech by Nemours continuing to 44]
36 MS2-MS4: Espagne et conservé

[1] The Spanish campaign of the *connétable* Bertrand Du Guesclin reappears in *Don Pèdre* (1761).

Deux fois sa main puissante a langui dans les fers:
Il n'en fut que plus grand, plus fier et plus à craindre;
Et son vainqueur tremblant fut bientôt seul à plaindre. 40

NEMOURS

Du Guesclin, nom sacré, nom toujours précieux!
Quoi, ta coupable nièce évite encor mes yeux!
Trop chère Adélaïde! Eh bien, quand tu l'as vue,
Parle, à mon nom, du moins paraissait-elle émue?

DANGESTE

Votre sort en secret paraissait la toucher: 45
Elle versait des pleurs, et voulait les cacher.

NEMOURS

Elle pleure, et m'outrage! Elle pleure et m'opprime!
Son cœur, je le vois bien, n'est pas né pour le crime.
Pour me sacrifier, elle aura combattu:
La trahison la gêne, et pèse à sa vertu. 50
Faible soulagement à ma fureur jalouse!
T'a-t-on dit en effet que mon frère l'épouse?

DANGESTE

S'il s'en vantait lui-même; en pouvez-vous douter?

42 MS1-MS7, variant given, between 42-43:
Sans doute elle a raison de craindre mes reproches.
Ainsi donc, cher Dangeste, elle fuit [MS3: a fui] tes approches;
Tu n'as pu lui parler?

DANGESTE

Seigneur, je vous ai dit
Que bientôt...

NEMOURS

Ah, pardonne à mon cœur interdit!

42 MS2: Quoi la coupable
48 MS4: n'est point né

NEMOURS

Il l'épouse! A ma honte elle vient insulter!
Ah Dieu!

SCÈNE II

ADÉLAÏDE, NEMOURS

ADÉLAÏDE

Le ciel vous rend à mon âme attendrie: 55
En veillant sur vos jours, il conserva ma vie:
Je vous revois, seigneur, et mon cœur empressé…
Juste ciel! quels regards, et quel accueil glacé!

NEMOURS

Vous prenez trop de soin de mon destin funeste:

59 MS2-MS4: de soins de
59-70 MS1-MS7, variant given:
L'intérêt qu'à mes jours vos bontés daignent prendre
Est d'un cœur généreux; mais il doit me surprendre.
Vous aviez en effet besoin de mon trépas;
Mon rival plus tranquille eût passé dans vos bras:
Libre dans vos amours, et sans inquiétude,
Vous jouiriez en paix de votre ingratitude;
Et les remords honteux qu'elle traîne après soi,
S'il peut vous en rester, périssaient avec moi.
ADÉLAÏDE
Hélas, que dites-vous! Quelle fureur subite…!
NEMOURS
Non, votre changement n'est pas ce qui m'irrite.
ADÉLAÏDE
Mon changement, Nemours!
NEMOURS
A vous seule asservi,

Que vous importe, ô Dieu, le déplorable reste 60
De ces jours conservés par le ciel en courroux,
De ces jours détestés qui ne sont plus pour vous!

ADÉLAÏDE

Qui ne sont plus pour moi, Nemours! Pouvez-vous croire...!

NEMOURS

J'ai trop vécu pour vous, trop vécu pour ma gloire.
Mes yeux, qui se fermaient, se rouvrent-ils au jour 65
Pour voir trahir mon roi, la France, et mon amour!
Grand Dieu, qui m'as rendu ma chère Adélaïde,
Me la rends-tu sans foi, me la rends-tu perfide,
Instruite en l'art affreux des infidélités,
Après tant de serments!...

Je vous aimai trop bien, pour n'être point trahi;
C'est le sort des amants, et ma honte est commune:
Mais que vous insultiez vous-même à ma fortune;
Que votre main, sur moi portant les derniers coups,
Vînt achever ma [MS1: me donner la] mort où je courais pour vous;
Que, pour prix d'un amour si malheureux, si tendre,
Au lieu même, au temps même où je cours vous défendre,
Dans ces murs où vos yeux ont vu couler mon sang,
Vous acceptiez la main qui m'a percé le flanc,
Et que vous osiez joindre à l'horreur qui m'accable
D'une fausse pitié l'affront insupportable;
Qu'à mes yeux...!

ADÉLAÏDE

Ah, plutôt donnez-moi le trépas;
Immolez votre amante, et ne l'accusez pas!
Mon cœur n'est point armé contre votre colère,
Cruel; et vos soupçons manquaient à ma misère.
Ah, Nemours, de quels maux nos jours empoisonnés...!

NEMOURS

Vous me plaignez, cruelle; et vous m'abandonnez!

60 MS2-MS4: Dieu, ce déplorable
65 MS3: se trouvaient-ils

ADÉLAÏDE

Non, Nemours; arrêtez… 70
Je vous pardonne, hélas, cette fureur extrême,
Tout jusqu'à vos soupçons: jugez si je vous aime!

NEMOURS

Vous m'aimeriez, qui, vous! Et Vendôme à l'instant
Entoure de flambeaux l'autel qui vous attend!
Lui-même il m'a vanté sa gloire et sa conquête: 75
Le barbare… il m'invite à cette horrible fête!
Que plutôt…!

ADÉLAÏDE

Ah, cruel, me faut-il employer
Les moments de vous voir à me justifier!
Votre frère, il est vrai, persécute ma vie,
Et par un fol amour, et par sa jalousie, 80
Et par l'emportement dont je crains les effets,
Et, le dirai-je encor, seigneur, par ses bienfaits.
J'atteste ici le ciel témoin de ma conduite…
Mais pourquoi l'attester! Seigneur, suis-je réduite,
Pour vous persuader de si vrais sentiments, 85
Au secours inutile et honteux des serments?
Ce cœur vous est connu.

73 MS1: vous? eh Vendôme
80 MS3: par son fol
82 MS1-MS7, variant given, between 82-83:
Hélas, depuis ce [MS1, MS6: le] jour marqué par votre absence,
Jour funeste à mes vœux encor plus qu'à la France,
Où je perdis Nemours, où le sort sans pitié
De mon cœur languissant m'arracha la moitié…!
87-89 MS1-MS7, variant given:
Non, non, vous connaissez le cœur d'Adélaïde:
C'est vous qui conduisiez ce cœur faible et timide,
Quand il volait vers vous, quand, pour vous retrouver,
Au-dessus de mon sexe il osait s'élever,

NEMOURS

Je m'en croyais le maître;
Je l'ai cru fait pour moi.

ADÉLAÏDE

Peut-il cesser de l'être!

NEMOURS

Mon frère est mon rival.

ADÉLAÏDE

Ah, n'en redoutez rien!

NEMOURS

Il sauva vos beaux jours.

ADÉLAÏDE

Il sauva votre bien. 90
Dans Cambray, je l'avoue, il daigna me défendre;
Au roi que nous servons il promit de me rendre;
Et mon cœur se plaisait, trompé par mon amour,
Puisqu'il est votre frère, à lui devoir le jour.
Mais bientôt, abusant de ma reconnaissance, 95
Et de ses vœux hardis écoutant l'espérance,
Il regarda mes jours, ma liberté, ma foi,
Comme un bien de conquête, et qui n'est plus à moi.
J'ai répondu, seigneur, à cet amour funeste
Par un refus constant, mais tranquille et modeste, 100

Lorsque je prétendais, reculant nos frontières,
De la Flandre entre nous renverser les barrières.
Hélas, du ciel alors le funeste secours
M'offrit un autre bras pour conserver mes jours!

89 MS2: n'en doutez rien

Et mêlé du respect que je devrai toujours
A mon libérateur, au frère de Nemours.
Mais mon respect l'enflamme et mon refus l'irrite;
J'anime, en l'évitant, l'ardeur de sa poursuite:
Enflé de sa victoire, et teint de votre sang, 105
Il m'ose offrir la main qui vous perça le flanc.
Qu'il est loin, justes Dieux, de penser que ma vie,
Que mon âme à la vôtre est pour jamais unie,
Que vous causez les pleurs dont mes yeux sont chargés,
Que mon cœur vous adore, et que vous m'outragez! 110
Oui, vous êtes tous deux formés pour mon supplice,
Lui par sa passion, vous par votre injustice,
Vous, Nemours, vous, ingrat, que je vois aujourd'hui
Moins amoureux peut-être et plus cruel que lui.

NEMOURS

C'en est trop… pardonnez… voyez mon âme en proie 115
A l'amour, aux remords, à l'excès de ma joie…
Digne et charmant objet d'amour et de douleur,
Ce jour infortuné, ce jour fait mon bonheur:
Glorieux, satisfait, dans un sort si contraire,
Tout captif que je suis, j'ai pitié de mon frère; 120
Il est le seul à plaindre avec votre courroux,

101 MS2: Et mêlai du
103-116 MS1-MS7, variant given:
Hélas, pour son malheur, et pour le mien encore,
Je n'ai fait qu'irriter un amour que j'abhorre!
Enflé de son triomphe, il pense qu'aujourd'hui
Toutes les volontés fléchiront devant lui,
Que je dois m'enchaîner à son char de victoire:
Hélas, il ne sait pas [MS4: point] combien je hais sa gloire,
A quel point son amour offense ici mes yeux,
Et combien votre aspect me le rend odieux.
NEMOURS
Ah, c'est m'en dire assez! Mon âme satisfaite
Pardonne au [MS2: ô] ciel ma chute, et chérit ma défaite.

Et je suis son vainqueur, étant aimé de vous.
Mais qui peut enhardir sa superbe espérance?
Qui de ses vœux ardents nourrit la confiance?
Comment à cet hymen se peut-il préparer? 125
Qu'avez-vous répondu? Qu'ose-t-il espérer?

ADÉLAÏDE

Prince, j'ai renfermé dans le fond de mon âme
Le secret de ma vie et celui de ma flamme;
Tremblante, j'ai parlé de la constante foi
Que le sang de Guesclin doit garder à son roi: 130
Mais, hélas, cette foi, plus tendre et plus sacrée,
Que je dois à vos feux, que je vous ai jurée,
Qui de tous mes devoirs est le plus précieux,
Voilà ce que je crains qui n'éclate à ses yeux.

SCÈNE III

VENDÔME, NEMOURS, ADÉLAÏDE

VENDÔME

Connaissez donc enfin jusqu'où va ma tendresse, 135
Et tout votre pouvoir, et toute ma faiblesse;
Et vous, mon frère, et vous, soyez ici témoin
Si l'excès de l'amour peut m'emporter plus loin.
Ce que votre amitié, ce que votre prière,
Les conseils de Coucy, le roi, la France entière 140

125 MS2: peut-il se
130 MS2: sang des Guesclin
MS3: sang Du Guesclin
138 MS1: peut emporter

Exigeaient de Vendôme et ne l'obtenaient pas,
Soumis et subjugué, je l'offre à ses appas.
Vous avez refusé, vous condamnez, cruelle,
L'hommage d'un Français aux Anglais trop fidèle:
Eh bien, il faut céder; vous disposez de moi; 145
Je renonce aux Anglais, je suis à votre roi.
L'amour, qui malgré vous nous a faits l'un pour l'autre,
Ne me laisse de choix, de parti que le vôtre.
Je prends mes lois de vous; votre maître est le mien:
De mon frère et de moi soyez l'heureux lien; 150
Soyez-le de l'Etat; et que ce jour commence
Mon bonheur et le vôtre et la paix de la France.
Vous, courez, mon cher frère, allez dès ce moment
Annoncer à la cour un si grand changement.
Moi, sans perdre de temps, dans ce jour d'allégresse, 155
Qui m'a rendu mon roi, mon frère, et ma maîtresse,
D'un bras vraiment français je vais dans nos remparts,
Sous nos lys triomphants briser les léopards.
Soyez libre, partez: et de mes sacrifices
Allez offrir au roi les heureuses prémices. 160
Puissé-je à ses genoux, présenter aujourd'hui
Celle qui m'a dompté, qui me ramène à lui,
Qui d'un prince ennemi fait un sujet fidèle,
Changé par ses regards, et vertueux par elle!

NEMOURS

Ce changement, mon frère, au roi sera bien doux: 165
Il doit…

ADÉLAÏDE

Dieu tout puissant, où me réduisez-vous!

VENDÔME

Eh quoi, vous demeurez interdite et muette!
De mes soumissions êtes-vous satisfaite?

Est-ce assez qu'un vainqueur vous implore à genoux?
Faut-il encor ma vie, ingrate? Elle est à vous; 170
Vous n'avez qu'à parler: j'abandonne sans peine
Ce sang infortuné proscrit par votre haine.

ADÉLAÏDE

Seigneur, mon cœur est juste; on ne m'a vue jamais
Mépriser vos bontés et haïr vos bienfaits;
Mais je ne puis penser qu'à mon peu de puissance 175
Vendôme ait attaché le destin de la France,
Qu'il n'ait lu son devoir que dans mes faibles yeux,
Qu'il ait besoin de moi pour être vertueux:
Vos desseins ont sans doute une source plus pure;
Vous avez consulté le devoir, la nature: 180
L'amour a peu de part où doit régner l'honneur.

VENDÔME

L'amour seul a tout fait; et c'est là mon malheur:
Sur tout autre intérêt ce triste amour l'emporte.
Accablez-moi de honte, accusez-moi; n'importe;
Dussé-je vous déplaire, et forcer votre cœur, 185
L'autel est prêt, marchons.

NEMOURS

Mon frère...

ADÉLAÏDE

Non, seigneur:
Avant que je vous cède, et que l'hymen nous lie,
Aux yeux de votre frère arrachez-moi la vie.
Le sort met entre nous un obstacle éternel;
Je ne puis être à vous.

VENDÔME

Nemours... Ingrate... Ah ciel! 190

Adélaïde!... allez... mon cœur sait se contraindre:
Vous ne méritez pas que je daigne m'en plaindre.
Vous auriez dû peut-être avec moins de détour,
Dans ses premiers transports étouffer mon amour,
Et par un prompt aveu, qui m'eût guéri sans doute, 195
M'épargner les affronts que ma bonté me coûte:
Vous avez attendu que ce cœur désolé
Eût tout quitté pour vous, vous eût tout immolé;
Vous vouliez à loisir consommer mon outrage,
Jouir de mon opprobre et de mon esclavage, 200
Appesantir mes fers, quand vous les dédaignez,
Et déchirer en paix un cœur où vous régnez.
Mes maux vous ont instruit du pouvoir de vos charmes,
Votre orgueil s'est nourri du tribut de mes larmes:
Je n'en suis point surpris; et ces séductions 205
Qui vont au fond des cœurs chercher nos passions,
Tous ces pièges secrets tendus à nos faiblesses,
L'art de nous captiver, d'engager sans promesses,
Sont les armes d'un sexe aussi trompeur que vain,
Que l'œil de la raison regarde avec dédain. 210
Je n'en murmure point. Cet art que je déteste
A chassé de mes yeux l'aveuglement funeste;
Vous me rendez mon cœur; et, libre enfin par vous,
Comme il n'a plus d'amour, il n'a plus de courroux.
Quel que soit le rival dont l'amour vous attache, 215
Je lui cède avec joie un poison qu'il m'arrache.
Nommez-le moi, parlez: je m'en vais vous unir

205 MS2: et ses séductions
211-212 MS1-MS7, variant given:
point. Votre lâche artifice
Rend le jour à mes yeux qu'aveuglait mon caprice.
215 MS2-MS5, MS7: soit ce rival
217-218 MS1-MS7, variant given:
Il peut même, s'il veut, demander votre appui:
Je le punis assez, en vous donnant à lui.

Pour mieux vous oublier, et pour mieux vous punir.

ADÉLAÏDE

Je devrais seulement vous quitter et me taire;
Mais je suis accusée, et ma gloire m'est chère: 220
Votre frère est présent, et mon honneur blessé
Doit repousser les traits dont il est offensé.
Pour un autre que vous ma vie est destinée;
Je vous en fais l'aveu, je m'y vois condamnée:
Mais je mériterais la haine et le mépris 225
Du héros dont mon cœur en secret est épris
Si jamais d'un coup d'œil l'indigne complaisance
Avait à votre amour laissé quelque espérance.
Vous le savez, seigneur: et, malgré ce courroux,
Votre estime est encor ce que j'attends de vous. 230
Trop tôt pour tous les trois vous apprendrez peut-être
Quel héros de mon cœur est en effet le maître,
De quel feu vertueux nos cœurs sont embrasés;
Et vous m'en punirez alors, si vous l'osez.

SCÈNE IV

VENDÔME, NEMOURS

VENDÔME

Elle me fuit, l'ingrate; elle emporte ma vie!... 235
O honte qui m'accable! O ma bonté trahie!
Rappelez-la, mon frère; apaisez son courroux.
Je prétends lui parler: soyez juge entre nous.
Mes discours imprudents l'ont sans doute offensée;

218 MS3: mieux le punir.

Fléchissez-la pour moi.

NEMOURS

Quelle est votre pensée? 240
Parlez, que voulez-vous?

VENDÔME

Qui, moi, ce que je veux?
Je veux... Je dois briser ce joug impérieux;
Je prétends qu'elle parte, et qu'une fuite prompte
Emporte mon amour, et m'arrache à ma honte,
Qu'elle étale à la cour ses charmes dangereux, 245
Qu'elle me laisse.

NEMOURS

Eh bien, votre cœur généreux
Ecoute son devoir, et cède à la justice!
Je lui vais annoncer ce juste sacrifice.
Sans doute que son cœur, sensible à vos bontés,
Se souviendra toujours...

VENDÔME

Non, Nemours, arrêtez; 250
Je n'y puis consentir: Nemours, qu'elle demeure:
Je sens qu'en la perdant il faudra que je meure.
Eh quoi, vous rougissez des contrariétés
Dont le flux orageux trouble mes volontés!
Vous en étonnez-vous? Je perds tout ce que j'aime; 255
Je me hais, je me crains, je me combats moi-même.
Mon frère, si l'amour a jamais eu vos soins,
Si vous avez aimé, vous m'excusez du moins.

NEMOURS

Mon frère, de l'amour j'ai trop senti les charmes;

J'éprouvai comme vous ses cruelles alarmes; 260
J'ai combattu longtemps; j'ai cédé sous ses coups:
Et je me vois peut-être à plaindre autant que vous.

VENDÔME

Vous, mon frère!

NEMOURS

Après tout, puisqu'il est impossible
Que jamais à vos feux son cœur soit accessible,
Ecoutez votre gloire et vos premiers desseins; 265
Raffermissez un trône ébranlé par vos mains;
Empêchez que l'Anglais n'opprime et ne partage
De cent rois nos aïeux le sanglant héritage;
Et que par les Bourbons tout l'Etat soutenu...

VENDÔME

Adélaïde, hélas, aurait tout obtenu! 270
Je cédais à l'ingrate une entière victoire...
Mon frère, vous m'aimez, du moins j'aime à le croire:
Vous avez, il est vrai, combattu contre moi;
Telle était, dites-vous, la volonté du roi,
Telle était sa fureur, et vous l'avez servie: 275
Je vous l'ai pardonné, pour jamais je l'oublie;
Dans ces lieux, s'il le faut, partagez mon pouvoir:
Mais, si mon infortune a pu vous émouvoir,
Si vous plaignez ma peine, apprenez-moi, mon frère,
Quel est l'heureux amant qu'à Vendôme on préfère. 280
Ne connaîtrai-je point l'objet de mon courroux?
Porterai-je au hasard ma vengeance et mes coups?
Ne soupçonnez-vous point à qui je dois ma rage?

266 MS3: Empêche que
268 MS1: vos aïeux

Vous connaissez la cour, ses mœurs et son langage;
Vous savez que sur nous, sur nos secrets amours, 285
Des oisifs courtisans les yeux veillent toujours:
Qui nomme-t-on du moins, qui pense-t-on qu'elle aime?

NEMOURS

Eh, de quels nouveaux traits vous percez-vous vous-même!
De quelque heureux objet dont son cœur soit charmé,
Ne vous suffit-il pas qu'un autre soit aimé! 290

VENDÔME

Quel plaisir vous sentez, cruel, à me le dire!
Je ne suis point aimé! Quoi, lâche, je soupire!...
Mais encore une fois qui puis-je soupçonner?
Aidez ma jalousie à se déterminer.
Je ne suis point aimé! Malheur à qui peut l'être! 295
Malheur à l'ennemi que je pourrai connaître!
J'ai soupçonné Coucy: sa fausse probité
Peut-être se jouait de ma crédulité...
A tout ce que je dis vous détournez la vue...
L'ingrate, je le sais, vous était inconnue; 300
Vous n'avez vu qu'ici ses funestes appas;
Et ma tendre amitié ne vous soupçonne pas...
Peut-être qu'elle aura, pour combler mon injure,
Choisi mon ennemi dans une foule obscure:
Dans son abaissement elle a mis son honneur; 305
Sa fierté s'applaudit de braver ma grandeur,
Et de sacrifier au sang le plus vulgaire
Tout l'orgueil de mon rang oublié pour lui plaire.

NEMOURS

Pourquoi d'un choix indigne osez-vous l'accuser?

290 MS4: autre en soit

VENDÔME

Ah, pourquoi dans mon cœur osez-vous l'excuser? 310
Quoi, toujours de vos mains déchirer ma blessure!
Allez… je vous croirais l'auteur de mon injure,
Si… Mais est-il bien vrai, n'aviez-vous vu jamais
Cet objet dangereux que j'aime et que je hais?
Est-il vrai…? Pardonnez ma jalouse furie! 315

NEMOURS

Au nom de la nature, et du sang qui nous lie,
Mon frère, permettez que dès ce même jour,
Pour vous unir au roi, je revole à la cour:
Ces soins détourneront le soin qui vous dévore.

VENDÔME

Non: périsse plutôt cette cour que j'abhorre! 320
Périsse l'univers dont mon cœur est jaloux!

NEMOURS

Eh bien, où courez-vous, mon frère?

VENDÔME

Loin de vous,
Loin de tous les témoins des affronts que j'endure:
Laissez-moi me cacher à toute la nature;
Laissez-moi.

SCÈNE V

NEMOURS

Que veut-il? Quel serait son dessein? 325
Ses yeux, fermés sur nous, s'ouvriraient-ils enfin?
Allons: n'attendons pas que son inquiétude
De ses premiers soupçons passe à la certitude:
Arrachons ce que j'aime à ses transports affreux,
Dussions-nous pour jamais nous en priver tous deux. 330
Guerre civile, amour, attentats nécessaires,
Hélas, en quel état réduisez-vous deux frères!

Fin du troisième acte.

ACTE IV

SCÈNE PREMIÈRE

ADÉLAÏDE, TAÏSE

ADÉLAÏDE

Eh bien, c'en est donc fait, ma fuite est assurée!

TAÏSE

Votre heureuse retraite est déjà préparée?

ADÉLAÏDE

Déjà quitter Nemours!

TAÏSE

Vous partez cette nuit?

ADÉLAÏDE

Ma gloire me l'ordonne, et l'amour me conduit.
Je fuis d'un furieux l'empressement farouche; 5
Moi-même je me fuis, je tremble que ma bouche,
Mon silence, mes yeux ne vinssent à trahir
Un secret que mon cœur ne peut plus contenir.
Alors je reverrai le parti le plus juste,
J'implorerai l'appui de ce monarque auguste, 10
D'un roi qui, comme moi, par le sort combattu,
Dans les calamités épura sa vertu.
Enfin Nemours le veut: ce mot seul doit suffire:
Ma faible volonté fléchit sous son empire:
Il le veut... Ah! Taïse!... Ah! trop fatal amour! 15

Combien de changements! Que de maux en un jour!
Mon amant expirait: et, quand la destinée
Conserve cette vie à la mienne enchaînée,
Quand mon cœur loin de moi vole pour le chercher,
Que je le vois, lui parle, il faut m'en arracher! 20

SCÈNE II

ADÉLAÏDE, NEMOURS, DANGESTE

NEMOURS

Oui, je viens vous presser de combler ma misère,
D'accabler votre amant d'un malheur nécessaire,
De me priver de vous: au nom de nos liens,
Au nom de tant d'amour, de vos pleurs et des miens,
Partez, Adélaïde.

ADÉLAÏDE

Il faut que je vous quitte! 25

NEMOURS

Il le faut.

ADÉLAÏDE

Ah, Nemours!

NEMOURS

De cette heureuse fuite,

20b MS2-MS6: NEMOURS, ADÉLAÏDE

Dans l'ombre de la nuit, cet ami prendra soin;
Ceux qu'il a su gagner vous conduiront plus loin:
De la Flandre, à sa voix, on doit ouvrir la porte:
Du roi sous les remparts il trouvera l'escorte. 30
Le temps presse; évitez un ennemi jaloux.

ADÉLAÏDE

Je vois qu'il faut partir… mais sitôt… et sans vous!

NEMOURS

Prisonnier sur ma foi, dans l'horreur qui me presse,
Je suis plus enchaîné par ma seule promesse,
Que si de cet Etat les tyrans inhumains, 35
Des fers les plus pesants avaient chargé mes mains:
Au pouvoir de mon frère ici l'honneur me livre;
Je puis mourir pour vous; mais je ne puis vous suivre;
Et j'ai du moins la gloire, en des malheurs si grands,
De sauver vos vertus des mains de vos tyrans. 40
Allez: le juste ciel, qui pour nous se déclare,
Prêt à nous réunir, un moment nous sépare.
Demain le roi s'avance, et vient venger mes fers;
Aux étendards des lys ces murs seront ouverts:
Pour lui des citoyens la moitié s'intéresse; 45
Leurs bras seconderont sa fidèle noblesse.
Hélas, si vous m'aimez, dérobez-vous aux traits
De la foudre qui gronde autour de ce palais,
Au tumulte, au carnage, au désordre effroyable,
Dans des murs pris d'assaut malheur inévitable; 50
Mais craignez encor plus les fureurs d'un jaloux
Dont les yeux alarmés semblent veiller sur nous.
Vendôme est violent, non moins que magnanime,
Instruit à la vertu, mais capable du crime:

38 MS2-MS4: Je peux mourir […] ne peux vous
44 MS2, MS4: lys les murs

Prévenez sa vengeance, éloignez-vous, partez. 5

ADÉLAÏDE

Vous restez exposé seul à ses cruautés!

NEMOURS

Ne craignant rien pour vous, je craindrai peu mon frère.
Que dis-je, mon appui lui devient nécessaire!
Son captif aujourd'hui, demain son protecteur,
Je saurai de mon roi lui rendre la faveur: 6
Et, fidèle à la fois aux lois de la nature,
Fidèle à vos bontés, à cette ardeur si pure,
A ces sacrés liens qui m'attachent à vous,
J'attendrai mon bonheur de mon frère et de vous.

ADÉLAÏDE

Je vous crois; j'y consens; j'accepte un tel augure. 6
Favorisez, ô ciel, une flamme si pure!
Je ne m'en défends plus: mes pas vous sont soumis;
Je l'ai voulu; je pars… Cependant je frémis…
Je ne sais, mais enfin la fortune jalouse
M'a toujours envié le nom de votre épouse… 7

NEMOURS

Ah, que m'avez-vous dit! Vous doutez de ma foi!
Ne suis-je plus à vous, n'êtes-vous plus à moi!
Toutes nos factions, et tous les rois ensemble,
Pourraient-ils affaiblir le nœud qui nous rassemble!
Non; je suis votre époux: la pompe des autels, 7
Ces voiles, ces flambeaux, ces témoins solennels,
Inutiles garants d'une foi si sacrée,
La rendront plus connue, et non plus assurée.
Vous, mânes des Bourbons, princes, rois, mes aïeux,
Du séjour des héros tournez ici les yeux: 8

J'ajoute à votre gloire, en la prenant pour femme:
Confirmez mes serments, ma tendresse et ma flamme;
Adoptez-la pour fille: et puisse son époux
Se montrer à jamais digne d'elle et de vous!

ADÉLAÏDE

Tous mes vœux sont comblés: mes sincères tendresses 85
Sont loin de soupçonner la foi de vos promesses.
Je n'ai craint que le sort qui va nous séparer;
Mais je ne le crains plus: j'ose tout espérer;
Rempli de vos bontés, mon cœur n'a plus d'alarmes,
Cher amant, cher époux…!

NEMOURS

Quoi, vous versez des larmes! 90
C'est trop tarder; adieu… Ciel, quel tumulte affreux!

(*La porte s'ouvre.*)

SCÈNE III

VENDÔME, ADÉLAÏDE, NEMOURS, GARDES

VENDÔME

Je l'entends; c'est lui-même… Arrête, malheureux,
Lâche, qui me trahis, lâche rival, arrête!

NEMOURS

Ton frère est sans défense, il t'offre ici sa tête:
Frappe.

91 MS2-MS7: adieu… quel
91C MS2-MS4: VENDÔME, GARDES, ADÉLAÏDE, NEMOURS

ADÉLAÏDE

C'est votre frère... ah, prince, pouvez-vous... 95

VENDÔME

Perfide, il vous sied bien de fléchir mon courroux...
Vous-même, frémissez... Soldats, qu'on le saisisse.

NEMOURS

Va, tu peux te venger au gré de ton caprice:
Ordonne; tu peux tout, hors m'inspirer l'effroi.
Mais apprends tous mes maux; écoute, et connais-moi. 100
Oui, je suis ton rival; et, depuis deux années,
Le plus secret amour unit nos destinées.
C'est toi dont les fureurs ont voulu m'arracher
Le seul bien sur la terre où j'ai pu m'attacher;
Tu fais depuis trois mois les horreurs de ma vie; 105
Les maux que j'éprouvais passent ta jalousie.
Juge de mes transports par tes égarements.
J'ai voulu dérober à tes emportements,
A l'amour effréné dont tu l'as poursuivie
Celle qui te déteste et que tu m'as ravie: 110
C'est pour te l'arracher que je t'ai combattu:
J'ai fait taire le sang, peut-être la vertu:
Malheureux, aveuglé, jaloux comme toi-même,
J'ai tout fait, tout tenté, pour t'ôter ce que j'aime.
Je ne te dirai point que, sans ce même amour, 115
J'aurais pour te servir voulu perdre le jour;
Que, si tu succombais à tes destins contraires,
Tu trouverais en moi le plus tendre des frères;
Que Nemours, qui t'aimait, aurait quitté pour toi

100 MS4: tous nos maux
106 MS2-MS4: éprouvais passaient ta
111 MS2, MS3: que tu l'as combattu

Tout l'univers entier, tout, hors elle et mon roi: 120
Je ne veux point en lâche apaiser ta vengeance.
Je suis ton ennemi, je suis en ta puissance:
L'amour fut dans mon cœur plus fort que l'amitié:
Sois cruel comme moi, punis-moi sans pitié;
Aussi bien tu ne peux t'assurer ta conquête, 125
Tu ne peux l'épouser qu'aux dépens de ma tête.
A la face des cieux je lui donne ma foi;
Je te fais de nos vœux le témoin malgré toi.
Frappe; et qu'après ce coup ta cruauté jalouse
Traîne au pied des autels ta sœur et mon épouse. 130

VENDÔME

Traître, c'en est assez:
Qu'on l'ôte de mes yeux; soldats, obéissez.

ADÉLAÏDE

Non, demeurez, cruels... Ah, prince, est-il possible
Que la nature en vous trouve une âme inflexible!

(*à Vendôme*)

Nemours... Frère inhumain, pouvez-vous oublier...! 135

NEMOURS, *à Adélaïde.*

Vous êtes mon épouse, et daignez le prier!

(*à Vendôme.*)

Va, je suis dans ces lieux plus puissant que toi-même:
Je suis vengé de toi: l'on te hait, et l'on m'aime.

120 MS2-MS5: Tout dans le monde entier
MS6, MS7: Tout le monde entier
130 MS4, MS5, MS7: Traîne aux pieds des
134 MS2-MS7, omitted

ADÉLAÏDE

Ah, cher prince!... Ah, seigneur, voyez à vos genoux...

VENDÔME *à ses gardes.*

Qu'on m'en réponde, allez... Madame, levez-vous... 140
Je suis assez instruit du soin qui vous engage;
Je n'en demande point un nouveau témoignage.
Vos pleurs auprès de moi sont d'un puissant secours;
Allez, rentrez, madame.

ADÉLAÏDE

O ciel, sauvez Nemours!

SCÈNE IV

VENDÔME

Sur qui faut-il d'abord que ma vengeance éclate? 145
Que je te vais punir, Adélaïde... ingrate,
Qui joins la haine au crime et la fourbe aux rigueurs.[1]

139a MS2-MS7, no stage direction
145-148 MS1-MS7, variant given:
Quoi, tous deux m'ont trompé! Quoi, ma flamme est trahie!
[MS2-MS7: Ainsi donc ma bonté, ma flamme était trahie]
Par qui, par des ingrats dont j'ai sauvé la vie!
Par un frère! Ah, perfide! Ah, déplaisir mortel!
Qui des deux dans mon cœur est le plus criminel?
146 MS2: je vais te punir

[1] Although there is no guarantee that Voltaire intended to use them, this is the only likely place for the insertion of two lines noted in the *Corpus des notes marginales* (ii.853): 'adelaide, allons il la faut enlever / le dessein en est pris, je le veux achever.'

Eh quoi, je te déteste, et verse encor des pleurs!
Quoi, même en m'irritant tu m'attendris encore!
Tu déchires mon âme, et ma fureur t'adore! 150
Frère indigne du jour, tu m'as seul outragé,
Et mon bras dans ton sang n'est pas encor plongé!

SCÈNE V

VENDÔME, COUCY

COUCY

Que votre vertu, prince, ici se renouvelle:
Recevez de ma bouche une triste nouvelle;
Apprenez...

VENDÔME

Je sais tout, je sais qu'on me trahit. 155
Nemours, l'ingrat, le traître...

COUCY

Eh quoi, qui vous a dit...?

VENDÔME

Avec quel artifice, avec quelle bassesse
Ils ont trompé tous deux ma crédule tendresse!

152 MS1-MS7, variant given, after 152:
Qu'il meure, vengeons-nous! C'est lui, c'est le perfide
Dont les mains m'ont frayé la route au parricide...
Et toi, le prix du crime, et que j'aimais en vain,
Je cours te retrouver, mais sa tête à la main.

156 MS2: vous l'a dit

Cruelle Adélaïde!

COUCY

Ah, qu'entends-je à mon tour!
Je vous parle de guerre, et vous parlez d'amour! 16
Votre sort se décide, et vous brûlez encore!
Le roi sous ces remparts arrive avec l'aurore:
La force et l'artifice ont uni leurs efforts;
Le trouble est au dedans, le péril au dehors.
Je vois des citoyens la constance ébranlée; 16
Leur âme vers le roi semble être rappelée:
Soit qu'enfin le malheur et le nom de ce roi
Dans leurs cœurs fatigués retrouve un peu de foi,
Soit que plutôt Nemours en faveur de son maître
Ait préparé le feu qui commence à paraître. 17

VENDÔME

Nemours! De tous côtés le perfide me nuit;
Partout il m'a trompé, partout il me poursuit.
Mon frère!

COUCY

Il n'a rien fait que votre heureuse audace
N'eût tenté dans la guerre et n'eût fait à sa place.
Mais quoi qu'il ait osé, quels que soient ses desseins, 17
Songez à vous, seigneur, et faites vos destins.
Vous pouvez conjurer ou braver la tempête:
Quoi que vous ordonniez, ma main est toute prête.
Commandez. Voulez-vous, par un secret traité,
Apaiser avec gloire un monarque irrité? 18
Je me rends dans son camp, je lui parle, et j'espère

170 MS2-MS5, MS7: préparé ce feu
178 MS2: est toujours prête

Signer en votre nom cette paix salutaire.
Voulez-vous sur ces murs attendre son courroux?
Je revole à la brèche, et j'y meurs près de vous.
Prononcez: mais surtout songez que le temps presse. 185

VENDÔME

Oui, je me fie à vous; et j'ai votre promesse
Que vous immolerez à mon amour trahi
Le rival insolent pour qui j'étais haï:
Allez, vengez ma flamme, allez servir ma haine.
Le lâche est découvert; on l'arrête, on l'entraîne; 190
Je le mets dans vos mains, et vous m'en répondrez:
Conduisez-le à la tour où vous seul commandez.
Là, sans perdre de temps, qu'on frappe ma victime;
Dans son indigne sang lavez son double crime.
On l'aime; il est coupable; il faut qu'il meure; et moi, 195
Je vais chercher la mort, ou la donner au roi.

COUCY

L'arrêt est-il porté?... Ferme en votre colère,
Voulez-vous en effet la mort de votre frère?

VENDÔME

Si je la veux, grand Dieu!... Il l'a su mériter:
Si ma vengeance est juste, en pouvez-vous douter! 200

COUCY

Eh, vous me chargez, moi, du soin de son supplice?

189 MS2-MS7: Allez venger
191 MS2-MS4: répondez
199 MS4: Dieu... s'il l'a
201 MS4-MS7: Et vous me

VENDÔME

Oui; j'attendais de vous une prompte justice;
Mais je ne veux plus rien, puisque vous hésitez:
Vos froideurs sont un crime à mes vœux irrités.
J'attendais plus de zèle, et veux moins de prudence: 205
Et qui doit me venger me trahit s'il balance.
Je suis bien malheureux, bien digne de pitié;
Trahi dans mon amour, trahi dans l'amitié...!
Ah, trop heureux dauphin, que je te porte envie!
Ton amitié du moins n'a point été trahie, 210
Et Tangui du Châtel, quand tu fus offensé,
T'a servi sans scrupule, et n'a pas balancé.
Allez, Vendôme encor, dans le sort qui le presse,
Trouvera des amis qui tiendront leur promesse;
D'autres me vengeront, et n'allégueront pas 215
Une fausse vertu, l'excuse des ingrats!

COUCY

Non, prince; je me rends; et, soit crime, soit justice,
Vous ne vous plaindrez pas que Coucy vous trahisse.
Je ne souffrirai pas que d'un autre que moi
Dans de pareils moments vous éprouviez la foi: 220
Et vous reconnaîtrez, au succès de mon zèle,
Si Coucy vous aimait, et s'il vous fut fidèle.

203 MS2-MS7: je n'en veux
204-208 MS1-MS7, variant given:
Je lis dans votre cœur plus que vous ne pensez:
Vous croyez ma fortune au bord du précipice;
Je suis trop malheureux pour attendre un service:
Votre lâche prudence en prévoit le danger.
Vous qui vouliez mourir, vous n'osez [MS1: osez] me venger!
213-214 MS1-MS7, variant given:
Allez, d'autres que vous, touchés de mon outrage,
Auront plus d'amitié, du moins plus de courage.
217 MS2, MS4-MS7: soit crime ou justice

VENDÔME

Ah, je vous reconnais! Vengez-moi, vengez-vous;
Perdez un ennemi qui nous trahissait tous.
Qu'à l'instant de sa mort à mon impatience 225
Le canon des remparts annonce ma vengeance.
Courez. J'irai moi-même annoncer son trépas
A l'odieux objet dont j'aimai les appas.
Volez… Que vois-je! Arrête… hélas, c'est elle encore.

SCÈNE VI

VENDÔME, COUCY, ADÉLAÏDE

ADÉLAÏDE

Ecoutez-moi, Coucy; c'est vous seul que j'implore. 230

VENDÔME *à Coucy.*

Non; fuis; ne l'entends pas, ou tu vas me trahir;
Fuis: mais attends mon ordre, avant de me servir.

ADÉLAÏDE *à Coucy.*

Quel est cet ordre affreux? Cruel, qu'allez-vous faire?

COUCY

Croyez-moi, c'est à vous de fléchir sa colère:
Vous pouvez tout.

SCÈNE VII

VENDÔME, ADÉLAÏDE

ADÉLAÏDE

Cruel, pardonnez à l'effroi 235
Qui me ramène à vous, qui parle malgré moi:
Je n'en suis pas maîtresse. Eplorée et confuse,
Ce n'est pas que d'un crime, hélas, je vous accuse:
Non, vous ne serez pas, seigneur, assez cruel
Pour tremper votre main dans le sang fraternel, 240
Je le crois; cependant vous voyez mes alarmes:
Ayez pitié d'un frère, et regardez mes larmes...
Vous baissez devant moi ce visage interdit!
Ah ciel, sur votre front son trépas est écrit!
Auriez-vous résolu ce meurtre abominable? 245

239 MS2, MS4: serez point, seigneur
241 MS4: le crains cependant
243 MS1-MS7, variant given, between 243-244:
Si jamais votre cœur, instruit dans son devoir,
Des lois de la nature a senti le pouvoir,
J'ose encore vous prier, malgré le [MS4, MS5, MS7: ce] trouble extrême...

VENDÔME

Vous me priez [MS4-MS7: prier], madame! Eh [MS5-MS7: Et], pour qui?

ADÉLAÏDE

Pour vous-même,
Pour vous, qui, n'écoutant qu'un courroux criminel,
Préparez à vos jours un opprobre éternel.
Serait-il vrai, grand Dieu [MS5-MS7: grands Dieux], votre âme forcenée
A cet excès d'horreur est-elle abandonnée!
Seigneur, au nom du sang dont vous tenez le jour,
Hélas, dirai-je encore au nom de votre amour,
Dissipez d'un seul mot la terreur qui m'agite!
Eh quoi, plus je vous parle, et plus je vous irrite!

VENDÔME

Oui, tout est préparé pour la mort du coupable.

ADÉLAÏDE

Quoi, sa mort...!

VENDÔME

Vous pouvez disposer de ses jours:
Sauvez-le, sauvez-moi.

ADÉLAÏDE

Je sauverais Nemours!
Ah, parlez, j'obéis! Parlez; que faut-il faire?

VENDÔME

Je ne puis vous haïr; et, malgré ma colère, 250
Je sens que vous régnez dans ce cœur ulcéré,
Par vous toujours vaincu, toujours désespéré;
Je brûle encor pour vous, cruelle que vous êtes.
Ecoutez: mes fureurs vont être satisfaites;
Mais votre ordre à l'instant suspend le coup mortel. 255

255-268 MS1-MS7, variant given:
On va frapper l'ingrat qui vient de m'y forcer:
Si vous voulez qu'il vive, il faut y renoncer;
Il faut qu'Adélaïde à mon amour se donne:
Venez: je vous épouse, et mon cœur lui pardonne.
ADÉLAÏDE
Non, prince; faites mieux: vous êtes outragé;
Il [MS6, MS7: vous] faut du sang, il faut que vous soyez vengé.
Pourquoi laisser tomber le [MS2, MS3: ce] fer [MS6: feu] impitoyable?
C'est moi qu'il faut frapper, c'est moi qui suis coupable.
Tarissez, j'y consens, dans ce sang malheureux
La source des tourments qui vous pressent tous deux;
Que, fumant à vos pieds, le sang d'Adélaïde
A vos cruelles mains épargne un parricide:
Les nœuds sacrés du sang, que l'amour a rompus,
Se rejoindront soudain, quand je n'y [MS4: ne] serai plus.

ADÉLAÏDE 1734

Voilà ma main; venez: sa grâce est à l'autel.

ADÉLAÏDE

Moi, seigneur!

VENDÔME

Il mourra.

ADÉLAÏDE

Moi, que je le trahisse!

Arrêtez…

VENDÔME

Répondez.

ADÉLAÏDE

Je ne puis.

VENDÔME

Qu'il périsse.

ADÉLAÏDE

Arrêtez… je consens…

VENDÔME

Un mot fait nos destins;

Achevez.

ADÉLAÏDE

Je consens de périr par vos mains: 260

Rien ne vous lie à moi, je vous suis étrangère;
Baignez-vous dans mon sang; mais sauvez votre frère;

Ce frère en son enfance avec vous élevé,
Qu'au péril de vos jours vous eussiez conservé,
Qui vous aimait, hélas, qui sans doute vous aime. 265
Que dis-je! En ce moment n'en croyez que vous-même;
Rentrez dans votre cœur; examinez les traits
Que la main du devoir y grava pour jamais;
Regardez-y Nemours: voyez s'il est possible
Qu'on garde à ce héros un courroux inflexible, 270
Si l'on peut le haïr.

VENDÔME

Ah, c'est trop me braver,
Et c'est trop me forcer moi-même à m'en priver!
Votre amour le condamne, et ce dernier outrage
A redoublé son crime et ma honte et ma rage:
Je vais...

ADÉLAÏDE

Au nom du Dieu que nous adorons tous, 275

275 MS1-MS7, variant given:
Quoi, vous l'aimez [MS2, MS4: Vous l'aimerez] toujours?
ADÉLAÏDE
Hélas, en doutez-vous?
Oui, mon cœur est à lui, malgré votre courroux;
Oui, tyran, je l'adore; et toute ta [MS6: la] vengeance,
De mon amour encore accroît la violence:
Je brûlerai pour lui dans le sein du trépas.
Que tardes-tu! Punis mes criminels appas:
C'est moi qui, détestant mon indigne esclavage,
A venir t'attaquer ai forcé son courage;
Je t'ai ravi son cœur, je t'ai ravi sa foi;
Sans mes emportements, il n'eût chéri que toi:
Arrache avec ma vie, une amour si cruelle,
Si fatale à tous trois, hélas, et si fidèle.
VENDÔME
Oui, tous trois, s'il le faut, périrons aujourd'hui;
Mais sachez que mon bras va commencer par lui.
C'est vous qui l'ordonnez; c'est vous seule, inhumaine,

Seigneur, écoutez-moi.

SCÈNE VIII

VENDÔME, ADÉLAÏDE, UN OFFICIER

L'OFFICIER

Seigneur, songez à vous.
De lâches citoyens une foule ennemie,
Par vos périls nouveaux, contre vous enhardie,
Lève enfin dans ces murs un front séditieux;
La trahison éclate; elle marche en ces lieux; 280
Ils s'assemblent en foule, ils veulent reconnaître
Et Nemours pour leur chef, et Charles pour leur maître.
Au pied de la tour même ils demandent Nemours.

VENDÔME

Il leur sera rendu; c'en est fait, et j'y cours.
Il vous faut donc, cruelle, immoler vos victimes, 285
Et je vais commencer votre ouvrage et mes crimes!

Qui conduisez mes coups, qui dirigez ma haine,
Qui réduisez Vendôme au point d'assassiner
Un frère à qui son [MS4: mon] cœur cherchait à pardonner.

SCÈNE IX

ADÉLAÏDE, TAÏSE

ADÉLAÏDE

Ah, barbare! Ah, tyran! Que faire! Où recourir!
Quel secours implorer! Nemours, tu vas périr!
On me retient; on craint la douleur qui m'enflamme...

(aux soldats)

Cruels, si la pitié peut entrer dans votre âme, 290
Allez chercher Coucy, courez sans différer;
Allez, que je lui parle avant que d'expirer.

TAÏSE

Hélas, et de Coucy que pouvez-vous attendre!

ADÉLAÏDE

Puisqu'il a vu Nemours, il le saura défendre.
Je sais quel est Coucy; son cœur est vertueux: 295
Le crime s'épouvante, et fuit devant ses yeux:
Il ne permettra pas cette horrible injustice.

TAÏSE

Eh, qui sait si lui-même il n'en est pas complice!
Vous voyez qu'à Vendôme il veut tout immoler:
Sa froide politique a craint de vous parler. 300
Il soupira pour vous; et sa flamme outragée
Par les crimes d'un autre aime à se voir vengée.

293 MS1: Hélas! eh de
296 MS1: crime l'épouvante
298 MS2-MS4: est point complice

ADÉLAÏDE

Quoi, de tous les côtés on me perce le cœur!
Quoi, chez tous les humains l'amour devient fureur!
Cher Nemours, cher amant, ma bouche trop fidèle 30
Vient donc de prononcer ta sentence mortelle!...

(*aux soldats*)

Eh bien, souffrez du moins que ma timide voix
S'adresse à votre maître une seconde fois,
Que je lui parle...

TAÏSE

Eh quoi, votre main se prépare
A s'unir aux autels à la main d'un barbare! 31
Pourriez-vous...!

ADÉLAÏDE

Je peux tout dans cet affreux moment;
Et je saurai sauver ma gloire et mon amant.

Fin du quatrième acte.

306a MS2-MS7: *aux gardes*
310 MS3: main du barbare
312 MS1-MS7, variant given, after 312:
Je ne sais, je succombe à mon mortel effroi...
Je t'ai perdu, cher prince, et j'expire avant toi...
Je me meurs!

TAÏSE

La lumière à ses yeux est ravie!
Dieu puissant [MS4: Dieux puissants], protégez son amour et sa vie!

ACTE V

SCÈNE PREMIÈRE

VENDÔME, UN OFFICIER, SUITE

VENDÔME

Eh bien, leur troupe indigne est-elle terrassée?

L'OFFICIER

Seigneur, ils vous ont vu; leur troupe est dispersée.

VENDÔME

Ce soldat qu'en secret vous m'avez amené
Va-t-il exécuter l'ordre que j'ai donné?

L'OFFICIER

Vers la tour à grands pas vous voyez qu'il s'avance. 5

VENDÔME

Je vais donc à la fin jouir de ma vengeance!
(*aux soldats*)
Allez; qu'on se prépare à des périls nouveaux;
Que sur nos murs sanglants on porte nos drapeaux:
Hâtez-vous, déployez l'appareil de la guerre;
Qu'on allume ces feux renfermés sous la terre: 10

c MS2-MS7: VENDÔME, SUITE
1a MS2-MS7: UN OFFICIER
2 MS2-MS7: leur foule est
6a MS2-MS7, no stage direction

Que l'on vole à la brèche: et s'il nous faut périr,
Vous recevrez de moi l'exemple de mourir.

(*Il reste seul.*)

Le sang, l'indigne sang qu'a demandé ma rage
Sera du moins pour moi le signal du carnage.
Vainement à Coucy je m'étais confié… 1
Ai-je pu m'en remettre à sa faible amitié,
A son esprit tranquille, à sa vertu sauvage,
Qui ne sait ni sentir, ni venger mon outrage!
Un bras vulgaire et sûr va punir mon rival;
Je vais être servi. J'attends l'heureux signal. 2
Nemours, tu vas périr; mon bonheur se prépare…
Un frère assassiné… quel bonheur! Ah, barbare!…
S'il est doux d'accabler ses cruels ennemis,
Si ton cœur est content, d'où vient que tu frémis?
Allons… Mais quelle voix gémissante et sévère, 2
Quel Dieu me semble dire, arrête, il est ton frère!
Il est mon frère!… hélas, dans ma haine affermi,
J'oublie un droit plus saint… Nemours fut mon ami.
O tendresse, ô douceurs par le temps effacées!
Il fut le confident de toutes mes pensées: 3
Avec quelle innocence et quels épanchements
Nos cœurs se sont appris nos premiers sentiments!
Que de fois, partageant ses naissantes alarmes,
D'une main fraternelle ai-je essuyé ses larmes!…
Eh, cette même main va chercher dans son flanc 3
La moitié de moi-même et le sang de mon sang!
Autour de moi, grand Dieu, que j'ai creusé d'abîmes!
Que l'amour m'a changé! Qu'il me coûte de crimes!
Remords toujours puissants, toujours en vain bannis,
Je voulais me venger; c'est moi que je punis! 4
Funeste passion, dont la fureur m'égare…
Non, je n'étais pas né pour devenir barbare:

35 MS6, MS7: Et cette

Je sens combien le crime est un fardeau cruel…
Mais que dis-je! Nemours est le seul criminel…
Je reconnais mon sang, mais c'est à sa furie… 45
Il m'enlève l'objet dont dépendait ma vie,
Il aime Adélaïde…! Ah, trop jaloux transport!
Il l'aime! Est-ce un forfait qui mérite la mort!
Hélas, malgré le temps et la guerre et l'absence,
Leur tranquille union croissait dans le silence; 50
Ils nourrissaient en paix leur innocente ardeur,
Avant qu'un fol amour empoisonnât mon cœur…
Mais lui-même il m'attaque, il brave ma colère;
Il me trompe, il me hait… n'importe, il est mon frère!
Il ne périra point… Nature, je me rends; 55
Je ne veux point marcher sur les pas des tyrans.
Je n'ai point entendu le signal homicide,
L'organe des forfaits, la voix du parricide:
Il en est temps.

SCÈNE II

VENDÔME, UN OFFICIER DES GARDES

VENDÔME

Courez; que l'on sauve Nemours:
Portez mon ordre, allez; répondez de ses jours. 60

L'OFFICIER

Hélas, seigneur, j'ai vu, non loin de cette porte,
Un corps souillé de sang, qu'en secret on emporte!
Je venais vous le dire; et je crains que le sort…

52 MS3: Avant que mon amour

VENDÔME

(*on entend le canon.*)

Quoi, déjà...! Dieu, qu'entends-je! Ah ciel! mon frère est mort!
Il est mort, et je vis... et la terre entrouverte, 6
Et la foudre en éclats ne vengent point sa perte!
Ennemi de mon roi, factieux, inhumain,
Frère dénaturé, ravisseur, assassin,
Voilà quel est Vendôme! Ah, vérité funeste!
Je vois ce que je suis et ce que je déteste: 7
Le voile est déchiré: je m'étais mal connu.
Au comble des forfaits je suis donc parvenu!
Ah, Nemours, ah, mon frère! Ah, jour de ma ruine!
Je sens que je t'aimais, et mon bras t'assassine!
Mon frère!...

SCÈNE III

VENDÔME, LE GARDE *revenant.*

LE GARDE

Adélaïde, avec empressement, 7
Seigneur, veut en ce lieu vous parler un moment.

VENDÔME

Chers amis, empêchez que la cruelle avance;
Je ne puis soutenir ni souffrir sa présence...
Mais non, d'un parricide elle doit se venger;

66 MS2-MS4: vengent pas sa
74 MS2-MS4: et ton bras m'assassine

Dans mon coupable sang sa main doit se plonger; 80
Qu'elle entre... Ah, je succombe et ne vis plus qu'à
peine.

SCÈNE IV

VENDÔME, ADÉLAÏDE

ADÉLAÏDE

Vous l'emportez, seigneur: et, puisque votre haine,
(Comment puis-je autrement appeler dans ce jour
Ces cruels sentiments que vous nommez amour!)
Puisqu'à ravir ma foi votre haine obstinée 85
Veut ou le sang d'un frère ou ce triste hyménée,
Puisque je suis réduite au déplorable effort
Ou de trahir Nemours ou de hâter sa mort,
Et que, de votre rage et ministre et victime,
Je n'ai plus qu'à choisir mon supplice et mon crime, 90
Mon choix est fait, seigneur, et je me donne à vous.
Par le droit des forfaits, vous êtes mon époux.
Brisez les fers honteux dont vous chargez un frère;
De Lille sous ses pas abaissez la barrière:
Que je ne tremble plus pour des jours si chéris. 95
Je trahis mon amant, je le perds à ce prix.
Je vous épargne un crime, et suis votre conquête.
Commandez, disposez; ma main est toute prête.
Peut-être cette main, que vous tyrannisez,

80 MS2-MS7: Dans son coupable sang ma [MS6, MS7: sa] main
83 MS2-MS4: appeler en ce
97 MS2, MS5-MS7: et sur votre
98 MS2, MS5-MS7: est toujours prête
99 MS1: Peut-être que cette

Punira la faiblesse où vous me réduisez; 100
Peut-être au temple même où vous m'allez conduire...
Mais vous voulez ma foi; ma foi doit vous suffire.
Allons... Eh quoi, d'où vient ce silence affecté?
Quoi, votre frère encor n'est point en liberté!

VENDÔME

Mon frère!

ADÉLAÏDE

Dieu puissant, dissipez mes alarmes! 105
Ciel, de vos yeux, cruel, je vois couler des larmes!

VENDÔME

Vous demandez sa vie!

ADÉLAÏDE

Ah, qu'est-ce que j'entends!...
Vous qui m'aviez promis...!

VENDÔME

Madame, il n'est plus temps.

ADÉLAÏDE

Il n'est plus temps! Nemours!...

VENDÔME

Il est trop vrai, cruelle,
Oui, vous avez dicté sa sentence mortelle: 110

100 MS3: vous la réduisez
102 MS4: foi vous doit
106 MS2-MS7: yeux cruels, je

Coucy, pour nos malheurs, a trop su m'obéir…
Ah, revenez à vous, vivez pour me punir;
Frappez; que votre main, contre moi ranimée,
Perce un cœur inhumain qui vous a trop aimée,
Un cœur dénaturé qui n'attend que vos coups! 115
Oui, j'ai tué mon frère, et l'ai tué pour vous:
Sans vous, je l'eusse aimé; sans ma funeste flamme,
La nature et le sang triomphaient dans mon âme:
Je n'ai pris qu'en vos yeux le malheureux poison
Qui m'ôta l'innocence ainsi que la raison. 120
Vengez sur ce barbare, indigne de vous plaire,
Tous les crimes affreux que vous m'avez fait faire.

ADÉLAÏDE

Nemours est mort! Nemours!

VENDÔME

Oui: mais c'est de ta main
Que son sang veut ici le sang de l'assassin.

ADÉLAÏDE

Ote-toi de ma vue.

VENDÔME

Achève ta vengeance: 125
Ma mort doit la finir; mon remords la commence.

ADÉLAÏDE

Va, porte ailleurs ton crime et ton vain désespoir,
Et laisse-moi mourir sans l'horreur de te voir.

VENDÔME

Cette horreur est trop juste, elle m'est trop bien due:
Je vais te délivrer de ma funeste vue; 130

Je vais, plein d'un amour qui même en ce moment
Est de tous mes forfaits le plus grand châtiment,
Je vais mêler ce sang qu'Adélaïde abhorre
Au sang que j'ai versé, mais qui m'est cher encore.

ADÉLAÏDE

Nemours n'est plus!... Arrête, exécrable assassin; 13
Réunis deux amants... Tu me retiens en vain,
Monstre... Que cette épée...

VENDÔME

Eh bien, Adélaïde,
Prends ce fer, arme-toi... mais contre un parricide...
Je ne méritais pas de mourir de tes coups:
Que ma main les conduise...

SCÈNE V

VENDÔME, ADÉLAÏDE, COUCY

COUCY

Ah ciel, que faites-vous! 14

VENDÔME

Laisse-moi me punir et me rendre justice.

ADÉLAÏDE *à Coucy.*

Va, d'un lâche assassin détestable complice...!

VENDÔME

Ministre des forfaits, as-tu pu m'obéir!

COUCY

N'avez-vous pas forcé mon bras à vous servir?

VENDÔME

Malheureux que je suis! Ta sauvage rudesse 145
A cent fois de mes sens combattu la mollesse:
Ne devais-tu te rendre à mes tristes souhaits,
Que quand ma passion t'ordonna des forfaits!
Tu ne m'as obéi que pour tuer mon frère.

COUCY

Si j'avais refusé ce sanglant ministère, 150
Votre aveugle courroux n'allait-il pas soudain
Du soin de vous venger charger une autre main?

VENDÔME

Hélas, je te l'avoue, oui, dans ma frénésie,
Moi-même à mon rival j'eusse arraché la vie!
Je n'étais plus à moi; ce délire odieux 155
Précipitait ma rage et m'aveuglait les yeux;
L'amour, le fol amour, de mes sens toujours maître,
En m'ôtant ma raison, m'eût excusé peut-être:
Mais toi, dont la sagesse et les réflexions
Ont calmé dans ton sein toutes les passions, 160
Toi, dont j'ai craint cent fois l'esprit ferme et rigide,
Avec tranquillité commettre un parricide!

ADÉLAÏDE

Barbare!

COUCY

Ainsi l'horreur et l'exécration,

161 MS1: dont j'avais craint

Qui suivent de si près cette indigne action,
D'un repentir utile ont pénétré votre âme; 165
Et, malgré tout l'excès de votre injuste flamme,
Au prix de votre sang, vous voudriez sauver
Ce sang dont vos fureurs ont voulu vous priver!

VENDÔME

Plût au ciel être mort avant ce coup funeste!

ADÉLAÏDE

Ah, cessez des regrets que ma douleur déteste: 170
Tournez sur moi vos mains, achevez vos fureurs.

COUCY

(*à Vendôme*) (*à Adélaïde*)
Conservez vos remords... Et vous, séchez vos pleurs.

VENDÔME

Coucy, que dites-vous!

ADÉLAÏDE

Quel bonheur! Quel mystère...!

COUCY (*faisant avancer Nemours*)

Venez, paraissez, prince; embrassez votre frère.

173a MS2-MS4: *en faisant*

SCÈNE VI

LES MÊMES, NEMOURS

ADÉLAÏDE

Nemours!

VENDÔME

Mon frère!

ADÉLAÏDE

Ah ciel!

VENDÔME

Qui l'aurait pu penser! 175

NEMOURS

C'est moi, qui te pardonne, et qui t'ose embrasser.

VENDÔME

Mon crime en est plus grand, puisque ton cœur l'oublie.

ADÉLAÏDE *à Coucy.*

Coucy, digne héros, qui me donnes la vie...!

VENDÔME

Il la donne à tous trois.

COUCY

Un indigne assassin

174a-b MS2-MS7, no new scene

Sur Nemours à mes yeux allait lever la main; 18
J'ai tué le barbare: et, prévenant encore
Les aveugles fureurs du feu qui vous dévore,
J'ai fait donner soudain le signal odieux,
Sûr que dans quelque temps vous ouvririez les yeux,
Certain de vos remords...

VENDÔME

Ah, mon appui, mon père! 18

COUCY

Que j'aime à voir en vous cette douleur sincère!

VENDÔME

Nemours... mon frère... hélas, mon crime est devant moi:
Mes yeux n'osent encor se détourner vers toi.
De quel œil revois-tu ce monstre parricide?

NEMOURS

Je suis entre tes mains avec Adélaïde; 19
Nos cœurs te sont connus; et tu vas décider
De quel œil désormais je te dois regarder.

ADÉLAÏDE

J'ai vu vos sentiments si purs, si magnanimes!...

VENDÔME

J'étais né vertueux; vous avez fait mes crimes.

COUCY

Ah, ne rappelez plus cet affreux souvenir! 19

180 MS2-MS4: yeux avait levé sa main
183 MS4-MS7: soudain ce signal

NEMOURS

Quel est donc ton dessein; parle?

VENDÔME

De me punir,
De nous rendre à tous trois une égale justice,
D'expier devant vous, par le plus grand supplice,
Le plus grand des forfaits, où la fatalité,
L'amour et le courroux m'avaient précipité. 200
J'aimais Adélaïde; et ma flamme cruelle
Dans mon cœur désolé s'irrite encor pour elle:
Coucy sait à quel point j'adorais ses appas,
Quand ma jalouse rage ordonnait ton trépas.
Toujours persécuté du feu qui me possède, 205
Je l'adore encor plus, et mon amour la cède.
Allez; qu'un saint hymen la remette en vos bras:
Aimez-vous; mais au moins ne me haïssez pas.

NEMOURS, *à ses pieds.*

Moi, vous haïr! Jamais. Vendôme… mon cher frère,
J'osai vous outrager… vous me servez de père! 210

ADÉLAÏDE

Oui, seigneur, avec lui j'embrasse vos genoux;
La plus tendre amitié va me rejoindre à vous:
Vous me payez trop bien de ma douleur soufferte.

VENDÔME

Ah, c'est trop me montrer mes malheurs et ma perte!
Eloignez-vous plutôt, et fuyez-moi tous deux. 215

204 MS3: ordonnait son trépas
206 MS2-MS7: mon cœur te la
208a MS2-MS4: *en se jetant à ses pieds*

Je m'arrache le cœur, en vous rendant heureux:
De ce cœur malheureux ménagez la blessure:
Ce n'est qu'en frémissant qu'il cède à la nature:
Craignez mon repentir; profitez d'un effort
Plus douloureux pour moi, plus cruel que la mort. 220

SCÈNE VII

VENDÔME, ADÉLAÏDE, NEMOURS, COUCY, UN OFFICIER

L'OFFICIER

Seigneur, qu'à vos guerriers votre ordre se déclare:
Le roi paraît, il marche, et l'assaut se prépare.

COUCY

Eh bien, seigneur?

NEMOURS

Mon frère, à quoi te résous-tu?
N'est-ce donc qu'à demi que ton cœur s'est rendu?
Ta générosité vient de me faire grâce; 225
Ne veux-tu pas souffrir que ton roi te la fasse?
Veux-tu haïr la France, et perdre ton pays,
Pour de fiers étrangers qui nous ont tant haïs?
Es-tu notre ennemi? Ton maître est à tes portes:
Eh bien?

220a MS2-MS7: SCÈNE 6e et dernière
220b MS2-MS4: VENDÔME, NEMOURS, COUCY, OFFICIERS DES GARDES

VENDÔME

Je suis français, mon frère, et tu l'emportes: 230
Va, mon cœur est vaincu; je me rends tout entier:
Je veux oublier tout et tout sacrifier.
Trop fortunés époux, oui, mon âme attendrie
Imite votre exemple et chérit sa patrie.
Allez apprendre au roi pour qui vous combattez, 235
Mes crimes, mes remords, et vos félicités.
Allez; ainsi que vous, je vais le reconnaître.
Sur nos remparts soumis amenez votre maître.
Il est déjà le mien; nous allons à ses pieds
Abaisser sans regret nos fronts humiliés. 240
J'égalerai pour lui votre intrépide zèle:
Bon Français, meilleur frère, ami, sujet fidèle;
Es-tu content, Coucy?

COUCY

Je n'espérais pas moins:
Et c'est là le seul fruit que je veux de mes soins.

Fin de la tragédie.

LES FRÈRES ENNEMIS

TRAGÉDIE

ACTEURS

Le duc d'Alençon.

Le duc de Nemours, son frère.

Dangeste, frère d'Adélaïde du Guesclin.

Le sire de Coucy.

ACTE PREMIER

SCÈNE PREMIÈRE

DANGESTE, COUCY

COUCY

Seigneur, en arrivant dans ce séjour d'alarmes
Je dérobe un instant au tumulte des armes,
Frère d'Adélaïde et comme elle engagé
Au parti d'un dauphin par le ciel protégé
Vous me voyez jeté dans le parti contraire, 5
Mais je suis votre ami plus que votre adversaire.
Vous sûtes mes desseins, vous connaissez mon cœur,
Vous m'aviez destiné vous-même à votre sœur,
Mais il faut vous parler et vous faire connaître
L'âme d'un vrai soldat, digne de vous, peut-être. 10

DANGESTE

Seigneur, vous pouvez tout;

COUCY

Mes mains au champ de Mars,
Du prince d'Alençon portent les étendards,
Je l'aimai dans la paix, je le sers dans la guerre,
Je combats pour lui seul, et non pour l'Angleterre
Et dans ces temps affreux de discorde et d'horreur 15
Je n'ai d'autre parti que celui de mon cœur.
Non que pour ce héros mon âme prévenue
Prétende à ses défauts fermer toujours la vue.

18 MS1: Prétendre

Je ne m'aveugle pas, je vois avec douleur,
De ses emportements, l'indiscrète chaleur; 20
Je vois que de ses sens l'impétueuse ivresse,
L'abandonne aux excès d'une ardente jeunesse,
Et ce torrent fougueux que j'arrête avec soin,
Trop souvent me l'arrache et l'emporte trop loin.
Mais il a cent vertus qui rachètent ses vices, 25
Eh! qui saurait, seigneur, où placer ses services,
S'il ne vous fallait suivre et ne chérir jamais,
Que des cœurs sans faiblesse et des princes parfaits.
Tout mon sang est à lui, mais enfin cette épée,
Dans le sang des Français à regret s'est trempée. 30
Le dauphin généreux...[1]

DANGESTE

Osez le nommer roi.

COUCY

Jusqu'aujourd'hui, seigneur, il ne l'est pas pour moi.
Je voudrais, il est vrai, lui porter mon hommage,
Tous mes vœux sont pour lui, mais l'amitié m'engage.
Mon bras se donne au duc et ne peut aujourd'hui, 35
Ni servir, ni traiter, ni changer qu'avec lui.
Le malheur de nos temps, nos discordes sinistres,
La cour abandonnée aux brigues des ministres,
Dans ce cruel parti, tout l'a précipité.
Je ne peux à mon choix fléchir sa volonté; 40
J'ai souvent, de son cœur aigrissant les blessures,
Révolté sa fierté par des vérités dures,

27 MS2, MS3: ne nous fallait
29 MS2, MS3: Tout mon cœur est
35 MS3: ⟨β⟩ ↑Le duc a mes serments: je ne peux aujourd'hui

[1] The historical setting is kept deliberately vague by this simple formula.

Votre sœur aux vertus le pourrait rappeler,
Seigneur, et c'est de quoi je cherche à vous parler;
J'aimais Adélaïde en un temps plus tranquille 45
Avant que Lusignan fût votre heureux asile.
Je crus qu'elle pouvait approuvant mon dessein
Accepter sans mépris mon hommage et ma main,
Bientôt par les Anglais elle fut enlevée,
A de nouveaux destins elle fut réservée. 50
Que faisais-je, où le ciel emportait-il mes pas?
Le duc plus fortuné la sauva de leurs bras.
La gloire en est à lui, qu'il en ait le salaire,
Il a par trop de droits mérité de lui plaire,
Il est prince, il est jeune, il est votre vengeur; 55
Ses bienfaits et son nom, tout parle en sa faveur,
La justice et l'amour la pressent de se rendre,
Je ne l'ai point vengée, et n'ai rien à prétendre,
Je me tais... Cependant s'il faut la mériter,
A tout autre qu'à lui j'irai la disputer. 60
Je céderais à peine aux enfants des rois même,
Mais ce prince est mon chef, il me chérit, je l'aime,
Coucy ni vertueux, ni superbe à demi,
Aurait bravé le prince, et cède à son ami;
Je fais plus, de mes sens maîtrisant la faiblesse, 65
J'ose de mon rival appuyer la tendresse;
Vous montrer votre gloire, et ce que vous devez,
Au héros qui soupire et par qui vous vivez.
Je verrai d'un œil sec et d'un cœur sans envie,
Cet hymen qui pouvait empoisonner ma vie; 70
Je réunis pour vous mon service et mes vœux,
Ce bras qui fut à lui combattra pour tous deux,
Amant d'Adélaïde, ami noble et fidèle,
Soldat de son époux et plein du même zèle,
Je servirai sous lui, comme il faudra qu'un jour, 75

45 MS1: ⟨dans⟩ ↑en

Quand je commanderai, l'on me serve à mon tour.
Voilà mes sentiments; si je me sacrifie,
L'amitié me l'ordonne, et surtout la patrie,
Songez que si l'hymen la range sous sa loi,
Si le prince la sert, il servira son roi. 80

DANGESTE

Qu'avec étonnement, seigneur, je vous contemple,
Que vous donnez au monde un rare et grand exemple,
Quoi ce cœur (je le crois sans feinte et sans détour)
Connaît l'amitié seule, et sait braver l'amour?
Il faut vous admirer, quand on sait vous connaître, 85
Vous servez votre ami, vous servirez mon maître,
Un cœur si généreux doit penser comme moi;
Tous ceux de votre sang sont l'appui de leur roi;
Mais du duc d'Alençon la fatale poursuite…

SCÈNE II

LE DUC D'ALENÇON, COUCY, DANGESTE

LE DUC *à Dangeste*

Est-ce elle qui m'échappe, est-ce elle qui m'évite? 90
Dangeste, demeurez, vous connaissez trop bien
Les transports douloureux d'un cœur tel que le mien;
Vous savez si je l'aime et si je l'ai servie;
Si j'attends d'un regard, le destin de ma vie.
Qu'elle n'étende pas l'excès de son pouvoir, 95
Jusqu'à porter ma flamme au dernier désespoir;
Je hais ces vains respects, cette reconnaissance,

97 MS4: ce vain respect

Que sa froideur timide oppose à ma constance;
Le plus léger délai m'est un cruel refus;
Un affront que mon cœur ne pardonnera plus; 100
C'est en vain qu'à la France, à son maître fidèle,
Elle étale à mes yeux le faste de son zèle;
Je prétends que tout cède, à mon amour, à moi;
Qu'elle trouve en moi seul sa patrie et son roi;
Elle me doit la vie, et jusqu'à l'honneur même; 105
Et moi je lui dois tout puisque c'est moi qui l'aime;
Unis par tant de droits c'est trop nous séparer;
L'autel est prêt, j'y cours, allez l'y préparer.

SCÈNE III

LE DUC D'ALENÇON, COUCY

COUCY

Seigneur, songez-vous bien que de cette journée,
Peut-être, de l'Etat dépend la destinée? 110

LE DUC

Oui, vous me verrez vaincre ou mourir son époux.

COUCY

Le dauphin s'avançait et n'est pas loin de nous.

LE DUC

Je l'attends sans le craindre, et je vais le combattre,
Crois-tu que ma faiblesse ait pu jamais m'abattre?
Penses-tu que l'amour, mon tyran, mon vainqueur, 115
De la gloire en mon âme ait étouffé l'ardeur?

Si l'ingrate me hait, je veux qu'elle m'admire;
Elle a sur moi, sans doute, un souverain empire;
Et n'en a point assez pour flétrir ma vertu;
Ah trop sévère ami, que me reproches-tu? 12
Non ne me juge point avec tant d'injustice,
Est-il quelque Français que l'amour avilisse,
Amants, aimés, heureux, ils vont tous aux combats,
Et du sein du bonheur ils volent au trépas.
Je mourrai digne au moins de l'ingrate que j'aime. 12

COUCY

Que mon prince plutôt soit digne de lui-même.
Le salut de l'Etat m'occupait en ce jour;
Je vous parle du vôtre, et vous parlez d'amour;
Le Bourguignon, l'Anglais dans leur triste alliance,[2]
Ont creusé par nos mains les tombeaux de la France; 13
Votre sort est douteux, vos jours sont prodigués,
Pour nos vrais ennemis qui nous ont subjugués;
Songez qu'il a fallu trois cents ans de constance
Pour saper par degrés cette vaste puissance;
Le dauphin vous offrait une honorable paix. 13

LE DUC

Non de ses favoris, je ne l'aurai jamais;
Ami, je hais l'Anglais, mais je hais davantage,
Ces lâches conseillers dont la faveur m'outrage;
Ce fils de Charles Six,[3] cette odieuse cour,
Ces maîtres insolents m'ont aigri sans retour; 14
De leurs sanglants affronts mon âme est trop frappée;
Contre Charle, en un mot quand j'ai tiré l'épée,

[2] Lines 129-46 were used by Lekain in the 1765 revival of *Adélaïde Du Guesclin* (see A65.II.317, variant lines 1-18).

[3] The historical setting can now become definite, after the action is under way.

Ce n'est pas, cher Coucy, pour la mettre à ses pieds;
Pour baisser dans sa cour nos fronts humiliés;
Pour servir lâchement un ministre arbitraire! 145

COUCY

Non, c'est pour obtenir une paix nécessaire.
Eh! quel autre intérêt pourriez-vous écouter?

LE DUC

L'intérêt d'un courroux que rien ne peut dompter.

COUCY

Vous poussez à l'excès l'amour et la colère.

LE DUC

Je le sais. Je n'ai pu fléchir mon caractère. 150

COUCY

On le doit, on le peut, je ne vous flatte pas,
Mais en vous condamnant, je suivrai tous vos pas;
Il faut à son ami montrer son injustice,
L'éclairer, l'arrêter au bord du précipice;
Je l'ai dû, je l'ai fait malgré votre courroux, 155
Vous y voulez tomber et j'y cours avec vous.

LE DUC

Ami, que m'as-tu dit?

156 MS3: Vous voulez y

SCÈNE IV

LE DUC D'ALENÇON, COUCY, UN OFFICIER

L'OFFICIER

Seigneur, l'assaut s'apprête.
Ces murs sont entourés.

COUCY

Marchez à notre tête.

LE DUC

Je ne suis pas en peine, ami, de résister
Aux téméraires mains qui viennent m'insulter, 160
De tous les ennemis qu'il faut combattre encore
Je n'en redoute qu'un, c'est celui que j'adore.

ACTE DEUXIÈME

SCÈNE I

LE DUC D'ALENÇON, COUCY

LE DUC

[illegible]
Vos conseils ont guidé ma jeunesse égarée.
C'est vous dont l'esprit ferme et les yeux pénétrants
Veillaient pour ma défense en cent lieux différents.
Que n'ai-je comme vous ce tranquille courage, 5
Si froid dans le danger, si calme dans l'orage,
Coucy m'est nécessaire aux conseils, aux combats
Et c'est à sa grande âme à diriger mon bras.

COUCY

Prince, ce feu guerrier qu'en vous on voit paraître,
Sera maître de tout quand vous en serez maître. 10
Vous l'avez su régler et vous avez vaincu;
Ayez dans tous les temps cette utile vertu;
Qui sait se posséder peut commander au monde;
Pour moi de qui le bras faiblement vous seconde,
Je connais mon devoir et l'ai bien mal suivi; 15
Dans l'ardeur du combat je vous ai peu servi.
Nos guerriers sur vos pas marchaient à la victoire
Et suivre les Bourbons, c'est voler à la gloire;
Ce chef des assaillants sur nos remparts monté,
Par vos vaillantes mains trois fois précipité, 20
Sans doute aux pieds des murs exhalant sa furie,
A payé cet assaut des restes de sa vie.

LE DUC

Quel est donc, cher ami, ce chef audacieux
Qui cherchant le trépas se cachait à nos yeux?
Son casque était fermé, quel charme inconcevable, 25
Même en le combattant le rendait respectable!
Est-ce l'unique effet de sa rare valeur,
Qui m'en impose encore et parle en sa faveur?
Tandis que contre lui je mesurais mes armes,
J'ai senti malgré moi de nouvelles alarmes; 30
Un je ne sais quel trouble en moi s'est élevé;
Soit que ce triste amour dont je suis captivé
Sur mes sens égarés répandant sa tendresse,
Jusqu'au sein des combats m'ait prêté sa faiblesse,
Qu'il ait voulu marquer toutes mes actions 35
De la molle douceur de ses impressions;
Soit plutôt que la voix de ma triste patrie,
Parle encore en secret au cœur qui l'a trahie,
Ou que le trait fatal enfoncé dans mon cœur,
Corrompe en tous les temps ma gloire et mon bonheur. 40

COUCY

Quant aux traits dont votre âme a senti la puissance
Tous les conseils sont vains, agréez mon silence;
Mais ce sang des Français que nos mains font couler,
Mais l'Etat, la patrie, il faut vous en parler;
Je prévois que bientôt cette guerre fatale, 45
Ces troubles intestins de la maison royale,
Ces tristes factions céderont au danger
D'abandonner la France aux mains de l'étranger;
Ses droits sont odieux, sa race est peu chérie,
On hait l'usurpateur, on aime la patrie; 50
Et le sang des Capets est toujours adoré;
Tôt ou tard il faudra que de ce tronc sacré,
Les rameaux divisés et courbés par l'orage
Plus unis et plus beaux soient notre unique ombrage.

Vous placé près du trône, à ce trône attaché, 55
Si les malheurs des temps vous en ont arraché,
A des nœuds étrangers s'il fallut vous résoudre;
L'intérêt les forma, l'honneur peut les dissoudre;
Tels sont mes sentiments, que je ne peux trahir.

LE DUC

Quoi toujours à mes yeux elle craint de s'offrir? 60
Quoi lorsqu'à ses genoux soumettant ma fortune,
Me dérobant aux cris d'une foule importune,
Aux acclamations du soldat qui me suit,
Je cherchais auprès d'elle un bonheur qui me fuit,
Adélaïde encore évite ma présence? 65
Elle insulte à ma flamme, à ma persévérance;
Sa tranquille fierté prodiguant ses rigueurs,
Jouit de ma faiblesse et rit de mes douleurs;
Ah! si je le croyais, si cet amour trop tendre…

COUCY

Seigneur, à mon devoir il est temps de me rendre. 70
Je vais en votre nom par des soins assidus
Honorer les vainqueurs, soulager les vaincus,
Calmer les différends des Anglais et des vôtres,
Voilà vos intérêts, je n'en connais point d'autres.

LE DUC

Tu ne m'écoutes pas, tu parles de devoir, 75
Quand mon cœur dans le tien répand son désespoir.
Va donc, remplis des soins dont je suis incapable.
Va, laisse un malheureux au dépit qui l'accable.
Je rougis devant toi, mais sans me repentir,
Je chéris mes erreurs et n'en veux point sortir; 80
Va, laisse-moi, te dis-je, à ma douleur profonde;
Ce que j'aime me fuit, et je fuis tout le monde;
Va, tu condamnes trop les transports de mon cœur.

COUCY

Non, je plains sa faiblesse, et j'en crains la fureur.

SCÈNE II

LE DUC D'ALENÇON, *seul*

O ciel qu'il est heureux! et que je porte envie 85
A la libre fierté de cette âme hardie;
Il voit sans s'alarmer, il voit sans s'éblouir,
La funeste beauté que je voudrais haïr!
Cet astre impérieux, qui préside à ma vie,
N'a ni feux ni rayons que son œil ne défie; 90
Et moi je sers en lâche et j'offre à ses appas,
Des vœux que je déteste et qu'on ne reçoit pas,
Dangeste la soutient, et la rend plus sévère.
Que je les hais tous deux, fuyons du moins le frère!
Laissons là ce captif qu'il amène en ces lieux. 95
Tout, hors Adélaïde, ici blesse mes yeux.

SCÈNE III

LE DUC DE NEMOURS, DANGESTE

NEMOURS

Enfin après trois ans tu me revois, Dangeste!
Mais en quels lieux, ô ciel! en quel état funeste!

96 MS3, with stage direction: (*il sort*)

DANGESTE

Vos jours sont en péril, et ce sang agité…

NEMOURS

Mes déplorables jours sont trop en sûreté; 100
Ma blessure est légère, elle m'est insensible;
Que celle de mon cœur est profonde et terrible!

DANGESTE

Rendez grâce au ciel de ce qu'il a permis
Que vous soyez [illegible]
Non sous le joug affreux d'une main étrangère. 105

NEMOURS

Qu'il est dur bien souvent d'être aux mains de son frère!

DANGESTE

Mais ensemble élevés, dans des temps plus heureux
La plus tendre amitié vous unissait tous deux.

NEMOURS

Il m'aimait autrefois, c'est ainsi qu'on commence;
Mais bientôt l'amitié s'envole avec l'enfance. 110
Ah! combien le cruel s'est éloigné de moi!
Infidèle à l'Etat, à la nature, au roi,
On dirait qu'il a pris d'une race étrangère
La farouche hauteur et le dur caractère!
Il ne sait pas encore ce qu'il me fait souffrir 115
Et mon cœur déchiré ne saurait le haïr.

106 MS1: ⟨d'un⟩ ↑de son

DANGESTE

Il ne soupçonne pas qu'il ait en sa puissance
Un frère infortuné qu'animait la vengeance.

NEMOURS

Non, la vengeance, ami, n'entra point dans mon cœur,
Qu'un soin trop différent égara ma valeur! 120
Ah! parle, est-il bien vrai ce que la renommée
Annonçait dans la France à mon âme alarmée;
Est-il vrai qu'un objet illustre, malheureux,
Un cœur trop digne hélas! de captiver ses vœux,
Adélaïde enfin le tient sous sa puissance? 125
Qu'a-t-on dit, que sais-tu de leur intelligence?

DANGESTE

Prisonnier comme vous dans ces murs odieux
Ces mystères secrets offenseraient mes yeux.
Et tout ce que j'ai su... mais je le vois paraître.

NEMOURS

O honte, ô désespoir dont je ne suis pas maître! 130

SCÈNE IV

LE DUC D'ALENÇON, NEMOURS, DANGESTE, SUITE

LE DUC *à sa suite*

Après avoir montré cette rare valeur

119 MS2, MS3: point en mon

Peut-il rougir encore de m'avoir pour vainqueur?
Il détourne la vue.

NEMOURS

O sort, ô jour funeste
Qui de ma triste vie arrachera le reste!
En quelles mains, ô! ciel, mon malheur m'a remis! 135

LE DUC

Qu'entends-je et quels accents ont frappé mes esprits!

NEMOURS

M'as-tu pu méconnaître?

LE DUC

Ah! Nemours, ah! mon frère.

NEMOURS

Ce nom jadis si cher, ce nom me désespère.
Je ne le suis que trop ce frère infortuné,
Ton ennemi vaincu, ton captif enchaîné. 140

LE DUC

Tu n'es plus que mon frère, et mon cœur te pardonne;
Mais je te l'avouerai, ta cruauté m'étonne,
Si ton roi me poursuit, Nemours, était-ce à toi
A briguer, à remplir cet odieux emploi,
Que t'ai-je fait?

NEMOURS

Tu fais le malheur de ma vie. 145
Je voudrais qu'aujourd'hui ta main me l'eût ravie.

LE DUC

De nos troubles civils quel effet malheureux!

NEMOURS

Les troubles de mon cœur sont encore plus affreux.

LE DUC

J'eusse aimé contre un autre à montrer mon courage.
Hélas! que je te plains!

NEMOURS

Je te plains davantage, 150
De haïr ton pays, de trahir, sans remords
Et le roi qui t'aimait, et le sang dont tu sors.

LE DUC

Arrête; Epargne-moi l'infâme nom de traître;
A cet indigne mot je m'oublierais peut-être;
Non, mon frère, jamais je n'ai moins mérité 155
Le reproche odieux de l'infidélité.
Je suis prêt de donner à nos tristes provinces,
A la France sanglante, au reste de nos princes
L'exemple auguste et saint de la réunion
Après l'avoir donné de la division. 160

NEMOURS

Toi! tu pourrais...

LE DUC

Ce jour qui semble si funeste
Des feux de la discorde éteindra ce qui reste.

NEMOURS

Ce jour est trop horrible.

LE DUC

Il va combler mes vœux.

NEMOURS

Comment?

LE DUC

Tout est changé, ton frère est trop heureux!

NEMOURS

Je te crois; on disait que d'un amour extrême, 165
Violent, effréné (car c'est ainsi qu'on aime)
Ton cœur depuis trois mois s'occupait tout entier.

LE DUC

J'aime, oui la renommée a pu le publier;
Oui j'aime, avec fureur, une telle alliance
Semblait pour mon bonheur attendre ta présence; 170
Oui, mes ressentiments, mes droits, mes alliés,
Gloire, amis, ennemis, je mets tout à ses pieds.

à sa suite

Allez et dites-lui que deux malheureux frères
Jetés par les destins dans des partis contraires,
Pour marcher désormais sous le même étendard 175
De ses yeux souverains n'attendent qu'un regard.

à Nemours

Ne blâme point l'amour où ton frère est en proie.
Pour me justifier, il suffit qu'on la voie.

NEMOURS *à part*

Cruel! elle vous aime?

179 MS2: ⟨Cruel⟩ ↑O ciel
MS3: O ciel
MS3, with stage direction: *au duc*

LE DUC

Elle le doit du moins.
Il n'était qu'un obstacle au succès de mes soins, 180
Il n'en est plus; je veux que rien ne nous sépare.

NEMOURS

Quels effroyables coups le cruel me prépare.
Ecoute! à ma douleur ne veux-tu qu'insulter?
Me connais-tu? sais-tu ce que j'osais tenter?
Dans ces funestes lieux sais-tu ce qui m'amène? 185

LE DUC

Oublions ces sujets de discorde et de haine;
Et vous, mon frère, et vous soyez ici témoin
Si l'excès de l'amour peut emporter plus loin!
Ce que votre reproche ou bien votre prière,
Le généreux Coucy, le roi, la France entière, 190
Demanderaient ensemble et qu'ils n'obtiendraient pas,
Soumis et subjugué, je l'offre à ses appas.

à Dangeste

De l'ennemi des rois vous avez craint l'hommage,
Vous aimez, vous servez une cour qui m'outrage;
Eh! bien, il faut céder. Vous disposez de moi. 195
Je n'ai plus d'alliés, je suis à votre roi.
L'amour qui malgré vous nous a faits l'un pour l'autre,
Ne me laisse de choix, de parti que le vôtre;
Vous, courez, mon cher frère, allez de ce moment
Annoncer à la cour un si grand changement. 200
Soyez libre, partez, et de mes sacrifices,
Allez offrir au roi les heureuses prémices.
Puissé-je à ses genoux présenter aujourd'hui

181a MS3, with stage direction: *à part*
182a MS3, with stage direction: (*au duc*)

Celle qui m'a dompté, qui me ramène à lui,
Qui d'un prince ennemi fait un sujet fidèle; 205
Changé par ses regards et vertueux par elle.

NEMOURS

Il fait ce que je veux, et c'est pour m'accabler.
O frère trop cruel!

LE DUC

Qu'entends-je?

NEMOURS

Il faut parler.

LE DUC

Que me voulez-vous dire? et pourquoi tant d'alarmes?
Vous ne connaissez pas ses redoutables charmes. 210

NEMOURS

Le ciel met entre nous un obstacle éternel.

LE DUC

Entre nous... c'en est trop? qui vous l'a dit cruel?
Mais de vous en effet était-elle ignorée?
Ciel, à quel piège affreux ma foi serait livrée!
Tremblez!

NEMOURS

Moi, que je tremble! ah j'ai trop dévoré 215
L'inexprimable horreur où toi seul m'as livré.

206 MS1, MS4: vertueux pour elle
206a MS3, with stage direction: *à part*

J'ai forcé trop longtemps mes transports au silence;
Connais-moi donc barbare, et remplis ta vengeance,
Connais un désespoir, à tes fureurs égal.
Frappe, voilà mon cœur, et voilà ton rival. 220

LE DUC

Toi cruel? toi Nemours?

NEMOURS

Oui; depuis deux années
L'amour le plus secret a joint nos destinées.
C'est toi dont les fureurs ont voulu m'arracher
Le seul bien sur la terre où j'ai pu m'attacher;
Tu fais depuis trois mois les horreurs de ma vie; 225
Les maux que j'éprouvais passaient ta jalousie;
Par tes égarements juge de mes transports;
Nous puisâmes tous deux dans ce sang dont je sors
L'excès des passions qui dévorent une âme;
La nature à tous deux fit un cœur tout de flamme; 230
Mon frère est mon rival, et je l'ai combattu;
J'ai fait taire le sang, peut-être la vertu;
Furieux, aveuglé, plus jaloux que toi-même
J'ai couru, j'ai volé pour t'ôter ce que j'aime,
Rien ne m'a retenu, ni tes superbes tours, 235
Ni le peu de soldats que j'avais pour secours;
Ni le lieu, ni le temps, ni surtout ton courage;
Je n'ai vu que ma flamme et ton feu qui m'outrage;
Je ne te dirai point que sans ce même amour,
J'aurais pour te servir, voulu perdre le jour, 240
Que si tu succombais à tes destins contraires
Tu trouverais en moi le plus tendre des frères,
Que Nemours qui t'aimait eût immolé pour toi
Tout dans le monde entier, tout hors elle et mon roi;
Je ne veux point en lâche apaiser ta vengeance, 245
Je suis ton ennemi, je suis en ta puissance,

L'amour fut dans mon cœur plus fort que l'amitié.
Sois cruel comme moi, punis-moi sans pitié.
Aussi bien tu ne peux t'assurer ta conquête;
Tu ne peux l'épouser qu'aux dépens de ma tête. 250
A la face des cieux je lui donne ma foi.
Je te fais de nos vœux le témoin malgré toi;
Frappe, et qu'après ce coup ta cruauté jalouse
Traîne aux pieds des autels ta sœur et mon épouse.
Frappe, dis-je, oses-tu?

LE DUC

Traître, c'en est assez. 255
Qu'on l'ôte de mes yeux, soldats, obéissez!

SCÈNE V

LE DUC, NEMOURS, DANGESTE, COUCY, SUITE

COUCY

J'allais partir, seigneur, un peuple téméraire
Se soulève en tumulte, au nom de votre frère;
Le désordre est partout, vos soldats consternés
Désertent les drapeaux de leurs chefs étonnés 260
Et pour comble de maux, vers la ville alarmée
L'ennemi rassemblé fait marcher son armée.

LE DUC

Allez, cruel, allez, vous ne jouirez pas
Du fruit de votre haine et de vos attentats.
Rentrez: aux factieux je vais montrer leur maître. 265

à Coucy

Dangeste, suivez-moi; vous, veillez sur ce traître.

SCÈNE VI

NEMOURS, COUCY.

COUCY

Le seriez-vous, seigneur, auriez-vous démenti
Le sang de ces héros dont vous êtes sorti?
Auriez-vous violé, par cette lâche injure,
Et les droits de la guerre, et ceux de la nature?
Un prince à cet excès pourrait-il s'oublier?

NEMOURS

Non, mais suis-je réduit à me justifier?
Coucy, ce peuple est juste, il t'apprend à connaître,
Que mon frère est rebelle, et que Charle est son maître.

COUCY

Ecoutez: ce serait le comble de mes vœux
De pouvoir aujourd'hui vous réunir tous deux;
Je vois avec regret la France désolée;
A nos dissensions la nature immolée,
Sur nos communs débris l'Anglais trop élevé;
Menaçant cet Etat, par nous-mêmes énervé;
Si vous avez un cœur digne de votre race,
Faites au bien public servir votre disgrâce;
Rapprochez les partis, unissez-vous à moi,
Pour calmer votre frère et fléchir votre roi,
Pour éteindre le feu de nos guerres civiles.

NEMOURS

Ne vous en flattez pas, vos soins sont inutiles;
Si la discorde seule avait armé mon bras,

Si la guerre et la haine avaient conduit mes pas,
Vous pourriez espérer de réunir deux frères
L'un de l'autre écartés dans des partis contraires; 290
Un obstacle plus grand s'oppose à ce retour.

COUCY

Et quel est-il, seigneur?

NEMOURS

Ah reconnais l'amour;
Reconnais la fureur qui de nous deux s'empare,
Qui m'a fait téméraire et qui le rend barbare.

COUCY

Ciel! faut-il voir ainsi, par des caprices vains, 295
Anéantir le fruit des plus nobles desseins,
L'amour subjuguer tout; ses cruelles faiblesses
Du sang qui se révolte étouffer les tendresses;
Des frères se haïr; et naître en tous climats
Des passions des grands le malheur des Etats; 300
Prince, de vos amours laissons là le mystère;
Je vous plains tous les deux, mais je sers votre frère;
Je vais le seconder, je vais me joindre à lui
Contre un peuple insolent qui se fait votre appui;
Le plus pressant danger est celui qui m'appelle. 305
Je vois qu'il peut avoir une fin bien cruelle;
Je vois les passions, plus puissantes que moi;
Et l'amour seul ici me fait frémir d'effroi;
Mais le prince m'attend, je vous laisse, et j'y vole;
Soyez mon prisonnier, mais sur votre parole. 310
Elle me suffira.

303 MS1: ⟨sonder⟩ ↑seconder

NEMOURS

Je vous la donne.

COUCY

Et moi,

Je voudrais de ce pas porter la sienne au roi;

Je voudrais cimenter, dans l'ardeur de lui plaire,

Du sang de nos tyrans une union si chère;

Mais ces fiers ennemis sont bien moins dangereux, 315

Que ce fatal amour qui vous perdra tous deux.

ACTE TROISIÈME

SCÈNE I

NEMOURS, DANGESTE

NEMOURS

Non, non, ce peuple en vain s'armait pour ma défense.
Mon frère teint de sang, enivré de vengeance,
Devenu plus jaloux, plus fier et plus cruel,
Va traîner à mes yeux sa victime à l'autel;
Je ne suis donc venu disputer sa conquête, 5
Que pour être témoin de cette horrible fête?
Et dans le désespoir où je me sens plonger,
Par sa fuite du moins mon cœur peut se venger.
Juste ciel!

DANGESTE

Ah seigneur, où l'avez-vous conduite,
Quoi vous l'abandonnez, vous ordonnez sa fuite! 10
Elle ne veut partir qu'en suivant son époux.
Laissez-moi seul du prince affronter le courroux.

NEMOURS

Prisonnier sur ma foi, dans l'horreur qui me presse,
Je suis plus enchaîné par ma seule promesse,
Que si de cet Etat les tyrans inhumains 15
Des fers les plus pesants avaient chargé mes mains;
Au pouvoir de mon frère ici l'honneur me livre;
Je puis mourir pour elle et je ne peux la suivre;

18 MS3: Je peux mourir

On la conduit déjà par des détours obscurs,
Qui la rendront bientôt sous ces coupables murs; 20
L'amour nous a rejoints, que l'amour nous sépare.

DANGESTE

Cependant vous restez au pouvoir d'un barbare;
Seigneur, de votre sang l'Anglais est altéré;
Ce sang à votre frère est-il donc si sacré?
Craindra-t-il d'accorder dans son courroux funeste 25
Aux alliés qu'il aime un rival qu'il déteste?

NEMOURS

Il n'oserait.

DANGESTE

Son cœur ne connaît point de frein.
Il vous a menacé, menace-t-il en vain?

NEMOURS

Il tremblera bientôt; le roi vient et nous venge!
La moitié de ce peuple à ses drapeaux se range, 30
Ne craignons rien, ami. Ciel quel tumulte affreux!

SCÈNE II

NEMOURS, LE DUC, DANGESTE, GARDES

LE DUC

Je l'entends, c'est lui-même, arrête malheureux!
Lâche qui me trahis, rival indigne, arrête!

NEMOURS

Il ne te trahit point; mais il t'offre sa tête;
Porte à tous les excès ta haine et ta fureur; 35
Va, ne perds point de temps, le ciel arme un vengeur,
Tremble, ton roi s'approche, il vient, il va paraître.
Tu n'as vaincu que moi, redoute encor ton maître.

LE DUC

Il pourra te venger, mais non te secourir
Et ton sang...

DANGESTE

Non cruel, c'est à moi de mourir, 40
J'ai tout fait, c'est par moi que ta garde est séduite.
J'ai gagné tes soldats, j'ai préparé sa fuite;
Punis ces attentats et ces crimes si grands,
De sortir d'esclavage, et de fuir ses tyrans:
Mais respecte ton frère et sa femme, et toi-même. 45
Il ne t'a point trahi, c'est un frère qui t'aime.
Il voulait te servir quand tu veux l'opprimer.
Est-ce à toi de punir quand le crime est d'aimer?

LE DUC

Qu'on les garde tous deux; allez qu'on m'obeisse!
Qu'on les traîne, leur vue augmente mon supplice. 50

NEMOURS

Cruel, de notre sang je connais les ardeurs.
Toutes les passions sont en nous des fureurs;
J'attends la mort de toi, mais dans mon malheur même,
Je suis assez vengé, l'on te hait, et l'on m'aime.

50 MS3: Allez, dis-je; leur
MS2: ⟨β⟩ ↑Allez, dis je

SCÈNE III

LE DUC, COUCY

LE DUC

On t'aime, et tu mourras, que d'horreurs à la fois! 55
L'amour, l'indigne amour, nous a perdus tous trois!

COUCY

Il ne se connaît plus, il succombe à sa rage.

LE DUC

Eh bien, souffriras-tu ma honte et mon outrage?
Le temps presse; veux-tu qu'un rival odieux,
Enlève la perfide et l'épouse à mes yeux? 60
Tu crains de me répondre? attends-tu que le traître
Ait soulevé mon peuple, et me livre à son maître?

COUCY

Je vois trop en effet que le parti du roi
Dans ces cœurs fatigués fait chanceler la foi;
De la sédition la flamme réprimée 65
Vit encore dans les cœurs en secret rallumée;
Croyez-moi, tôt ou tard on verra réunis...
Les débris dispersés de l'empire des lis;
L'amitié des Anglais est toujours incertaine;[1]
Les étendards de France ont paru vers la plaine; 70
Et vous êtes perdu, si le peuple excité

70 MS3: paru dans la plaine

[1] Lines 69-70 were used for the first printed edition (1765) of *Adélaïde Du Guesclin* (A65.IV.161*v*-162*v*). They were subsequently discarded.

Croit dans la trahison trouver sa sûreté;
Vos dangers sont accrus.

LE DUC

Cruel, que faut-il faire?

COUCY

Les prévenir, dompter l'amour et la colère;
Ayons encor, mon prince, en cette extrémité, 75
Pour prendre un parti sûr assez de fermeté.
Nous pouvons conjurer, ou braver la tempête.
Quoi que vous décidiez ma main est toute prête.
Vous vouliez ce matin par un heureux traité
Apaiser avec gloire un monarque irrité, 80
Ne vous rebutez pas, ordonnez, et j'espère
Signer en votre nom cette paix salutaire;
Mais s'il vous faut combattre et courir au trépas,
Vous savez qu'un ami ne vous survivra pas.

LE DUC

Ami, dans le tombeau laisse-moi seul descendre; 85
Vis pour servir ma cause, et pour venger ma cendre;
Mon destin s'accomplit et je cours l'achever;
Qui cherche bien la mort est sûr de la trouver;
Mais je la veux terrible, et lorsque je succombe
Je veux voir mon rival entraîné dans ma tombe. 90

COUCY

Comment? de quelle horreur vos sens sont possédés!

LE DUC

Il est dans cette tour où vous seul commandez.

COUCY

Quoi! votre frère?

LE DUC

Lui? Nemours est-il mon frère?
Il brave mon amour, il brave ma colère.
Il me livre à son maître, il m'a seul opprimé; 95
Il soulève mon peuple, enfin il est aimé;
Contre moi dans un jour il commet tous les crimes;
Partage mes fureurs; elles sont légitimes;
Toi seul après ma mort en cueilleras le fruit;
Le chef de ces Anglais dans la ville introduit 100
Demande au nom des siens la tête du parjure.

COUCY

Vous leur avez promis de trahir la nature?

LE DUC

Dès longtemps du perfide ils ont proscrit le sang.

COUCY

Et pour leur obéir vous lui percez le flanc?

LE DUC

Non, je n'obéis point à leur haine étrangère. 105
J'obéis à ma rage, et veux la satisfaire.
Que m'importe l'Etat et mes vains alliés?

COUCY

Ainsi donc à l'amour vous le sacrifiez
Et vous me chargez, moi, du soin de son supplice?

92a-93 MS1-MS3: COUCY / Votre frère?

LE DUC

Je n'attends pas de vous cette prompte justice; 110
Je suis bien malheureux, bien digne de pitié;
Trahi dans mon amour, trahi dans l'amitié.
Ah, trop heureux dauphin, c'est ton sort que j'envie.
Ton amitié du moins n'a point été trahie;
Et Tangui Duchatel, quand tu fus offensé, 115
T'a servi sans scrupule, et n'a pas balancé.

COUCY

Il a payé bien cher cet affreux sacrifice !

LE DUC

Le mien coûtera plus, mais je veux ce service,
Oui, je le veux, ma mort à l'instant le suivra;
Mais du moins, mon rival avant moi périra; 120
Allez, je puis encore dans le sort qui me presse
Trouver de vrais amis qui tiendront leur promesse;
D'autres me serviront et n'allégueront pas,
Cette triste vertu, l'excuse des ingrats.

COUCY (*après un long silence*)

Non j'ai pris mon parti, soit crime, soit justice 125
Vous ne vous plaindrez pas qu'un ami vous trahisse.
Je me rends, non à vous, non à votre fureur,
Mais à d'autres raisons qui parlent à mon cœur;
Je vois qu'il est des temps pour les partis extrêmes,
Que les plus saints devoirs peuvent se taire eux-mêmes; 130

124a MS3: *après un silence.*

[2] Lines 117-20 were used for the first printed edition (1765) of *Adélaïde Du Guesclin* (A65.IV.205*v*-208*v*). They were subsequently discarded. Lekain therefore made three small groups of borrowings from *Les Frères ennemis*.

Je ne souffrirai pas que d'un autre que moi
Dans de pareils moments vous éprouviez la foi;
Et vous reconnaîtrez au succès de mon zèle,
Si Coucy vous aimait et s'il vous fut fidèle.

SCÈNE IV

LE DUC, GARDES.

LE DUC

Non, sa froide amitié ne me servira pas.
Non, je n'ai point d'amis, tous les cœurs sont ingrats.

à un soldat

Ecoutez, vers la tour, allez en diligence.
Vous m'entendez, volez et servez ma vengeance.

(*Le soldat sort*)

Sur l'incertain Coucy, mon cœur a trop compté.
Il a vu mes fureurs avec tranquillité.
On ne soulage point des douleurs qu'on méprise.
Il faut qu'en d'autres mains ma vengeance soit mise.
Vous, que sur nos remparts on porte nos drapeaux,
Allez, qu'on se prépare à des périls nouveaux!

il reste seul

Eh bien, c'en est donc fait, une femme perfide,
Me conduit au tombeau, chargé d'un parricide!
Qui, moi, je tremblerais des coups qu'on va porter!
Je chéris la vengeance et ne puis la goûter;
Je frissonne, une voix gémissante et sévère,

137 MS3, with stage direction: (*il lui parle bas*)

Crie au fond de mon cœur, Arrête, il est ton frère, 150
Ah, prince infortuné, dans ta haine affermi,
Songe à des droits plus saints, Nemours fut ton ami.
O jours de notre enfance, ô tendresses passées!
Il fut le confident de toutes mes pensées;
Avec quelle innocence, et quels épanchements 155
Nos cœurs se sont appris leurs premiers sentiments!
Que de fois, partageant mes naissantes alarmes,
D'une main fraternelle, essuya-t-il mes larmes!
Et c'est moi qui l'immole, et cette même main,
D'un frère que j'aimai déchirerait le sein? 160
Funeste passion, dont la fureur m'égare,
Non je n'étais point né pour devenir barbare!
Je sens combien le crime est un fardeau cruel!
Mais que dis-je! Nemours est le seul criminel,
Je reconnais mon sang, mais c'est à sa furie, 165
Il m'enlève l'objet dont dépendait ma vie;
Il aime Adélaïde… Ah trop jaloux transport!
Il l'aime, est-ce un forfait qui mérite la mort?
Mais lui-même, il m'attaque, il brave ma colère,
Il me trompe, il me hait, n'importe, il est mon frère! 170
C'est à lui seul de vivre, on l'aime, il est heureux,
C'est à moi de mourir, mais mourons généreux;
Je n'ai point entendu le signal homicide,
L'organe des forfaits, la voix du parricide;
Il en est temps encor.

153 MS1: ô tendresse passée

SCÈNE V

LE DUC, UN OFFICIER

LE DUC

Que tout soit suspendu. 175

Vole à la tour.

L'OFFICIER

Seigneur.

LE DUC

De quoi t'alarmes-tu?

Ciel, tu pleures.

L'OFFICIER

J'ai vu non loin de cette porte,
Un corps souillé de sang, qu'en secret on emporte,
C'est Coucy qui l'ordonne, et je crains que le sort…

LE DUC

Quoi déjà… Dieux! qu'entends-je; ah ciel! mon frère est mort, 180
Il est mort et je vis, et la terre entrouverte,
Et la foudre en éclats n'ont point vengé sa perte!
Ennemi de l'Etat, factieux, inhumain,
Frère dénaturé, ravisseur, assassin.
O ciel, autour de moi, j'ai creusé ces abîmes. 185
Que l'amour m'a changé! qu'il me coûte de crimes!
Le voile est déchiré, je m'étais mal connu.

180 MS3, with stage direction: *on entend le canon.*

Au comble des forfaits, je suis donc parvenu.
Ah, Nemours! ah mon frère! ah jour de ma ruine,
Je sens que je t'aimais et mon bras t'assassine… 190
Mon frère!

L'OFFICIER

Adélaïde avec empressement
Veut, seigneur, en secret vous parler un moment.

LE DUC

Chers amis, empêchez que la cruelle avance;
Je ne puis soutenir, ni souffrir sa présence,
Je ne mérite pas de périr à ses yeux, 195
Dites-lui que mon sang…

(Il tire son épée)

SCÈNE VI

LE DUC, COUCY, GARDES

COUCY

Quels transports furieux!

LE DUC

Laissez-moi me punir et me rendre justice.

à Coucy

Quoi d'un assassinat tu t'es fait le complice?
Ministre de mon crime, as-tu pu m'obéir?

COUCY

Je vous avais promis, seigneur, de vous servir. 200

LE DUC

Malheureux que je suis, ta sévère rudesse
A cent fois de mes sens combattu la faiblesse,
Ne devais-tu te rendre à mes tristes souhaits
Que quand ma passion t'ordonnait des forfaits;
Tu ne m'as obéi que pour perdre mon frère! 205

COUCY

Lorsque j'ai refusé ce sanglant ministère
Votre aveugle courroux, n'allait-il pas soudain
Du soin de vous venger charger une autre main?

LE DUC

L'amour, le seul amour de mes sens toujours maître,
En m'ôtant ma raison m'eût excusé peut-être; 210
Mais toi dont la sagesse et les réflexions
Ont calmé dans ton sein toutes les passions;
Toi, dont j'avais tant craint l'esprit ferme et rigide;
Avec tranquillité permettre un parricide?

COUCY

Eh bien, puisque la honte et que le repentir, 215
Par qui la vertu parle à qui peut la trahir;
D'un si juste remords ont pénétré votre âme;
Puisque malgré l'excès de votre aveugle flamme,
Au prix de votre sang vous voudriez sauver
Le sang dont vos fureurs ont voulu vous priver; 220
Je peux donc m'expliquer, je peux donc vous apprendre
Que de vous-même enfin, Coucy sait vous défendre.
Connaissez-moi, seigneur, et calmez vos douleurs.

223 MS2, MS3: Connaissez-moi, mon prince

(*Dangeste entre*) (*A Dangeste*)
Mais gardez vos remords; et vous, séchez vos pleurs.
Que ce jour à tous trois soit un jour salutaire. 225
Venez, paraissez, prince, embrassez votre frère.

Le duc de Nemours paraît

SCÈNE VII

LE DUC, NEMOURS, COUCY, DANGESTE

DANGESTE

Seigneur.

LE DUC

Mon frère.

DANGESTE

Ah ciel!

LE DUC

Qui l'aurait pu penser?

NEMOURS (*s'avançant du fond du théâtre.*)

J'ose encore te revoir, te plaindre et t'embrasser.

LE DUC

Mon crime en est plus grand, puisque ton cœur l'oublie.

223a MS3: *à Dangeste qui entre*

DANGESTE

Coucy, digne héros, qui lui donnez la vie. 230

LE DUC

Il la donne à tous trois.

COUCY

Un indigne assassin
Sur Nemours à mes yeux avait levé la main;
J'ai tué le barbare; et prévenant encore
Les aveugles fureurs du feu qui vous dévore,
J'ai fait donner soudain le signal odieux, 235
Sûr que dans quelque temps, vous ouvririez les yeux.

LE DUC

Après ce grand exemple, et ce service insigne
Le prix que je t'en dois, c'est de m'en rendre digne.

NEMOURS

Tous deux auprès du roi nous voulions te servir.
Quel est donc ton dessein, parle?

LE DUC

De me punir. 240
De nous rendre à tous trois une égale justice;
D'expier devant vous, par le plus grand supplice
Le plus grand des forfaits, où la fatalité,
L'amour, et le courroux, m'avaient précipité;
J'aimais Adélaïde, et ma flamme cruelle, 245
Dans mon cœur désolé s'irrite encore pour elle;
Coucy sait à quel point j'adorais ses appas,
Quand ma jalouse rage ordonnait ton trépas;
Toujours persécuté du feu qui me possède,
Je l'adore encor plus et mon amour la cède; 250

Je m'arrache le cœur, en vous rendant heureux,
Aimez-vous, mais au moins pardonnez-moi tous deux.

NEMOURS

Ah, ton frère, à tes pieds, digne de ta clémence,
Egale tes bienfaits par sa reconnaissance.

DANGESTE

Oui, seigneur, avec lui j'embrasse vos genoux. 255
La plus tendre amitié va me rejoindre à vous,
Vous nous payez trop bien de nos douleurs souffertes.

LE DUC

Ah! c'est trop me montrer mes malheurs et mes pertes,
Mais vous m'apprenez tous à suivre la vertu.
Ce n'est point à demi que mon cœur est rendu. 260

(*A Nemours*)

Je suis en tout ton frère, et mon âme attendrie,
Imite votre exemple, et chérit sa patrie.
Allons apprendre au roi pour qui vous combattez
Mon crime, mes remords et vos félicités.
Oui, je veux égaler votre foi, votre zèle, 265
Au sang, à la patrie, à l'amitié fidèle.
Et vous faire oublier après tant de tourments
A force de vertus tous mes égarements.

AMÉLIE

OU

LE DUC DE FOIX

TRAGÉDIE

Représentée au mois de décembre 1752.

PRÉFACE

Le fond de cette tragédie n'est point une fiction. Un duc de Bretagne en 1387 commanda au seigneur de Bavalan d'assassiner le connétable de Clisson. Bavalan le lendemain dit au duc qu'il avait obéi. Le duc alors voyant toute l'horreur de son crime, et en redoutant les suites funestes, s'abandonna au plus violent désespoir. Bavalan le laissa quelque temps sentir sa faute et se livrer au repentir; enfin il lui apprit qu'il l'avait aimé assez pour désobéir à ses ordres etc.

On a transporté cet événement dans d'autres temps et dans d'autres pays pour des raisons particulières.

NB. Quoique cette pièce soit fort ressemblante à celle qui la précède, et qu'elle n'ait été faite que pour la suppléer,[a] néanmoins, comme dans l'ordre des scènes, et surtout dans la versification, on y voit des différences considérables, et intéressantes pour les amateurs du théâtre, nous avons cru devoir donner ici *Amélie* en entier, avec la précaution de faire imprimer en caractères italiques, tous les vers etc. qui ne se trouvent point dans *Adélaïde*.[1]

[a] Voyez la préface de l'éditeur pour la tragédie d'*Adélaïde Du Guesclin*.

a-17 52D, 52P, W57P-W64R, absent (first appears W56)
11-17 W56-T67, absent (first appears W68)

[1] This procedure (first adopted in W68) has not been followed in the present edition: borrowing between the various versions of the play may be traced in the concordances below.

ACTEURS

Le duc de Foix.

Amélie.

Vamir, frère du duc de Foix.

Lisois.

Taïse, confidente d'Amélie. 5

Un officier du duc de Foix.

Emar, confident de Vamir.

La scène est dans le palais du duc de Foix.

3 52D: Vamir son frère.
5 52P: Taïse.
5-7 52D: Suivants.
8 52D: *La scène dans la ville de Foix.*

ACTE PREMIER

SCÈNE PREMIÈRE

AMÉLIE, LISOIS

LISOIS

Souffrez qu'en arrivant dans ce séjour d'alarmes,
Je dérobe un moment au tumulte des armes.
Le grand cœur d'Amélie est du parti des rois,
Contre eux, vous le savez, je sers le duc de Foix;
Ou plutôt je combats ce redoutable maire, 5
Ce Pepin[1] qui du trône heureux dépositaire,
En subjuguant l'Etat en soutient la splendeur,
Et de Thierri[2] son maître ose être protecteur.
Le duc de Foix ici vous tient sous sa puissance;
J'ai de sa passion prévu la violence; 10
Et sur lui, sur moi-même, et sur votre intérêt,
Je viens ouvrir mon cœur, et dicter mon arrêt.
Ecoutez-moi, madame, et vous pourrez connaître
L'âme d'un vrai soldat, digne de vous peut-être.

AMÉLIE

Je sais quel est Lisois: sa noble intégrité 15

c W57P, T64P: AMÉLIE, TAÏSE, LISOIS

[1] Pépin de Herstal became *maire du palais* of Childebert III in about 690, and it was under Childebert that the unification of the Frankish kingdoms was brought about. We therefore rejoin immediately the theme of national unity found in *Adélaïde Du Guesclin*.

[2] This is Thierry III, defeated by Pépin de Herstal at the battle of Testry in 687.

Sur ses lèvres toujours plaça la vérité.
Quoi que vous m'annonciez, je vous croirai sans peine.

LISOIS

Sachez que si dans Foix mon zèle me ramène,
Si de ce prince altier j'ai suivi les drapeaux,
Si je cours pour lui seul à des périls nouveaux, 20
Je n'approuvai jamais la fatale alliance,
Qui le soumet au Maure et l'enlève à la France.
Mais dans ces temps affreux de discorde et d'horreur,
Je n'ai d'autre parti que celui de mon cœur:
Non que pour ce héros mon âme prévenue 25
Prétende à ses défauts fermer toujours ma vue.
Je ne m'aveugle pas, je vois avec douleur
De ses emportements l'indiscrète chaleur;
Je vois que de ses sens l'impétueuse ivresse
L'abandonne aux excès d'une ardente jeunesse; 30
Et ce torrent fougueux, que j'arrête avec soin,
Trop souvent me l'arrache, et l'emporte trop loin.
Mais il a des vertus qui rachètent ses vices:
Eh! qui saurait, madame, où placer ses services,
S'il ne nous fallait suivre, et ne chérir jamais, 35
Que des cœurs sans faiblesse, et des princes parfaits?
Tout le mien est à lui; mais enfin cette épée,
Dans le sang des Français à regret s'est trempée.
Je voudrais à l'Etat rendre le duc de Foix.

AMÉLIE

Seigneur, qui le peut mieux que le sage Lisois? 40
Si ce prince égaré chérit encor sa gloire,
C'est à vous de parler, et c'est vous qu'il doit croire.

35 52D: ne vous fallait
37 MS: ⟨le mien⟩ ↑mon sang
38 MS: ⟨le sang⟩ ↑celui

Dans quel affreux parti s'est-il précipité!

LISOIS

Je ne peux à mon choix fléchir sa volonté.
J'ai souvent, de son cœur aigrissant les blessures, 45
Révolté sa fierté par des vérités dures.
Vous seule à votre roi le pourriez rappeler,
Et c'est de quoi surtout je cherche à vous parler.
Dans des temps plus heureux j'osai, belle Amélie,
Consacrer à vos lois le reste de ma vie; 50
Je crus que vous pouviez, approuvant mon dessein,
Accepter sans mépris mon hommage et ma main;
Mais à d'autres destins je vous vois réservée.
Par les Maures cruels dans Leucate enlevée,
Lorsque le sort jaloux portait ailleurs mes pas, 55
Cet heureux duc de Foix vous sauva de leurs bras:
La gloire en est à lui, qu'il en ait le salaire;
Il a par trop de droits mérité de vous plaire:
Il est prince, il est jeune, il est votre vengeur;
Ses bienfaits et son nom, tout parle en sa faveur. 60
La justice et l'amour vous pressent de vous rendre.
Je n'ai rien fait pour vous, je n'ai rien à prétendre.
Je me tais... Cependant s'il faut vous mériter,
A tout autre qu'à lui j'irais vous disputer;
Je céderais à peine aux enfants des rois même. 65
Mais ce prince est mon chef: il me chérit, je l'aime.
Lisois ni vertueux, ni superbe à demi,
Aurait bravé le prince, et cède à son ami.
Je fais plus, de mes sens maîtrisant la faiblesse,
J'ose de mon rival appuyer la tendresse, 70
Vous montrer votre gloire, et ce que vous devez
Au héros qui vous sert, et par qui vous vivez.

49 52D: Dans Leucate autrefois j'osai,
68 52D: et cédé à son ami.

Je verrai d'un œil sec, et d'un cœur sans envie,
Cet hymen qui pouvait empoisonner ma vie.
Je réunis pour vous mon service et mes vœux; 75
Ce bras qui fut à lui combattra pour tous deux;
Voilà mes sentiments: si je me sacrifie,
L'amitié me l'ordonne, et surtout la patrie.
Songez que si l'hymen vous range sous sa loi,
Si le prince est à vous, il est à votre roi. 80

AMÉLIE

Qu'avec étonnement, seigneur, je vous contemple!
Que vous donnez au monde un rare et grand exemple!
Quoi, ce cœur (je le crois sans feinte et sans détour)
Connaît l'amitié seule, et peut braver l'amour!
Il faut vous admirer quand on sait vous connaître; 85
Vous servez votre ami, vous servirez mon maître.
Un cœur si généreux doit penser comme moi.
Tous ceux de votre sang sont l'appui de leur roi.
Eh bien! de vos vertus je demande une grâce.

LISOIS

Vos ordres sont sacrés, que faut-il que je fasse? 90

AMÉLIE

Vos conseils généreux me pressent d'accepter
Ce rang dont un grand prince a daigné me flatter.
Je ne me cache point combien son choix m'honore;

76 T53, T64G: Le bras
76 MS, 52D, between 76-77:
Autrefois votre amant, ami toujours fidèle,
Soldat de votre époux, et plein du même zèle,
Je servirai sous lui comme il faudra qu'un jour,
Quand je commanderai, l'on me serve à mon tour.
84 MS, 52D-W64R: et sait braver

J'en vois toute la gloire; et quand je songe encore,
Qu'avant qu'il fût épris de ce funeste amour, 95
Il daigna me sauver et l'honneur et le jour;
Tout ennemi qu'il est de son roi légitime,
Tout allié du Maure, et protecteur du crime,
Accablée à ses yeux du poids de ses bienfaits,
Je crains de l'affliger, seigneur, et je me tais. 100
Mais malgré son service et ma reconnaissance,
Il faut par des refus répondre à sa constance.
Sa passion m'afflige; il est dur à mon cœur,
Pour prix de ses bontés, de causer son malheur:
Non, seigneur, il lui faut épargner cet outrage. 105
Qui pourrait mieux que vous gouverner son courage?
Est-ce à ma faible voix d'annoncer son devoir?
Je suis loin de chercher ce dangereux pouvoir.
Quel appareil affreux! quel temps pour l'hyménée!
Des armes de mon roi la ville environnée, 110
N'attend que des assauts, ne voit que des combats;
Le sang de tous côtés coule ici sous mes pas.
Armé contre mon maître, armé contre son frère!
Que de raisons!... Seigneur, c'est en vous que j'espère.
Pardonnez... achevez vos desseins généreux; 115
Qu'il me rende à mon roi, c'est tout ce que je veux.
Ajoutez cet effort à l'effort que j'admire;
Vous devez sur son cœur avoir pris quelque empire.
Un esprit mâle et ferme, un ami respecté,
Fait parler le devoir avec autorité; 120
Ses conseils sont des lois.

LISOIS

Il en est peu, madame,
Contre les passions qui subjuguent son âme;

100 52D: de l'offenser, seigneur

Et son emportement a droit de m'alarmer.
Le prince est soupçonneux, et j'osai vous aimer.
Quels que soient les ennuis dont votre cœur soupire, 12[5]
Je vous ai déjà dit ce que j'ai dû vous dire.
Laissez-moi ménager son esprit ombrageux;
Je crains d'effaroucher ses feux impétueux;
Je sais à quels excès irait sa jalousie,
Quel poison mes discours répandraient sur sa vie: 13[0]
Je vous perdrais peut-être, et mes soins dangereux,
Madame, avec un mot feraient trois malheureux.
Vous, à vos intérêts rendez-vous moins contraire,
Pesez sans passion l'honneur qu'il vous veut faire:
Moi, libre entre vous deux, souffrez que dès ce jour, 13[5]
Oubliant à jamais le langage d'amour,
Tout entier à la guerre, et maître de mon âme,
J'abandonne à leur sort et vos vœux et sa flamme.
Je crains de l'outrager, je crains de vous trahir;
Et ce n'est qu'aux combats que je dois le servir. 14[0]
Laissez-moi d'un soldat garder le caractère,
Madame; et puisque enfin la France vous est chère,
Rendez-lui ce héros, qui serait son appui.
Je vous laisse y penser, et je cours près de lui.

123-124 52D:
Je connais sa faiblesse et son emportement;
Le prince est soupçonneux, et je fus votre amant.
MS: ⟨[*variant*]⟩ ↑β
131 MS, 52D: et mon soin dangereux
132 52D: un mot ferait trois

SCÈNE II

AMÉLIE, TAÏSE.

AMÉLIE

Ah! s'il faut à ce prix le donner à la France, 145
Un si grand changement n'est pas en ma puissance,
Taïse, et cet hymen est un crime à mes yeux.

TAÏSE

Quoi! le prince à ce point vous serait odieux?
Quoi! dans ces tristes temps de ligues et de haines,
Qui confondent des droits les bornes incertaines, 150
Où le meilleur parti semble encor si douteux,
Où les enfants des rois sont divisés entre eux,
Vous qu'un astre plus doux semblait avoir formée
Pour l'unique douceur d'aimer et d'être aimée,
Pouvez-vous n'opposer qu'un sentiment d'horreur 155
Aux soupirs d'un héros, qui fut votre vengeur?
Vous savez que ce prince au rang de ses ancêtres
Compte les premiers rois que la France eut pour maîtres.
D'un puissant appanage il est né souverain;
Il vous aime, il vous sert, il vous offre sa main. 160
Ce rang à qui tout cède, et pour qui tout s'oublie,
Brigué par tant d'appas, objet de tant d'envie,
Ce rang qui touche au trône, et qu'on met à vos pieds,
Peut-il causer les pleurs dont vos yeux sont noyés?

AMÉLIE

Quoi, pour m'avoir sauvée, il faudra qu'il m'opprime! 165

160 52D: Vous êtes sa vassalle, il vous offre

De son fatal secours je serai la victime!
Je lui dois tout sans doute, et c'est pour mon malheur.

TAÏSE

C'est être trop injuste.

AMÉLIE

Eh bien, connais mon cœur,
Mon devoir, mes douleurs, le destin qui me lie;
Je mets entre tes mains le secret de ma vie; 170
De ta foi désormais c'est trop me défier,
Et je me livre à toi pour me justifier.
Vois combien mon devoir à ses vœux est contraire;
Mon cœur n'est point à moi, ce cœur est à son frère.

TAÏSE

Quoi! ce vaillant Vamir?

AMÉLIE

Nos serments mutuels 175
Devançaient les serments réservés aux autels.
J'attendais dans Leucate en secret retirée,
Qu'il y vînt dégager la foi qu'il m'a jurée,
Quand les Maures cruels inondant nos déserts,
Sous mes toits embrasés me chargèrent de fers. 180
Le duc est l'allié de ce peuple indomptable;
Il me sauva, Taïse, et c'est ce qui m'accable.
Mes jours à mon amant seront-ils réservés?
Jours tristes, jours affreux, qu'un autre a conservés!

TAÏSE

Pourquoi donc avec lui vous obstinant à feindre, 185

175 MS, 52D: Qui? ce vaillant Vamir?

Nourrir en lui des feux qu'il vous faudrait éteindre?
Il eût pu respecter ces saints engagements;
Vous eussiez mis un frein à ses emportements.

AMÉLIE

Je ne le puis; le ciel, pour combler mes misères,
Voulut l'un contre l'autre animer les deux frères. 190
Vamir toujours fidèle à son maître, à nos lois,
A contre un révolté vengé l'honneur des rois.
De son rival altier tu vois la violence;
J'oppose à ses fureurs un douloureux silence.
Il ignore du moins qu'en des temps plus heureux, 195
Vamir a prévenu ses desseins amoureux:
S'il en était instruit, sa jalousie affreuse
Le rendrait plus à craindre, et moi plus malheureuse.
C'en est trop, il est temps de quitter ses Etats.
Fuyons des ennemis; mon roi me tend les bras. 200
Ces prisonniers, Taïse, à qui le sang te lie,
De ces murs en secret méditent leur sortie:
Ils pourront me conduire; ils pourront m'escorter;
Il n'est point de péril que je n'ose affronter.
Je hasarderai tout, pourvu qu'on me délivre 205
De la prison illustre où je ne saurais vivre.

TAÏSE

Madame, il vient à vous.

AMÉLIE

Je ne puis lui parler;
Il verrait trop mes pleurs toujours prêts à couler.
Que ne puis-je à jamais éviter sa poursuite!

206 MS: où je ne peux plus vivre
207 MS: je ⟨ne puis⟩ n'ose

SCÈNE III

LE DUC DE FOIX, LISOIS, TAÏSE

LE DUC *à Taïse.*

Est-ce elle qui m'échappe? est-ce elle qui m'évite? 21
Taïse, demeurez; vous connaissez trop bien
Les transports douloureux d'un cœur tel que le mien.
Vous savez si je l'aime, et si je l'ai servie,
Si j'attends d'un regard le destin de ma vie.
Qu'elle n'étende pas l'excès de son pouvoir 21
Jusqu'à porter ma flamme au dernier désespoir,
Je hais ces vains respects, cette reconnaissance,
Que sa froideur timide oppose à ma constance.
Le plus léger délai m'est un cruel refus;
Un affront que mon cœur ne pardonnera plus. 22
C'est en vain qu'à la France, à son maître fidèle,
Elle étale à mes yeux le faste de son zèle.
Il est temps que tout cède à mon amour, à moi,
Qu'elle trouve en moi seul sa patrie et son roi.
Elle me doit la vie, et jusqu'à l'honneur même; 22
Et moi je lui dois tout, puisque c'est moi qui l'aime.
Unis par tant de droits, c'est trop nous séparer;
L'autel est prêt, j'y cours; allez l'y préparer.

209b MS: [...] TAÏSE, SUITE
223 52D: Je prétends que tout

SCÈNE IV

LE DUC, LISOIS

LISOIS

Seigneur, songez-vous bien que de cette journée,
Peut-être de l'Etat dépend la destinée? 230

LE DUC

Oui, vous me verrez vaincre ou mourir son époux.

LISOIS

L'ennemi s'avançait, et n'est pas loin de nous.

LE DUC

Je l'attends sans le craindre, et je vais le combattre.
Crois-tu que ma faiblesse ait pu jamais m'abattre?
Penses-tu que l'amour, mon tyran, mon vainqueur, 235
De la gloire en mon âme ait étouffé l'ardeur?
Si l'ingrate me hait, je veux qu'elle m'admire:
Elle a sur moi sans doute un souverain empire,
Et n'en a point assez pour flétrir ma vertu.
Ah! trop sévère ami, que me reproches-tu? 240
Non, ne me juge point avec tant d'injustice.
Est-il quelque Français que l'amour avilisse?
Amants, aimés, heureux, ils vont tous aux combats,
Et du sein du bonheur ils volent au trépas.
Je mourrai digne au moins de l'ingrate que j'aime. 245

LISOIS

Que mon prince plutôt soit digne de lui-même!

228b MS: [...] LISOIS, SUITE

Le salut de l'Etat m'occupait en ce jour;
Je vous parle du vôtre, et vous parlez d'amour!
Seigneur, des ennemis j'ai visité l'armée;
Déjà de tous côtés la nouvelle est semée,
Que Vamir votre frère est armé contre nous.
Je sais que dès longtemps il s'éloigna de vous.
Vamir ne m'est connu que par la renommée;
Mais si par le devoir, par la gloire animée,
Son âme écoute encor ces premiers sentiments,
Qui l'attachaient à vous dans la fleur de vos ans,
Il peut vous ménager une paix nécessaire;
Et mes soins…

LE DUC

Moi, devoir quelque chose à mon frère!
Près de mes ennemis mendier sa faveur!
Pour le haïr sans doute, il en coûte à mon cœur.
Je n'ai point oublié notre amitié passée;
Mais puisque ma fortune est par lui traversée,
Puisque mes ennemis l'ont détaché de moi,
Qu'il reste au milieu d'eux, qu'il serve sous un roi.
Je ne veux rien de lui.

LISOIS

Votre fière constance
D'un monarque irrité brave trop la vengeance.

LE DUC

Quel monarque? un fantôme, un prince efféminé,
Indigne de sa race, esclave couronné,
Sur un trône avili soumis aux lois d'un maire?
De Pepin son tyran je crains peu la colère;
Je déteste un sujet qui croit m'intimider,
Et je méprise un roi qui n'ose commander:
Puisqu'il laisse usurper sa grandeur souveraine,

Dans mes Etats au moins je soutiendrai la mienne.
Ce cœur est trop altier pour adorer les lois 275
De ce maire insolent, l'oppresseur de ses rois;
Et Clovis que je compte au rang de mes ancêtres,
N'apprit point à ses fils à ramper sous des maîtres.
Les Arabes du moins s'arment pour me venger,
Et tyran pour tyran, j'aime mieux l'étranger. 280

LISOIS

Vous haïssez un maire, et votre haine est juste;
Mais ils ont des Français sauvé l'empire auguste,
Tandis que nous aidons l'Arabe à l'opprimer;
Cette triste alliance a de quoi m'alarmer;
Nous préparons peut-être un avenir horrible. 285
L'exemple de l'Espagne est honteux et terrible;
Ces brigands africains sont des tyrans nouveaux,
Qui font servir nos mains à creuser nos tombeaux.
Ne vaudrait-il pas mieux fléchir avec prudence?

LE DUC

Non je ne peux jamais implorer qui m'offense. 290

LISOIS

Mais vos vrais intérêts oubliés trop longtemps...

LE DUC

Mes premiers intérêts sont mes ressentiments.

LISOIS

Ah! vous écoutez trop l'amour et la colère.

LE DUC

Je le sais, je ne peux fléchir mon caractère.

LISOIS

On le peut, on le doit, je ne vous flatte pas; 29
Mais en vous condamnant je suivrai tous vos pas.
Il faut à son ami montrer son injustice,
L'éclairer, l'arrêter au bord du précipice;
Je l'ai dû, je l'ai fait, malgré votre courroux:
Vous y voulez tomber; et j'y cours avec vous. 300

LE DUC

Ami, que m'as-tu dit?

LISOIS

Ce que j'ai dû vous dire.
Ecoutez un peu plus l'amitié qui m'inspire.
Quel parti prendrez-vous?

LE DUC

Quand mes brûlants désirs
Auront soumis l'objet qui brave mes soupirs;
Quand l'ingrate Amélie, à son devoir rendue, 305
Aura remis la paix dans cette âme éperdue;
Alors j'écouterai tes conseils généreux.
Mais jusqu'à ce moment sais-je ce que je veux?
Tant d'agitations, de tumultes, d'orages,
Ont sur tous les objets répandu des nuages. 310
Puis-je prendre un parti? puis-je avoir un dessein?
Allons près du tyran, qui seul fait mon destin;
Que l'ingrate à son gré décide de ma vie,
Et nous déciderons du sort de la patrie.

Fin du premier acte.

ACTE II

SCÈNE PREMIÈRE

LE DUC DE FOIX *seul.*

Osera-t-elle encor refuser de me voir?
Ne craindra-t-elle point d'aigrir mon désespoir?
Ah! c'est moi seul ici qui tremble de déplaire.
Ame superbe et faible! esclave volontaire!
Cours aux pieds de l'ingrate abaisser ton orgueil; 5
Vois tes jours dépendant d'un mot et d'un coup d'œil.
Lâche, consume-les dans l'éternel passage
Du dépit aux respects, et des pleurs à la rage.
Pour la dernière fois je prétends lui parler.
Allons…

SCÈNE II

LE DUC, AMÉLIE ET TAÏSE *dans le fond.*

AMÉLIE

J'espère encore, et tout me fait trembler. 10
Vamir tenterait-il une telle entreprise?
Que de dangers nouveaux! Ah! que vois-je? Taïse.

LE DUC

J'ignore quel objet attire ici vos pas;
Mais vos yeux disent trop qu'ils nc me cherchent pas;

Quoi! vous les détournez? Quoi! vous voulez encore 15
Insulter aux tourments d'un cœur qui vous adore?
Et de la tyrannie exerçant le pouvoir,
Nourrir votre fierté de mon vain désespoir?
C'est à ma triste vie ajouter trop d'alarmes,
Trop flétrir des lauriers arrosés de mes larmes, 20
Et qui me tiendront lieu de malheur et d'affront,
S'ils ne sont par vos mains attachés sur mon front,
Si votre incertitude, alarmant mes tendresses,
Peut encor démentir la foi de vos promesses.

AMÉLIE

Je ne vous promis rien, vous n'avez point ma foi; 25
Et la reconnaissance est tout ce que je dois.

LE DUC

Quoi? lorsque de ma main je vous offrais l'hommage?

AMÉLIE

D'un si noble présent j'ai vu tout l'avantage;
Et sans chercher ce rang, qui ne m'était pas dû,
Par de justes respects je vous ai répondu. 30
Vos bienfaits, votre amour, et mon amitié même,
Tout vous flattait sur moi d'un empire suprême;
Tout vous a fait penser qu'un rang si glorieux,
Présenté par vos mains, éblouirait mes yeux.
Vous vous trompiez: il faut rompre enfin le silence: 35
Je vais vous offenser, je me fais violence:
Mais réduite à parler, je vous dirai, seigneur,
Que l'amour de mes rois est gravé dans mon cœur.
Votre sang est auguste, et le mien est sans crime;
Il coula pour l'Etat, que l'étranger opprime. 40
Cominge, mon aïeul, dans mon cœur a transmis

41 52D: Mes ancêtres du moins, dans mon cœur ont transmis

La haine qu'un Français doit à ses ennemis;
Et sa fille jamais n'acceptera pour maître
L'ami de nos tyrans, quelque grand qu'il puisse être.
Voilà les sentiments que son sang m'a tracés, 45
Et s'ils vous font rougir, c'est vous qui m'y forcez.

LE DUC

Je suis, je l'avouerai, surpris de ce langage;
Je ne m'attendais pas à ce nouvel outrage,
Et n'avais pas prévu que le sort en courroux,
Pour m'accabler d'affronts, dût se servir de vous. 50
Vous avez fait, madame, une secrète étude
Du mépris, de l'insulte, et de l'ingratitude;
Et votre cœur enfin, lent à se déployer,
Hardi par ma faiblesse, a paru tout entier.
Je ne connaissais pas tout ce zèle héroïque, 55
Tant d'amour pour l'Etat, et tant de politique;
Mais vous qui m'outragez, me connaissez-vous bien?
Vous reste-t-il ici de parti que le mien?
M'osez-vous reprocher une heureuse alliance,
Qui fait ma sûreté, qui soutient ma puissance, 60
Sans qui vous gémiriez dans la captivité,
A qui vous avez dû l'honneur, la liberté?
Est-ce donc là le prix de vous avoir servie?

AMÉLIE

Oui, vous m'avez sauvée; oui, je vous dois la vie;
Mais de mes tristes jours ne puis-je disposer? 65
Me les conserviez-vous pour les tyranniser?

LE DUC

Je deviendrai tyran, mais moins que vous, cruelle;

43 52D: Et leur fille
45 52D: que leur sang
56 MS, 52D: Tant d'amour de l'Etat ou tant

Mes yeux lisent trop bien dans votre âme rebelle.
Tous vos prétextes faux m'apprennent vos raisons;
Je vois mon déshonneur, je vois vos trahisons. 70
Quel que soit l'insolent que ce cœur me préfère,
Redoutez mon amour, tremblez de ma colère:
C'est lui seul désormais que mon bras va chercher;
De son cœur tout sanglant j'irai vous arracher;
Et si dans les horreurs du sort qui nous accable, 75
De quelque joie encor ma fureur est capable,
Je la mettrai, perfide, à vous désespérer.

AMÉLIE

Non, seigneur, la raison saura vous éclairer;
Non, votre âme est trop noble, elle est trop élevée,
Pour opprimer ma vie, après l'avoir sauvée. 80
Mais si votre grand cœur s'avilissait jamais,
Jusqu'à persécuter l'objet de vos bienfaits,
Sachez que ces bienfaits, vos vertus, votre gloire,
Plus que vos cruautés vivront dans ma mémoire.
Je vous plains, vous pardonne, et veux vous respecter. 85
Je vous ferai rougir de me persécuter;
Et je conserverai, malgré votre menace,
Une âme sans courroux, sans crainte, et sans audace.

LE DUC

Arrêtez, pardonnez aux transports égarés,
Aux fureurs d'un amant, que vous désespérez. 90
Je vois trop qu'avec vous Lisois d'intelligence,
D'une cour qui me hait embrasse la défense;
Que vous voulez tous deux m'unir à votre roi,
Et de mon sort enfin disposer malgré moi.
Vos discours sont les siens. Ah! parmi tant d'alarmes, 95
Pourquoi recourez-vous à ces nouvelles armes?
Pour gouverner mon cœur, l'asservir, le changer,

Aviez-vous donc besoin d'un secours étranger?
Aimez: il suffira d'un mot de votre bouche.

AMÉLIE

Je ne vous cache point que du soin qui me touche, 100
A votre ami, seigneur, mon cœur s'était remis.
Je vois qu'il a plus fait qu'il ne m'avait promis.
Ayez pitié des pleurs que mes yeux lui confient;
Vous les faites couler; que vos mains les essuient;
Devenez assez grand pour apprendre à dompter 105
Des feux, que mon devoir me force à rejeter.
Laissez-moi toute entière à la reconnaissance.

LE DUC

Ainsi le seul Lisois a votre confiance!
Mon outrage est connu, je sais vos sentiments.

AMÉLIE

Vous les pourrez, seigneur, connaître avec le temps; 110
Mais vous n'aurez jamais le droit de les contraindre,
Ni de les condamner, ni même de vous plaindre.
Du généreux Lisois j'ai recherché l'appui;
Imitez sa grande âme, et pensez comme lui.

98 52D: Avez-vous donc

SCÈNE III

LE DUC *seul.*

Eh bien! c'en est donc fait; l'ingrate, la parjure, 115
A mes yeux sans rougir étale mon injure;
De tant de trahisons l'abîme est découvert.
Je n'avais qu'un ami, c'est lui seul qui me perd.
Amitié, vain fantôme, ombre que j'ai chérie,
Toi qui me consolais des malheurs de ma vie, 120
Bien que j'ai trop aimé, que j'ai trop méconnu,
Trésor cherché sans cesse, et jamais obtenu!
Tu m'as trompé, cruelle, autant que l'amour même;
Et maintenant pour prix de mon erreur extrême,
Détrompé des faux biens trop faits pour me charmer, 125
Mon destin me condamne à ne plus rien aimer.
Le voilà, cet ingrat, qui fier de son parjure,
Vient encor de ses mains déchirer ma blessure.

115 MS: ⟨Eh bien⟩ ↑Enfin
117 52D: De mes malheurs honteux l'abîme
60P: De tant de trahison l'abîme
118 52D, between 118-119:
Que l'on cherche Lisois, qu'il vienne ici se rendre,
Que l'ingrate;... mais non; je ne veux rien entendre:
Mon cœur ne lui doit plus qu'un éternel mépris,
Par quels dehors trompeurs, ô ciel! j'étais surpris.

SCÈNE IV

LE DUC, LISOIS

LISOIS

A vos ordres, seigneur, vous me voyez rendu.
D'où vient sur votre front ce chagrin répandu? 130
Votre âme aux passions longtemps abandonnée,
A-t-elle en liberté pesé sa destinée?

LE DUC

Oui.

LISOIS

Quel est le projet où vous vous arrêtez?

LE DUC

D'ouvrir enfin les yeux aux infidélités,
De sentir mon malheur, et d'apprendre à connaître 135
La perfide amitié d'un rival et d'un traître.

LISOIS

Comment?

LE DUC

C'en est assez.

LISOIS

C'en est trop entre nous.
Ce traître, quel est-il?

LE DUC

Me le demandez-vous?

De l'affront inouï qui vient de me confondre,
Quel autre était instruit, quel autre en doit répondre? 140
Je sais trop qu'Amélie ici vous a parlé;
En vous nommant à moi, l'infidèle a tremblé.
Vous affectez sur elle un odieux silence,
Interprète muet de votre intelligence.
Je ne sais qui des deux je dois plus détester. 145

LISOIS

Vous sentez-vous capable au moins de m'écouter?

LE DUC

Je le veux.

LISOIS

Pensez-vous que j'aime encor la gloire?
M'estimez-vous encore, et pouvez-vous me croire?

LE DUC

Oui, jusqu'à ce moment je vous crus vertueux,
Je vous crus mon ami.

LISOIS

Ces titres précieux 150
Ont été jusqu'ici la règle de ma vie;
Mais vous, méritez-vous que je me justifie?
Apprenez qu'Amélie avait touché mon cœur,
Avant que de sa vie heureux libérateur,
Vous eussiez, par vos soins, par cet amour sincère, 155
Surtout par vos bienfaits, tant de droits de lui plaire.
Moi, plus soldat que tendre, et dédaignant toujours
Ce grand art de séduire inventé dans les cours,

148 MS, 52D: et pourrez-vous

Ce langage flatteur, et souvent si perfide,
Peu fait pour mon esprit peut-être trop rigide; 160
Je lui parlai d'hymen; et ce nœud respecté,
Resserré par l'estime, et par l'égalité,
Pouvait lui préparer des destins plus propices,
Qu'un rang plus élevé, mais sur des précipices.
Hier avec la nuit, je vins dans vos remparts; 165
Tout votre cœur parut à mes premiers regards.
Aujourd'hui j'ai revu cet objet de vos larmes;
D'un œil indifférent j'ai regardé ses charmes;
Et je me suis vaincu, sans rendre de combats;
J'ai fait valoir vos feux, que je n'approuve pas. 170
J'ai de tous vos bienfaits rappelé la mémoire,
L'éclat de votre rang, celui de votre gloire,
Sans cacher vos défauts, vantant votre vertu;
Et pour vous contre moi, j'ai fait ce que j'ai dû.
Je m'immole à vous seul, et je me rends justice; 175
Et si ce n'est assez d'un pareil sacrifice,
S'il est quelque rival qui vous ose outrager,
Tout mon sang est à vous, et je cours vous venger.

LE DUC

Que tout ce que j'entends t'élève et m'humilie!
Ah! tu devais sans doute adorer Amélie; 180
Mais qui peut commander à son cœur enflammé?
Non, tu n'as pas vaincu; tu n'avais point aimé.

LISOIS

J'aimais; et notre amour suit notre caractère.

LE DUC

Je ne peux t'imiter: mon ardeur m'est trop chère.

163 MS, 52D: Lui pouvait préparer [MS, alternative reading given: procurer / préparer]
182 52D: n'as point vaincu

Je t'admire avec honte, il le faut avouer. 185
Mon cœur...

LISOIS

Aimez-moi, prince, au lieu de me louer;
Et si vous me devez quelque reconnaissance,
Faites votre bonheur, il est ma récompense.
Vous voyez quelle ardente et fière inimitié
Votre frère nourrit contre votre allié; 190
La suite, croyez-moi, peut en être funeste;
Vous êtes sous un joug que ce peuple déteste.
Je prévois que bientôt on verra réunis
Les débris dispersés de l'empire des lis.
Chaque jour nous produit un nouvel adversaire, 195
Hier le Béarnais,[1] aujourd'hui votre frère.
Le pur sang de Clovis est toujours adoré;
Tôt ou tard il faudra que de ce tronc sacré
Les rameaux divisés et courbés par l'orage,
Plus unis et plus beaux, soient notre unique ombrage. 200
Vous, placé près du trône, à ce trône attaché,
Si les malheurs des temps vous en ont arraché,
A des nœuds étrangers s'il fallut vous résoudre,
L'intérêt qui les forme a droit de les dissoudre.
On pourrait balancer avec dextérité 205
Des maires du palais la fière autorité;
Et bientôt par vos mains leur puissance affaiblie...

186 52D: Ton cœur...
192 52D: que votre cœur déteste.
198 MS, 52D: que ce trône sacré

[1] The Béarn was joined to the dukedom of Foix in 1290. It had become a viscountcy at the beginning of the ninth century after successive invasions by Visigoths and Franks. Once more, Voltaire is suggesting historical atmosphere rather than pointing to historical facts.

LE DUC

Je le souhaite au moins; mais crois-tu qu'Amélie
Dans son cœur amolli partagerait mes feux,
Si le même parti nous unissait tous deux? 210
Penses-tu qu'à m'aimer je pourrais la réduire?

LISOIS

Dans le fond de son cœur je n'ai point voulu lire;
Mais qu'importent pour vous ses vœux et ses desseins?
Faut-il que l'amour seul fasse ici nos destins?
Lorsque le grand Clovis aux champs de la Touraine 215
Détruisit les vainqueurs de la grandeur romaine,
Quand son bras arrêta, dans nos champs inondés,
Des Ariens sanglants les torrents débordés,
Tant d'honneurs étaient-ils l'effet de sa tendresse?
Sauva-t-il son pays pour plaire à sa maîtresse? 220
Mon bras contre un rival est prêt à vous servir;
Je voudrais faire plus, je voudrais vous guérir.
On connaît peu l'amour, on craint trop son amorce;
C'est sur nos passions qu'il a fondé sa force;
C'est nous qui sous son nom troublons notre repos; 225
Il est tyran du faible, esclave du héros.
Puisque je l'ai vaincu, puisque je le dédaigne,
Sur le sang de nos rois souffrirez-vous qu'il règne?
Vos autres ennemis par vous sont abattus;
Et vous devez en tout l'exemple des vertus. 230

LE DUC

Le sort en est jeté, je ferai tout pour elle.
Il faut bien à la fin désarmer la cruelle.

209 MS: ⟨amolli⟩ ↑attendri
219-220 52D, lines transposed
224 52D: nos lâchetés qu'il
MS: ⟨passions⟩ ↑lâchetés

Ses lois seront mes lois: son roi sera le mien;
Je n'aurai de parti, de maître que le sien.
Possesseur d'un trésor où s'attache ma vie, 23
Avec mes ennemis je me réconcilie.
Je lirai dans ses yeux mon sort et mon devoir.
Mon cœur est enivré de cet heureux espoir.
Je n'ai point de rival, j'avais tort de me plaindre;
Si tu n'es point aimé, quel mortel ai-je à craindre? 24
Qui pourrait dans ma cour avoir poussé l'orgueil,
Jusqu'à laisser vers elle échapper un coup d'œil?
Enfin, plus de prétexte à ses refus injustes;
Raison, gloire, intérêt, et tous ces droits augustes
Des princes de mon sang, et de mes souverains, 24
Sont des liens sacrés resserrés par ses mains.
Du roi, puisqu'il le faut, soutenons la couronne;
La vertu le conseille, et la beauté l'ordonne.
Je veux entre tes mains, dans ce fortuné jour,
Sceller tous les serments que je fais à l'amour. 25
Quant à mes intérêts, que toi seul en décide.

LISOIS

Souffrez donc près du roi que mon zèle me guide.
Peut-être il eût fallu que ce grand changement
Ne fût dû qu'au héros, et non pas à l'amant;
Mais si d'un si grand cœur une femme dispose, 25
L'effet en est trop beau pour en blâmer la cause;
Et mon cœur tout rempli de cet heureux retour,
Bénit votre faiblesse, et rend grâce à l'amour.

244 52D: gloire, intérêts et

SCÈNE V

LE DUC, LISOIS, UN OFFICIER

L'OFFICIER

Seigneur, auprès des murs les ennemis paraissent;
On prépare l'assaut, le temps, les périls pressent: 260
Nous attendons votre ordre.

[illegible]

Eh bien! cruels destins,
Vous l'emportez sur moi, vous trompez mes desseins;
Plus d'accord, plus de paix, je vole à la victoire;
Méritons Amélie en me couvrant de gloire.
Je ne suis pas en peine, ami, de résister 265
Aux téméraires mains qui m'osent insulter.
De tous les ennemis qu'il faut combattre encore,
Je n'en redoute qu'un, c'est celui que j'adore.

Fin du second acte.

260 52D: L'assaut est préparé, le temps

ACTE III

SCÈNE PREMIÈRE

LE DUC DE FOIX, LISOIS

LE DUC

La victoire est à nous, vos soins l'ont assurée.
Vous avez su guider ma jeunesse égarée.
Lisois m'est nécessaire aux conseils, aux combats,
Et c'est à sa grande âme à diriger mon bras.

LISOIS

Prince, ce feu guerrier, qu'en vous on voit paraître,
Sera maître de tout, quand vous en serez maître:
Vous l'avez pu régler, et vous avez vaincu.
Ayez dans tous les temps cette heureuse vertu:
L'effet en est illustre, autant qu'il est utile.
Le faible est inquiet, le grand homme est tranquille.

LE DUC

Ah! l'amour est-il fait pour la tranquillité?
Mais ce chef inconnu sur nos remparts monté,
Qui tint seul si longtemps la victoire en balance,
Qui m'a rendu jaloux de sa haute vaillance,
Que devient-il?

c MS: [...] LISOIS, SUITE
2 52D: Vos conseils ont guidé ma
7 52D: l'avez su régler
11 52D: Et l'amour
MS, 52P-W64R: Eh l'amour

LISOIS

Seigneur, environné de morts, 15
Il a seul repoussé nos plus puissants efforts.
Mais ce qui me confond, et qui doit vous surprendre,
Pouvant nous échapper, il est venu se rendre;
Sans vouloir se nommer, et sans se découvrir,
Il accusait le ciel, et cherchait à mourir. 20
Un seul de ses suivants auprès de lui partage
La douleur qui l'accable, et le sort qui l'outrage.

LE DUC

Quel est donc, cher ami, ce chef audacieux,
Qui cherchant le trépas se cachait à nos yeux?
Son casque était fermé. Quel charme inconcevable, 25
Quand je l'ai combattu, le rendait respectable?
Un je ne sais quel trouble en moi s'est élevé:
Soit que ce triste amour, dont je suis captivé,
Sur mes sens égarés répandant sa tendresse,
Jusqu'au sein des combats m'ait prêté sa faiblesse, 30
Qu'il ait voulu marquer toutes mes actions,
Par la molle douceur de ses impressions;
Soit plutôt que la voix de ma triste patrie
Parle encore en secret au cœur qui l'a trahie,
Ou que le trait fatal enfoncé dans ce cœur, 35
Corrompe en tous les temps ma gloire et mon bonheur.

LISOIS

Quant aux traits dont votre âme a senti la puissance,
Tous les conseils sont vains, agréez mon silence.
Mais ce sang des Français, que nos mains font couler,
Mais l'Etat, la patrie, il faut vous en parler. 40

32 52D: De la molle
52P: Pour la molle

Vos nobles sentiments peuvent encore paraître:
Il est beau de donner la paix à votre maître.
Son égal aujourd'hui, demain dans l'abandon,
Vous vous verriez réduit à demander pardon.
Sûr enfin d'Amélie, et de votre fortune, 45
Fondez votre grandeur sur la cause commune;
Ce guerrier, quel qu'il soit, remis entre vos mains,
Pourra servir lui-même à vos justes desseins:
De cet heureux moment saisissons l'avantage.

LE DUC

Ami, de ma parole Amélie est le gage; 50
Je la tiendrai: je vais de ce même moment,
Préparer les esprits à ce grand changement.
A tes conseils heureux tous mes sens s'abandonnent;
La gloire, l'hyménée et la paix me couronnent;
Et libre des chagrins où mon cœur fut noyé, 55
Je dois tout à l'amour, et tout à l'amitié.

SCÈNE II

LISOIS, VAMIR, ÉMAR *dans le fond du théâtre.*

LISOIS

Je me trompe, ou je vois ce captif qu'on amène;
Un des siens l'accompagne; il se soutient à peine;
Il paraît accablé d'un désespoir affreux.

VAMIR

Où suis-je? où vais-je? ô ciel!

47 52D: entre nos mains
51 52D: vais dès ce

LISOIS

Chevalier généreux, 60
Vous êtes dans des murs où l'on chérit la gloire,
Où l'on n'abuse point d'une faible victoire,
Où l'on sait respecter de braves ennemis:
C'est en de nobles mains que le sort vous a mis.
Ne puis-je vous connaître? et faut-il qu'on ignore 65
De quel grand prisonnier le duc de Foix s'honore?

VAMIR

Je suis un malheureux, le jouet des destins,
Dont la moindre infortune est d'être entre vos mains.
Souffrez qu'au souverain de ce séjour funeste
Je puisse au moins cacher un sort que je déteste; 70
Me faut-il des témoins encor de mes douleurs?
On apprendra trop tôt mon nom et mes malheurs.

LISOIS

Je ne vous presse point, seigneur; je me retire;
Je respecte un chagrin dont votre cœur soupire.
Croyez que vous pourrez retrouver parmi nous 75
Un destin plus heureux et plus digne de vous.

SCÈNE III

VAMIR, ÉMAR

VAMIR

Un destin plus heureux! mon cœur en désespère:

60 52D: Chevalier valeureux,

J'ai trop vécu.

ÉMAR

Seigneur, dans un sort si contraire,
Rendez grâce au ciel, de ce qu'il a permis
Que vous soyez tombé sous de tels ennemis, 80
Non sous le joug affreux d'une main étrangère.

VAMIR

Qu'il est dur bien souvent d'être aux mains de son frère!

ÉMAR

Mais ensemble élevés, dans des temps plus heureux,
La plus tendre amitié vous unissait tous deux.

VAMIR

Il m'aimait autrefois; c'est ainsi qu'on commence: 85
Mais bientôt l'amitié s'envole avec l'enfance.
Il ne sait pas encor ce qu'il me fait souffrir,
Et mon cœur déchiré ne saurait le haïr.

ÉMAR

Il ne soupçonne pas qu'il ait en sa puissance
Un frère infortuné qu'animait la vengeance. 90

VAMIR

Non, la vengeance, ami, n'entra point dans mon cœur;
Qu'un soin trop différent égara ma valeur!
Juste ciel! est-il vrai ce que la renommée
Annonçait dans la France à mon âme alarmée?
Est-il vrai qu'Amélie, après tant de serments, 95
Ait violé la foi de ses engagements?
Et pour qui? juste ciel! O comble de l'injure!

O nœuds du tendre amour! ô lois de la nature!
Liens sacrés des cœurs, êtes-vous tous trahis?
Tous les maux dans ces lieux sont sur moi réunis. 100
Frère injuste, cruel!

ÉMAR

Vous disiez qu'il ignore
Que parmi tant de biens, qu'il vous enlève encore,
Amélie en effet est le plus précieux,
Qu'il n'avait jamais su le secret de vos feux.

VAMIR

Elle le sait, l'ingrate; elle sait que ma vie 105
Par d'éternels serments à la sienne est unie;
Elle sait qu'aux autels nous allions confirmer
Ce devoir que nos cœurs s'étaient fait de s'aimer,
Quand le Maure enleva mon unique espérance:
Et je n'ai pu sur eux achever ma vengeance! 110
Et mon frère a ravi le bien que j'ai perdu!
Il jouit des malheurs dont je suis confondu.
Quel est donc en ces lieux le dessein qui m'entraîne?
La consolation, trop funeste et trop vaine,
De faire avant ma mort à ses traîtres appas 115
Un reproche inutile, et qu'on n'entendra pas!
Allons; je périrai, quoi que le ciel décide,
Fidèle au roi mon maître, et même à la perfide.
Peut-être en apprenant ma constance et mon sort,
Dans les bras de mon frère elle plaindra ma mort. 120

ÉMAR

Cachez vos sentiments; c'est lui qu'on voit paraître.

104a W64R, omitted (Emar's speech continuous, 101-120)
113 MS: ⟨m'entraîne⟩ ↑m'amène

VAMIR

Des troubles de mon cœur puis-je me rendre maître?

SCÈNE IV

LE DUC DE FOIX, VAMIR, ÉMAR

LE DUC

Ce mystère m'irrite; et je prétends savoir
Quel guerrier les destins ont mis en mon pouvoir:
Il semble avec horreur qu'il détourne la vue. 125

VAMIR

O lumière du jour, pourquoi m'es-tu rendue?
Te verrai-je? infidèle! en quels lieux? à quel prix?

LE DUC

Qu'entends-je? et quels accents ont frappé mes esprits?

VAMIR

M'as-tu pu méconnaître?

LE DUC

Ah Vamir! ah mon frère!

122a W57P, T64P, W64R, scene misnumbered: VI
122b MS: [...] ÉMAR, SUITE
127 52D: Te verrai-je, ah cruelle! en
MS: ⟨infidèle⟩ ↑Ah cruelle [with alternative reading given: Amélie? / Ah cruelle]

VAMIR

Ce nom jadis si cher, ce nom me désespère. 130
Je ne le suis que trop ce frère infortuné,
Ton ennemi vaincu, ton captif enchaîné.

LE DUC

Tu n'es plus que mon frère, et mon cœur te pardonne;
Mais je te l'avouerai, ta cruauté m'étonne.
Si ton roi me poursuit, Vamir, était-ce à toi 135
A briguer, à remplir cet odieux emploi?
Que t'ai je fait?

VAMIR

Tu fais le malheur de ma vie:
Je voudrais qu'aujourd'hui ta main me l'eût ravie.

LE DUC

De nos troubles civils quels effets malheureux!

VAMIR

Les troubles de mon cœur sont encor plus affreux. 140

LE DUC

J'eusse aimé contre un autre à montrer mon courage.
Vamir, que je te plains!

VAMIR

Je te plains davantage,
De haïr ton pays, de trahir sans remords,
Et le roi qui t'aimait, et le sang dont tu sors.

LE DUC

Arrête, épargne-moi l'infâme nom de traître; 145

A cet indigne mot je m'oublierais peut-être.
Non, mon frère, jamais je n'ai moins mérité
Le reproche odieux de l'infidélité.
Je suis prêt de donner à nos tristes provinces,
A la France sanglante, au reste de nos princes, 150
L'exemple auguste et saint de la réunion,
Après l'avoir donné de la division.

VAMIR

Toi, tu pourrais...

LE DUC

Ce jour, qui semble si funeste,
Des feux de la discorde éteindra ce qui reste.

VAMIR

Ce jour est trop horrible.

LE DUC

Il va combler mes vœux. 155

VAMIR

Comment?

LE DUC

Tout est changé; ton frère est trop heureux.

VAMIR

Je le crois: on disait que d'un amour extrême,
Violent, effréné, (car c'est ainsi qu'on aime)

157 MS, 52D: Je te crois
158 W57P, no parentheses

Ton cœur depuis trois mois s'occupait tout entier.

LE DUC

J'aime; oui, la renommée a pu le publier; 160
Oui, j'aime avec fureur. Une telle alliance
Semblait pour mon bonheur attendre ta présence.
Oui, mes ressentiments, mes droits, mes alliés,
Gloire, amis, ennemis, je mets tout à ses pieds.

(*A sa suite.*)

Allez, et dites-lui que deux malheureux frères, 165
Jetés par le destin dans des partis contraires,
Pour marcher désormais sous le même étendard,
De ses yeux souverains n'attendent qu'un regard.

(*A Vamir.*)

Ne blâme point l'amour où ton frère est en proie:
Pour me justifier, il suffit qu'on la voie. 170

VAMIR

Cruel!... elle vous aime?

LE DUC

Elle le doit du moins:
Il n'était qu'un obstacle au succès de mes soins;
Il n'en est plus, je veux que rien ne nous sépare.

VAMIR

Quels effroyables coups le cruel me prépare!
Ecoute; à ma douleur ne veux-tu qu'insulter? 175
Me connais-tu? sais-tu ce que j'osais tenter?

171 52D: Mon frère!... elle vous aime?
W64R: Cruelle!... elle vous aime;
MS, both readings given

Dans ces funestes lieux sais-tu ce qui m'amène?

LE DUC

Oublions ces sujets de discorde et de haine.

SCÈNE V

LE DUC DE FOIX, VAMIR, AMÉLIE

AMÉLIE

Ciel! qu'est-ce que je vois? Je me meurs.

LE DUC

Ecoutez.

Mon bonheur est venu de nos calamités; 180
J'ai vaincu; je vous aime, et je retrouve un frère,
Sa présence à mes yeux vous rend encor plus chère:
Et vous, mon frère, et vous, soyez ici témoin,
Si l'excès de l'amour peut emporter plus loin.
Ce que votre reproche, ou bien votre prière, 185
Le généreux Lisois, le roi, la France entière,
Demanderaient ensemble, et qu'ils n'obtiendraient pas,
Soumis et subjugué, je l'offre à ses appas.
De l'ennemi des rois vous avez craint l'hommage.
Vous aimez, vous servez une cour qui m'outrage; 190

178b MS: [...] AMÉLIE, ÉMAR, SUITE
179 MS: ⟨β⟩ ↑⟨Où suis-je! Quel instant⟩ ↓C'est lui! Ciel! Soutiens-moi. Je me meurs!
52D: C'est lui, ciel soutiens-moi! je me meurs!
183 MS: ici témoins
189-192 MS, struck out

Eh bien! il faut céder; vous disposez de moi;
Je n'ai plus d'alliés; je suis à votre roi.
L'amour qui, malgré vous, nous a faits l'un pour l'autre,
Ne me laisse de choix, de parti que le vôtre.
Vous, courez, mon cher frère, allez dès ce moment 195
Annoncer à la cour un si grand changement.
Soyez libre, partez; et de mes sacrifices
Allez offrir au roi les heureuses prémices.
Puissé-je à ses genoux présenter aujourd'hui
Celle qui m'a dompté, qui me ramène à lui, 200
Qui d'un prince ennemi fait un sujet fidèle,
Changé par ses regards et vertueux par elle!

VAMIR (*à part.*)

Il fait ce que je veux, et c'est pour m'accabler.
(*à Amélie.*)
Prononcez notre arrêt, madame; il faut parler.

LE DUC

Eh quoi! vous demeurez interdite et muette! 205
De mes soumissions êtes-vous satisfaite?
Est-ce assez qu'un vainqueur vous implore à genoux?
Faut-il encor ma vie, ingrate? elle est à vous:
Un mot peut me l'ôter: la fin m'en sera chère.
Je vivais pour vous seule, et mourrai pour vous plaire. 210

AMÉLIE

Je demeure éperdue, et tout ce que je vois
Laisse à peine à mes sens l'usage de la voix.

202a 52D, no stage direction
203a 52D-W64R, no stage direction
204 MS, alternative reading given: ⟨β⟩ Décidez de son sort / Prononcez notre arrêt

Ah! Seigneur, si votre âme, en effet attendrie,
Plaint le sort de la France, et chérit la patrie,
Un si noble dessein, des soins si vertueux, 215
Ne seront point l'effet du pouvoir de mes yeux:
Ils auront dans vous-même une source plus pure.
Vous avez écouté la voix de la nature;
L'amour a peu de part où doit régner l'honneur.

LE DUC

Non, tout est votre ouvrage, et c'est là mon malheur. 220
Sur tout autre intérêt ce triste amour l'emporte.
Accablez-moi de honte, accusez-moi, n'importe.
Dussé-je vous déplaire, et forcer votre cœur,
L'autel est prêt; venez.

VAMIR

Vous osez!

AMÉLIE

Non, seigneur.
Avant que je vous cède, et que l'hymen nous lie, 225
Aux yeux de votre frère arrachez-moi la vie.
Le sort met entre nous un obstacle éternel.
Je ne puis être à vous.

LE DUC

Vamir... ingrate... ah ciel!
C'en est donc fait... Mais non... mon cœur sait se contraindre.
Vous ne méritez pas que je daigne m'en plaindre: 230

213 MS: ⟨β⟩ ↑s'il est vrai que votre âme attendrie
230 52D, between 230-231:
Vous auriez dû, peut-être, avec moins de détour
Dans ses premiers transports étouffer mon amour,
Et par un prompt aveu qui m'eût guéri sans doute,
M'épargner les affronts que mon erreur me coûte.

Je vous rends trop justice; et ces séductions,
Qui vont au fond des cœurs chercher nos passions,
L'espoir qu'on donne à peine afin qu'on le saisisse,
Ce poison préparé des mains de l'artifice,
Sont les effets d'un charme aussi trompeur que vain, 235
Que l'œil de la raison regarde avec dédain.
Je suis libre par vous: cet art que je déteste,
Cet art qui m'enchaîna, brise un joug si funeste:
Et je ne prétends pas, indignement épris,
Rougir devant mon frère, et souffrir des mépris. 240
Montrez-moi seulement ce rival qui se cache;
Je lui cède avec joie un poison qu'il m'arrache.
Je vous dédaigne assez tous deux pour vous unir,
Perfide! et c'est ainsi que je dois vous punir.

AMÉLIE

Je devrais seulement vous quitter et me taire; 245
Mais je suis accusée, et ma gloire m'est chère.
Votre frère est présent, et mon honneur blessé
Doit repousser les traits dont il est offensé.
Pour un autre que vous ma vie est destinée;
Je vous en fais l'aveu, je m'y vois condamnée. 250
Oui, j'aime; et je serais indigne devant vous
De celui que mon cœur s'est promis pour époux,
Indigne de l'aimer, si par ma complaisance,
J'avais à votre amour laissé quelque espérance.
Vous avez regardé ma liberté, ma foi, 255
Comme un bien de conquête, et qui n'est plus à moi.
Je vous devais beaucoup; mais une telle offense
Ferme à la fin mon cœur à la reconnaissance.
Sachez que des bienfaits, qui font rougir mon front,

231 52D: Mais je vous rends justice
241 MS: ⟨Montrez⟩ ↑Nommez
245 52P-W64R: Je devais seulement
246 MS: ⟨accusée⟩ ↑offensée [with alternative reading reinstated: accusée]

A mes yeux indignés ne sont plus qu'un affront. 26
J'ai plaint de votre amour la violence vaine;
Mais, après ma pitié, n'attirez point ma haine.
J'ai rejeté vos vœux, que je n'ai point bravés.
J'ai voulu votre estime, et vous me la devez.

LE DUC

Je vous dois ma colère, et sachez qu'elle égale 26
Tous les emportements de mon amour fatale.
Quoi donc, vous attendiez, pour oser m'accabler,
Que Vamir fût présent, et me vît immoler?
Vous vouliez ce témoin de l'affront que j'endure?
Allez, je le croirais l'auteur de mon injure, 27
Si... Mais il n'a point vu vos funestes appas;
Mon frère trop heureux ne vous connaissait pas.
Nommez donc mon rival; mais gardez-vous de croire
Que mon lâche dépit lui cède la victoire.
Je vous trompais: mon cœur ne peut feindre longtemps. 27
Je vous traîne à l'autel à ses yeux expirants;
Et ma main sur sa cendre à votre main donnée,
Va tremper dans le sang les flambeaux d'hyménée.
Je sais trop qu'on a vu, lâchement abusés,
Pour des mortels obscurs des princes méprisés; 28
Et mes yeux perceront, dans la foule inconnue,
Jusqu'à ce vil objet qui se cache à ma vue.

VAMIR

Pourquoi d'un choix indigne osez-vous l'accuser?

LE DUC

Et pourquoi, vous, mon frère, osez-vous l'excuser?

281 MS, alternative reading given: chercheront / perceront
284 52D: vous, cruel, osez-vous
MS: ⟨cruel⟩ ↑mon frère [alternative reading also given: cruel / mon frère]

Est-il vrai que de vous elle était ignorée? 285
Ciel! à ce piège affreux ma foi serait livrée!
Tremblez.

VAMIR

Moi, que je tremble! ah! j'ai trop dévoré
L'inexprimable horreur où toi seul m'as livré.
J'ai forcé trop longtemps mes transports au silence.
Connais-moi donc, barbare, et remplis ta vengeance. 290
Connais un désespoir à tes fureurs égal.
Frappe, voilà mon cœur, et voilà ton rival.

LE DUC

Toi, cruel! toi, Vamir!

VAMIR

Oui, depuis deux années,
L'amour la plus secrète a joint nos destinées.
C'est toi dont les fureurs ont voulu m'arracher 295
Le seul bien sur la terre où j'ai pu m'attacher.
Tu fais depuis trois mois les horreurs de ma vie.
Les maux que j'éprouvais passaient ta jalousie.
Par tes égarements juge de mes transports.
Nous puisâmes tous deux dans ce sang dont je sors, 300
L'excès des passions qui dévorent une âme;
La nature à tous deux fit un cœur tout de flamme.
Mon frère est mon rival, et je l'ai combattu.
J'ai fait taire le sang, peut-être la vertu.
Furieux, aveuglé, plus jaloux que toi-même, 305
J'ai couru, j'ai volé, pour t'ôter ce que j'aime;
Rien ne m'a retenu, ni tes superbes tours,
Ni le peu de soldats que j'avais pour secours,
Ni le lieu, ni le temps, ni surtout ton courage;
Je n'ai vu que ma flamme, et ton feu qui m'outrage. 310
L'amour fut dans mon cœur plus fort que l'amitié;

Sois cruel comme moi, punis-moi sans pitié:
Aussi bien tu ne peux t'assurer ta conquête,
Tu ne peux l'épouser qu'aux dépens de ma tête.
A la face des cieux je lui donne ma foi;
Je te fais de nos vœux le témoin malgré toi.
Frappe, et qu'après ce coup ta cruauté jalouse
Traîne aux pieds des autels ta sœur, et mon épouse.
Frappe, dis-je: oses-tu?

LE DUC

Traître, c'en est assez.
Qu'on l'ôte de mes yeux; soldats, obéissez.

AMÉLIE

(*aux soldats.*) (*au duc.*)
Non, demeurez, cruels... Ah! Prince, est-il possible
Que la nature en vous trouve une âme inflexible?
Seigneur!

VAMIR

Vous le prier? plaignez-le plus que moi.
Plaignez-le; il vous offense, il a trahi son roi.
Va, je suis dans ces lieux plus puissant que toi-même;
Je suis vengé de toi: l'on te hait, et l'on m'aime.

AMÉLIE

(*à Vamir.*) (*au duc.*)
Ah, cher prince!... Ah, seigneur! voyez à vos genoux...

320b MS, 52D-W64R, no stage directions
321 MS, 52D-W64R: demeurez. Cruel! ah
326b MS, 52D-W64R, no stage directions

LE DUC

Qu'on m'en réponde, allez. Madame, levez-vous.
Vos prières, vos pleurs en faveur d'un parjure,
Sont un nouveau poison versé sur ma blessure: 330
Vous avez mis la mort dans ce cœur outragé;
Mais, perfide, croyez que je mourrai vengé.
Adieu: si vous voyez les effets de ma rage,
N'en accusez que vous, nos maux sont votre ouvrage.

AMÉLIE

Je ne vous quitte pas; écoutez-moi, seigneur. 335

LE DUC

Eh bien! achevez donc de déchirer mon cœur:
Parlez.

SCÈNE VI

LE DUC, VAMIR, AMÉLIE, LISOIS,
UN OFFICIER, ETC.

LISOIS

J'allais partir: un peuple téméraire
Se soulève en tumulte au nom de votre frère.
Le désordre est partout: vos soldats consternés
Désertent les drapeaux de leurs chefs étonnés; 340
Et pour comble de maux, vers la ville alarmée

327a-328 K: LE DUC / (*aux gardes*) (*à Amélie*)
337b-c MS: [...] LISOIS, ÉMAR, SUITE
52D-W64R: LE DUC, VAMIR, AMÉLIE, LISOIS

L'ennemi rassemblé fait marcher son armée.

LE DUC

Allez, cruelle, allez; vous ne jouirez pas
Du fruit de votre haine, et de vos attentats:
Rentrez. Aux factieux je vais montrer leur maître. 34
(*à l'officier.*) (*à Lisois.*)
Qu'on la garde. Courons. Vous, veillez sur ce traître.

SCÈNE VII

VAMIR, LISOIS

LISOIS

Le seriez-vous, seigneur? auriez-vous démenti
Le sang de ces héros dont vous êtes sorti?
Auriez-vous violé, par cette lâche injure,
Et les droits de la guerre, et ceux de la nature? 35
Un prince à cet excès pourrait-il s'oublier?

VAMIR

Non; mais suis-je réduit à me justifier?
Lisois, ce peuple est juste; il t'apprend à connaître
Que mon frère est rebelle, et qu'il trahit son maître.

LISOIS

Ecoutez; ce serait le comble de mes vœux, 35

345a 52D-W64R, first stage direction absent
346 MS, 52D-W64R: Dangeste, suivez-la… Vous,
346a W64R, scene misnumbered: VIII
346b MS: VAMIR, LISOIS, ÉMAR

De pouvoir aujourd'hui vous réunir tous deux.
Je vois avec regret la France désolée,
A nos dissensions la nature immolée,
Sur nos communs débris l'Africain élevé,
Menaçant cet Etat par nous-même énervé. 360
Si vous avez un cœur digne de votre race,
Faites au bien public servir votre disgrâce.
Rapprochez les partis; unissez-vous à moi,
Pour calmer votre frère, et fléchir votre roi,
Pour éteindre le feu de nos guerres civiles. 365

VAMIR

Ne vous en flattez pas: vos soins sont inutiles.
Si la discorde seule avait armé mon bras,
Si la guerre et la haine avaient conduit mes pas,
Vous pourriez espérer de réunir deux frères,
L'un de l'autre écartés dans des partis contraires. 370
Un obstacle plus grand s'oppose à ce retour.

LISOIS

Et quel est-il, seigneur?

VAMIR

Ah! reconnais l'amour.
Reconnais la fureur qui de nous deux s'empare,
Qui m'a fait téméraire, et qui le rend barbare.

LISOIS

Ciel! faut-il voir ainsi, par des caprices vains, 375
Anéantir le fruit des plus nobles desseins?
L'amour subjuguer tout? ses cruelles faiblesses
Du sang qui se révolte étouffer les tendresses?

363 MS, 52D-W56, W57P-W64R: Eh bien, rapprochez-les; unissez-vous à moi,

Des frères se haïr, et naître en tous climats
Des passions des grands le malheur des Etats? 380
Prince, de vos amours laissons là le mystère.
Je vous plains tous les deux, mais je sers votre frère.
Je vais le seconder; je vais me joindre à lui,
Contre un peuple insolent qui se fait votre appui.
Le plus pressant danger est celui qui m'appelle. 385
Je vois qu'il peut avoir une fin bien cruelle:
Je vois les passions plus puissantes que moi:
Et l'amour seul ici me fait frémir d'effroi.
Je lui dois mon secours; je vous laisse, et j'y vole.
Soyez mon prisonnier, mais sur votre parole; 390
Elle me suffira.

VAMIR

Je vous la donne.

LISOIS

Et moi,
Je voudrais de ce pas porter la sienne au roi;
Je voudrais cimenter, dans l'ardeur de lui plaire,
Du sang de nos tyrans une union si chère.
Mais ces fiers ennemis sont bien moins dangereux 395
Que ce fatal amour qui vous perdra tous deux.

Fin du troisième acte.

389 52D: Mais le prince m'attend, je vous
MS: ⟨β⟩ ↑[*variant*]

ACTE IV

SCÈNE PREMIÈRE

VAMIR, AMÉLIE, ÉMAR

AMÉLIE

Quelle suite, grand Dieu, d'affreuses destinées!
Quel tissu de douleurs l'une à l'autre enchaînées!
Un orage imprévu m'enlève à votre amour.
Un orage nous joint: et dans le même jour,
Quand je vous suis rendue, un autre nous sépare! 5
Vamir, frère adoré d'un frère trop barbare,
Vous le voulez, Vamir; je pars, et vous restez.

VAMIR

Voyez par quels liens mes pas sont arrêtés.
Au pouvoir d'un rival ma parole me livre:
Je peux mourir pour vous; et je ne peux vous suivre. 10

AMÉLIE

Vous l'osâtes combattre, et vous n'osez le fuir.

VAMIR

L'honneur est mon tyran: je lui dois obéir.
Profitez du tumulte où la ville est livrée.
La retraite à vos pas déjà semble assurée.
On vous attend: le ciel a calmé son courroux. 15
Espérez…

AMÉLIE

Et que puis-je espérer loin de vous?

VAMIR

Ce n'est qu'un jour.

AMÉLIE

Ce jour est un siècle funeste.
Rendez vains mes soupçons, ciel vengeur que j'atteste.
Seigneur, de votre sang le Maure est altéré.
Ce sang à votre frère est-il donc si sacré? 20
Il aime en furieux; mais il hait plus encore.
Il est votre rival, et l'allié du Maure.
Je crains...

VAMIR

Il n'oserait...

AMÉLIE

Son cœur n'a point de frein.
Il vous a menacé, menace-t-il en vain?

VAMIR

Il tremblera bientôt: le roi vient, et nous venge. 25
La moitié de ce peuple à ses drapeaux se range.
Allez: si vous m'aimez, dérobez-vous aux coups
Des foudres allumés grondant autour de nous,
Au tumulte, au carnage, au désordre effroyable,
Dans des murs pris d'assaut, malheur inévitable: 30
Mais redoutez encor mon rival furieux:
Craignez l'amour jaloux qui veille dans ses yeux.
Cet amour méprisé se tournerait en rage.

25-30 MS, struck out (but marked 'bon', in the margin)
31 52D: Mais craignez encor plus mon
MS: ⟨β⟩ ↑⟨Craignez encore plus⟩ ↓⟨Mais redoutez surtout⟩ Craignez dans ce moment mon
33-36 MS, struck out

Fuyez sa violence: évitez un outrage.
Qu'il me faudrait laver de son sang et du mien. 35
Seul espoir de ma vie, et mon unique bien,
Mettez en sûreté ce seul bien qui me reste:
Ne vous exposez pas à cet éclat funeste.
Cédez à mes douleurs. Qu'il vous perde: partez.

AMÉLIE

Et vous vous exposez seul à ses cruautés! 40

VAMIR

Ne craignant rien pour vous, je craindrai peu mon frère.
Que dis-je? mon appui lui devient nécessaire.
Son captif aujourd'hui, demain son bienfaiteur,
Je pourrai de son roi lui rendre la faveur.
Protéger mon rival est la gloire où j'aspire. 45
Arrachez-vous surtout à son fatal empire.
Songez que ce matin vous quittiez ses Etats.

AMÉLIE

Ah! je quittais des lieux que vous n'habitiez pas.
Dans quelque asile affreux que mon destin m'entraîne,
Vamir, j'y porterai mon amour et ma haine. 50
Je vous adorerai dans le fond des déserts,
Au milieu des combats, dans l'exil, dans les fers,
Dans la mort que j'attends de votre seule absence.

VAMIR

C'en est trop: vos douleurs ébranlent ma constance.

36 MS, between 36-37: Sa rage à tous les trois peut devenir funeste
38 MS, struck out
52 MS: ⟨β⟩ Dans l'horreur des combats, dans la honte des fers
52D: combats, dans la honte des fers,
54 52D: Je succombe et vos pleurs épuisent ma constance.

Vous avez trop tardé… Ciel! quel tumulte affreux! 55

SCÈNE II

AMÉLIE, VAMIR, LE DUC DE FOIX, GARDES

LE DUC

Je l'entends; c'est lui-même. Arrête, malheureux:
Lâche qui me trahis, rival indigne, arrête.

VAMIR

Il ne te trahit point, mais il t'offre sa tête.
Porte à tous les excès ta haine et ta fureur.
Va, ne perds point de temps: le ciel arme un vengeur. 60
Tremble, ton roi s'approche: il vient, il va paraître;
Tu n'as vaincu que moi: redoute encor ton maître.

LE DUC

Il pourra te venger, mais non te secourir;
Et ton sang…

AMÉLIE

Non, cruel; c'est à moi de mourir.
J'ai tout fait; c'est par moi que ta garde est séduite. 65
J'ai gagné tes soldats, j'ai préparé ma fuite.
Punis ces attentats, et ces crimes si grands,
De sortir d'esclavage, et de fuir ses tyrans:
Mais respecte ton frère, et sa femme, et toi-même.
Il ne t'a point trahi, c'est un frère qui t'aime. 70

55 52D: Nous avons trop

Il voulait te servir, quand tu veux l'opprimer.
Quel crime a-t-il commis, cruel, que de m'aimer?
L'amour n'est-il en toi qu'un juge inexorable?

LE DUC

Plus vous le défendez, plus il devient coupable.
C'est vous qui le perdez, vous qui l'assassinez; 75
Vous, par qui tous nos jours étaient empoisonnés;
Vous, qui pour leur malheur armiez des mains si chères.
Puisse tomber sur vous tout le sang des deux frères!
Vous pleurez! mais vos pleurs ne peuvent me tromper.
Je suis prêt à mourir, et prêt à le frapper. 80
Mon malheur est au comble, ainsi que ma faiblesse.
Oui, je vous aime encor: le temps, le péril presse.
Vous pouvez à l'instant parer le coup mortel.
Voilà ma main, venez: sa grâce est à l'autel.

AMÉLIE

Moi, seigneur?

LE DUC

C'est assez.

AMÉLIE

Moi, que je le trahisse! 85

LE DUC

Arrêtez… répondez…

AMÉLIE

Je ne puis.

83 52D: Vous pourrez à
85 MS: ⟨c'est assez⟩ ↑Répondez
86 MS: ⟨Arrêtez⟩ ↑⟨Achevez⟩ ↑C'en est trop

LE DUC

Qu'il périsse.

VAMIR

Ne vous laissez pas vaincre en ces affreux combats.
Osez m'aimer assez pour vouloir mon trépas.
Abandonnez mon sort au coup qu'il me prépare.
Je mourrai triomphant des mains de ce barbare; 90
Et si vous succombiez à son lâche courroux,
Je n'en mourrais pas moins, mais je mourrais par vous.

LE DUC

Qu'on l'entraîne à la tour; allez, qu'on m'obéisse.

SCÈNE III

LE DUC, AMÉLIE

AMÉLIE

Vous, cruel, vous feriez cet affreux sacrifice?
De son vertueux sang vous pourriez-vous couvrir? 95
Quoi! voulez-vous?...

LE DUC

Je veux vous haïr et mourir,
Vous rendre malheureuse encor plus que moi-même,
Répandre devant vous tout le sang qui vous aime,
Et vous laisser des jours plus cruels mille fois

92 MS, 52D-W64R: mourrais pour vous.
93b MS: LE DUC, AMÉLIE, SUITE

Que le jour où l'amour nous a perdus tous trois. 100
Laissez-moi: votre vue augmente mon supplice.

SCÈNE IV

LE DUC, AMÉLIE, LISOIS

AMÉLIE *à Lisois.*

Ah! je n'attends plus rien que de votre justice.
Lisois, contre un cruel osez me secourir.

LE DUC

Garde-toi de l'entendre, ou tu vas me trahir.

AMÉLIE

J'atteste ici le ciel.

LE DUC

Eloignez de ma vue, 105
Amis; délivrez-moi de l'objet qui me tue.

AMÉLIE

Va, tyran, c'en est trop: va, dans mon désespoir,
J'ai combattu l'horreur que je sens à te voir.
J'ai cru, malgré ta rage à ce point emportée,
Qu'une femme du moins en serait respectée. 110
L'amour adoucit tout, hors ton barbare cœur;
Tigre, je t'abandonne à toute ta fureur.

101b MS: [...] LISOIS, SUITE
106 MS, 52D: délivrez-moi d'un objet

Dans ton féroce amour immole tes victimes;
Compte dès ce moment ma mort parmi tes crimes;
Mais compte encor la tienne. Un vengeur va venir; 115
Par ton juste supplice il va tous nous unir.
Tombe avec tes remparts, tombe et péris sans gloire;
Meurs, et que l'avenir prodigue à ta mémoire,
A tes feux, à ton nom justement abhorrés,
La haine et le mépris que tu m'as inspirés. 120

SCÈNE V

LE DUC DE FOIX, LISOIS

LE DUC

Oui, cruelle ennemie, et plus que moi farouche,
Oui, j'accepte l'arrêt prononcé par ta bouche.
Que la main de la haine, et que les mêmes coups
Dans l'horreur du tombeau nous réunissent tous.

(*Il tombe dans un fauteuil.*)

LISOIS

Il ne se connaît plus; il succombe à sa rage. 125

LE DUC

Eh bien! souffriras-tu ma honte et mon outrage?
Le temps presse: veux-tu qu'un rival odieux

116 52D, 52P: Tremble, ton maître approche, et va
118 53L: prodigue à la mémoire
119 52D: nom de mon cœur abhorrés,
121b MS: [...] LISOIS, SUITE
124a MS, 52D-W64R, no stage direction

Enlève la perfide, et l'épouse à mes yeux?
Tu crains de me répondre! Attends-tu que le traître
Ait soulevé le peuple, et me livre à son maître? 130

LISOIS

Je vois trop en effet que le parti du roi
Des peuples fatigués fait chanceler la foi.
De la sédition la flamme réprimée
Vit encor dans les cœurs en secret rallumée.

LE DUC

C'est Vamir qui l'allume: il nous a trahis tous. 135

LISOIS

Je suis loin d'excuser ses crimes envers vous.
La suite en est funeste, et me remplit d'alarmes.
Dans la plaine déjà les Français sont en armes;
Et vous êtes perdu, si le peuple excité
Croit dans la trahison trouver sa sûreté. 140
Vos dangers sont accrus.

LE DUC

Eh bien, que faut-il faire?

LISOIS

Les prévenir, dompter l'amour et la colère.
Ayons encor, mon prince, en cette extrémité,
Pour prendre un parti sûr assez de fermeté.
Nous pouvons conjurer ou braver la tempête. 145
Quoique vous décidiez, ma main est toute prête.
Vous vouliez ce matin, par un heureux traité,

130 MS: soulevé mon peuple
137 52D: en est à craindre et

Apaiser avec gloire un monarque irrité;
Ne vous rebutez pas: ordonnez, et j'espère,
Seigneur, en votre nom cette paix salutaire. 150
Mais s'il vous faut combattre, et courir au trépas,
Vous savez qu'un ami ne vous survivra pas.

LE DUC

Ami, dans le tombeau laisse-moi seul descendre.
Vis, pour servir ma cause, et pour venger ma cendre.
Mon destin s'accomplit, et je cours l'achever. 155
Qui ne veut que la mort est sûr de la trouver;
Mais je la veux terrible, et lorsque je succombe,
Je veux voir mon rival entraîné dans ma tombe.

LISOIS

Comment? de quelle horreur vos sens sont possédés!

LE DUC

Il est dans cette tour, où vous seul commandez; 160
Et vous m'avez promis que contre un téméraire…

LISOIS

De qui me parlez-vous, seigneur? de votre frère?

LE DUC

Non, je parle d'un traître, et d'un lâche ennemi,
D'un rival qui m'abhorre, et qui m'a tout ravi.
Le Maure attend de moi la tête du parjure. 165

LISOIS

Vous leur avez promis de trahir la nature?

150 MS, 52D: Signer en votre nom
156 52D: Qui cherche bien la mort

LE DUC

Dès longtemps du perfide ils ont proscrit le sang.

LISOIS

Et pour leur obéir, vous lui percez le flanc?

LE DUC

Non, je n'obéis point à leur haine étrangère;
J'obéis à ma rage, et veux la satisfaire. 170
Que m'importent l'Etat, et mes vains alliés?

LISOIS

Ainsi donc à l'amour vous le sacrifiez?
Et vous me chargez, moi, du soin de son supplice?

LE DUC

Je n'attends pas de vous cette prompte justice.
Je suis bien malheureux! bien digne de pitié! 175
Trahi dans mon amour, trahi dans l'amitié!
Allez; je puis encor, dans le sort qui me presse,
Trouver de vrais amis, qui tiendront leur promesse,
D'autres me serviront, et n'allégueront pas
Cette triste vertu, l'excuse des ingrats. 180

LISOIS (*après un long silence.*)

Non; j'ai pris mon parti. Soit crime, soit justice,
Vous ne vous plaindrez plus qu'un ami vous trahisse.
Vamir est criminel: vous êtes malheureux;
Je vous aime; il suffit: je me rends à vos vœux.
Je vois qu'il est des temps pour les partis extrêmes, 185
Que les plus saints devoirs peuvent se taire eux-mêmes.

185 52D: Je sais qu'il est

Je ne souffrirai pas que d'un autre que moi,
Dans de pareils moments vous éprouviez la foi;
Et vous reconnaîtrez, au succès de mon zèle,
Si Lisois vous aimait, et s'il vous fut fidèle. 19

LE DUC

Je te retrouve enfin dans mon adversité:
L'univers m'abandonne, et toi seul m'es resté.
Tu ne souffriras pas que mon rival tranquille
Insulte impunément à ma rage inutile;
Qu'un ennemi vaincu, maître de mes Etats, 19
Dans les bras d'une ingrate insulte à mon trépas.

LISOIS

Non, mais en vous rendant ce malheureux service,
Prince, je vous demande un autre sacrifice.

LE DUC

Parle.

LISOIS

Je ne veux pas que le Maure en ces lieux,
Protecteur insolent, commande sous mes yeux: 20
Je ne veux pas servir un tyran qui nous brave.
Ne puis-je vous venger, sans être son esclave?
Si vous voulez tomber, pourquoi prendre un appui?

191 MS, 52D: dans ma calamité:
194 52D: Jouisse impunément de ma
MS: ⟨Insulte⟩ ↑Jouisse [...] ⟨à⟩ ↑de
195-197 MS:
⟨Dès que le sang du traître aura rougi ces lieux
Qu'à l'instant sur la tour on expose à mes yeux
Ce signal redouté.
LISOIS
Comptes sur mon service⟩ ↑β

Pour mourir avec vous, ai-je besoin de lui?
Du sort de ce grand jour laissez-moi la conduite: 205
Ce que je fais pour vous peut-être le mérite.
Les Maures avec moi pourraient mal s'accorder;
Jusqu'au dernier moment, je veux seul commander.

LE DUC

Oui, pourvu qu'Amélie au désespoir réduite,
Pleure en larmes de sang l'amant qui l'a séduite; 210
Pourvu que de l'horreur de ses gémissements
Ma douleur se repaisse à mes derniers moments;
Tout le reste est égal; et je te l'abandonne.
Prépare le combat, agis, dispose, ordonne.
Ce n'est plus la victoire où ma fureur prétend: 215
Je ne cherche pas même un trépas éclatant.
Aux cœurs désespérés qu'importe un peu de gloire?
Périsse ainsi que moi ma funeste mémoire!
Périsse avec mon nom le souvenir fatal
D'une indigne maîtresse et d'un lâche rival! 220

LISOIS

Je l'avoue avec vous: une nuit éternelle
Doit couvrir, s'il se peut, une fin si cruelle.
C'était avant ce coup qu'il nous fallait mourir:
Mais je tiendrai parole, et je vais vous servir.

Fin du quatrième acte.

223 MS, 52D: avant le coup

ACTE V

SCÈNE PREMIÈRE

LE DUC DE FOIX, UN OFFICIER, GARDES

LE DUC

O ciel! me faudra-t-il, de moments en moments,
Voir et des trahisons et des soulèvements?
Eh bien, de ces mutins l'audace est terrassée?

L'OFFICIER

Seigneur, ils vous ont vu: leur foule est dispersée.

LE DUC

L'ingrat de tous côtés m'opprimait aujourd'hui; 5
Mon malheur est parfait, tous les cœurs sont à lui.
Que fait Lisois?

L'OFFICIER

Seigneur, sa prompte vigilance
A partout des remparts assuré la défense.

LE DUC

Ce soldat qu'en secret vous m'avez amené,
Va-t-il exécuter l'ordre que j'ai donné? 10

c MS, 52D-W68: LE DUC DE FOIX, UN OFFICIER DES GARDES
60P: LE DUC DE FOIX, UN OFFICIER, DES GARDES
4 52D: vu, la foule
5 52P: côtés m'opprimant aujourd'hui,

L'OFFICIER

Oui, seigneur; et déjà vers la tour il s'avance.

LE DUC

Ce bras vulgaire et sûr va remplir ma vengeance.
Sur l'incertain Lisois mon cœur a trop compté:
Il a vu ma fureur avec tranquillité.
On ne soulage point des douleurs qu'on méprise: 15
Il faut qu'en d'autres mains ma vengeance soit mise.
Vous, que sur nos remparts on porte nos drapeaux;
Allez, qu'on se prépare à des périls nouveaux.
Vous sortez d'un combat, un autre vous appelle:
Ayez la même audace, avec le même zèle; 20
Imitez votre maître; et s'il vous faut périr,
Vous recevrez de moi l'exemple de mourir.

(*Il reste seul.*)

Eh bien, c'en est donc fait: une femme perfide
Me conduit au tombeau chargé d'un parricide.
Qui? moi, je tremblerais des coups qu'on va porter? 25
J'ai chéri la vengeance, et ne puis la goûter.
Je frissonne: une voix gémissante et sévère,
Crie au fond de mon cœur, Arrête, il est ton frère.
Ah! Prince infortuné, dans ta haine affermi,
Songe à des droits plus saints; Vamir fut ton ami. 30
O jours de notre enfance! ô tendresses passées!
Il fut le confident de toutes mes pensées.
Avec quelle innocence, et quels épanchements,
Nos cœurs se sont appris leurs premiers sentiments!
Que de fois partageant mes naissantes alarmes, 35
D'une main fraternelle essuya-t-il mes larmes !

12 52D: Le bras vulgaire
22a MS, new scene, not numbered: LE DUC *seul*
26 MS: ⟨Je chéris⟩ ↑J'ai cherché
36 52D: fraternelle il essuya mes

Et c'est moi qui l'immole! et cette même main
D'un frère que j'aimai déchirerait le sein!
O passion funeste! ô douleur qui m'égare!
Non, je n'étais point né pour devenir barbare. 40
Je sens combien le crime est un fardeau cruel!
Mais que dis-je? Vamir est le seul criminel.
Je reconnais mon sang, mais c'est à sa furie:
Il m'enlève l'objet dont dépendait ma vie.
Ah! de mon désespoir injuste et vain transport! 45
Il l'aime, est-ce un forfait qui mérite la mort?
Hélas! malgré le temps, et la guerre, et l'absence,
Leur tranquille union croissait dans le silence.
Ils nourrissaient en paix leur innocente ardeur,
Avant qu'un fol amour empoisonnât mon cœur. 50
Mais lui-même il m'attaque, il brave ma colère;
Il me trompe, il me hait. N'importe, il est mon frère;
C'est à lui seul de vivre; on l'aime, il est heureux;
C'est à moi de mourir. Mais mourons généreux.
La pitié m'ébranlait: la nature décide. 55
Il en est temps encor.

37-38 52D:
Et c'est moi qui l'immole! et je puis sans effroi
Déchirer dans ma rage un cœur qui fut à moi?
[MS, both readings given, with a third reading of 38:
Verser dans ma fureur ce sang qui fut à moi?]

55-59 52D:
Je n'ai point entendu le signal homicide,
L'organe des forfaits, la voix du parricide,
Il en est temps encor.
SCÈNE II
LE DUC, L'OFFICIER DES GARDES
LE DUC
Que tout soit suspendu:
Vole à la tour...
L'OFFICIER
Seigneur...
[MS presents a reworked version involving elements from both readings, but the intention is unclear]

SCÈNE II

LE DUC DE FOIX, L'OFFICIER

LE DUC

Préviens un parricide,
Ami, vole à la tour. Que tout soit suspendu:
Que mon frère…

L'OFFICIER

Seigneur…

LE DUC

De quoi t'alarmes-tu?
Cours, obéis.

L'OFFICIER

J'ai vu, non loin de cette porte,
Un corps souillé de sang qu'en secret on emporte; 60
C'est Lisois qui l'ordonne, et je crains que le sort…

LE DUC

Qu'entends-je… malheureux! Ah ciel! mon frère est mort!
Il est mort, et je vis! et la terre entrouverte,
Et la foudre en éclats n'ont point vengé sa perte!
Ennemi de l'Etat, factieux, inhumain, 65
Frère dénaturé, ravisseur, assassin:

61 MS: ⟨β⟩ ↑Lisois vient d'obéir, c'en est fait et le sort [with marginal stage direction, deleted: (*on placera dans cet instant l'étandard sur la tour*)]
62 52D: Quoi déjà…? Dieu qu'entends-je? ah ciel
MS: ⟨[*variant*]⟩ ↑Qu'a-t-il fait, malheureux!

O ciel, autour de moi que j'ai creusé d'abîmes!
Que l'amour m'a changé! qu'il me coûte de crimes!
Le voile est déchiré: je m'étais mal connu.
Au comble des forfaits je suis donc parvenu? 70
Ah Vamir! ah mon frère! ah jour de ma ruine!
Je sens que je t'aimais, et mon bras t'assassine!
Quoi, mon frère!

L'OFFICIER

Amélie avec empressement,
Veut, seigneur, en secret vous parler un moment.

LE DUC

Chers amis, empêchez que la cruelle avance; 75
Je ne puis soutenir ni souffrir sa présence;
Mais non. D'un parricide elle doit se venger;
Dans mon coupable sang sa main doit se plonger;
Qu'elle entre... Ah! je succombe, et ne vis plus qu'à peine.

SCÈNE III

LE DUC, AMÉLIE, TAÏSE

AMÉLIE

Vous l'emportez, seigneur; et puisque votre haine, 80
(Comment puis-je autrement appeler en ce jour
Ces affreux sentiments que vous nommez amour?)

79c MS, with stage direction: *elle doit réciter ce couplet d'une voix entrecoupée et comme voulant retenir les larmes qui lui échappent.*

Puisqu'à ravir ma foi votre haine obstinée
Veut, ou le sang d'un frère, ou ce triste hyménée…
Mon choix est fait, seigneur; et je me donne à vous: 85
A force de forfaits vous êtes mon époux.
Brisez les fers honteux dont vous chargez un frère;
De vos murs sous ses pas abaissez la barrière.
Que je ne tremble plus pour des jours si chéris:
Je trahis mon amant: je le perds à ce prix: 90
Je vous épargne un crime, et suis votre conquête.
Commandez, disposez, ma main est toute prête.
Sachez que cette main, que vous tyrannisez,
Punira la faiblesse où vous me réduisez.
Sachez qu'au temple même où vous m'allez conduire… 95
Mais vous voulez ma foi, ma foi doit vous suffire.
Allons… Eh quoi! d'où vient ce silence affecté?
Quoi? votre frère encor n'est point en liberté?

LE DUC

Mon frère?

AMÉLIE

Dieu puissant! dissipez mes alarmes.
Ciel! de vos yeux cruels je vois tomber des larmes! 100

LE DUC

Vous demandez sa vie!

AMÉLIE

Ah! qu'est-ce que j'entends?

84 52D, between 84-85:
Puisque je suis réduite à l'exécrable sort,
Ou de trahir Vamir, ou de hâter sa mort,
Et que, de votre rage et ministre et victime,
Je n'ai plus qu'à choisir mon supplice et mon crime:

88 MS: murs sur ses pas

Vous qui m'aviez promis…

LE DUC

Madame, il n'est plus temps.

AMÉLIE

Il n'est plus temps! Vamir!

LE DUC

Il est trop vrai, cruelle!
Oui, l'amour a conduit cette main criminelle:
Lisois, pour mon malheur, a trop su m'obéir. 105
Ah! revenez à vous, vivez pour me punir.
Frappez: que votre main contre moi ranimée
Perce un cœur inhumain qui vous a trop aimée,
Un cœur dénaturé qui n'attend que vos coups.
Oui, j'ai tué mon frère, et l'ai tué pour vous. 110
Vengez sur un coupable indigne de vous plaire
Tous les crimes affreux que vous m'avez fait faire.

AMÉLIE (*se jetant entre les bras de Taïse.*)

Vamir est mort! barbare!

LE DUC

Oui, mais c'est de ta main
Que son sang veut ici le sang de l'assassin.

104 K: Que l'amour
111 52D: sur ce coupable
MS: ⟨ce⟩ ↑un […] ⟨indigne de vous plaire⟩ ↑⟨un monstre sanguinaire⟩ [first reading restored]

AMÉLIE (*soutenue par Taïse et presque évanouie.*)

Il est mort!

LE DUC

Ton reproche...

AMÉLIE

Epargne ma misère. 115

Laisse-moi, je n'ai plus de reproche à te faire.
Va, porte ailleurs ton crime, et ton vain repentir;
Laisse-moi l'adorer, l'embrasser et mourir.

LE DUC

Ton horreur est trop juste. Eh bien, chère Amélie,

115-119 52D:
Vamir est mort!
LE DUC
Achève une juste vengeance,
Qu'à tes genoux tremblants mon désespoir commence.
AMÉLIE
Va, porte ailleurs ton crime et ton vain repentir;
Laisse-moi l'adorer, l'embrasser et mourir.
Il suffit...
LE DUC
Ton reproche...
AMÉLIE
Epargne ma misère:
Laisse-moi, je n'ai plus de reproche à te faire.
LE DUC
Mon crime est au-dessus de toute ta douleur;
L'amour qui l'a commis en augmente l'horreur,
Frappe un cœur forcené qui t'idolâtre encore,
Non moins qu'il se condamne, et non moins qu'il s'abhorre.
AMÉLIE (*revenant à elle avec fureur.*)
Il n'est donc plus! arrête, exécrable assassin!
Réunis deux amants. Tu me retiens en vain.
Monstre, que cette épée...
LE DUC
Eh bien, chère Amélie,

Par pitié, par vengeance, arrache-moi la vie. 12
Je ne mérite pas de mourir de tes coups;
Que ta main les conduise…

SCÈNE IV

LE DUC, AMÉLIE, LISOIS

LISOIS

Ah, ciel, que faites-vous?

LE DUC (*on le désarme.*)

Laissez-moi me punir, et me rendre justice.

AMÉLIE *à Lisois.*

Vous d'un assassinat vous êtes le complice?

LE DUC

Ministre de mon crime, as-tu pu m'obéir? 12

LISOIS

Je vous avais promis, seigneur, de vous servir.

LE DUC

Malheureux que je suis! ta sévère rudesse
A cent fois de mes sens combattu la faiblesse.

122 52D: Que ma main
122c 52P, W57P, W64R: LISOIS (*on le désarme.*)
T64P, T67: LISOIS, *désarmant le duc*
122d MS, 52D, 52P, W57P, T64P, no stage direction

Ne devais-tu te rendre à mes tristes souhaits,
Que quand ma passion t'ordonnait des forfaits? 130
Tu ne m'as obéi que pour perdre mon frère!

LISOIS

Lorsque j'ai refusé ce sanglant ministère,
Votre aveugle courroux, n'allait-il pas soudain
Du soin de vous venger charger une autre main?

LE DUC

L'amour, le seul amour, de mes sens toujours maître, 135
En m'ôtant ma raison, m'eût excusé peut-être,
Mais toi, dont la sagesse, et les réflexions,
Ont calmé dans ton sein toutes les passions,
Toi dont j'avais tant craint l'esprit ferme et rigide,
Avec tranquillité permettre un parricide! 140

LISOIS

Eh bien, puisque la honte, avec le repentir,
Par qui la vertu parle à qui peut la trahir,
D'un si juste remords ont pénétré votre âme,
Puisque malgré l'excès de votre aveugle flamme,
Au prix de votre sang vous voudriez sauver 145
Le sang dont vos fureurs ont voulu vous priver;
Je peux donc m'expliquer; je peux donc vous apprendre,
Que de vous-même enfin Lisois sait vous défendre.
Connaissez-moi, madame, et calmez vos douleurs.
(*au duc.*) (*à Amélie.*)
Vous, gardez vos remords; et vous, séchez vos pleurs. 150
Que ce jour à tous trois soit un jour salutaire.
Venez, paraissez, prince, embrassez votre frère.

(*Le théâtre s'ouvre, Vamir paraît.*)

SCÈNE V

LE DUC, AMÉLIE, VAMIR, LISOIS

AMÉLIE

Qui vous?

LE DUC

Mon frère?

AMÉLIE

Ah ciel!

LE DUC

Qui l'aurait pu penser?

VAMIR (*s'avançant du fond du théâtre.*)

J'ose encor te revoir, te plaindre et t'embrasser.

LE DUC

Mon crime en est plus grand, puisque ton cœur l'oublie. 15

AMÉLIE

Lisois, digne héros qui me donnez la vie!...

LE DUC

Il la donne à tous trois.

LISOIS

Un indigne assassin

Sur Vamir à mes yeux avait levé la main.

J'ai frappé le barbare; et prévenant encore
Les aveugles fureurs du feu qui vous dévore, 160
J'ai feint d'avoir versé ce sang si précieux,
Sûr que le repentir vous ouvrirait les yeux.

LE DUC

Après ce grand exemple, et ce service insigne,
Le prix que je t'en dois, c'est de m'en rendre digne.
Le fardeau de mon crime est trop pesant pour moi; 165
Mes yeux couverts d'un voile, et baissés devant toi,
Craignent de rencontrer, et les regards d'un frère,
Et la beauté fatale à tous les deux trop chère.

VAMIR

Tous deux auprès du roi nous voulions te servir.
Quel est donc ton dessein? parle.

LE DUC

De me punir, 170
De nous rendre à tous trois une égale justice;
D'expier devant vous, par le plus grand supplice,
Le plus grand des forfaits, où la fatalité,
L'amour et le courroux m'avaient précipité.
J'adorais Amélie, et ma flamme cruelle 175
Dans mon cœur désolé s'irrite encor pour elle.
Lisois sait à quel point j'adorais ses appas,
Quand ma jalouse rage ordonnait ton trépas.

159 52D: J'ai tué le barbare
161-162 52D:
J'ai fait donner soudain le signal odieux,
Sûr que dans quelque temps vous ouvririez les yeux.
MS: ⟨[*variant*]⟩ ↑⟨Par un récit cruel je vous ai confondu
Le temps saurait vous rendre la vertu⟩ ↓β
175 52D: J'aimais trop Amélie
MS: ⟨J'adorais⟩ ↑J'aimais

Dévoré, malgré moi, du feu qui me possède,
Je l'adore encor plus... et mon amour la cède.
Je m'arrache le cœur en vous rendant heureux:
Aimez-vous; mais au moins, pardonnez-moi tous deux.

VAMIR

Ah! ton frère à tes pieds, digne de ta clémence,
Egale tes bienfaits par sa reconnaissance.

AMÉLIE

Oui, seigneur, avec lui j'embrasse vos genoux;
La plus tendre amitié va me rejoindre à vous.
Vous me payez trop bien de mes douleurs souffertes.

LE DUC

Ah! c'est trop me montrer mes malheurs et mes pertes.
Mais vous m'apprenez tous à suivre la vertu.
Ce n'est point à demi que mon cœur est rendu.

(*A Vamir.*)

Je suis en tout ton frère; et mon âme attendrie,
Imite votre exemple, et chérit sa patrie.
Allons apprendre au roi, pour qui vous combattez,
Mon crime, mes remords et vos félicités.
Oui, je veux égaler votre foi, votre zèle,
Au sang, à la patrie, à l'amitié fidèle,
Et vous faire oublier, après tant de tourments,
A force de vertus, tous mes égarements.

Fin du cinquième et dernier acte.

179 MS: ⟨Toujours persécuté⟩ ↑β

ALAMIRE

PERSONNAGES[1]

[Consalve], prince du sang royal
Pélage, frère de Gonsalve
Arban, ami et officier de Gonsalve
Alamire
[Taïse], suivante d'Alamire
Mendoce
Un officier
Gardes

La scène est à Osma dans la Castille.

a-9 MS1, absent
1 MS2: Gonsalve [...]
5 MS2: Phénise [...]

[1] The list of characters is in the hand of Decroix. Here, as throughout the play, we have restored the original names of the characters, altered by Decroix: we give 'Consalve' for his 'Gonsalve' and 'Taïse' for 'Phénise'.

ACTE PREMIER

SCÈNE PREMIÈRE

ALAMIRE, TAÏSE

ALAMIRE

Jusqu'à quand Dieu puissant, désolée et plaintive,
Dans les remparts d'Osma me verrai-je captive?
Consalve m'a sauvée et c'est pour mon malheur.
Quoi! je ne crains icy que mon libérateur!
Quoi! l'amour qui toujours m'abandonne et m'outrage 5
Choisit pour m'accabler le frère de Pélage!
Hélas! j'échape à peine aux fers des musulmans,
Mon sort est-il toujours de trouver des tirans?
Depuis que dans Osma sa main m'eut amenée
Toi seule as pris pitié de cette infortunée. 10
Chère Taïse, achève, ôte-moi de ces lieux
Dont Pélage est absent, où tout blesse mes yeux,
Où je me meurs.

TAÏSE

Eh bien, jeune et belle Alamire,
Si Consalve amoureux, soumis à vôtre Empire,
Aiant tout fait pour vous ne peut que vous gêner, 15
Auprès de vôtre Roi s'il faut vous ramener,
Un alfier[1] est tout prêt, qui par mon entremise,

1 MS2: ⟨β⟩ Jusqu'au dernier soupir, désolée

[1] 'Alfier' is a *porte-enseigne*, or standard-bearer. See Huguet, *Dictionnaire de la langue française du seizième siècle*.

ALAMIRE

Osera, s'il le faut, tenter cette entreprise;
Mécontent de Consalve il peut nous seconder.
Mais avez-vous prévu ce qu'il faut hazarder? 20
La Castille est en proie aux ravages du Maure,
Tolède à leur puissance est asservie encore,
Et vous pouvez, Madame, après tant de revers
Au sortir de ces lieux retomber dans les fers.

ALAMIRE

Je veux hazarder tout pourvu qu'on me délivre 25
De la prison illustre où je ne peux plus vivre.

TAÏSE

En vain je combattrais un cœur préocupé,
De mes faibles raisons il serait peu frappé.
Mais dans ces tristes temps de ligues et de haines
Qui confondent des droits les bornes incertaines, 30
Qui n'offrent à vos yeux que des murs embrasés,
Des peuples vagabonds, des tirans divisés,
Vous qu'un astre plus doux semblait avoir formée
Pour l'unique douceur d'aimer et d'être aimée,
Vous fuiez un destin digne de vos appas 35
Pour l'intérêt d'un Roi qui ne l'exige pas!
Consalve, comme lui, voit parmi ses ancêtres
Ce long amas de Rois que l'Espagne eut pour maîtres.
Jusqu'aux murs de Tolède il règne en souverain,
Il vous aime, il vous sert, il vous offre sa main. 40
Ce rang à qui tout cède, et pour qui tout s'oublie,
Brigué par tant d'appas, objet de tant d'envie,
Ce rang qui touche au trône, et qu'on met à vos pieds
Peut-il causer les pleurs dont vos yeux sont noiés?

24 MS1: dans leurs fers
35 MS1: ⟨Vous refusez l'honneur offert à vos appas⟩ V↑β

ALAMIRE

De l'Espagne sanglante, et que ce prince oprime, 45
Alfonse est l'héritier, le maître légitime:
Consalve, aux musulmans lié contre mon roi,
M'est toujours odieux quoiqu'il ait fait pour moi;
Et tout ce que je puis dans ma triste contrainte,
C'est de le respecter, et d'étouffer ma plainte. 50

TAÏSE

Au moins, du brave Arban qui revient aujourd'hui,
Vous auriez pu vous faire un généreux apui.
Il peut tout sur Consalve; et ses conseils peut être,
Vous rendraient à ce roi que vous voulez pour maître.

ALAMIRE

Non, je n'ai point d'appui, tout me devient fatal, 55
Aprends que de Consalve Arban même est rival.

TAÏSE

Il vous aime?

ALAMIRE

L'amour de tous côtés m'oprime;
Dans Osma, dans Burgos, il m'a fait sa victime;
Les troubles de l'état, les horreurs des combats
Sont les moindres des maux attachés à mes pas. 60
Que fait Pélage? est-il dans le camp de son maître?
Que ne m'en parlez-vous? où l'a-t-on vu paraître?
Quels lieux sont aujourd'hui le champ de sa valeur?
Les Maures odieux dont il est la terreur
Ont osé le proscrire et demander sa tête. 65
Puisse Tolède en cendre être un jour sa conquête!

61 MS1: dans les camps de

ALAMIRE

Répondez; quels travaux, quels soins l'ont retenu?
Pélage! vous savez...

TAÏSE

Son sort m'est inconnu.
Depuis que parmi nous le ciel vous a conduite
Des troubles de l'état je n'ai point sçu la suitte. 70

ALAMIRE

Ciel, veille sur Pélage, et rends-moi mon apui!
Tu déffendras ta cause en combattant pour lui.

TAÏSE

Ainsi le seul Pélage icy vous interesse,
Lui seul cause vos pleurs?

ALAMIRE

Ouï, je te le confesse.
Oui, tu vois tous les traits qui déchirent mon cœur, 75
Je ne peux plus porter le poids de ma douleur.
A la cour de mon roi Pélage m'avait vue;
C'est là que cette ardeur au Roi même inconnue,
S'accrut dans le silence, et n'eut pour confidents,
Que nos soupirs cachez, et nos secrets serments; 80
Et Consalve surtout ignorant ce mistère
Ne sait pas si mes yeux ont jamais vu son frère.
Sous les tours d'Alcala, dans ces paisibles lieux
Qu'en de plus heureux temps ont bâti mes ayeux,
J'attendais en secret, tranquile, retirée, 85
Qu'il vint y dégager la foi qu'il m'a jurée
Lorsque les Sarrazins, inondant ces deserts,
Sous mes toits embrasés me chargèrent de fers.

71 MS2: ⟨Ciel⟩ Dieu

Consalve est l'allié de ce peuple indomptable.
Il me sauva, Taïse, et c'est ce qui m'accable. 90
Cher Pélage! mes jours te sont-ils réservés?
Jours tristes, jours affreux qu'un autre a conservés,
Quoi! pour comble de maux, je dois tout à son frère!

TAÏSE

Cachez au fier Arban ce dangereux mistère.
Il vient à vous.

ALAMIRE

Vient-il redoubler mes ennuis! 95
Ah! c'est trop abuser de l'état où je suis.

SCÈNE II

ALAMIRE, ARBAN, TAÏSE

ARBAN

Souffrez qu'en arrivant dans ce séjour d'allarmes
Je dérobe un instant au tumulte des armes.
Cessez de détourner avec sévérité
Ces yeux pleins d'un couroux que j'ai peu mérité. 100
Ecoutez-moi, Madame, et daignez mieux connaître
L'ame d'un vrai soldat, digne de vous peut-être.

ALAMIRE

Vous pouvez tout, parlez.

95a-96b MS1, added by Voltaire; one or more leaves have been removed from MS1 at this point, with the loss of the original scenes 2 and 3; subsequent scenes have been renumbered, as shown in the variants below

ALAMIRE

ARBAN

Mes mains aux champs de Mars
De Consalve en tout temps portent les étendarts,
De ma fidélité mon amitié s'honore, 105
Je combats pour lui seul, et non pas pour le Maure.
Et dans ces temps affreux de discorde et d'horreur
Je n'ai d'autre parti que celui de mon cœur;
Non que pour ce héros mon ame prévenue
Prétende à ses défauts fermer ma faible vue: 110
Je ne m'aveugle pas, je vois avec douleur
De ses emportements l'indiscrete chaleur.
Je vois que de ses sens L'impétueuse yvresse
L'abandonne aux éxcez d'une ardente jeunesse;
Et ce torrent fougueux que j'arrête avec soin 115
Trop souvent me l'arrache et l'emporte trop loin.
Mais il a cent vertus qui rachêtent ses vices.
Et qui saurait, Madame, où placer ses services
S'il ne nous fallait suivre, et ne chérir jamais
Que des cœurs sans faiblesse et des princes parfaits? 120
Tout le mien est à lui, mais enfin cette épée
Dans le sang espagnol à regrêt s'est trempée.
Et je voudrais qu'Alfonse…

ALAMIRE

Osez le nommer Roi.

ARBAN

Jusqu'aujourd'hui, Madame, il ne l'est pas pour moi.
Je voudrais, il est vrai, lui donner mon homage, 125
Tous mes vœux sont pour lui, mais l'amitié m'engage,

110 MS2: ⟨β⟩ fermer toujours ma vue
119 MS1: S'il ne vous falloit
125 MS2: ⟨donner⟩ porter

Mon bras se donne au duc, et ne peut aujourd'hui
Ni servir, ni traitter, ni changer qu'avec lui.
Le malheur de nos temps, nos discordes sinistres,
La cour abandonnée aux brigues des ministres, 130
Dans ce cruel parti tout l'a précipité.
Je ne peux à mon choix fléchir sa volonté.
J'ai souvent de son cœur aigrissant les blessures
Révolté sa fierté par des vérités dures.
Vous seule à vôtre Roi le pouriez rappeller, 135
Madame, et c'est de quoi je cherche à vous parler.
J'aspirai jusqu'à vous dans un temps plus tranquile
Avant qu'en vos malheurs Osma fut vôtre azile.
J'ai cru que vous pourriez, approuvant mon dessein
Accepter sans mépris mon homage et ma main. 140
Les musulmans alors inondant la Castille
Du vaillant Alamir enlevèrent la fille.
Que faisais-je? où le ciel emportait-il mes pas?
Le duc plus fortuné vous sauva de leurs bras,
La gloire en est à lui, qu'il en ait le salaire. 145
Il a par trop de droits mérité de vous plaire,
Il est prince, il est jeune, il est vôtre vengeur,
Ses bienfaits et son nom, tout parle en sa faveur.
La justice et l'amour vous pressent de vous rendre,
Je n'ai rien fait pour vous, je n'ai rien à prétendre; 150
Je me tais… cependant, s'il faut vous mériter
A tout autre qu'à lui j'irais vous disputer,
Je cèderais à peine aux enfans des rois même,
Mais ce prince est mon chef, il vous adore, il m'aime.
Arban ni vertueux, ni superbe à demi 155
Aurait bravé le prince et cède à son ami.
Je fais plus; de mes sens maîtrisant la faiblesse
J'ose de mon rival apuier la tendresse,

127 MS2: ⟨β⟩ Mon bras est à Gonsalve
139 MS1: vous pouviez, aprouvant
144 MS2: ⟨β⟩ Gonsalve plus heureux

ALAMIRE

Vous montrer vôtre gloire, et ce que vous devez
Au héros qui vous aime et par qui vous vivez. 160
Je verrai d'un œil sec, et d'un cœur sans envie
Cet hymen qui pouvait empoisonner ma vie,
Je réunis pour vous mon service, mes vœux;
Ce bras qui fut à lui combattra pour tout deux.
Autrefois vôtre amant, toujours ami fidèle 165
Soldat de vôtre époux, et plein du même zèle
Je servirai sous lui, comme il faudra qu'un jour
Quand je commanderai, l'on me serve à mon tour.
Voilà mes sentiments. Considérez, Madame,
Le nom de cet amant, ses services, sa flamme, 170
Songez que si l'himen vous range sous sa loi
S'il est à vous, Madame, il est à vôtre Roi.

ALAMIRE

Qu'avec étonnement, seigneur, je vous contemple.
Que vous donnez au monde un râre et grand éxemple!
Quoi! ce cœur (je le crois sans feinte et sans détour) 175
Connait l'amitié seule, et sait braver l'amour!
Il faut vous admirer quand on sçait vous connaître,
Vous servez vôtre ami, vous servirez mon maître,
Et je sais que vos yeux n'ont vu qu'en frémissant
Vos étendarts unis aux drapeaux du croissant. 180
Eh bien, de vos vertus je demande une grace!

ARBAN

Vos ordres sont sacrés. Que faut-il que je fasse?

ALAMIRE

Vos conseils généreux me pressent d'accepter
Ce rang dont un grand prince a daigné me flatter,

163 MS1: service et mes vœux

Je ne me cache point combien son choix m'honore, 185
J'en vois toute la gloire, et quand je songe encore,
Qu'avant qu'il fut épris de ce funeste amour
Il daigna me sauver et l'honneur et le jour,
Tout ennemi qu'il est de son roi légitime,
Tout allié du Maure, et protecteur du crime, 190
Accablée à ses yeux du poids de ses bienfaits
Je crains de l'affliger, Seigneur, et je me tais.
Mais malgré son service et ma reconnaissance,
Il faut par des refus répondre à sa constance.
Sa passion m'afflige, il est dur à mon cœur 195
Pour prix de ses bontés de causer son malheur.
Non, Seigneur, il lui faut épargner cet outrage:
Qui pourait mieux que vous gouverner son courage?
Est-ce à ma faible voix d'annoncer son devoir?
Je suis loin de chercher ce dangereux pouvoir. 200
Quel apareil affreux, quel temps pour l'himenée?
De Maures, d'ennemis la ville environnée
N'attend que des assauts, ne voit que des combats,
Le sang de tous côtés coule icy sous mes pas.
La terreur me consume… et vôtre prince ignore 205
Si Pélage son frère hélas! respire encore.
Pardonnez… achevez vos desseins généreux.
Qu'il me rende à mon roi, c'est tout ce que je veux.
Ajoutez cet éffort à l'éffort que j'admire.
Vous devez sur son cœur avoir pris quelque Empire. 210
Un esprit mâle et ferme, un ami respecté
Fait parler le devoir avec autorité,
Ses conseils sont des loix.

ARBAN

Il en est peu, Madame,
Contre les passions qui gouvernent son ame.

199-208 MS1, added by Voltaire

ALAMIRE

Je connais sa faiblesse et son emportement, 215
Consalve est soupçonneux et je fus vôtre amant.
Quels que soient les ennuis dont vôtre cœur soupire,
Je vous ai déja dit ce que j'ai du vous dire.
Laissez-moi ménager son esprit ombrageux.
Je crains d'effaroucher ses feux impétueux. 220
Je sçais à quels excez irait sa jalousie,
Quels poisons mes discours répandraient sur sa vie.
Je vous perdrais peut-être, et mon soin dangereux,
Madame, avec un mot ferait trois malheureux.
Vous, à vos intérêts rendez-vous moins contraire, 225
Pesez sans passion l'honneur qu'il veut vous faire.
Moi, libre entre vous deux, souffrez que dès ce jour
Oubliant à jamais le langage d'amour,
Tout entier à la guerre, et maître de mon ame,
J'abandonne à leur sort et vos vœux et sa flamme. 230
Je crains de l'affliger; je crains de vous trahir,
Et ce n'est qu'aux combats que je dois le servir.
Laissez-moi d'un soldat garder le caractère,
Et dédaigner des cours l'intrigue et le mistère.
Consalve vient à vous.

ALAMIRE

Je ne puis lui parler. 235
Il verrait trop mes pleurs toujours prets à couler.
Que ne puis-je arrêter sa fatale poursuitte!

(*elle sort.*)

221 MS1: à quel excés
222 MS1: Quel poison mes
235 MS1, first hemistich given to Taïse

SCÈNE III

CONSALVE, ARBAN, TAÏSE

CONSALVE

Est-ce elle qui m'échappe, est-ce elle qui m'évite..?
Taïse, demeurez. Vous connaissez trop bien
Les transports douloureux d'un cœur tel que le mien. 240
Vous savez si je l'aime et si je l'ai servie:
J'attends d'elle en un mot ou ma mort ou ma vie.
Il est temps qu'elle accorde à mon amour éperdu
Ce cœur que j'idolâtre, et qui m'est si bien du.
Je suis las du respect, de la reconnaissance 245
Que sa froideur timide opose à ma constance;
Je veux un autre prix; je ne l'attendrai plus,
Le plus leger délai m'est un cruel refus.
En vain à sa patrie, à son maître fidèle
Elle étale à mes yeux le faste de son zèle, 250
Je prétends que tout cède à mon amour, à moi,
Qu'elle trouve en moi seul sa patrie et son roi.
Elle me doit la vie, et jusqu'à l'honneur même.
Et moi je lui dois tout puisque c'est moi qui l'aime.
Unis par tant de droits, c'est trop nous séparer. 255
L'autel est prêt, j'y cours, allez l'y préparer.

237a MS1: Scene ⟨5e⟩ 3^e^

SCÈNE IV

CONSALVE, ARBAN

ARBAN

Seigneur, Songez-vous bien que de cette journée
De vous et de l'état dépend la destinée?

CONSALVE

Oui, vous me verrez vaincre ou mourir son époux.

ARBAN

Peut-être l'ennemi déja marche vers nous. 260

CONSALVE

Je l'attends sans le craindre, et je vais le combattre.
Crois-tu que ma faiblesse ait pu jamais m'abattre?
Penses-tu que l'amour mon tiran, mon vainqueur,
De la gloire en mon ame ait étouffé l'ardeur?
Si l'ingrate me hait, je veux qu'elle m'admire. 265
Elle a sur moi, sans doute, un souverain empire,
Et n'en a point assez pour flétrir ma vertu.
Ah! trop sévère ami, que me reproches-tu?
Non, ne me juge point avec tant d'injustice.
Est-il un Castillan que l'amour avilisse? 270
Amants, aimés, heureux, ils vont tous aux combats,
Et du sein du bonheur ils volent au trépas.
Je mourrai digne au moins de l'ingrate que j'aime.

ARBAN

Que Consalve plutôt soit digne de lui-même.

256a MS1: Scène 6e

Le salut de l'état m'occupait en ce jour, 275
Je vous parle du vôtre, et vous parlez d'amour.
L'Espagne a trop gémi; le feu qui la dévore
S'attise par vos mains entre les mains du Maure.
Vôtre sort est douteux, vos jours sont prodigués
Pour nos vrais ennemis qui nous ont subjugués. 280
Songez qu'il a fallu trois cent ans de constance
Pour sapper par degrès cette vaste puissance,
Et qu'Alphonse aurait pu par une heureuse paix…

CONSALVE

Non, de ses favoris je ne l'aurai jamais.
Ami, je hais le Maure, et je hais davantage 285
Ces lâches conseillers dont la faveur m'outrage,
Ce fils de Ferdinand, cette odieuse cour.
Ces maîtres insolents m'ont aigri sans retour.
De leurs sanglants affronts mon ame est trop frappée.
Contre Alfonse, en un mot, quand j'ai tiré l'épée 290
Ce n'est pas, cher Arban, pour la mettre à ses pieds,
Pour baisser dans sa cour nos fronts humiliés,
Pour servir lâchement un ministre arbitraire.

ARBAN

Non, c'est pour obtenir une paix salutaire.
Eh! quel autre intérêt pouriez-vous écouter? 295

CONSALVE

L'intérêt d'un couroux que rien ne peut dompter.

285 MS1: ⟨Je n'aime point le Maure et⟩ V↑⟨Je hais les Sarrazins mais⟩ V↓β
287 MS1: ⟨Du fils de Ferdinand l'impérieuse cour⟩ V↑β
294 MS1: une paix necessaire,
296 MS1: que ⟨je ne peux⟩ V↑β

ALAMIRE

ARBAN

Vous poussez à l'éxcez l'amour et la colère.

CONSALVE

Tout est extrême en moi, tel est mon caractère.

ARBAN

Il est trop dangereux, je ne vous flatte pas;
Mais en vous condamnant je suivrai tous vos pas. 30[•]
Il faut à son ami montrer son injustice,[2]
L'éclairer, l'arrêter au bord du précipice,
Je l'ai du, je l'ai fait malgré votre couroux,
Vous y voulez tomber, je m'y jette avec vous.

CONSALVE

Amy, que m'as-tu dit!

SCÈNE V

CONSALVE, ARBAN, UN OFFICIER

L'OFFICIER

Seigneur, l'assaut s'apprête. 30
Ces murs sont entourés.

304 MS1: tomber, et j'y cours avec vous.
305 MS2: ⟨Amy⟩ Arban
305a MS1: Scene ⟨7e⟩ 5e

[2] See D12952.

ARBAN

Marchez à nôtre tête.

CONSALVE

Je ne suis pas en peine, ami, de résister
Aux teméraires mains qui viennent m'insulter.
Et quelques ennemis que mon destin m'attire
Je veux les braver tous, je ne crains qu'Alamire. 310

Fin du premier acte

ACTE SECOND

SCÈNE PREMIÈRE

CONSALVE, ARBAN

CONSALVE

La victoire est à nous, vos soins l'ont assurée,
Vos conseils ont guidé ma jeunesse égarée.
C'est vous dont l'esprit ferme et les yeux pénétrants
Veillaient pour ma déffense en cent lieux différents.
Que n'ai-je comme vous ce tranquile courage
Si froid dans le danger, si calme dans l'orage.
Arban m'est nécessaire aux conseils, aux combats,
Et c'est à sa grande ame à diriger mon bras.

ARBAN

Prince, ce feu guerrier qu'en vous on voit paraître
Sera maître de tout quand vous en serez maître. 1
Vous l'avez sçu régler, et vous avez vaincu.
Aiez dans tous les temps cette utile vertu.
Qui sait se posseder peut commander au monde.
Pour moi de qui le bras faiblement vous seconde,
Je connais mon devoir, et l'ai bien mal suivi, 1
Dans l'ardeur du combat je vous ai peu servi,
Nos guerriers sur vos pas marchaient à la victoire
Et suivre vos drapeaux c'est voler à la gloire.
Vous seul, seigneur, vous seul avez fait prisonier
Ce chef des assaillants, ce superbe guerrier, 2
Vous l'avez pris vous-même: et maître de sa vie

4 MS1: ⟨M'ont porté du secours⟩ V↑β en cent

Vos secours l'ont sauvé de sa propre furie.

CONSALVE

Mais d'où vient cher Arban que cet audacieux
Sous son casque fermé se cachait à mes yeux?
D'où vient qu'en le prenant, qu'en saisissant ses armes 25
J'ai senti malgré moi de nouvelles allarmes?
Un je ne sais quel trouble en moi s'est élevé,
Soit que ce triste amour dont je suis captivé
Sur mes sens égarés répandant sa tendresse
Jusqu'au sein des combats m'ait prêté sa faiblesse, 30
Qu'il ait voulu marquer toutes mes actions
De la molle douceur de ses impressions,
Soit que, vaincu par elle, en secret je soupire
De combattre un parti que protège Alamire.
Et que le trait fatal enfoncé dans mon cœur 35
Corrompe en tous les temps ma gloire et mon bonheur.

ARBAN

Quant aux traits dont vôtre ame a senti la puissance
Tous les conseils sont vains; agréez mon silence.
Mais ce sang castillan que nos mains font couler,
Mais l'état, la patrie, il faut vous en parler. 40
Je prévois que bientôt cette guerre fatale,
Ces troubles intestins de la maison roiale,
Ces tristes factions, cèderont au danger
D'abandonner l'Espagne aux mains de l'étranger.
Des Maures fatigués la trop longue puissance, 45
Si l'état est uni, touche à sa décadence.

33 MS1: ⟨Soit même qu'en secret la voix de ma patrie,⟩ V↑ soit que ⟨malgré⟩ vaincu β

34 MS1: ⟨Ait peut-être effrayé ce cœur qui l'a trahie,⟩ V↑ β

35 MS1: ⟨A nos cruels ennemis, objets de mon couroux,⟩ V↑ et que le trait fatal ⟨qu'a⟩ ⟨a mon cœur attaché⟩ enfoncé dans mon cœur

36 MS1: ⟨Non j'ay fait mon devoir en m'armant contre vous.⟩ V↑ β

ALAMIRE

Des rois dont vous sortez le sang est adoré.
Tôt ou tard il faudra que de ce trône sacré
Les rameaux divisés et courbés par l'orage,
Plus unis et plus beaux, soient nôtre unique ombrage. 50
Vous, placé près du trône, à ce trône attaché,
Si les malheurs du temps vous en ont arraché,
A des nœuds étrangers s'il fallut vous résoudre,
L'intérêt les forma, l'honneur peut les dissoudre.
Tels sont mes sentiments que je ne peux trahir. 55

CONSALVE

Quoi! l'ingrate à mes yeux dédaigne de s'offrir!
Quoi! lorsqu'à ses genoux soumettant ma fortune,
Me dérobant aux cris d'une foule importune,
Aux acclamations du soldat qui me suit,
Je cherchais auprès d'elle un bonheur qui me fuit, 60
Alamire ose encor éviter ma présence!
Elle insulte à ma flamme, à ma persévérance,
Sa tranquile fierté prodiguant ses rigueurs
Jouït de ma faiblesse et rit de mes douleurs.
Ah! si je le croiais, si cet amour trop tendre… 65

ARBAN

Seigneur, à mon devoir il est temps de me rendre;
Je vais en vôtre nom, par des soins assidus,
Honorer les vainqueurs, soulager les vaincus,
Et forcer, s'il le faut, à se faire connaître,
Ce vaillant chevalier dont le sort vous fait maître. 70

61 MS1: Alamire ⟨à ma vuë elle ose se soustraire⟩ $^{V\uparrow}\beta$
62 MS1: flame, à ma ⟨juste colere⟩ $^{V\uparrow}\beta$
63 MS1: fierté ⟨jouit de son pouvoir⟩ $^{V\uparrow}\beta$
64 MS1: ⟨Et peut-être en secret rit de mon desespoir⟩ $^{V\uparrow}\beta$

CONSALVE

Tu ne m'écoutes pas, tu parles de devoir
Quand mon cœur dans le tien répand son désespoir.
Va donc, remplis des soins dont je suis incapable.
Va, laisse un malheureux au dépit qui l'accable.
Rends-toi chez ce guerrier, prodigue en sa faveur 75
Les secours généreux qu'on doit à sa valeur.
Va, laisse-moi, te dis-je, à ma douleur profonde;
Alamire me fuit, et je fuis tout le monde.
Ton front rougit pour moi; tu condamnes mon cœur.

ARBAN

Non, je plains sa faiblesse, et j'en crains la fureur. 80
(*il sort.*)

SCÈNE II

CONSALVE, *seul*

O ciel, qu'il est heureux! et que je porte envie
A la libre fierté de cette ame hardie!
Il voit sans s'allarmer, il voit sans s'éblouir
La funeste beauté que je voudrais haïr.
Cet astre impérieux qui préside à ma vie, 85
N'a ni feux ni raïons que son œil ne défie;
Et moi je sers en lâche, et j'offre à ses appas
Des vœux que je déteste et qu'on ne reçoit pas.

70a-79 MS1, added by Voltaire
80a MS1, no stage direction
81 MS1: heureux ⟨que ma faiblesse envie⟩ V↑β
82 MS1: ⟨L'insensibilité⟩ V↑A la libre fierté

ALAMIRE

La voicy. Quoi! vers moi quelque pitié l'entraine,
Je pourais me flatter d'avoir vaincu sa haine! 90

SCÈNE III

ALAMIRE, CONSALVE, TAÏSE

ALAMIRE

Où s'égarent mes pas! ô surprise! ô terreur!
Que tout ce que j'apprends redouble ma douleur!
Ce guerrier inconnu... ciel! où suis-je, Taïse?

GONSALVE

Eh quoi! vous me voiez, et vous êtes surprise!
J'ignore quel objet attire icy vos pas, 95
Mais vos yeux ont trop dit qu'ils ne me cherchent pas.
Vous plairez-vous encor à nourrir mes allarmes,
A flétrir des lauriers que j'arrose de larmes?
Et qui me tiendront lieu de malheur et d'affront
S'ils ne sont de vos mains attachés sur mon front; 100
Si vôtre incertitude, allarmant mes tendresses,
Peut encor démentir la foi de vos promesses?

ALAMIRE

Je ne vous promis rien, vous n'avez point ma foi,
Et la reconnaissance est tout ce que je doi.

93 MS1: ciel! ⟨que vois-je⟩ V↑β
94 MS1: ⟨Madame à mon aspect vous paraissez surprise⟩V↑β
101 MS2: ⟨allarmant⟩ offensant

CONSALVE

Quoi! lorsque de ma main je vous offrais l'hommage? 105

ALAMIRE

D'un si nôble present j'ai vu tout l'avantage,
Et sans chercher ce rang qui ne m'était pas dû
Par de justes respects je vous ai répondu.
Vos bienfaits, vôtre amour, et mon amitié même,
Tout vous flattait sur moi d'un empire suprême. 110
Tout vous a fait penser qu'un rang si glorieux,
Présenté par vos mains, éblouïrait mes yeux.
Vous vous trompiez, il faut rompre enfin le silence,
Je vais vous offenser. Je me fais violence;
Mais réduite à parler, je vous dirai, seigneur, 115
Que l'amour de mes rois est gravé dans mon cœur.
Votre sang est auguste et le mien est sans crime,
Il coule pour l'état que l'étranger oprime.
Un père vertueux en mon cœur a transmis
L'horreur qu'un Castillan doit à ses ennemis; 120
Et sa fille jamais n'acceptera pour maître
L'ami de nos tirans, quelque grand qu'il puisse être.
Voilà les sentiments que son sang m'a tracés,
Et s'ils vous font rougir, c'est vous qui m'y forcez.[1]

117 MS1: ⟨Je respecte dans vous le sang de vos ancêtres,⟩ V↑β
118 MS1: ⟨Mais celuy dont je sors a coulé pour ses maitres.⟩ V↑β
119 MS1: ⟨guerrier⟩ V↑ père
120 MS1: ⟨La haine qu'un Castillan⟩ V↑β
123 MS1: ⟨Voilà les sentiments que son sang m'a tracez⟩ V↑β
124 MS1:
⟨J'ay parlé malgré moy, c'est vous qui m'y forcez⟩
V↑⟨Il faut dire encor plus puisque vous m'y forcez⟩ V↑β
V⟨Ces tirans ont proscrit le sang de votre frere
Apres cet attentat de leur cour sanguinaire
Vous restez l'allié de ce peuple odieux
Vous etes plus coupable sans doute et non moins odieux⟩
V⟨Ces tirans ont proscrit le sang de votre frère
Et si lorsque l'Espagne en frémit de colere

ALAMIRE

CONSALVE

Je suis, je l'avouerai, surpris de ce langage; 125
Je ne m'attendais pas à ce nouvel outrage,
Et n'avais pas prévu que le sort en courroux
Pour m'accabler d'affronts se dût servir de vous.
Vous avez fait, Madame, une secrête étude
Du mépris, de l'insulte, et de l'ingratitude; 130
Et vôtre cœur enfin lent à se déploier,
Hardi par ma faiblesse a paru tout entier.
Je ne connaissais pas tout ce zèle héroïque,
Tant d'amour de l'état, et tant de politique.
Mais vous qui m'outragez, me connaissez-vous bien? 135
Vous reste-t-il icy de parti que le mien?
M'osez-vous reprocher une heureuse alliance
Qui fait ma sureté, qui soutient ma puissance,
Sans qui vous gémiriez dans la captivité,
A qui vous avez dû l'honneur, la liberté? 140
Est-ce donc là le prix de vous avoir servie?

ALAMIRE

Oui, vous m'avez sauvée, oui, je vous dois la vie.
Mais, Seigneur, mais hélas! n'en puis-je disposer?
Me la conserviez-vous pour la tiraniser?

CONSALVE

Je deviendrai tiran, mais moins que vous, cruelle! 145

Vous restez l'allié de ce peuple odieux
Quels citoyens sur vous pouront tourner leurs yeux?⟩

134 MS1: d'amour ⟨pour vos rois⟩ ou $^{V\uparrow}\beta$

137-142 MS1:
⟨Vous qui me devez tant, vous que j'ay trop servie,
Vous dont les jours.

ALAMIRE

Je scais que je vous dois. Je scay que je vous⟩ $^{V}\beta$ dois la vie.

145 MS1: ⟨Ouy je serais⟩ $^{V\uparrow}\beta$ tiran

Mes yeux lisent trop bien dans vôtre ame rebelle,
Tous vos prétextes faux m'apprennent vos raisons.
Je vois mon déshonneur, je vois vos trahisons.
Quel que soit l'insolent que ce cœur me préfère,
Redoutez mon amour, tremblez de ma colère; 150
C'est lui seul désormais que mon bras va chercher.
De son cœur tout sanglant j'irai vous arracher,
Et si dans les horreurs du sort qui nous accable
De quelque joie encor ma fureur est capable
Je la mettrai, perfide, à vous désespérer. 155

ALAMIRE

Non, Seigneur, la raison saura vous éclairer.
Non, vôtre ame est trop noble, elle est trop élevée
Pour opprimer ma vie après l'avoir sauvée.
Mais si vôtre grand cœur s'avilissait jamais
Jusqu'à persécuter l'objet de vos bienfaits, 160
Sachez que ces bienfaits, vôs vertus, vôtre gloire,
Plus que vos cruautés vivront dans ma mémoire.
Je vous plains, vous pardonne, et veux vous respecter.
Je vous ferai rougir de me persécuter,
Et je conserverai malgré vôtre menace 165
Une ame sans couroux, sans crainte, et sans audace.

CONSALVE

Arrêtez, pardonnez aux transports égarés,
Aux fureurs d'un amant que vous désespérez.
Je vois qu'Arban et vous, tous deux d'intelligence,
D'une cour qui me hait, vous prenez la déffense. 170

147 MS1: ⟨Je vois vos trahisons, je vois mon deshonneur⟩ V↑⟨Dans vos pretextes faux je vois trop vos raisons⟩ V↑β
148 MS1: ⟨Je vois trop qu'un rival m'a ravi vôtre cœur⟩ V↑β
152 MS2: De ⟨ce⟩ ↑β
159 MS2: ⟨s'avilissait jamais⟩ s'oubliant désormais
160 MS2: ⟨Jusqu'à persécuter⟩ Tourmentait, sans remords

ALAMIRE

Que vous voulez tous deux m'unir à vôtre roi,
Et de mon sort enfin, disposer malgré moi.
Vos discours sont les siens. Mais, cruelle Alamire,
Pour user contre moi d'un souverain Empire,
Pour gouverner mon cœur, l'asservir, le changer, 175
Aviez-vous donc besoin d'un secours étranger?
Aimez. Il suffira d'un mot de vôtre bouche.

ALAMIRE

Je ne vous cache point que du sort qui me touche
Au généreux Arban mon cœur s'était remis.
Je vois qu'il a plus fait qu'il ne m'avait promis. 180
Aiez pitié des pleurs que mes yeux lui confient.
Vous les faittes couler; que vos mains les éssuient.
Devenez assez grand pour apprendre à dompter
Des feux que mon devoir me force à rejetter.
Le prix de vôtre amour n'est point en ma puissance. 185
Laissez-moi toute entiere à ma reconnaissance,
Et ne me forcez pas vous-même à me priver
D'un si cher sentiment que je veux conserver.

(*elle sort.*)

SCÈNE IV

CONSALVE *seul*

L'ai-je bien entendu! que prétend-elle dire!
Arban, le seul Arban dans son cœur a pu lire, 190
C'est pour lui seulement que ce cœur est ouvert.

178 MS1: du soin qui me
188a MS1, no stage direction

C'est lui, c'est mon ami, c'est Arban qui me perd.
Je ne m'étonne plus si sa funeste adresse
Dans mon cœur désolé condamnait la tendresse.
Arban jusqu'à ce point pourait-il m'insulter? 195
Puisqu'il l'a vue, il l'aime, il n'en faut point douter.
En vain son amitié s'empresse de paraître.
L'amour parle, il suffit, et l'ami n'est qu'un traître.
Insensé que j'étais! je prenais pour vertu
Ces fiers dédains d'un cœur qu'un autre a corrompu. 200
Allez, qu'on cherche Arban, qu'il vienne ici se rendre.
Qu'Alamire… mais non, je ne veux plus l'entendre,
Mon cœur à ses appas ne doit que des mépris.
Ciel! par quel zèle faux Arban m'avait surpris!
Amitié, vain fantôme! ombre que j'ai chérie, 205
Toi qui me consolais des malheurs de ma vie,
Bien que j'ai trop aimé, que j'ai trop méconnu,
Trésor cherché sans cesse, et jamais obtenu,
Tu m'as trompé, cruelle, autant que l'amour même!
Et maintenant pour prix de mon erreur extrême, 210
Détrompé des faux biens trop faits pour me charmer,
Mon destin me condamne à ne plus rien aimer.
Le voilà cet ingrat qui fier de son parjure
Vient encor de ses mains déchirer ma blessure.

193 MS1: si ⟨son funeste zêle⟩ $^{V\uparrow}$β

194 MS1: ⟨Prenoit le triste soin de me détacher d'elle⟩ $^{V\uparrow}$⟨Sembloit tout condamner de me détacher d'elle⟩ $^{V\downarrow}$⟨Prenoit le soin jaloux de me détacher d'elle⟩ $^{V\downarrow}$β

ALAMIRE

SCÈNE V

CONSALVE, ARBAN

ARBAN

A vos ordres nouveaux vous me voiez rendu. 215
D'où vient sur vôtre front ce chagrin répandu?
A peine ai-je eu le temps d'ordonner qu'on amène
Ce chef que la victoire a mis dans vôtre chaine.

CONSALVE

Je ne veux point le voir. Qu'on ne me parle plus
Des travaux des vainqueurs ni du sang des vaincus, 220
Ni du bien prétendu de ce fatal empire,
Ni de mes alliez, ni surtout d'Alamire.
Je n'écoute plus rien que mon juste couroux,
Je ne vois qu'un perfide.

ARBAN

Et quel est-il?

CONSALVE

C'est vous.

Vous dis-je; et du refus qui vient de me confondre 225
C'est vous, ingrat ami, qui devez me répondre.
Je sais trop qu'Alamire icy vous a parlé,
En vous nommant à moi la perfide a tremblé.
Vous affectez sur elle un odieux silence
Interprête muet de vôtre intelligence. 230
Je ne sais qui des deux je dois plus détester.

ARBAN

Vous sentez-vous capable au moins de m'écouter?

CONSALVE

Je le veux.

ARBAN

Pensez-vous que j'aime encor la gloire?
M'estimez-vous encor, et pouvez-vous me croire?

CONSALVE

Oui... jusqu'à ce moment je vous crus vertueux, 235
Je vous crus mon ami.

ARBAN

Ces tîtres prétieux
Ont été jusqu'icy la règle de ma vie.
Mais vous, méritez-vous que je me justifie?
Aprenez qu'Alamire avait touché mon cœur
Avant que de sa vie heureux libérateur 240
Vous eussiez par vos soins, par cet amour sincère,
Surtout par vos bienfaits tant de droits de lui plaire.
Moi, plus soldat que tendre, et dédaignant toujours
Ce grand art de séduire inventé dans les cours
Ce langage flatteur, et souvent si perfide, 245
Peu fait pour mon esprit peut-être trop rigide,
Je lui parlai d'himen, et ce nœud respecté,
Resserré par l'estime et par l'égalité
Lui pouvait préparer des destins plus propices
Qu'un rang plus élevé, mais sur des précipices. 250
Hier avec la nuit je vins dans vos remparts,

235 MS1: je vous ⟨ay⟩ crus vertueux
236 MS1: Je vous ⟨ay⟩ crus mon ami / ARBAN / Ces titres ⟨glorieux⟩ V↑β
243 MS1: tendre ⟨et plus vray qu'amoureux⟩ V↑β
244 MS1: ⟨Je ne fis point parler mes soupirs ni mes feux⟩ V↑β
245 MS1: ⟨Ny cet art enchanteur, et souvent si perfide⟩ V↑β
246 MS1: ⟨Point⟩ V↑Peu

ALAMIRE

Tout vôtre cœur parut à mes premiers regards.
Aujourd'hui j'ai revu cet objet de vos larmes,
D'un œil indifférent j'ai regardé ses charmes;
Libre et juste auprès d'elle, à vous seul attaché 255
J'ai fait valoir les feux dont vous êtes touché,
J'ai de tous vos bienfaits rapellé la mémoire,
L'éclat de vôtre rang, celui de vôtre gloire,
Sans cacher vos défauts, vantant vôtre vertu,
Et pour vous, contre moi j'ai fait ce que j'ai du. 260
Je m'immole à vous seul, et je me rends justice,
Et si ce n'est assez d'un pareil sacrifice,
S'il est quelque rival qui vous ose outrager,
Tout mon sang est à vous, et je cours vous venger.

CONSALVE

Ah! généreux ami, qu'il faut que je révère, 265
Oui, le destin dans toi me donne un second frère,
Je n'en étais pas digne, il le faut avouer;
Mon cœur...

ARBAN

Aimez-moi, prince, au lieu de me louer.
Aimez vos interêts, aimez vôtre patrie.
Je vous ai déjà dit que l'Espagne aguérie, 270
Contre les musulmans de leurs pertes lassés
Est prête à réunir ses membres dispersés.
Je vous le dis encor au sein de vôtre gloire.
Et vos brillants lauriers cueillis par la victoire
Pouront sur vôtre front se flétrir désormais 275
S'ils n'y sont soutenus de l'olive de paix.

269 MS1: ⟨Et sur vos interets souffrez que je m'explique⟩ V↑β
270 MS1: ⟨Vous m'avez soupçonné de trop de politique⟩ V↑β
271 MS1: ⟨Quand j'ai dit que bientôt on verroit reunis⟩ V↑β
272 MS1, added by Voltaire

Tous les chefs de l'état lassés de ces ravages
Cherchent un port tranquile après tant de naufrages.
Gardez d'être réduit au hazard dangereux
De vous voir ou trahir ou prévenir par eux. 280
Passez-les en prudence aussi bien qu'en courage;
De cet heureux moment prenez tout l'avantage,
Gouvernez la fortune et sachez l'asservir,
C'est perdre ses faveurs que tarder d'en jouïr;
Ses retours sont fréquents, vous les devez connaître. 285
Il est beau de donner la paix à vôtre maître.
Son égal aujourd'hui, demain dans l'abandon,
Vous vous verrez réduit à demander pardon.
Que le bien de l'état, le vôtre vous inspire.

CONSALVE

Brave et prudent ami, penses-tu qu'Alamire 290
Dans son cœur amolli partagerait mes feux
Si le même parti nous unissait tous deux?
Penses-tu qu'à m'aimer je pourais la réduire?

ARBAN

Dans le fond de son cœur je n'ai point voulu lire,
Mais qu'importent pour vous ses vœux et ses desseins! 295
Faut-il que l'amour seul fasse icy nos destins?
Quand vôtre aieul Pélage au fond de l'Asturie
Sur ses débris sanglants soutenait la patrie,
Quand seul il arrêta dans nos champs inondés
Des peuples du croissant les torrents débordés, 300
Sauva-t-il son païs pour plaire à sa maîtresse?
Tant d'honneurs étaient-ils l'éffet d'une faiblesse?
Mon bras contre un rival est prêt à vous servir;
Je voudrais faire plus, je voudrais vous guérir.
On connait peu l'amour, on craint trop son amorce; 305

282 MS1: ⟨Et⟩ de cet

ALAMIRE

C'est sur nos lâchetés qu'il a fondé sa force;
C'est nous qui sous son nom troublons nôtre repos;
Il est tiran du faible, esclave du héros.
Puisque je l'ai vaincu, puisque je le dédaigne
Sur le sang de nos rois souffrirez-vous qu'il règne?
Vos autres ennemis par vous sont abattus
Et vous devez en tout l'exemple des vertus.

CONSALVE

J'en donne de faiblesse, et mon erreur m'est chère.
Si tu domptas la tienne, elle était bien legère;
D'un feu peu violent ton cœur fut enflammé;
Non, tu n'as pas vaincu, tu n'avais point aimé.

ARBAN

J'aimais: et nôtre amour suit nôtre caractère
Le vôtre est emporté comme vôtre colère.

GONSALVE

Viens, suis-moi. Tu verras mon couroux amolli,
Et jusqu'au dernier point mon orgueil avili;
Entre Alamire et moi je te rendrai l'arbitre.

ARBAN

Entre l'état et vous j'accepterai ce titre.

Fin du second acte

313 MS1: faiblesse mon

ACTE TROISIÈME

SCÈNE PREMIÈRE

CONSALVE, ARBAN

CONSALVE

Oui, j'y suis résolu; je ferai tout pour elle.
Il faut bien à la fin désarmer la cruelle.
Ses loix seront mes loix, son roi sera le mien,
Je n'aurai de parti, de maître que le sien.
Possesseur d'un trésor où s'attache ma vie   5
Avec mes ennemis je me réconcilie.
Je lirai dans ses yeux mon sort et mon devoir.
Mon cœur est enivré de cet heureux espoir.
Je n'ai point de rival, j'avais tort de me plaindre;
Si tu n'es point aimé quel mortel ai-je à craindre?   10
Qui pourait dans ma cour avoir poussé l'orgueil
Jusqu'à laisser vers elle échapper un coup d'œil?
Enfin, plus de prétexte à ses refus injustes.
L'intérêt de l'état, et tous ces noms augustes
De patrie et de rois, d'Espagnols, de chretiens,   15
Sont des tîtres sacrés qui s'unissent aux miens.
Je veux que ce guerrier que près de moi j'appelle
Lui-même aille à son roi porter cette nouvelle.
Je veux entre ses mains dans ce fortuné jour
Sceller tous les serments que je fais à l'amour.   20
Quant à mes intérêts que toi seul en décide.

ARBAN

Souffrez donc près du roi que mon zèle me guide.
Peut-être il eut fallu que ce grand changement
Ne fut du qu'au héros, et non pas à l'amant.

ALAMIRE

Mais si d'un si grand cœur une femme dispose
L'effet en est trop beau pour en blâmer la cause.
Et mon cœur tout rempli de cet heureux retour
Bénit vôtre faiblesse, et rend grace à l'amour.

(*il sort.*)

SCÈNE II

CONSALVE, MENDOCE

CONSALVE

Ce guerrier, quel qu'il soit, tarde bien à paraître.
Pourquoi tant différer de se faire connaître?
Après avoir montré cette râre valeur
Pourait-il bien rougir de m'avoir pour vainqueur?
Je vous avais nommé pour veiller à sa garde,
Mendoce, et c'est vous seul que cet emploi regarde.
Pourquoi ne vient-il point?

MENDOCE

On l'amêne en ces lieux.

CONSALVE

Quel est-il?

MENDOCE

Vous allez être instruit par vos yeux,

25 MS2: ⟨d'un si grand cœur⟩ de votre sort
28a MS1, no stage direction
35 MS1: ne vient-il pas?

Vous le saurez trop tôt.

SCÈNE III

CONSALVE, PÉLAGE, SUITTE

PÉLAGE

Entreprise funeste!
Qui, de ma triste vie, arrachera le reste?
En quelles mains ô ciel! mon malheur m'a remis!

CONSALVE

Qu'entends-je! et quels accents ont frappé mes esprits! 40

PÉLAGE

M'as-tu pu méconnaître?

CONSALVE

Ah! Pélage! ah mon frère!...

PÉLAGE

Ce nom jadis si cher, ce nom me désespère;
Je ne le suis que trop ce frère infortuné,
Ton ennemi vaincu, ton captif enchainé.

CONSALVE

Tu n'es plus que mon frère, et mon cœur te pardonne. 45
Mais je te l'avouerai, ta cruauté m'étonne.
Si ton roi me poursuit, Pélage, était-ce à toi
A briguer, à remplir cet odieux emploi?

ALAMIRE

Que t'ai-je fait?

PÉLAGE

Tu fais le malheur de ma vie,
Je voudrais qu'aujourd'hui ta main me l'eut ravie.

CONSALVE

De nos troubles civils quels éffets malheureux!

PÉLAGE

Les troubles de mon cœur sont encor plus affreux.

CONSALVE

J'eusse aimé contre un autre à montrer mon courage.
Pélage, je te plains.

PÉLAGE

Je te plains davantage,
De haïr ton païs, de haïr sans remords
Et le Roi qui t'aimait, et le sang dont tu sors.

CONSALVE

Arrête! épargne-moi l'infâme nom de traître.
A cet indigne mot je m'oublierais peut-être.
Non, mon frère, jamais je n'ai moins mérité
Le reproche odieux de l'infidélité.
Je suis prêt de donner à nos tristes provinces,
A l'Espagne sanglante, au reste de nos princes
L'exemple auguste et saint de la réunion
Après l'avoir donné de la division.

55 MS1: de trahir sans remords

PÉLAGE

Toi, Consalve?

CONSALVE

Oui, ce jour qui semble si funeste 65
Des feux de la discorde éteindra ce qui reste.

PÉLAGE

Ce jour est trop horrible.

CONSALVE

Il va combler mes vœux.

PÉLAGE

Comment?

CONSALVE

Tout est changé, ton frère est trop heureux.

PÉLAGE

Je te crois. – on disait que d'un amour extrême,
Violent, éffrené (car c'est ainsi qu'on aime) 70
Ton cœur depuis trois mois s'occupait tout entier.

CONSALVE

J'aime; oui, la renommée a pu le publier.
Oui, j'aime avec fureur. Un coup d'œil d'Alamire
De moi, de mes destins dispose avec Empire,
Et mes ressentiments, mes droits, mes alliés, 75
Gloire, amis, ennemis, je mets tout à ses pieds.

72 MS2: ⟨Oui, j'aime⟩ ↑β

ALAMIRE

(*à Mendoce.*)

Allez, et dites-lui que deux malheureux frères,
Jettez par le destin dans des partis contraires,
Pour marcher désormais sous le même étendart
De ses yeux souverains n'attendent qu'un regard. 80

(*à Pélage*)

Ne blâme point l'amour où ton frère est en proie,
Pour me justifier il suffit qu'on la voie.

PÉLAGE

Alamire vous aime!

CONSALVE

Elle le doit du moins.
Il n'était qu'un obstacle au succez de mes soins,
Il n'en est plus, je veux que rien ne nous sépare. 85

PÉLAGE

Quels éffroiables coups le cruel me prépare! –
Ecoute, à ma douleur ne veux-tu qu'insulter?
Me connais-tu? sçais-tu ce que j'osais tenter?
Dans ces funestes lieux sçais-tu ce qui m'amêne?

CONSALVE

Oublions ces sujets de discorde et de haine. 90

SCÈNE IV

CONSALVE, PÉLAGE, ALAMIRE

GONSALVE

Oui, Madame, aprenez que du sein du malheur,
Le ciel daigne tirer ma gloire et mon bonheur.
J'ai vaincu, je vous aime, et je retrouve un frère.
Sa présence à mes yeux vous rend encor plus chère.
Et vous, mon frère, et vous, soiez icy témoin 95
Si l'excez de l'amour peut emporter plus loin.
Ce que vôtre reproche, ou bien vôtre prière,
Le généreux Arban, le Roi, l'Espagne entiere,
Demanderaient ensemble et qu'ils n'obtiendraient pas,
Soumis et subjugué, je l'offre à ses appas. 100

(*à Alamire*)

De L'ennemi des rois vous avez craint l'hommage,
Vous aimez, vous servez une cour qui m'outrage;
Eh bien, il faut céder, vous disposez de moi,
Je n'ai plus d'alliés, je suis à vôtre roi.
L'amour qui malgré vous nous a faits l'un pour l'autre 105
Ne me laisse de choix, de parti que le vôtre.
Vous, courez mon cher frère, allez dès ce moment
Annoncer à la cour un si grand changement.
Soiez libre, partez, et de mes sacrifices
Allez offrir au roi les heureuses prémices. 110
Puissai-je à ses genoux présenter aujourd'hui
Celle qui m'a dompté, qui me ramêne à lui;
Qui d'un prince ennemi fait un sujet fidèle
Changé par ses regards, et vertueux par elle.

107 MS1: allez de ce moment

ALAMIRE

PÉLAGE

Il fait ce que je veux, et c'est pour m'accabler. 115
Prononcez nôtre arrêt, Madame, il faut parler.

CONSALVE

Eh quoi! vous demeurez interdite et muette!
De mes soumissions êtes-vous satisfaitte?
Est-ce assez qu'un vainqueur vous implore à genoux?
Faut-il encor ma vie, ingratte, elle est à vous. 120
Un mot peut me l'ôter, la fin m'en sera chère,
Je vivais pour vous seule et mourrai pour vous plaire.

ALAMIRE

Vivez, mais pour l'état trop longtemps déchiré,
Vivez pour vos devoirs où vous êtes rentré.
Je ne veux point penser qu'au destin d'Alamire 125
Consalve ait attaché le destin de l'Empire;
Qu'il n'ait lû son devoir que dans mes faibles yeux,
Qu'il ait besoin de moi pour être vertueux.
Vos desseins ont sans doute une source plus pure,
Vous avez écouté la voix de la nature, 130
L'amour a peu de part où doit règner l'honneur.

CONSALVE

L'amour seul a tout fait, et c'est là mon malheur;
Sur tout autre intérêt ce triste amour l'emporte,
Accablez-moi de honte, accusez-moi, n'importe.
Dussai-je vous déplaire et forcer vôtre cœur 135
L'autel est prêt, venez.

PÉLAGE

Vous osez!...

126 MS1: ⟨est⟩ V↑ait

ALAMIRE

Non, Seigneur,
Avant que je vous cède et que l'himen nous lie,
Aux yeux de vôtre frère arrachez-moi la vie,
Le sort met entre nous un obstacle éternel,
Je ne puis être à vous.

CONSALVE

Pélage! ingrate!... ah ciel! 140
Alamire! – mais non, mon cœur sait se contraindre,
Vous ne méritez pas que je daigne me plaindre.
Vous auriez du peut-être avec moins de détour
Dans ses premiers transports étouffer mon amour;
Et par un prompt aveu qui m'eut guéri sans doute 145
M'épargner des affronts que mon erreur me coute.
Mais je vous rends justice, et ces séductions
Qui vont au fond des cœurs chercher nos passions,
L'espoir qu'on donne à peine afin qu'on le saississe,
Ce poison préparé des mains de l'artifice 150
Sont les effets d'un charme aussi trompeur que vain
Que l'œil de la raison regarde avec dédain.
Je suis libre par vous. Cet art que je déteste,
Cet art qui m'enchaina brise un joug si funeste,
Et je ne prétends pas indignement épris 155
Rougir devant mon frère et souffrir des mépris.
Montrez-moi seulement ce rival qui se cache,
Je lui cède avec joie un poison qu'il m'arrache.
Je vous dédaigne assez tout deux pour vous unir
Perfide! et c'est ainsi que je dois vous punir. 160

ALAMIRE

Je devrais seulement vous quitter et me taire,

142 MS1: ⟨m'en⟩ V↑me

ALAMIRE

Mais je suis accusée, et ma gloire m'est chère.
Vôtre frère est present, et mon honneur blessé
Doit repousser les traits dont il est offensé.
Pour un autre que vous ma vie est destinée. 165
Je vous en fais l'aveu, je m'y vois condamnée.
Oui, j'aime, et je serais indigne devant vous
De celui que mon cœur s'est promis pour époux,
Indigne de l'aimer, si par ma complaisance
J'avais à vôtre amour laissé quelque espérance. 170
Vous avez regardé ma liberté, ma foi
Comme un bien de conquête, et qui n'est plus à moi.
J'opposais des respects, des pleurs à mon outrage.
J'ai respecté dans vous le frère de Pélage,
J'ai combattu vos feux que je n'ai point bravés, 175
J'ai voulu vôtre estime, et vous me la devez.

CONSALVE

N'attendez que ma rage, et sachez qu'elle égale
Tous les emportements de mon amour fatale.
Quoi! lorsque tant d'amour m'entrainait à vos pieds,
Pélage était en moi ce que vous respectiez! 180
Vous m'aviez réservé cet affront que j'endure!
Allez, je le croirais l'auteur de mon injure,
Si – mais il n'a point vu vos funestes appas,
Mon frère est trop heureux, il ne vous connait pas.
Nommez donc mon rival; mais gardez-vous de croire 185
Que mon lâche dépit lui cède la victoire,
Je vous trompais, mon cœur ne peut feindre longtemps,
Je vous traîne à l'autel à ses yeux expirants.
Et ma main sur sa cendre à vôtre main donnée
Va baigner dans le sang les flambeaux d'himenée. 190
Je sais trop qu'on a vû lâchement abusés
Pour des mortels obscurs des princes méprisés.
Et mes yeux perceront dans la foule inconnue
Jusqu'à ce vil objet qui se cache à ma vue.

PÉLAGE

Pourquoi d'un choix indigne osez-vous l'accuser? 195

CONSALVE

Et pourquoi vous, Pélage, osez-vous l'excuser?
Est-il vrai que de vous elle était ignorée?
Ciel! à ce piege affreux ma foi serait livrée!
Tremblez …

PÉLAGE

Moi que je tremble! ah! j'ai trop dévoré
L'inéxprimable horreur où toi seul m'as livré, 200
J'ai forcé trop longtemps mes transports au silence.
Connais-moi donc, barbare, et remplis ta vengeance,
Connais un désespoir à tes fureurs égal,
Frappe, voilà mon cœur, et voilà ton rival.

CONSALVE

Toi cruel! toi Pélage!

PÉLAGE

Oui, depuis deux années 205
L'amour la plus secrette a joint nos destinées.
C'est toi dont les fureurs ont voulu m'arracher,
Le seul bien sur la terre où j'ai pu m'attacher.
Tu fais depuis trois mois les horreurs de ma vie;
Les maux que j'éprouvais passaient ta jalousie. 210
Par tes égarements juge de mes transports.
Nous puisames tout deux dans ce sang dont je sors
L'éxcez des passions qui dévorent une ame.
La nature à tout deux fit un cœur tout de flamme.
Mon frère est mon rival, et je l'ai combattu. 215
J'ai fait taire le sang, peut-être la vertu,
Furieux, aveuglé, plus jaloux que toi-même,

ALAMIRE

J'ai couru, j'ai volé pour t'ôter ce que j'aime.
Rien ne m'a retenu, ni tes superbes tours
Ni le peu de soldats que j'avais pour secours, 220
Ni le lieu, ni le temps, ni surtout ton courage:
Je n'ai vu qu'Alamire et ton feu qui m'outrage.
Je ne te dirai point que sans ce même amour,
J'aurais pour te servir voulu perdre le jour.
Que si tu succombais à tes destins contraires 225
Tu trouverais en moi le plus tendre des frères,
Que Pélage t'aima, qu'il eut quitté pour toi
Tout dans le monde entier, tout, hors elle et mon roi.
Je ne veux point en lâche appaiser ta vengeance.
Je suis ton ennemi, je suis en ta puissance, 230
L'amour fut dans mon cœur plus fort que l'amitié;
Sois cruel comme moi, punis-moi sans pitié;
Aussi bien tu ne peux t'assurer ta conquête,
Tu ne peux l'épouser qu'aux dépens de ma tête.
A la face des dieux je lui donne ma foi, 235
Je te fais de nos vœux le témoin malgré toi.
Frappe, et qu'après ce coup ta cruauté jalouse
Traine aux pieds des autels ta sœur et mon épouse.
Frappe dis-je. – oses-tu?

CONSALVE

Traître, c'en est assez.
Qu'on l'ôte de mes yeux, soldats, obéissez. 240

ALAMIRE

Non demeurez. – cruels! ah! prince est-il possible,
Que la nature en vous trouve une ame infléxible?
Seigneur! ...

235 MS1: A la face des cieux je

PÉLAGE

Vous le prier! plaignez-le plus que moi,
Plaignez-le, il vous offense, il a trahi son roi.
Va, je suis dans ces lieux plus puissant que toi-même, 245
Je suis vengé de toi, l'on te hait, et l'on m'aime.

ALAMIRE

Ah cher prince! – ah Seigneur, voiez à vos genoux...

CONSALVE

Qu'on m'en réponde. Allez. – Madame, levez-vous.
Vos prières, vos pleurs en faveur d'un parjure
Sont un nouveau poison versé sur ma blessure. 250
Vous avez mis la mort dans ce cœur outragé,
Mais perfide, croiez que je mourrai vengé.
Adieu, si vous voiez les éffets de ma rage
N'en accusez que vous, nos maux sont votre ouvrage.

ALAMIRE

Je ne vous quitte pas. Ecoutez-moi, Seigneur. 255

CONSALVE

Eh bien, achevez donc de déchirer mon cœur,
Parlez.

SCÈNE V

CONSALVE, PÉLAGE, ALAMIRE, ARBAN

ARBAN

J'allais partir lorsqu'au nom de Pélage
J'ai vu se soulever tout un peuple volage.
Le désordre est partout. Vos soldats consternés,
Désertent les drapeaux de leurs chefs étonnés. 260
Et pour comble de maux, vers la ville allarmée
L'ennemi rassemblé fait marcher son armée.

CONSALVE

Allez, cruelle, allez, vous ne jouïrez pas
Du fruit de vôtre haine et de vos attentats.
Rentrez. Aux factieux je vais montrer leur maître. 265
Mendoce suivez-la. Vous, veillez sur ce traître.

SCÈNE VI

PÉLAGE, ARBAN

ARBAN

Le seriez-vous, Seigneur, auriez-vous démenti
Le sang de ces héros dont vous êtes sorti?
Auriez-vous violé par cette lâche injure
Et les droits de la guerre, et ceux de la nature? 270
Pélage à cet éxcez pourait-il s'oublier?

PÉLAGE

Non, mais suis-je réduit à me justifier?

Arban, ce peuple est juste; il t'aprend à connaître
Que mon frère est rebelle, et qu'Alfonse est son
maître.

ARBAN

Ecoutez; ce serait le comble de mes vœux 275
De pouvoir aujourd'hui vous réunir tout deux.
Je vois avec regrêt l'Espagne désolée,
A nos dissentions la nature immolée,
Sur nos communs débris l'Arabe relevé,
Menaçant cet Etat par nous-même énervé. 280
Si vous avez un cœur digne de vôtre race
Faittes au bien public servir vôtre disgrace.
Raprochez les partis, unissez-vous à moi
Pour appaiser Consalve et fléchir votre roi,
Pour éteindre le feu de nos guerres civiles. 285

PÉLAGE

Ne vous en flattez pas: vos soins sont inutiles.
Si la discorde seule avait armé mon bras,
Si la guerre et la haine avaient conduit mes pas
Vous pouriez espérer de réunir deux frères,
L'un de l'autre écartés dans des partis contraires. 290
Un obstacle plus grand s'oppose à son retour.

ARBAN

Et quel est-il, Seigneur?

PÉLAGE

Alamire, l'amour.
La jalouse fureur qui de nous deux s'empare,
Qui m'a fait teméraire et qui le rend barbare.

ARBAN

Ciel! faut-il voir ainsi par des caprices vains 295

ALAMIRE

Anéantir le fruit des plus nobles desseins!
L'amour subjuguer tout! Ses cruelles faiblesses
Du sang qui se révolte étouffer les tendresses!
Des frères se haïr, et naître en tous climats
Des passions des grands le malheur des états!
Prince, de vos amours laissons-là le mistère.
Je vous plains tous les deux, mais je sers vôtre frère;
Je vais le seconder, je vais me joindre à lui
Contre un peuple insolent qui se fait vôtre apui.
Le plus pressant danger est celui qui m'appelle,
Je vois qu'il peut avoir une fin bien cruelle.
Je vois les passions plus puissantes que moi
Et l'amour seul icy me fait frémir d'effroi.
Mais Consalve m'attend, je vous laisse et j'y vôle.
Soiez mon prisonier, mais sur vôtre parole.
Elle me suffira.

PÉLAGE

Je vous la donne.

ARBAN

Et moi,
Je voudrais de ce pas porter la sienne au Roi.
Je voudrais cimenter, dans l'ardeur de lui plaire,
Du sang des Sarazins une union si chère.
Mais ces fiers ennemis sont bien moins dangereux
Que ce fatal amour qui vous perdra tout deux.

Fin du troisième acte

ACTE QUATRIÈME

SCÈNE PREMIÈRE

PÉLAGE, ALAMIRE, MENDOCE

PÉLAGE

Non, non, ce peuple en vain s'armait pour ma déffense,
Consalve teint de sang, enivré de vengeance,
Devenu plus jaloux, plus fier et plus cruel,
Va trainer à mes yeux la victime à l'autel.
Je ne suis donc venu disputer ma conquête 5
Que pour être témoin de cette horrible fête?
Et dans le désespoir d'un impuissant couroux
Je ne puis me venger qu'en me privant de vous!
Juste ciel!

ALAMIRE

Ah Mendoce, où m'avez-vous conduite?
Pélage m'abandonne, il ordonne ma fuitte! 10

PÉLAGE

Il le faut. Chaque instant est un péril fatal;
Vous êtes une esclave aux mains de mon rival.
Remercions le ciel dont la bonté propice
Nous suscite un secours au bord du précipice.

(*à Mendoce*)

Je retrouve un ami, je puis compter sur toi. 15
La garde d'Alamire est commise à ta foi,

15 MS1: je peux compter

ALAMIRE

Sa vertu, ses malheurs ont droit à tes services.
Je suis loin d'exiger d'injustes sacrifices,
Je respecte mon frère, et je ne prétends pas
Conspirer contre lui dans ses propres états.
Ecoute seulement la pitié qui t'inspire;
Veille sur l'innocence et prends soin d'Alamire.

ALAMIRE

Hélas! ma délivrance augmente mon malheur,
Je détestais ces lieux, j'en sors avec terreur.

PÉLAGE

Privez-moi par pitié d'une si chère vue.
Tantôt à ce départ vous étiez résolue.
Le dessein était pris, n'osez-vous l'achever?

ALAMIRE

Ah! quand j'ai voulu fuir j'espérais vous trouver.

PÉLAGE

Prisonier sur ma foi, dans l'horreur qui me presse
Je suis plus enchainé par ma seule promesse
Que si de cet état les tirans inhumains
Des fers les plus pesants avaient chargé mes mains.
Au pouvoir de mon frère icy l'honneur me livre.
Je peux mourir pour vous, mais je ne peux vous suivre.
Cet ami vous conduit par des détours obscurs
Qui vous rendront bientôt sous ces coupables murs.
L'amour nous a rejoints, que l'amour nous sépare.

ALAMIRE

Qui? moi que je vous laisse au pouvoir d'un barbare!
Seigneur, de vôtre sang le Maure est altéré,
Ce sang à vôtre frère est-il donc si sacré?

Craindra-t-il d'accorder dans son couroux funeste
Aux alliés qu'il aime un rival qu'il déteste!

PÉLAGE

Il n'oserait.

ALAMIRE

Son cœur ne connait point de frein,
Il vous a menacé, menace-t-il en vain?

PÉLAGE

Il tremblera bientôt, le roi vient et nous venge, 45
La moitié de ce peuple à ses drapaux se range.
J'ai devancé l'armée avec temérité;
Pardonnez Alamire, à l'amour emporté,
Pardonnez du combat la déplorable issue.
Tout mon cœur la bénit puisque je vous ai vue. 50
Allez, si vous m'aimez dérobez-vous aux coups
Des foudres allumés grondants autour de nous,
Au tumulte, au carnage, au désordre éffroiable
Dans des murs pris d'assaut malheur inévitable.
Mais craignez encor plus mon rival furieux, 55
Craignez l'amour jaloux qui veille dans ses yeux.
Il est né violent non moins que magnanime,
Tendre, mais emporté, mais capable d'un crime.
Du sang qui nous forma je connais les ardeurs,
Toutes les passions sont en nous des fureurs. 60
Je frémis de vous voir encor sous sa puissance.
Redoutez son amour autant que sa vengeance;
Cédez à mes douleurs, qu'il vous perde, partez.

ALAMIRE

Et vous vous exposez seul à ses cruautez!

ALAMIRE

PÉLAGE

Ne craignant rien pour vous je craindrai peu mon frère. 6
Que dis-je? mon apui lui devient nécessaire.
Son captif aujourd'hui, demain son protecteur,
Je pourai de son roi lui rendre la faveur.
Il vous aura perdue, il sera trop à plaindre,
Ne songez qu'à le fuir tandis qu'il est à craindre. 7
Digne moitié d'un cœur que le ciel fit pour vous
Cédez à la priere, aux pleurs de vôtre époux.
Permettez-moi ce titre; après ma foi donnée
Le cœur a-t-il besoin des flambeaux d'himenée?
Chère Alamire allez.

ALAMIRE

Mes pas vous sont soumis; 7
Adieu, vous l'ordonnez, je pars, et je frémis.
Je ne sçais... mais enfin la fortune jalouse
M'a toujours envié le nom de vôtre épouse.

PÉLAGE

Quoi! vous versez des pleurs!

ALAMIRE

Ah! quel tumulte affreux!
Cher prince!...

SCÈNE II

ALAMIRE, PÉLAGE, CONSALVE, GARDES

CONSALVE

C'est lui-même. Arrête malheureux, 80
Lâche qui me trahis! rival indigne arrête!

PÉLAGE

Ton frère est sans déffense, il t'offre icy sa tête:
Porte à tous les excez ta haine et ta fureur,
Mais ne perds point de temps, le ciel arme un vengeur;
Tremble, ton roi s'approche, il vient, il va paraître. 85
Tu n'as vaincu que moi; redoute encor ton maître.

CONSALVE

Il poura te venger, mais non te secourir;
Et ton sang...

ALAMIRE

Non, Seigneur, c'est à moi de mourir.
J'ai tout fait; c'est par moi que la garde est séduite,
J'ai gagné tes soldats, j'ai préparé ma fuitte; 90
Punis ces attentats et ces crimes si grands
De sortir d'esclavage et de fuir ses tirans.
Mais respecte ton frère, aprends quel est Pélage.
Sa générosité fut égale à ta rage,
Il voulait te servir quand tu veux l'oprimer; 95
Quel crime a-t-il commis cruel! que de m'aimer?
L'amour n'est-il dans toi qu'un juge inéxorable?

88 MS1: Non cruel c'est à

ALAMIRE

CONSALVE

Plus vous le déffendez, plus il devient coupable,
C'est vous qui le perdez, vous qui l'assassinez,
Vous par qui tous nos jours étaient empoisonnez, 100
Vous qui pour leur malheur armiez des mains si chères;
Puisse tomber sur vous tout le sang des deux frères!
Vous pleurez, mais vos pleurs ne peuvent me tromper.
Je suis prêt à mourir, et prêt à le frapper.
Mon malheur est au comble ainsi que ma faiblesse. 105
Oui, je vous aime encor, le temps, le péril presse,
Vous pouvez à l'instant parer le coup mortel.
Voilà ma main, venez; sa grace est à l'autel.

ALAMIRE

Moi! Seigneur…

CONSALVE

C'est assez.

ALAMIRE

Moi que je le trahisse!

CONSALVE

Arrêtez… répondez…

ALAMIRE

Je ne puis.

CONSALVE

Qu'il périsse. 110

PÉLAGE

Ne vous laissez pas vaincre en ces affreux combats.

Osez m'aimer assez pour vouloir mon trépas,
Abandonnez mon sort au coup qu'il me prépare,
Je mourrai triomphant des mains de ce barbare,
Et si vous succombiez à son lâche couroux, 115
Je n'en mourrais pas moins, mais je mourrais par vous.

CONSALVE

Qu'on l'entraine à la tour. – Allez qu'on m'obéisse.

SCÈNE III

CONSALVE, ALAMIRE

ALAMIRE

Vous cruel! vous feriez cet affreux sacrifice!
De son vertueux sang vous pouriez-vous couvrir?
Quoi! voulez-vous?...

CONSALVE

Je veux vous haïr et mourir, 120
Vous rendre malheureuse encor plus que moi-même,
Répandre devant vous tout le sang qui vous aime,
Et vous laisser des jours plus cruels mille fois
Que le jour où l'amour nous a perdus tous trois.
Laissez-moi, vôtre vue augmente mon suplice. 125

ALAMIRE

SCÈNE IV

CONSALVE, ALAMIRE, ARBAN

ALAMIRE

Ah! je n'attends plus rien que de vôtre justice.
Arban, contre un cruel osez me secourir.

CONSALVE

Garde-toi de l'entendre, ou tu vas me trahir.

ALAMIRE

J'atteste icy le ciel...

CONSALVE

Eloignez de ma vue,
Ami, délivrez-moi d'un objet qui me tue. 130

SCÈNE V

CONSALVE, ARBAN

CONSALVE

Arban, je suis perdu, trahi de tous côtés,
Environné d'horreurs et d'infidélités.
Un rival, une ingrate, une foule volage,
Tout me fuit, m'abandonne, ou me perd ou m'outrage.

125b MS1: CONSALVE, ARBAN, ALAMIRE

ARBAN

Je vois trop, en éffet, que le parti du Roi 135
D'un peuple fatigué fait chanceler la foi.
De la sédition la flamme réprimée
Vit encor dans les cœurs en secret rallumée;
La force et l'artifice ont uni leurs éfforts,
Le trouble est au dedans, le péril au dehors, 140
Vous ne l'ignorez pas.

CONSALVE

Oui, je sais que ce traître
Nourit insolemment ce feu prêt à renaître.
Je le trouve partout conjuré contre moi,
Mon offense est la tienne, il t'a donné sa foi,
C'est ainsi qu'il la garde!

ARBAN

Un autre soin m'amêne. 145
Les étendarts d'Alfonse ont paru dans la plaine.
Et vous êtes perdu si le peuple éxcité
Croit dans la trahison trouver sa sureté.

CONSALVE

Je connais tous les maux, connais-tu le remède?

ARBAN

Oui, qu'à vos passions vôtre raison succède. 150
Aions encor, mon prince, en cette extrémité
Pour prendre un parti sûr assez de fermeté.
Nous pouvons conjurer ou braver la tempête.
Quoi que vous décidiez ma main est toute prête.

141 MS1: Va, je sçay
146 MS1: parû vers la plaine

ALAMIRE

Vous vouliez ce matin par un heureux traitté 155
Apaiser avec gloire un monarque irrité.
Ne vous rebutez pas; ordonnez, et j'espère
Signer en vôtre nom cette paix salutaire.
Mais s'il vous faut combattre et courir au trépas
Vous savez qu'un ami ne vous survivra pas. 160

CONSALVE

Ami, dans le tombeau laisse-moi seul déscendre,
Vis pour servir ma cause et pour venger ma cendre.
Mon destin s'accomplit, et je cours l'achever
Qui cherche bien la mort est sur de la trouver.
Mais je la veux terrible, et lorsque je succombe 165
Je veux voir mon rival entrainé dans ma tombe.

ARBAN

Comment! de quelle horreur vos sens sont possedés?

CONSALVE

Il est dans cette tour où vous seul commandez.

ARBAN

Qui? vôtre frère!

CONSALVE

Lui! Pélage, est-il mon frère?
Il brave mon amour, il brave ma colère, 170
Il me livre à son maître, il m'a seul oprimé.
Il soulêve mon peuple, enfin, il est aimé.
Contre moi dans un jour il commet tous les crimes.
Partage mes fureurs, elles sont légitimes.
Toi seul après ma mort en cueilliras le fruit; 175
L'ambassadeur du Maure en ces lieux introduit
Demande au nom des siens la tête du parjure.

ARBAN

Vous leur avez promis de trahir la nature!

CONSALVE

Dès longtemps du perfide ils ont proscrit le sang.

ARBAN

Et pour leur obéïr vous lui percez le flanc. 180

CONSALVE

Je les sers, je me venge, et pour ne te rien taire
Je n'obtiens qu'à ce prix un secours nécessaire.

ARBAN

Il est digne en éffet de pareils alliés,
Vôtre sang, vôtre état, leur sont sacrifiés!
Et vous me chargez moi, du soin de son suplice! 185

CONSALVE

Je n'attends pas de vous cette prompte justice.
Je suis bien malheureux, bien digne de pitié!
Trahi dans mon amour, trahi dans l'amitié!
Arban, du dernier roi gardez-vous la mémoire?
Un affront plus cruel offensa-t'il sa gloire? 190
Par un frère odieux fut-il plus outragé?
Quand il eut dit un mot ne fut-il pas vengé?

ARBAN

Oui, mais il en perdit et le trône et la vie.

191 MS1: ⟨insolent⟩ V↑ odieux
193 MS1: perdit le trone

ALAMIRE

CONSALVE

N'importe, on le vengea; voilà ce que j'envie.
Tout malheureux qu'il fut il avait des amis. 195
Il ne périt du moins, qu'après ses ennemis.
Allez, je puis encor dans le sort qui me presse
Trouver de vrais amis qui tiendront leur promesse.
D'autres me serviront, et n'allègueront pas
Cette triste vertu, l'excuse des ingrats. 200

ARBAN (*après un long silence.*)

Non, j'ai pris mon parti. Soit raison, soit justice
Vous ne vous plaindrez pas qu'un ami vous trahisse.
Je me rends, non à vous, non à vôtre fureur,
Mais à d'autres raisons qui parlent à mon cœur.
Je vois qu'il est des temps pour les partis extrêmes 205
Que les plus saints devoirs peuvent se taire eux-mêmes.
Je ne souffrirai pas que d'un autre que moi
Dans de pareils moments vous éprouviez la foi.
Et vous reconnaîtrez au succez de mon zèle
Un cœur qui vous aimait, et qui vous fut fidèle. 210

CONSALVE

Je te retrouve enfin dans ma calamité,
L'univers m'abandonne, et toi seul m'es resté.
Tu ne souffriras pas que mon rival tranquile
Jouïsse impunément de ma rage inutile;
Qu'un ennemi vaincu, maître de mes états 215
Dans les bras d'Alamire insulte à mon trépas.

ARBAN

Non. Mais en vous rendant ce malheureux service,

201 MS1: Soit crime soit justice
207 MS1: ⟨Seigneur, je ne veux⟩ V↑β pas
217 MS2: ⟨Non⟩ Soit

Prince, je vous demande un autre sacrifice.

CONSALVE

Parle.

ARBAN

Je ne veux pas que le Maure en ces lieux,
Protecteur insolent, commande sous mes yeux. 220
Je ne veux pas servir un tiran qui nous brave.
Ne puis-je vous venger sans être son esclave?
Si vous voulez tomber pourquoi prendre un apui?
Pour mourir avec vous ai je besoin de lui?
Du sort de ce grand jour laissez-moi la conduite. 225
Ce que je fais pour vous peut-être le mérite.
Les Maures avec moi pouraient mal s'accorder.
Jusqu'au dernier moment je veux seul commander.

CONSALVE

Ah! pourvu qu'Alamire au désespoir réduite
Pleure en larmes de sang l'amant qui l'a séduite, 230
Pourvu que de l'horreur de ses gémissements
Ma fureur se repaisse à mes derniers moments.
Tout le reste est égal, et je te l'abandonne.
Prépare le combat, agi, dispose, ordonne.
Ce n'est pas la victoire où ma fureur prétend. 235
Je ne cherche pas même un trépas éclatant,
Aux cœurs infortunés qu'importe un peu de gloire!
Périsse ainsi que moi ma funeste mémoire!
Périsse avec mon nom le souvenir fatal
D'une indigne maîtresse et d'un lâche rival! 240

ARBAN

Je l'avoue avec vous, une nuit éternelle
Doit couvrir s'il se peut une fin si cruelle.

ALAMIRE

C'était avant ce coup qu'il nous fallait mourir
Mais je tiendrai parole, et je vais vous servir.

Fin du quatrième acte

ACTE CINQUIÈME

SCÈNE PREMIÈRE

CONSALVE, UN OFFICIER, GARDES

CONSALVE

O ciel! me faudra-t-il de moments en moments
Craindre des trahisons et des soulèvements! –
Eh bien, de ces mutins l'audace est terrassée?

L'OFFICIER

Seigneur, ils vous ont vu, leur foule est dispersée.

CONSALVE

L'ingrat de tous côtés m'oprimait aujourd'hui. 5
Mon malheur est parfait, tous les cœurs sont à lui.
Mendoce est-il paié de sa fourbe cruelle?

L'OFFICIER

Le glaive a fait couler le sang de l'infidèle.

CONSALVE

Ce soldat qu'en secret vous m'avez amené
Va-t-il exécuter l'ordre que j'ai donné? 10

c MS1: CONSALVE, UN OFFICIER ⟨SUITTE⟩ DES GARDES
5 MS1: ⟨Partout en sa faveur on a trahi la foy⟩ $^{V\uparrow}$ β
6 MS1: ⟨Tous les cœurs sont pour luy, tout s'arme contre moy⟩ $^{V\uparrow}$ ⟨Tout s'arme contre moy, tous les cœurs sont à luy⟩ $^{V\uparrow}$ β

ALAMIRE

L'OFFICIER

Oui, Seigneur, et déja vers la tour il s'avance.

CONSALVE

Ce bras vulgaire et sur va servir ma vengence.
Sur l'insensible Arban mon cœur a trop compté.
Il a vu ma fureur avec tranquilité.
On ne soulage point des douleurs qu'on méprise,
Il faut qu'en d'autres mains ma vengeance soit mise. –
Vous que sur nos remparts on porte nos drapaux.
Allez, qu'on se prépare à des périls nouveaux.
Hâtez-vous, déploiez l'apareil de la guerre,
Allumez tous ces feux renfermés sous la terre,
Soiez prêts à me suivre, et s'il vous faut périr
Vous recevrez de moi l'éxemple de mourir. –

(*il reste seul.*)

Eh bien, c'en est donc fait! une femme perfide
Me conduit au tombeau chargé d'un parricide! –
Qui? moi, je tremblerais des coups qu'on va porter!
Je chéris la vengeance et ne puis la goûter! –
Je frissonne – une voix gémissante et sévère
Crie au fond de mon cœur, arrête, il est ton frère!
Ah! prince infortuné dans ta haine affermi,
Songe à des droits plus saints, tu l'as vu ton ami.
O jours de nôtre enfance! ô tendresses passées!
Il fut le confident de toutes mes pensées.
Avec quelle innocence et quels épanchements

12 MS1: va remplir ma
13-18 MS1:
⟨Et vous qu'on se prepare à des perils nouveaux
Sur ces murs tout sanglants qu'on porte nos drapeaux⟩ V↑β
17 MS1: sur les remparts
25 MS1: ⟨Dans ces cruels refus son cœur est confirmé⟩ V↑β
26 MS1: ⟨Et je meurs plus haï qu'un rival n'est aimé⟩ V↑β
27 MS1: ⟨Allons mais quelle⟩ V↑β voix

Nos cœurs se sont apris leurs premiers sentiments!
Que de fois partageant mes naissantes allarmes 35
D'une main fraternelle essuia-t-il mes larmes!
Et c'est moi qui l'immole! et cette même main
D'un frère que j'aimai déchirerait le sein!
Funeste passion dont la fureur m'égare,
Non, je n'étais point né pour devenir barbare. 40
Je sens combien le crime est un fardeau cruel. –
Mais que dis-je! Pélage est le seul criminel.
Je reconnais mon sang, mais c'est à sa furie,
Il m'enlêve l'objet dont dépendait ma vie.
Il m'enlêve Alamire… ah! trop jaloux transport! 45
Il l'aime, est-ce un forfait qui mérite la mort?
Hélas! malgré le temps, et la guerre, et l'absence,
Leur tranquile union croissait dans le silence.
Ils nourrissaient en paix leur innocente ardeur
Avant qu'un fol amour empoisonnat mon cœur. – 50
Mais lui-même il m'attaque, il brave ma colère,
Il me trompe, il me hait. – N'importe, il est mon frère.
C'est à lui seul de vivre, on l'aime, il est heureux.
C'est à moi de mourir, mais mourons généreux.
Je n'ai point entendu le signal homicide, 55
L'organe des forfaits, la voix du parricide.
Il en est temps encor.

45 MS1: Il m'arrache Alamire

SCÈNE II

CONSALVE, L'OFFICIER DES GARDES

CONSALVE

Que tout soit suspendu.
Vole à la tour.

L'OFFICIER

Seigneur...

CONSALVE

De quoi t'allarmes-tu?
Ciel! tu pleures!

L'OFFICIER

J'ai vu non loin de cette porte
Un corps souillé de sang qu'en secret on emporte, 60
C'est Arban qui l'ordonne; et je crains que le sort...

CONSALVE

Quoi! déja!... Dieu qu'entends-je! ah ciel mon frère
est mort!
Il est mort et je vis! et la terre entr'ouverte
Et la foudre en éclat n'ont point vengé sa perte!
Ennemi de l'état, factieux, inhumain, 65
Frère dénaturé, ravisseur, assassin,
O ciel! autour de moi j'ai creusé ces abîmes!
Que l'amour m'a changé! qu'il me coute de crimes!
Le voile est déchiré, je m'étais mal connu.
Au comble des forfaits je suis donc parvenu! 70
Ah Pélage! ah! mon frère! ah jour de ma ruine!
Je sens que je t'aimais et mon bras t'assassine!

Quoi mon frère!

L'OFFICIER

Alamire avec empressement
Veut, Seigneur, en secret vous parler un moment.

CONSALVE

Alamire! empêchez que la cruelle avance. 75
Je ne puis soutenir ni souffrir sa présence.
Mais non. D'un parricide elle doit se venger,
Dans mon coupable sang sa main doit se plonger.
Qu'elle entre [illegible] oh je succombe, et ne vis plus qu'à
peine.

SCÈNE III

CONSALVE, ALAMIRE

ALAMIRE

Vous l'emportez, Seigneur, et puisque vôtre haine 80
(Comment puis-je autrement appeller en ce jour
Ces cruels sentiments que vous nommez amour?)
Puisqu'à ravir ma foi vôtre haine obstinée
Veut ou le sang d'un frère ou ce triste hymenée,
Puisque je suis réduite au déplorable sort 85
Ou de trahir Pélage, ou de hâter sa mort,
Et que de vôtre rage et ministre et victime
Je n'ai plus qu'à choisir mon suplice et mon crime.
Mon choix est fait, Seigneur, et je me donne à vous.
Par le droit des forfaits vous êtes mon époux. 90
Brisez les fers honteux dont vous chargez un frère,
De vos murs sous ses pas abaissez la barrière,

ALAMIRE

Que je ne tremble plus pour des jours si chéris.
Je trahis mon amant, je le perds à ce prix.
Je vous épargne un crime, et suis vôtre conquête, 95
Commandez, disposez, ma main est toute prête.
Sachez que cette main que vous tirannisez
Punira la faiblesse où vous me réduisez.
Sachez qu'au temple même où vous m'allez conduire…
Mais vous voulez ma foi, ma foi doit vous suffire. 100
Allons. – Eh quoi! d'où vient ce silence affecté?
Quoi! vôtre frère encor n'est point en liberté?

CONSALVE

Mon frère!…

ALAMIRE

Dieu puissant! dissipez mes allarmes!
Ciel! de vos yeux cruels je vois tomber des larmes.

CONSALVE

Vous demandez sa vie!…

ALAMIRE

Ah! qu'est-ce que j'entends! 105
Vous qui m'aviez promis…

CONSALVE

Madame, il n'est plus temps.

ALAMIRE

Il n'est plus temps! – Pélage!…

CONSALVE

Il est trop vrai cruelle!

Oui, l'amour a conduit cette main criminelle.
Arban pour mon malheur a trop su m'obéïr.
Ah! revenez à vous, vivez pour me punir. 110
Frappez, que vôtre main contre moi ranimée
Perce un cœur inhumain qui vous a trop aimée,
Un cœur dénaturé qui n'attend que vos coups.
Oui, j'ai tué mon frère, et l'ai tué pour vous.
Vengez sur ce coupable indigne de vous plaire 115
Tous les crimes affreux que vous m'avez fait faire.

ALAMIRE

Pélage est mort? barbare!...

CONSALVE

Oui, mais c'est de ta main
Que son sang veut icy le sang de l'assassin.

ALAMIRE

Ote-toi de ma vue.

CONSALVE

Achêve ta vengeance,
Ma mort doit la finir, mon remord la commence. 120

ALAMIRE

Va, porte ailleurs ton crime et ton vain désespoir
Et laisse-moi mourir sans l'horreur de te voir.

CONSALVE

Cette horreur est trop juste, elle m'est trop bien due,
Je vais te délivrer de ma funeste vue.

117 MS2: ⟨c'est de votre⟩ mais c'est de ta

ALAMIRE

Je vais plein d'un amour qui même en ce moment, 125
Est de tous mes forfaits le plus grand châtiment;
Je vais mêler ce sang qu'Alamire abhorre,
Au sang que j'ai versé, et qui m'est cher encore.

ALAMIRE

Il n'est donc plus! arrête, éxécrable assassin,
Réunis deux amants. Tu me retiens en vain. 130
Monstre, que cette épée…

CONSALVE

Eh bien chère Alamire,
Prends ce fer, donne-moi la mort que je desire.
Je ne mérite pas de mourir de tes coups,
Que ma main les conduise.

SCÈNE IV

CONSALVE, ALAMIRE, ARBAN

ARBAN

Ah ciel! que faittes-vous!

CONSALVE

Laisse-moi me punir en me rendant justice. 135

ALAMIRE

Vous d'un assassinat vous êtes le complice!

127 MS2: ⟨qu'Alamire⟩ que moi-même
128 MS1: versé, mais qui
135 MS1: punir et me rendre justice
135a MS1: ALAMIRE (*à Arban*)

CONSALVE

Ministre de mon crime as-tu pu m'obéir?

ARBAN

Je vous avais promis, Seigneur, de vous servir.

CONSALVE

Malheureux que je suis! ta sévère rudesse
A cent fois de mes sens combattu la faiblesse. 140
Ne devais-tu te rendre à mes tristes souhaits
Que quand ma passion t'ordonnait des forfaits?
Tu ne m'as obéi que pour perdre mon frère!

ARBAN

Lorsque j'ai refusé ce sanglant ministère
Vôtre aveugle couroux n'allait-il pas soudain 145
Du soin de vous venger charger une autre main?

CONSALVE

L'amour, le seul amour, de mes sens toujours maître
En m'ôtant ma raison m'eut excusé peut-être;
Mais toi dont la sagesse et les réflexions
Ont calmé dans ton sein toutes les passions, 150
Toi dont j'avais tant craint l'esprit ferme et rigide
Avec tranquilité permettre un parricide!

ARBAN

Eh bien, puisque la honte et que le repentir
Par qui la vertu parle à qui peut la trahir
D'un si juste remords ont pénétré vôtre ame, 155
Puisque malgré l'excez de vôtre aveugle flamme
Au prix de vôtre sang vous voudriez sauver
Le sang dont vos fureurs ont voulu vous priver,
Je peux donc m'expliquer, je peux donc vous apprendre,

ALAMIRE

Que de vous-même enfin Arban sait vous déffendre. 160
Connaissez-moi, Madame, et calmez vos douleurs.

(*à Consalve*) (*à Alamire*)

Vous, gardez vos remords – et vous, séchez vos pleurs.
Que ce jour à tous trois soit un jour salutaire,
Venez, paraissez prince, embrassez vôtre frère.

(*Le théatre s'ouvre, Pélage parait.*)

SCÈNE DERNIÈRE

CONSALVE, ALAMIRE, ARBAN, PÉLAGE

ALAMIRE

Qui? vous?

CONSALVE

Mon frère.

ALAMIRE

Ah! ciel!

CONSALVE

Qui l'aurait pu penser? 165

PÉLAGE

J'ose encor te revoir, te plaindre et t'embrasser.

164b MS1: Scene 5e
164c MS1: CONSALVE, ALAMIRE, PELAGE, ARBAN
165a MS1: PÉLAGE (*s'avançant du fond du teâtre*)

CONSALVE

Mon crime en est plus grand puisque ton cœur l'oublie.

ALAMIRE

Arban, digne héros, qui me donnez la vie!...

CONSALVE

Il la donne à tous trois.

ARBAN

Un indigne assassin
Sur Pélage à mes yeux avait levé la main 170
J'ai tué le barbare; et prévenant encore
Les aveugles fureurs du feu qui vous dévore
J'ai fait donner soudain le signal odieux,
Sûr que dans quelque temps vous ouvririez les yeux.

CONSALVE

Après ce grand éxemple, et ce service insigne 175
Le prix que je t'en dois c'est de m'en rendre digne.
Le fardeau de mon crime est trop pesant pour moi,
Mes yeux couverts d'un voîle et baissés devant toi
N'osent voir dans les tiens l'horreur que je t'inspire.

PÉLAGE

Je suis entre tes mains aussi bien qu'Alamire. 180
Tous deux auprès du Roi nous voulions te servir,
Quel est donc ton dessein? parle.

168 MS1: me donne la
170 MS1: levé sa main
178 MS1: Mes yeux ⟨n'osent encor se detourner vers toy⟩ $^{V\uparrow}\beta$
179 MS1: ⟨De quel œil revois-tu ton rival homicide⟩ $^{V\uparrow}\beta$
180 MS1: mains ⟨*illegible*⟩ $^{V\uparrow}\beta$ Alamire

ALAMIRE

CONSALVE

De me punir.
De nous rendre à tous trois une égale justice,
D'expier devant vous, par le plus grand suplice
Le plus grand des forfaits où la fatalité, 185
L'amour et le couroux m'avaient précipité.
Oui, j'aimais Alamire, et ma flamme cruelle
Dans mon cœur désolé s'irrite encor pour elle.
Arban sait à quel point j'adorais ses appas
Quand ma jalouse rage ordonnait ton trépas. 190
Toujours persécuté du feu qui me possède
Je l'adore encor plus, ... et mon amour la cède.
Je m'arrache le cœur en vous rendant heureux,
Aimez-vous, mais du moins pardonnez-moi tous deux.

PÉLAGE

Ah! ton frère à tes pieds digne de ta clémence, 195
Egale tes bienfaits par sa reconnaissance.

ALAMIRE

Oui, Seigneur, avec lui j'embrasse vos genoux.
La plus tendre amitié va me rejoindre à vous,
Vous me paiez trop bien de ma douleur soufferte.

CONSALVE

Ah! c'est trop me montrer mes malheurs et ma perte. 200
Mais vous m'apprenez tous à suivre la vertu.
Ce n'est point à demi que mon cœur est rendu.
Je suis en tout ton frère, et mon ame attendrie

187 MS1: J'aimois Alamire
194 MS1: mais au moins pardonnez
203 MS1, with stage direction added by Voltaire: *à Pélage*
MS1: Je suis ⟨Castillan, Pélage⟩ V↑β et

Imite vôtre éxemple, et chérit la patrie.
Allons apprendre au Roi pour qui vous combattez, 205
Mon crime, mes remords, et vos félicités.
Oui, je veux égaler vôtre foi, vôtre zèle
Au sang, à la patrie, à l'amitié fidèle,
Et vous faire oublier après tant de tourments,
A force de vertus, tous mes égarements. 210

Fin du cinquième et dernier acte.

204 MS1: et chérit sa patrie.
208 MS1: ⟨Bon… meilleur frère, amy, sujet fidele⟩ $^{V\uparrow}$β

APPENDIX I

The 'Avis du libraire' from 52D

This text appears on p.[3] of the Walther 1752 edition of *Amélie*, on which see above, p.75-76.

Avis du libraire

Nous offrons au public cette tragédie dont monsieur de Voltaire a bien voulu nous faire présent ainsi que du Siècle de Louis XIV dont nous comptons livrer incessamment une nouvelle édition augmentée d'un tiers et très différente de toutes celles qu'on a contrefaites d'après notre première. Nous aurions voulu imprimer avec cette tragédie celle de Rome sauvée. Nous en avions le droit par le don que l'auteur a eu la bonté de nous faire de ses ouvrages; mais ayant su de lui-même, que les éditions qu'on a faites à Paris et en Hollande de Rome sauvée sont furtives, qu'elles sont tronquées et remplies de passages qui ne sont pas de lui, et qu'en un mot ce n'est pas là son ouvrage, nous ne l'imprimerons que quand il nous en aura donné permission et envoyé la copie. C'est bien le moins que nous devons à un auteur à qui nous avons obligation, nous faisant gloire de lui témoigner ici notre très humble reconnaissance.

APPENDIX II

The 'Avertissement de l'éditeur' from 65PA

This note was published in the first edition of *Adélaïde*, on p.[7], after the 'Préface de l'éditeur'. See above, p.90.

Avertissement de l'éditeur

On osera rappeler ici ce que l'auteur n'a pu dire; c'est que le *Temple du goût* qui avait paru quelque temps avant *Adélaïde*, fut cause du peu de succès de cette tragédie.

Bien juger et bien composer, c'en était trop à la fois; on ne le pardonna point à l'auteur; aujourd'hui le public plus instruit et plus équitable a senti que cette pièce joignait aux beautés dont elle est remplie, l'avantage d'avoir exposé sur la scène un des plus sublimes cinquièmes actes qui aient encore paru, d'avoir fait entendre pour la première fois des noms chers aux Français, d'avoir peint en vers très beaux et très harmonieux les sentiments du patriotisme monarchique, sentiments si puissants sur une nation connue et distinguée dans tous les temps par sa fidélité et son amour pour ses rois.

APPENDIX III

The 'Avertissement des éditeurs' from W70L

This prefatory note appears only in the Grasset edition of Voltaire's works, and was no doubt written by Voltaire himself. See above, p.99.

Avertissement des éditeurs

Nous nous donnerons bien de garde de réimprimer comme on a fait, le duc de Foix qui n'est autre chose que cette même pièce d'Adélaïde sous des noms différents. Il ne faut pas multiplier les êtres, à ce qu'on dit dans les écoles; mais rien n'est pire que de multiplier les vers sans nécessité. 5

CONCORDANCES

The concordances indicate the textual links between the five different versions of the *Adélaïde* theme. The equals sign = signifies identical lines, allowing for a single word difference (proper names are disregarded, as are variations due to a change of gender or quantity). The plus/minus sign ± signifies lines which share a hemistich, or which are closely paraphrased. In both cases no account is taken of punctuation or stage directions.

Concordance to *Adélaïde Du Guesclin*

A65.I.1-8	= A34.I.1-8			
A65.I.3		± FE.I.1		
A65.I.3-4			= DF.I.1-2	= AL.I.97-98
A65.I.4		= FE.I.2		
A65.I.8		= FE.I.10		= AL.I.102
A65.I.8-12			= DF.I.14-18	
A65.I.15			= DF.I.21	
A65.I.16			± DF.I.22	
A65.I.17-19		= FE.I.15-17	= DF.I.23-25	= AL.I.107-109
A65.I.17-26		= FE.I.15-24	= DF.I.23-32	
A65.I.19	± A34.I.15			
A65.I.20				± AL.I.110
A65.I.20				= AL.I.110*v*
A65.I.20-26	= A34.I.16-22			
A65.I.21-26				= AL.I.111-116
A65.I.27-30				= AL.IV.57-60
A65.I.31-34			= DF.I.33-36	
A65.I.31-35		= FE.I.25-29		
A65.I.31-36				= AL.I.117-122
A65.I.32-34	= A34.I.24-26			
A65.I.35			± DF.I.37	
A65.I.36		± FE.I.30	= DF.I.38	
A65.I.37	± A34.I.29	= FE.I.31		
A65.I.37*v*	= A34.I.29			
A65.I.37-38				± AL.I.123-124

CONCORDANCES

A65.I.38	= A34.I.30	± FE.I.32		
A65.I.39-40		= FE.I.33-34		= AL.I.125-126
A65.I.39-42	± A34.I.31-34			
A65.I.41		± FE.I.35		± AL.I.127
A65.I.41				= AL.I.127v
A65.I.42-43		= FE.I.36-37		
A65.I.44		± FE.I.38		± AL.I.130
A65.I.45-48		= FE.I.39-42		
A65.I.45-50				= AL.I.131-136
A65.I.46-49			= DF.I.44-47	
A65.I.49		± FE.I.43		
A65.I.50	± A34.I.38	= FE.I.44	= DF.I.48	
A65.I.51-52				± AL.I.137-138
A65.I.51-76	= A34.I.39-64			
A65.I.53		± FE.I.47		
A65.I.53-54			= DF.I.51-52	= AL.I.139-140
A65.I.54		= FE.I.48		
A65.I.59			± DF.I.53	
A65.I.71-74		= FE.I.53-56		
A65.I.71-76			= DF.I.57-62	= AL.I.145-150
A65.I.75-77		± FE.I.57-59		
A65.I.77	± A34.I.65		± DF.I.63	± AL.I.151
A65.I.78-79		= FE.I.60-61	= DF.I.64-65	= AL.I.152-153
A65.I.78-90	= A34.I.66-78			
A65.I.80		± FE.I.62	± DF.I.66	± AL.I.154
A65.I.81			= DF.I.67	
A65.I.81-90		= FE.I.63-72		= AL.I.155-164
A65.I.82-106			= DF.I.68-92	
A65.I.91	± A34.I.83			± AL.I.169
A65.I.91-93		= FE.I.77-79		
A65.I.93-100				= AL.I.171-178
A65.I.94		± FE.I.80		
A65.I.95-98	= A34.I.87-90			
A65.I.95-102		= FE.I.81-88		
A65.I.103	± A34.I.99			
A65.I.103-111				= AL.I.181-189
A65.I.104-113	= A34.I.100-109			
A65.I.107			± DF.I.93	
A65.I.108-111			= DF.I.94-97	
A65.I.112			± DF.I.98	
A65.I.113-117			= DF.I.99-103	
A65.I.113-118				= AL.I.191-196
A65.I.114-115	± A34.I.110-111			
A65.I.116-121	= A34.I.112-117			
A65.I.118-119			± DF.I.104-105	

A65.I.119-120				± AL.I.197-198
A65.I.120			± DF.I.106	
A65.I.122	± A34.I.118			
A65.I.122*v*	= A34.I.118			
A65.I.123-125	= A34.I.119-121			
A65.I.127	± A34.I.123		± DF.I.109	= AL.I.201
A65.I.128			= DF.I.110	± AL.I.202
A65.I.128-130	= A34.I.124-126			
A65.I.131	± A34.I.127			
A65.I.131-132				= AL.I.205-206
A65.I.132-166	= A34.I.128-162			
A65.I.151-152			= DF.I.125-126	= AL.I.217-218
A65.I.155-167				= AL.I.221-232
A65.I.155-170			= DF.I.129-144	
A65.I.171-314	= A34.I.163-306			
A65.I.177				AL.I.43
A65.I.178			= DF.I.163	± AL.I.44
A65.I.179			± DF.I.164	
A65.I.183-184				= AL.I.29-30
A65.I.183-187			= DF.I.149-153	
A65.I.187				= AL.I.33
A65.I.188			± DF.I.154	
A65.I.188-189				± AL.I.34-35
A65.I.190				= AL.I.36
A65.I.207-208				= AL.I.81-82
A65.I.226			= DF.I.184	= AL.I.92
A65.I.235				= AL.I.93
A65.I.308				± AL.I.306
A65.I.316-317			± DF.I.242-243	± AL.I.270-271
A65.I.319	= A34.I.315			
A65.I.320	± A34.I.316			
A65.I.321-332	= A34.I.317-328			
A65.II.1-8	= A34.II.1-8			
A65.II.2		± FE.II.2		
A65.II.2-3				= AL.II.2-3
A65.II.3		= FE.II.3		
A65.II.4		± FE.II.4		= AL.II.4*v*
A65.II.5-8		= FE.II.5-8		= AL.II.5-8
A65.II.9	± A34.II.9	± FE.II.9	± DF.III.5	± AL.II.9
A65.II.9*v*				= AL.II.9
A65.II.10			= DF.III.6	
A65.II.10-14	= A34.II.10-14	= FE.II.10-14		= AL.II.10-14
A65.II.11-12			± DF.III.7-8	
A65.II.15	± A34.II.15	± FE.II.15		± AL.II.15
A65.II.16-18		= FE.II.16-18		

A65.II.16-32				= AL.II.16-32
A65.II.16-33	= A34.II.16-33			
A65.II.20		± FE.II.19		
A65.II.26-34		= FE.II.30-38		
A65.II.33-34				± AL.II.33*v*-34*v*
A65.II.34	± A34.II.34			
A65.II.35-36	= A34.II.35-36			
A65.II.37-40		= FE.II.45-48		= AL.II.41-44
A65.II.37-46	= A34.II.41-50			
A65.II.41-43		± FE.II.49-51		
A65.II.43*v*		= FE.II.51		
A65.II.43-46			= DF.II.197-200	
A65.II.44-46		= FE.II.52-54		= AL.II.48-50
A65.II.47	± A34.II.51			
A65.II.48-65	= A34.II.52-69			
A65.II.64		± FE.II.136	± DF.III.128	± AL.III.40
A65.II.64*v*		= FE.II.136		= AL.III.40
A65.II.65-68		= FE.II.137-140	= DF.III.129-132	= AL.III.41-44
A65.II.66	± A34.II.70			
A65.II.67-82	= A34.II.71-86			
A65.II.69		± FE.II.141	± DF.III.133	± AL.III.45
A65.II.77-82		= FE.II.149-154	= DF.III.141-146	= AL.III.53-58
A65.II.83	± A34.II.87			
A65.II.83*v*	= A34.II.87			
A65.II.84	± A34.II.88			
A65.II.85-92	= A34.II.93-100			
A65.II.89-92				= AL.III.69-72
A65.II.89-107		= FE.II.165-183	= DF.III.157-175	
A65.II.93				± AL.III.73
A65.II.93*v*2-4	= A34.II.102-104			
A65.II.95-111				= AL.III.75-91
A65.II.101	± A34.II.105*v*			
A65.II.102-103	= A34.II.106-107			
A65.II.104*v*-105*v*	= A34.II.108-109			
A65.II.106	= A34.II.110			
A65.II.108		± FE.II.184	± DF.III.176	
A65.II.109-110		= FE.II.185-186	= DF.III.177-178	
A65.II.111-133	± A34.II.111-133			
A65.II.112				± AL.III.92
A65.II.113-114			= DF.III.181-182	= AL.III.93-94
A65.II.135	= A34.II.135			
A65.II.136	± A34.II.136			
A65.II.137-160	= A34.II.137-160			
A65.II.153-168			= DF.II.23-38	= AL.II.101-116
A65.II.167	± A34.II.171			

A65.II.168-175	= A34.II.172-179		
A65.II.171		± DF.II.41	
A65.II.172			± AL.II.120
A65.II.172-173		= DF.II.42-43	= AL.II.120v-121
A65.II.174		± DF.II.44	± AL.II.122
A65.II.175-188		= DF.II.45-58	= AL.II.123-136
A65.II.176	± A34.II.180		
A65.II.177-192	= A34.II.181-196		
A65.II.189			± AL.II.137v
A65.II.193v-194v	= A34.II.197-198		
A65.II.193-194		= DF.II.63-64	
A65.II.194-210			= AL.II.141-158
A65.II.195		± DF.II.65	
A65.II.195-196	= A34.II.199-200		
A65.II.196-237		= DF.II.66-107	
A65.II.203-218	= A34.II.243-258		
A65.II.211-212			= AL.II.159-160
A65.II.213-220			= AL.II.161-168
A65.II.221			± AL.II.169
A65.II.222-224			= AL.II.170-172
A65.II.225			± AL.II.173
A65.II.227-230			= AL.II.175-178
A65.II.231			± AL.II.179
A65.II.232-236			= AL.II.180-184
A65.II.237			= AL.II.186
A65.II.238		± DF.II.108	
A65.II.239-244		= DF.II.209-214	
A65.II.239-258		= DF.II.109-128	
A65.II.248			± AL.II.192
A65.II.249-258			= AL.II.205-214
A65.II.259-282	= A34.II.279-302		
A65.II.265		± DF.II.139	
A65.II.265-270			= AL.II.225-230
A65.II.267-270		= DF.II.141-144	
A65.II.272		± DF.II.146	± AL.II.232
A65.II.273		= DF.II.147	
A65.II.273-276			= AL.II.233-236
A65.II.275-276		= DF.II.149-150	
A65.II.277			± AL.II.237
A65.II.279		± DF.II.153	
A65.II.279-292			= AL.II.239-252
A65.II.280-292		= DF.II.154-166	
A65.II.283	± A34.II.303		
A65.II.285	± A34.II.305		
A65.II.286-291	= A34.II.306-311		

A65.II.292	± A34.II.312			
A65.II.293-305	= A34.II.313-325			
A65.II.293-312				= AL.II.253-268
A65.II.297-298			= DF.II.167-168	
A65.II.300			± DF.II.170	
A65.II.301-308			= DF.II.171-178	
A65.II.306	± A34.II.326			
A65.II.307-312	= A34.II.327-332			
A65.II.311			± DF.II.185	
A65.II.312-316			= DF.II.186-190	
A65.II.317	± A34.II.333			= AL.II.269*v*
A65.II.317*v*1-18		= FE.I.129-146		
A65.II.317*v*3-6				= AL.I.279-282
A65.II.317*v*8-18				= AL.I.284-294
A65.II.318-319				= AL.II.270*v*-271*v*
A65.II.318-343	= A34.II.334-359			
A65.II.319			± DF.II.193	
A65.II.320			= DF.II.194	± AL.II.272
A65.II.321-336				= AL.II.273-288
A65.II.338-344				= AL.II.290-296
A65.II.347			± DF.II.217	= AL.II.299
A65.II.347*v*			= DF.II.217	
A65.II.348			± DF.II.218	± AL.II.300
A65.II.349	± A34.II.366			
A65.II.349-350			= DF.II.219-220	
A65.II.350-349				= AL.II.301-302
A65.II.351-352	= A34.II.363-364			
A65.II.353-364	= A34.II.367-378			
A65.II.355-361			= DF.II.221-227	= AL.II.303-309
A65.II.362			± DF.II.228	± AL.II.310
A65.II.363-364				= AL.II.311-312
A65.II.363-372			= DF.II.229-238	
A65.II.365				± AL.III.1
A65.II.366-372				= AL.III.2-8
A65.II.373				= AL.III.13
A65.II.373-388			= DF.II.243-258	
A65.II.374-376				± AL.III.14-16
A65.II.379-384				= AL.III.19-24
A65.II.385				= AL.III.25*v*
A65.II.385				± AL.III.25
A65.II.386-388				= AL.III.26-28
A65.III.1-26	= A34.III.1-26			
A65.III.27	± A34.III.27			
A65.III.27-34	= A34.III.27*v*-34*v*			
A65.III.35	± A34.III.35*v*			

A65.III.36	= A34.III.36*v*			
A65.III.37-42	= A34.III.37-42			
A65.III.47-62	= A34.III.43-58			
A65.III.63-76	= A34.III.59*v*1-14			
A65.III.77-86	= A34.III.59*v*19-28			
A65.III.87-102	= A34.III.71-86			
A65.III.103-104	= A34.III.87*v*1-2			
A65.III.105	± A34.III.89			
A65.III.106-110	= A34.III.90-94			
A65.III.111	± A34.III.99			
A65.III.111*v*1-4	= A34.III.95-98			
A65.III.112-116	= A34.III.100-104			
A65.III.117*v*-118*v*	= A34.III.105-106			
A65.III.119-134	= A34.III.107-122			
A65.III.135-142	= A34.III.135-142			
A65.III.137-138		= FE.II.187-188		
A65.III.137-139				= AL.III.95-97
A65.III.139		± FE.II.189		
A65.III.140		= FE.II.190	± DF.III.186	
A65.III.140-141				± AL.III.98-99
A65.III.141		± FE.II.191		
A65.III.142		= FE.II.192	= DF.III.188	= AL.III.100
A65.III.143-144		= FE.II.197-198	= DF.III.193-194	= AL.III.105-106
A65.III.143*v*-144*v*	= A34.III.143-144			
A65.III.143-160	= A34.III.147-164			
A65.III.145*v*	± A34.III.145			
A65.III.149-150		= FE.II.199-200	= DF.III.195-196	= AL.III.107-108
A65.III.155-161		= FE.II.201-207		
A65.III.155-166			= DF.III.197-208	= AL.III.109-120
A65.III.163-181	= A34.III.167-185			
A65.III.172-175				= AL.III.126-129
A65.III.175-176			± DF.III.217-218	
A65.III.176				± AL.III.130
A65.III.177			= DF.III.219	
A65.III.177-196				= AL.III.131-150
A65.III.178			± DF.III.220	
A65.III.179-188			= DF.III.221-230	
A65.III.182	± A34.III.186			
A65.III.183-186	= A34.III.187-190			
A65.III.187	± A34.III.191			
A65.III.188-192	= A34.III.192-196			
A65.III.189-192			= DF.III.230*v*1-4	
A65.III.193	± A34.III.205			
A65.III.193-196			= DF.III.231-234	
A65.III.194	= A34.III.206			

A65.III.197			± DF.III.235	± AL.III.151
A65.III.197-198	= A34.III.209-210			
A65.III.198-218				= AL.III.152-172
A65.III.198-315			= DF.III.236-353	
A65.III.204	= A34.III.216			
A65.III.207-212	= A34.III.219-224			
A65.III.213*v*-216*v*	= A34.III.225-228			
A65.III.225				± AL.III.175
A65.III.226				= AL.III.176
A65.III.227				± AL.III.177
A65.III.228				= AL.III.178
A65.III.232-272				= AL.III.182-222
A65.III.245	= A34.III.309			
A65.III.246	± A34.III.310			
A65.III.247		± FE.II.213		
A65.III.248-272		= FE.II.214-238		
A65.III.273-282		= FE.II.247-256		
A65.III.273-298				= AL.III.231-256
A65.III.299-300				± AL.III.257-258
A65.III.299-307		= FE.II.257-265		
A65.III.301-307				= AL.III.259-265
A65.III.308		± FE.II.266		± AL.III.266
A65.III.309-350				= AL.III.267-308
A65.III.309-358		= FE.II.267-316		
A65.III.316			± DF.III.354	
A65.III.317-350			= DF.III.355-388	
A65.III.351			± DF.III.389	± AL.III.309
A65.III.352-358			= DF.III.390-396	= AL.III.310-316
A65.IV.1-6		= FE.III.1-6		
A65.IV.1-8				= AL.IV.1-8
A65.IV.7		± FE.III.7		
A65.IV.9	= A34.IV.25			
A65.IV.9-10				± AL.IV.9-10
A65.IV.10		± FE.III.10		
A65.IV.11-14				= AL.IV.11-14
A65.IV.17-21				= AL.IV.17-21
A65.IV.23-34				= AL.IV.23-34
A65.IV.29-34	= A34.IV.33-38	= FE.III.13-17		
A65.IV.33-34			= DF.IV.9-10	
A65.IV.34-35		± FE.III.18-19		
A65.IV.35				± AL.IV.35
A65.IV.36		= FE.III.20		= AL.IV.36
A65.IV.37-40	= A34.IV.29-32			
A65.IV.41		± FE.III.21		
A65.IV.41-50				= AL.IV.37-46

ADÉLAÏDE DU GUESCLIN 1765

A65.IV.42		± FE.III.22		
A65.IV.43-44			= DF.IV.19-20	
A65.IV.43-50		= FE.III.23-30		
A65.IV.47-54			= DF.IV.23-30	
A65.IV.51	± A34.IV.47			
A65.IV.51-56				= AL.IV.51-56
A65.IV.52-54	= A34.IV.48-50			
A65.IV.55	± A34.IV.51		± DF.IV.31	
A65.IV.55			= DF.IV.31v	
A65.IV.56			= DF.IV.32	
A65.IV.57-61				= AL.IV.61-65
A65.IV.59-61			= DF.IV.39-41	
A65.IV.60	± A34.IV.56			
A65.IV.61	= A34.IV.57			
A65.IV.62	= A34.IV.58		± DF.IV.42	± AL.IV.66
A65.IV.63	± A34.IV.67			± AL.IV.[illegible]
A65.IV.64-66				= AL.IV.76-78
A65.IV.65-66	= A34.IV.69-70			
A65.IV.67	± A34.IV.75			
A65.IV.68-76	= A34.IV.76-84			
A65.IV.77-81	= A34.IV.89-93			
A65.IV.78-79				± AL.IV.79
A65.IV.79		± FE.III.31	± DF.IV.55	
A65.IV.80				± AL.IV.80
A65.IV.80-95		= FE.III.32-47		
A65.IV.80-128			= DF.IV.56-104	
A65.IV.81				= AL.IV.81
A65.IV.82	± A34.IV.94			
A65.IV.83-92				= AL.IV.83-92
A65.IV.93				± AL.IV.93
A65.IV.95-128				= AL.IV.95-128
A65.IV.107	± A34.IV.255			
A65.IV.108	= A34.IV.256			
A65.IV.109	± A34.IV.257			
A65.IV.110	= A34.IV.258			
A65.IV.117		± FE.III.49		
A65.IV.124		± FE.III.56		
A65.IV.125		± FE.III.50		
A65.IV.129			± DF.IV.105	
A65.IV.129v			= DF.IV.105	
A65.IV.129-130				± AL.IV.129-130
A65.IV.130			± DF.IV.106	
A65.IV.130			= DF.IV.106v	
A65.IV.131-200			= DF.IV.107-176	
A65.IV.149-155		= FE.III.57-63		

CONCORDANCES

A65.IV.155-158				= AL.IV.135-138
A65.IV.156		± FE.III.64		
A65.IV.157-158		= FE.III.65-66		
A65.IV.161*v*-162*v*		= FE.III.69-70		
A65.IV.163-164				= AL.IV.147-148
A65.IV.163-179		= FE.III.71-87		
A65.IV.167-179				= AL.IV.151-163
A65.IV.180		± FE.III.88		± AL.IV.164
A65.IV.181-184		= FE.III.89-92		= AL.IV.165-168
A65.IV.186*v*1		± FE.III.93		± AL.IV.169
A65.IV.186*v*2-7				= AL.IV.170-175
A65.IV.186*v*2-8		= FE.III.95-101		
A65.IV.186*v*7				± AL.IV.176
A65.IV.189		± FE.III.101		± AL.IV.177
A65.IV.189*v*				= AL.IV.177
A65.IV.190-192				= AL.IV.178-180
A65.IV.190-204		= FE.III.102-116		
A65.IV.197	= A34.IV.201			
A65.IV.197-200				= AL.IV.185-188
A65.IV.199-200	= A34.IV.207-208			
A65.IV.201	± A34.IV.209			
A65.IV.202-207	= A34.IV.210-215			
A65.IV.205				± AL.IV.197
A65.IV.205-206		± FE.III.121-122		
A65.IV.205*v*-208*v*		= FE.III.117-120		
A65.IV.206-210				= AL.IV.198-202
A65.IV.207-210		= FE.III.123-126		
A65.IV.208-209	± A34.IV.216-217			
A65.IV.210			± DF.IV.182	
A65.IV.210*v*			= DF.IV.182	
A65.IV.210-212	= A34.IV.218-220			
A65.IV.211-212		± FE.III.131-132	= DF.IV.187-188	= AL.IV.207-208
A65.IV.211*v*-212*v*		= FE.III.127-128		
A65.IV.217				= AL.IV.209
A65.IV.217-218		= FE.III.133-134	= DF.IV.189-90	
A65.IV.218				± AL.IV.210
A65.IV.221-222	= A34.IV.225-226			
A65.IV.225-252			= DF.IV.197-224	= AL.IV.217-244
A65.V.1-11			= DF.V.1-11	
A65.V.1-18				= AL.V.1-18
A65.V.4	= A34.V.2			
A65.V.9-10	= A34.V.3-4			
A65.V.11	± A34.V.5			
A65.V.12	= A34.V.6			
A65.V.13-18		= FE.III.139-144		

ADÉLAÏDE DU GUESCLIN 1765

A65.V.13-22			= DF.V.13-22	
A65.V.17-18	= A34.V.8-7			
A65.V.21				± AL.V.21
A65.V.22				= AL.V.22
A65.V.22-24	= A34.V.12-14			
A65.V.25-31	= A34.V.19-25			
A65.V.31		± FE.III.149	± DF.V.27	± AL.V.27
A65.V.32-33	± A34.V.26-27			= AL.V.28-29
A65.V.32-42		= FE.III.150-160		
A65.V.32-48			= DF.V.28-44	
A65.V.34				± AL.V.30
A65.V.35-42				= AL.V.31-38
A65.V.36-40	= A34.V.30-34			
A65.V.41-42	± A34.V.35-36			
A65.V.43	± A34.V.41	± FE.III.161		± AL.V.39
A65.V.44-50		= FE.III.162-168		
A65.V.44-56				= AL.V.40-52
A65.V.44-60	= A34.V.42-58			
A65.V.50-56			= DF.V.46-52	
A65.V.55-56		= FE.III.169-170		
A65.V.59-60		= FE.III.173-174		= AL.V.55-56
A65.V.61	± A34.V.59	± FE.III.175		± AL.V.57
A65.V.61-62			= DF.V.55v-56v	
A65.V.62-64	= A34.V.60-62			
A65.V.63		± FE.III.177	± DF.V.59	± AL.V.59
A65.V.64-65			= DF.V.60-61	
A65.V.64-70		= FE.III.178-184		= AL.V.60-66
A65.V.65	± A34.V.63			
A65.V.66			± DF.V.62	
A65.V.66			= DF.V.62v	
A65.V.66-77	= A34.V.64-75			
A65.V.67-70			= DF.V.63-66	
A65.V.73-80		= FE.III.187-194		
A65.V.73-88			= DF.V.69-84	
A65.V.73-111				= AL.V.69-107
A65.V.78	± A34.V.76			
A65.V.79-118	= A34.V.77-116			
A65.V.89-93			= DF.V.84v1-4	
A65.V.94			± DF.V.86	
A65.V.95-118			= DF.V.87-110	
A65.V.112				± AL.V.108
A65.V.113-118				= AL.V.109-114
A65.V.119			± DF.V.111	± AL.V.115
A65.V.120-122	= A34.V.122-124			= AL.V.116-118
A65.V.120-125			= DF.V.112-117	

A65.V.126			± DF.V.118	
A65.V.127	± A34.V.137		= DF.V.119	
A65.V.128-131	= A34.V.138-141			
A65.V.129-130				= AL.V.133-134
A65.V.129-168			= DF.V.121-160	
A65.V.131				± AL.V.135
A65.V.131		= FE.III.197		= AL.V.135ν
A65.V.132		± FE.III.198		
A65.V.132-169				= AL.V.136-173
A65.V.133	± A34.V.143			
A65.V.133-148		= FE.III.199-214		
A65.V.135-139	= A34.V.145-149			
A65.V.140	± A34.V.150			
A65.V.140ν	= A34.V.150			
A65.V.141-142	= A34.V.151-152			
A65.V.143-146	= A34.V.157-160			
A65.V.147	± A34.V.161			
A65.V.147ν-148	= A34.V.161-162			
A65.V.150-169		= FE.III.216-235		
A65.V.151-152	± A34.V.165-166			
A65.V.153-154	= A34.V.167-168			
A65.V.158	= A34.V.172			
A65.V.160-161	= A34.V.174-175			
A65.V.163-169	= A34.V.177-183			
A65.V.169			= DF.V.161ν	
A65.V.170	± A34.V.184	± FE.III.236		± AL.V.174
A65.V.170-188			= DF.V.162-180	
A65.V.171-172		= FE.III.237-238		
A65.V.171-174				= AL.V.175-178
A65.V.177-186		= FE.III.239-248		= AL.V.181-190
A65.V.178-186	= A34.V.196-204			
A65.V.187	± A34.V.205	± FE.III.249		± AL.V.191
A65.V.188	= A34.V.206	= FE.III.250		= AL.V.192
A65.V.189	± A34.V.216			
A65.V.189-190		± FE.III.251-252	± DF.V.181-182	± AL.V.193-194
A65.V.190-196	= A34.V.208-214			
A65.V.193-198			= DF.V.185-190	= AL.V.197-202
A65.V.195		= FE.III.256		
A65.V.196-198		= FE.III.258-260		
A65.V.199		± FE.III.261	± DF.V.191	± AL.V.203
A65.V.199-208	= A34.V.233-242			
A65.V.200-202		= FE.III.262-264	= DF.V.192-194	= AL.V.204-206
A65.V.207			± DF.V.195	± AL.V.207
A65.V.208				= AL.V.208ν
A65.V.209	± A34.V.243			

Concordance to *Adélaïde*, 1734

A34.I.1-8				= A65.I.1-8
A34.I.3-4	= FE.I.1-2	= DF.I.1-2	= AL.I.97-98	
A34.I.8	= FE.I.10	= DF.I.14	= AL.I.102	
A34.I.9	± FE.I.11		± AL.I.103	
A34.I.10			= AL.I.104	
A34.I.15		± DF.I.25	± AL.I.109	± A65.I.19
A34.I.15-16	± FE.I.17-18			
A34.I.16-22				= A65.I.20-26
A34.I.16-26		= DF.I.26-36	= AL.I.110-120	
A34.I.17-26	= FE.I.19-28			
[illegible]				= A65.I.32-34
A34.I.29				± A65.I.37
A34.I.29				= A65.I.37*v*
A34.I.29-30	± FE.I.31-32			
A34.I.29-34			± AL.I.123-128	
A34.I.30				= A65.I.38
A34.I.31-34				± A65.I.39-42
A34.I.33*v*			± AL.I.127	
A34.I.34	± FE.I.36			
A34.I.38	± FE.I.44			± A65.I.50
A34.I.38-40			± AL.I.136-138	
A34.I.39-64				= A65.I.51-76
A34.I.41	± FE.I.47			
A34.I.41-42		= DF.I.51-52	= AL.I.139-140	
A34.I.42	= FE.I.48			
A34.I.59-62	= FE.I.53-56			
A34.I.59-78		= DF.I.57-76	= AL.I.145-164	
A34.I.64	± FE.I.58			
A34.I.65				± A65.I.77
A34.I.65-67	= FE.I.59-61			
A34.I.66-78				= A65.I.78-90
A34.I.68	± FE.I.62			
A34.I.69-78	= FE.I.63-72			
A34.I.79		± DF.I.76*v*1	± AL.I.165	
A34.I.80	± FE.I.74			
A34.I.80-82		= DF.I.76*v*2-4		
A34.I.80-84			= AL.I.166-170	
A34.I.81-82	= FE.I.75-76			
A34.I.83	± FE.I.77	± DF.I.77		+ A65.I.91

A34.I.87-90	= FE.I.81-84	= DF.I.81-84	= AL.I.173-176	= A65.I.95-98
A34.I.99				± A65.I.103
A34.I.99-109			= AL.I.181-191	
A34.I.100-102		= DF.I.90-92		
A34.I.100-109				= A65.I.104-113
A34.I.103		± DF.I.93		
A34.I.104-107		= DF.I.94-97		
A34.I.108		± DF.I.98		
A34.I.109-110		= DF.I.99-100		
A34.I.110-111			± AL.I.192-193	± A65.I.114-115
A34.I.112-114		= DF.I.102-104	= AL.I.194-196	
A34.I.112-117				= A65.I.116-121
A34.I.115		± DF.I.105		
A34.I.115-116			± AL.I.197-198	
A34.I.118				± A65.I.122
A34.I.118				= A65.I.122v
A34.I.119-121				= A65.I.123-125
A34.I.123		± DF.I.109		± A65.I.127
A34.I.123-124			± AL.I.201-202	
A34.I.124		= DF.I.110		
A34.I.124-126				= A65.I.128-130
A34.I.127				± A65.I.131
A34.I.127-128			± AL.I.205-206	
A34.I.128-162				= A65.I.132-166
A34.I.147-148		= DF.I.125-126	= AL.I.217-218	
A34.I.149		± DF.I.124		
A34.I.151-161		= DF.I.130-140		
A34.I.151-162			= AL.I.221-232	
A34.I.163-306				= A65.I.171-314
A34.I.169-170			= AL.I.43-44	
A34.I.175-176			= AL.I.29-30	
A34.I.175-179		= DF.I.149-153		
A34.I.179			= AL.I.33	
A34.I.180		± DF.I.154		
A34.I.180-181			± AL.I.34-35	
A34.I.182			= AL.I.36	
A34.I.199-200			= AL.I.81-82	
A34.I.218		= DF.I.185		
A34.I.300			± AL.I.306	
A34.I.315				= A65.I.319
A34.I.316				± A65.I.320
A34.I.317-328				= A65.I.321-332
A34.II.1-8				= A65.II.1-8
A34.II.2	± FE.II.2	± DF.III.2		
A34.II.2		= DF.III.2v		

ADÉLAÏDE 1734

A34.II.2-3			= AL.II.2-3	
A34.II.3	= FE.II.3			
A34.II.4			± AL.II.4	
A34.II.4	± FE.II.4		= AL.II.4v	
A34.II.5-18	= FE.II.5-18			
A34.II.5-32			= AL.II.5-32	
A34.II.7-12		= DF.III.3-8		
A34.II.9				± A65.II.9
A34.II.10-14				= A65.II.10-14
A34.II.15				± A65.II.15
A34.II.16-33				= A65.II.16-33
A34.II.20	± FE.II.19			
A34.II.23-24		± DF.III.23-25		
A34.II.23-25	± FE.II.23-25			
A34.II.26-33	= FE.II.30-37			
A34.II.27-33		= DF.III.27-33		
[illegible]			[illegible]	
A34.II.34	± FE.II.38	± DF.III.34		± A65.II.34
A34.II.35-36				= A65.II.35-36
A34.II.37-39	= FE.II.41-43	= DF.III.37-39		
A34.II.37-44			= AL.II.37-44	
A34.II.40	± FE.II.44	± DF.III.40		
A34.II.41-44	= FE.II.45-48			
A34.II.41-50				= A65.II.37-46
A34.II.45-47	= FE.II.49-51			
A34.II.47			± AL.II.47	
A34.II.48-50	= FE.II.52-54		= AL.II.48-50	
A34.II.51				± A65.II.47
A34.II.52-69				= A65.II.48-65
A34.II.68		± DF.III.128	± AL.III.40	
A34.II.69	= FE.II.137	= DF.III.129	= AL.III.41	
A34.II.70	± FE.II.138	± DF.III.130		± A65.II.66
A34.II.71-72	= FE.II.139-140	= DF.III.131-132		
A34.II.71-86				= A65.II.67-82
A34.II.73	± FE.II.141	± DF.III.133		
A34.II.81-86	= FE.II.149-154	= DF.III.141-146	= AL.III.53-58	
A34.II.87				± A65.II.83
A34.II.87				= A65.II.83v
A34.II.88				± A65.II.84
A34.II.89-90	± FE.II.157-158	± DF.III.149-150	± AL.III.61-62	
A34.II.91	= FE.II.159	= DF.III.151	± AL.III.63	
A34.II.92	± FE.II.160	± DF.III.152	± AL.III.64	
A34.II.93-100				= A65.II.85-92
A34.II.97-100	= FE.II.165-168	= DF.III.157-160	= AL.III.69-72	
A34.II.102	± FE.II.170			

A34.II.102-104				= A65.II.93v2-4
A34.II.105	± FE.II.177	± DF.III.169		
A34.II.105v			± AL.III.81	± A65.II.101
A34.II.106-107	= FE.II.178-179	= DF.III.170-171	= AL.III.82-83	= A65.II.102-103
A34.II.108-109				= A65.II.104v-105v
A34.II.110	= FE.II.182	= DF.III.174		= A65.II.106
A34.II.111			= AL.III.91	
A34.II.111-133				± A65.II.111-133
A34.II.112			± AL.III.92	
A34.II.113-114		= DF.III.181-182	= AL.III.93-94	
A34.II.135				= A65.II.135
A34.II.136				± A65.II.136
A34.II.137-160				= A65.II.137-160
A34.II.153-160		= DF.II.23-30	= AL.II.101-108	
A34.II.171		± DF.II.37		± A65.II.167
A34.II.171-172			= AL.II.115-116	
A34.II.172		= DF.II.38		
A34.II.172-179				= A65.II.168-175
A34.II.175		± DF.II.41	± AL.II.119	
A34.II.176-177		= DF.II.42-43	= AL.II.120-121	
A34.II.178		± DF.II.44	± AL.II.122	
A34.II.179		= DF.II.45	= AL.II.123	
A34.II.180		± DF.II.46	± AL.II.124	± A65.II.176
A34.II.181-192		= DF.II.47-58	= AL.II.125-136	
A34.II.181-196				= A65.II.177-192
A34.II.193			± AL.II.137v1	
A34.II.197-198				= A65.II.193v-194v
A34.II.198			± AL.II.137v2	
A34.II.198		± DF.II.64	± AL.II.142	
A34.II.199-200		= DF.II.65-66	= AL.II.143-144	= A65.II.195-196
A34.II.215-216		± DF.II.216-215		
A34.II.243-250			= AL.II.151-158	
A34.II.243-258				= A65.II.203-218
A34.II.251-52			= AL.II.159-160	
A34.II.253-258			= AL.II.161-166	
A34.II.279-302				= A65.II.259-282
A34.II.285		± DF.II.139		
A34.II.285-290			= AL.II.225-230	
A34.II.287-289		= DF.II.141-143		
A34.II.292		± DF.II.146		
A34.II.292-295			= AL.II.233-236	
A34.II.293-296		= DF.II.147-150		
A34.II.296			± AL.II.237	
A34.II.299-302			= AL.II.239-242	
A34.II.299-303		= DF.II.153-157		

ADÉLAÏDE 1734

A34.II.303		± AL.II.243	± A65.II.283
A34.II.303-305		= AL.II.243*v*-245*v*	
A34.II.304-305	± DF.II.158-159		
A34.II.305		± AL.II.245	± A65.II.285
A34.II.306-311	= DF.II.160-165		= A65.II.286-291
A34.II.306-312		= AL.II.246-252	
A34.II.312	± DF.II.166		± A65.II.292
A34.II.313-325			= A65.II.293-305
A34.II.317-318	= DF.II.167-168		
A34.II.317-332		= AL.II.253-268	
A34.II.320	± DF.II.170		
A34.II.321-328	= DF.II.171-178		
A34.II.326			± A65.II.306
A34.II.327-332			= A65.II.307-312
A34.II.331	± DF.II.185		
A34.II.332	= DF.II.186		
A34.II.333			± A65.II.317
A34.II.333-335		= AL.II.269*v*-271*v*	
A34.II.334-359			= A65.II.318-343
A34.II.336		± AL.II.272	
A34.II.337-352		= AL.II.273-288	
A34.II.354-359		= AL.II.290-295	
A34.II.355-359	= DF.II.209-213		
A34.II.360	± DF.II.214		
A34.II.363-364			= A65.II.351-352
A34.II.366		= AL.II.302	± A65.II.349
A34.II.367-378			= A65.II.353-364
A34.II.369-375	= DF.II.221-227	= AL.II.303-309	
A34.II.376	± DF.II.228	± AL.II.310	
A34.II.377-378	= DF.II.229-230	= AL.II.311-312	
A34.II.384-386		= AL.II.314-316	
A34.III.1-26			= A65.III.1-26
A34.III.27			± A65.III.27
A34.III.27*v*-34*v*			= A65.III.27-34
A34.III.35*v*			± A65.III.35
A34.III.36*v*			= A65.III.36
A34.III.37-42			= A65.III.37-42
A34.III.43-57			= A65.III.47-61
A34.III.58			= A65.III.62
A34.III.59*v*1-14			= A65.III.63-76
A34.III.59*v*19-28			= A65.III.77-86
A34.III.71-86			= A65.III.87-102
A34.III.87*v*1-2			= A65.III.103-104
A34.III.89			± A65.III.105
A34.III.90-94			= A65.III.106-110

A34.III.95-98				= A65.III.111*v*1-4
A34.III.99				± A65.III.111
A34.III.100-104				= A65.III.112-116
A34.III.105-106				= A65.III.117*v*-118*v*
A34.III.107-122				= A65.III.119-134
A34.III.135-142				= A65.III.135-142
A34.III.137-138	= FE.II.187-188	= DF.III.183-184	= AL.III.95-96	
A34.III.139-141		± DF.III.185-187	± AL.III.97-99	
A34.III.140	± FE.II.190			
A34.III.142	= FE.II.192		= AL.III.100	
A34.III.143-144				= A65.III.143*v*-144*v*
A34.III.145			= AL.III.103	± A65.III.145*v*
A34.III.146		± DF.III.192	± AL.III.104	
A34.III.147-148	= FE.II.197-198	= DF.III.193-194	= AL.III.105-106	
A34.III.147-164				= A65.III.143-160
A34.III.153-154	= FE.II.199-200	= DF.III.195-196	= AL.III.107-108	
A34.III.159-164	= FE.II.201-206	= DF.III.197-202	= AL.III.109-114	
A34.III.167-170		= DF.III.205-208	= AL.III.117-120	
A34.III.167-185				= A65.III.163-181
A34.III.176-179			= AL.III.126-129	
A34.III.179-180		± DF.III.217-218		
A34.III.180			± AL.III.130	
A34.III.181		= DF.III.219		
A34.III.181-185			= AL.III.131-135	
A34.III.182		± DF.III.220		
A34.III.183-185		= DF.III.221-223		
A34.III.186		± DF.III.224	± AL.III.136	± A65.III.182
A34.III.187-190		= DF.III.225-228		= A65.III.183-186
A34.III.187-196			= AL.III.137-146	
A34.III.191		± DF.III.229		± A65.III.187
A34.III.192		= DF.III.230		
A34.III.192-196				= A65.III.188-192
A34.III.193-196		= DF.III.230*v*1-4		
A34.III.205		± DF.III.231	± AL.III.147	± A65.III.193
A34.III.206		= DF.III.232	= AL.III.148	= A65.III.194
A34.III.209		± DF.III.235	± AL.III.151	
A34.III.209-210				= A65.III.197-198
A34.III.210		= DF.III.236	= AL.III.152	
A34.III.211		± DF.III.237	± AL.III.153	
A34.III.216		= DF.III.242	= AL.III.158	= A65.III.204
A34.III.217-218			± AL.III.159-160	
A34.III.219-224		= DF.III.245-250	= AL.III.161-166	= A65.III.207-212
A34.III.225-228				= A65.III.213*v*-216*v*
A34.III.226			± AL.III.168	
A34.III.228		= DF.III.254	= AL.III.170	

A34.III.309		= DF.III.283	= AL.III.195	= A65.III.245
A34.III.310		± DF.III.284	± AL.III.196	± A65.III.246
A34.IV.25				= A65.IV.9
A34.IV.29-32				= A65.IV.37-40
A34.IV.33-38	= FE.III.13-18		= AL.IV.29-34	= A65.IV.29-34
A34.IV.38				= A65.IV.34
A34.IV.47				± A65.IV.51
A34.IV.47-48			± AL.IV.51-52	
A34.IV.48-50				= A65.IV.52-54
A34.IV.49-50			= AL.IV.53-54	
A34.IV.51			± AL.IV.55	± A65.IV.55
A34.IV.55			± AL.IV.64	
A34.IV.56				± A65.IV.60
A34.IV.56-60		= DF.IV.40-44		
A34.IV.57				= A65.IV.61
A34.IV.57-60			= AL.IV.65-68	
A34.IV.58				= A65.IV.62
A34.IV.67				± A65.IV.63
A34.IV.67-68			± AL.IV.75-76	
A34.IV.69-70				= A65.IV.65-66
A34.IV.75				± A65.IV.67
A34.IV.76-84				= A65.IV.68-76
A34.IV.89-93				= A65.IV.77-81
A34.IV.90-91			± AL.IV.79	
A34.IV.91	± FE.III.31	± DF.IV.55		
A34.IV.92-93	= FE.III.32-33	= DF.IV.56-57		
A34.IV.92-94			= AL.IV.80-82	
A34.IV.94	± FE.III.34	± DF.IV.58		± A65.IV.82
A34.IV.101		± DF.III.293		
A34.IV.102-106		= DF.III.294-298		
A34.IV.111		± DF.III.303		
A34.IV.112		= DF.III.304		
A34.IV.113-114		± DF.III.305-306		
A34.IV.123-134		= DF.III.311-322		
A34.IV.137-140		= DF.III.325-328		
A34.IV.168	± FE.III.64			
A34.IV.177	± FE.III.77			
A34.IV.178	= FE.III.78			
A34.IV.180	= FE.III.80			
A34.IV.182	= FE.III.82			
A34.IV.201	= FE.III.109		= AL.IV.185	= A65.IV.197
A34.IV.202			± AL.IV.186	
A34.IV.207-208	= FE.III.111-112		= AL.IV.187-188	= A65.IV.199-200
A34.IV.209	± FE.III.113			± A65.IV.201
A34.IV.210-212	= FE.III.114-116			

A34.IV.210-215				= A65.IV.202-207
A34.IV.213	± FE.III.121		± AL.IV.197	
A34.IV.214-215	= FE.III.122-123			
A34.IV.214-216			= AL.IV.198-200	
A34.IV.216-217	± FE.III.124-125			± A65.IV.208-209
A34.IV.217			± AL.IV.201v	
A34.IV.218	= FE.III.126		= AL.IV.202	
A34.IV.218-220				= A65.IV.210-212
A34.IV.219-221			= AL.IV.207-209	
A34.IV.219-222	± FE.III.131-134			
A34.IV.222			± AL.IV.210	
A34.IV.225-226				= A65.IV.221-222
A34.IV.255				± A65.IV.107
A34.IV.256				= A65.IV.108
A34.IV.257				± A65.IV.109
A34.IV.258				= A65.IV.110
A34.V.1			± AL.V.3	
A34.V.2		= DF.V.4	= AL.V.4	= A65.V.4
A34.V.3-4		= DF.V.9-10	= AL.V.9-10	= A65.V.9-10
A34.V.5				± A65.V.11
A34.V.6				= A65.V.12
A34.V.7	= FE.III.144			
A34.V.7-8		= DF.V.18-19		
A34.V.7-12			= AL.V.17-22	
A34.V.8	± FE.III.143			
A34.V.8-7				= A65.V.17-18
A34.V.11		± DF.V.21		
A34.V.12		= DF.V.22		
A34.V.12-14				= A65.V.22-24
A34.V.19-25				= A65.V.25-31
A34.V.25-26			± AL.V.27-28	
A34.V.25-28		= DF.V.27-30		
A34.V.26-27				± A65.V.32-33
A34.V.26-28	± FE.III.150-152			
A34.V.30-33	= FE.III.154-157			
A34.V.30-34		= DF.V.32-36	= AL.V.32-36	= A65.V.36-40
A34.V.34-36	± FE.III.158-160			
A34.V.35-36				± A65.V.41-42
A34.V.41		± DF.V.39		± A65.V.43
A34.V.41-48	= FE.III.161-168			
A34.V.41-54			= AL.V.39-52	
A34.V.42-46		= DF.V.40-44		
A34.V.42-58				= A65.V.44-60
A34.V.48-54		= DF.V.46-52		
A34.V.53-54	= FE.III.169-170			

ADÉLAÏDE 1734

A34.V.57-58	= FE.III.173-174	= DF.V.55v-56v	= AL.V.55-56	
A34.V.59		± DF.V.57v		± A65.V.61
A34.V.60-62				= A65.V.62-64
A34.V.61	± FE.III.177	± DF.V.59	± AL.V.59	
A34.V.62	= FE.III.178	= DF.V.60	= AL.V.60	
A34.V.63	± FE.III.179	± DF.V.61	± AL.V.61	± A65.V.65
A34.V.64		± DF.V.62		
A34.V.64		= DF.V.62v		
A34.V.64-68	= FE.III.180-184		= AL.V.62-66	
A34.V.64-75				= A65.V.66-77
A34.V.65-68		= DF.V.63-66		
A34.V.71-78	= FE.III.187-194			
A34.V.71-79		= DF.V.68-76		
A34.V.71-109			= AL.V.69-107	
A34.V.76				± A65.V.78
A34.V.77-116				[illegible].V.79-118
A34.V.80-86		= DF.V.78-8[illegible]		
A34.V.87		± DF.V.84v1		
[illegible] 90		= DF.V.84v2-4		
A34.V.91		± DF.V.85		
A34.V.92-98		= DF.V.86-92		
A34.V.99		± DF.V.93		
A34.V.100		= DF.V.94		
A34.V.101		± DF.V.95		
A34.V.102-109		= DF.V.96-103		
A34.V.111-116		= DF.V.105-110	= AL.V.109-114	
A34.V.121-124		= DF.V.111-114		
A34.V.121-141			= AL.V.115-135	
A34.V.122-124				= A65.V.120-122
A34.V.127		= DF.V.117		
A34.V.129		± DF.V.119		
A34.V.135		± DF.V.115v11		
A34.V.136-137		= DF.V.115v12-13		
A34.V.137				± A65.V.127
A34.V.138-141				= A65.V.128-131
A34.V.139-141		= DF.V.121-123		
A34.V.142			± AL.V.136	
A34.V.143	± FE.III.199		= AL.V.137	± A65.V.133
A34.V.145-149	= FE.III.201-205			= A65.V.135-139
A34.V.145-152		= DF.V.127-134	= AL.V.139-146	
A34.V.150				± A65.V.140
A34.V.150	± FE.III.206			= A65.V.140v
A34.V.151-152	= FE.III.207-208			= A65.V.141-142
A34.V.157-160		= DF.V.135-138	= AL.V.147-150	= A65.V.143-146
A34.V.158-161	= FE.III.209-212			

A34.V.161	± FE.III.213	± DF.V.139	± AL.V.151	± A65.V.147
A34.V.161-162				= A65.V.147v-148
A34.V.162	= FE.III.214	= DF.V.140	= AL.V.152	
A34.V.165-166	± FE.III.217-218	± DF.V.143-144	± AL.V.155-156	± A65.V.151-152
A34.V.167-168	= FE.III.219-220	= DF.V.145-146	= AL.V.157-158	= A65.V.153-154
A34.V.172	= FE.III.224	= DF.V.150	= AL.V.162	= A65.V.158
A34.V.174-175	= FE.III.226-227		= AL.V.164-165	= A65.V.160-161
A34.V.174-182		= DF.V.152-160		
A34.V.177-183	= FE.III.229-235			= A65.V.163-169
A34.V.177-184			= AL.V.167-174	
A34.V.183-184		= DF.V.161v-162v		
A34.V.184				± A65.V.170
A34.V.196-204		= DF.V.170-178		= A65.V.178-186
A34.V.196-206	= FE.III.240-250		= AL.V.182-192	
A34.V.205		± DF.V.179v		± A65.V.187
A34.V.206		= DF.V.180		= A65.V.188
A34.V.207		± DF.V.182		
A34.V.208-214				= A65.V.190-196
A34.V.211-214	= FE.III.255-258	= DF.V.185-188	= AL.V.197-200	
A34.V.216			= AL.V.193	± A65.V.189
A34.V.224		± DF.V.190		
A34.V.233	± FE.III.261	± DF.V.191	± AL.V.203	
A34.V.233-242				= A65.V.199-208
A34.V.234-236	= FE.III.262-264	= DF.V.192-194	= AL.V.204-206	
A34.V.241		± DF.V.195	± AL.V.207	
A34.V.242			= AL.V.208	
A34.V.243				± A65.V.209

Concordance to *Les Frères ennemis*

FE.I.1				± A65.I.3
FE.I.1-2	= A34.I.3-4	= DF.I.1-2	= AL.I.97-98	
FE.I.2				= A65.I.4
FE.I.10	= A34.I.8	= DF.I.14		= A65.I.8
FE.I.10-11			= AL.I.102-103	
FE.I.11	± A34.I.9			
FE.I.12			± AL.I.104	
FE.I.14-17			= AL.I.106-109	
FE.I.18			± AL.I.110	
FE.I.18			[illegible] AL.I.110v	
[illegible]				= A65.I.17-26
FE.I.15-38		= DF.I.23-38		
FE.I.17-18	± A34.I.15-16			
FE.I.19-28	= A34.I.17-26			
FE.I.19-30			= AL.I.111-122	
FE.I.25-29				= A65.I.31-35
FE.I.30				± A65.I.36
FE.I.31			± AL.I.123	= A65.I.37
FE.I.31-32	± A34.I.29-30			
FE.I.32				± A65.I.38
FE.I.32-34			= AL.I.124-126	
FE.I.33-34				= A65.I.39-40
FE.I.35			= AL.I.127	± A65.I.41
FE.I.36	± A34.I.34			
FE.I.36-37				= A65.I.42-43
FE.I.36-42			= AL.I.128-134	
FE.I.38				± A65.I.44
FE.I.39-42				= A65.I.45-48
FE.I.41-42		= DF.I.45-46		
FE.I.43		± DF.I.47	± AL.I.135	± A65.I.49
FE.I.44	± A34.I.38	= DF.I.48	= AL.I.136	= A65.I.50
FE.I.45-47			± AL.I.137-139	
FE.I.47	± A34.I.41			± A65.I.53
FE.I.47-48		= DF.I.51-52		
FE.I.48	= A34.I.42		= AL.I.140	= A65.I.54
FE.I.49-50		± DF.I.53-54		
FE.I.52			± AL.I.144	
		± DF.I.56	= AL.I.144v	
FE.I.53-56	= A34.I.59-62			= A65.I.71-74

CONCORDANCES

FE.I.53-57			= AL.I.145-149	
FE.I.53-72		= DF.I.57-76		
FE.I.57-59				± A65.I.75-77
FE.I.58	± A34.I.64		± AL.I.150	
FE.I.59-61	= A34.I.65-67		= AL.I.151-153	
FE.I.60-61				= A65.I.78-79
FE.I.62	± A34.I.68		± AL.I.154	± A65.I.80
FE.I.63-72	= A34.I.69-78		= AL.I.155-164	= A65.I.81-90
FE.I.73		± DF.I.76*v*1		
FE.I.74	± A34.I.80			
FE.I.74-76		= DF.I.76*v*2-4	= AL.I.166-168	
FE.I.75-76	= A34.I.81-82			
FE.I.77	± A34.I.83		± AL.I.169	
FE.I.77-79		= DF.I.77-79		= A65.I.91-93
FE.I.79			= AL.I.171	
FE.I.80		± DF.I.80	± AL.I.172	± A65.I.94
FE.I.81-84	= A34.I.87-90			
FE.I.81-86			= AL.I.173-178	
FE.I.81-88		= DF.I.81-88		= A65.I.95-102
FE.I.90-93			= AL.I.238-241	
FE.I.90-102		= DF.I.210-222		
FE.I.94			± AL.I.242	
FE.I.98-99			= AL.I.246-247	
FE.I.101			± AL.I.249	
FE.I.102-111			= AL.I.250-259	
FE.I.103		± DF.I.223		
FE.I.104-128		= DF.I.224-248		
FE.I.113-128			= AL.I.261-276	
FE.I.131-134			= AL.I.279-282	
FE.I.136-149			= AL.I.284-297	
FE.I.149		± DF.I.293		
FE.I.150-156		= DF.I.294-300		
FE.I.151			± AL.I.299	
FE.I.152-160			= AL.I.300-308	
FE.I.157		± DF.I.301		
FE.II.1		= DF.III.1		
FE.II.1-18			= AL.II.1-18	
FE.II.2	± A34.II.2	± DF.III.2		± A65.II.2
FE.II.3	= A34.II.3			= A65.II.3
FE.II.4	± A34.II.4			± A65.II.4
FE.II.5-8				= A65.II.5-8
FE.II.5-18	= A34.II.5-18			
FE.II.7-12		= DF.III.3-8		
FE.II.9				± A65.II.9
FE.II.10-14				= A65.II.10-14

LES FRÈRES ENNEMIS

FE.II.15				± A65.II.15
FE.II.16-18				= A65.II.16-18
FE.II.19	± A34.II.20		± AL.II.20	± A65.II.20
FE.II.23-24			± AL.II.23-24	
FE.II.23-25	± A34.II.23-25	= DF.III.23-25		
FE.II.26		± DF.III.26		
FE.II.30-36			= AL.II.26-32	
FE.II.30-37	= A34.II.26-33			
FE.II.30-38				= A65.II.26-34
FE.II.31-44		= DF.III.27-40		
FE.II.37-38			= AL.II.33*v*-34*v*	
FE.II.38	± A34.II.34			
FE.II.39-48			= AL.II.35-44	
FE.II.41-43	= A34.II.37-39			
FE.II.44	± A34.II.40			
FE.II.45-48	= A34.II.41-44			= A65.II.37-40
FE.II.49-51	= A34.II.45-47			± A65.II.41-43
FE.II.51				= A65.II.43*v*
FE.II.51-59			= AL.II.47-55	
FE.II.52-54	= A34.II.48-50			= A65.II.44-46
FE.II.60			± AL.II.56	
FE.II.61-72			= AL.II.57-68	
FE.II.75-78			= AL.II.71-74	
FE.II.81-82			= AL.II.77-78	
FE.II.84-92			= AL.II.80-88	
FE.II.103-110		= DF.III.79 86		
FE.II.115-120		= DF.III.87-92		
FE.II.121		± DF.III.93		
FE.II.122		= DF.III.94		
FE.II.133		± DF.III.125		
FE.II.134-160			± AL.III.38-64	
FE.II.136				± A65.II.64
FE.II.136				= A65.II.64*v*
FE.II.136-186		= DF.III.128-178		
FE.II.137	= A34.II.69			
FE.II.137-140				= A65.II.65-68
FE.II.138	± A34.II.70			
FE.II.139-140	= A34.II.71-72			
FE.II.141	± A34.II.73			± A65.II.69
FE.II.149-154	= A34.II.81-86			= A65.II.77-82
FE.II.157-158	± A34.II.89-90			
FE.II.159	= A34.II.91			
FE.II.160	± A34.II.92			
FE.II.161			± AL.III.65	
FE.II.162-168			= AL.III.66-72	

FE.II.165-168	= A34.II.97-100			
FE.II.165-183				= A65.II.89-107
FE.II.170	± A34.II.102		± AL.III.73	
FE.II.171-173			= AL.III.75-77	
FE.II.174			± AL.III.78	
FE.II.175-186			= AL.III.79-90	
FE.II.177	± A34.II.105			
FE.II.178-179	= A34.II.106-107			
FE.II.182	= A34.II.110			
FE.II.184				± A65.II.108
FE.II.185-186				= A65.II.109-110
FE.II.187-188	= A34.III.137-138			= A65.III.137-138
FE.II.187-207		= DF.III.183-203	= AL.III.95-115	
FE.II.189				± A65.III.139
FE.II.190	± A34.III.140			= A65.III.140
FE.II.191				± A65.III.141
FE.II.192	= A34.III.142			= A65.III.142
FE.II.197-198	= A34.III.147-148			= A65.III.143-144
FE.II.199-200	= A34.III.153-154			= A65.III.149-150
FE.II.201-206	= A34.III.159-164			
FE.II.201-207				= A65.III.155-161
FE.II.208		± DF.III.204		
FE.II.213			± AL.III.197	± A65.III.247
FE.II.213-238		= DF.III.285-310		
FE.II.214-238				= A65.III.248-272
FE.II.214-242			= AL.III.198-226	
FE.II.243			± AL.III.227	
FE.II.244-256			= AL.III.228-240	
FE.II.247-256		= DF.III.311-320		= A65.III.273-282
FE.II.257-258			± AL.III.257-258	
FE.II.257-265		= DF.III.337-345		= A65.III.299-307
FE.II.259-291			= AL.III.259-291	
FE.II.266		± DF.III.346		± A65.III.308
FE.II.267-273		= DF.III.347-353		
FE.II.267-316				= A65.III.309-358
FE.II.274		± DF.III.354		
FE.II.275-308		= DF.III.355-388		
FE.II.292-293			± AL.III.292-293	
FE.II.295-316			= AL.III.295-316	
FE.II.309		± DF.III.389		
FE.II.310-316		± DF.III.390-396		
FE.III.1-6			± AL.IV.1-6	= A65.IV.1-6
FE.III.7			± AL.IV.7	± A65.IV.7
FE.III.9			= AL.IV.9	
FE.III.10			± AL.IV.10	± A65.IV.10

FE.III.13-17				= A65.IV.29-33
FE.III.13-18	= A34.IV.33-38		= AL.IV.29-34	
FE.III.17-18		= DF.IV.9-10		
FE.III.18-19				± A65.IV.34-35
FE.III.19			± AL.IV.35	
FE.III.20				= A65.IV.36
FE.III.20-21			= AL.IV.36-37	
FE.III.21				± A65.IV.41
FE.III.22			± AL.IV.38	± A65.IV.42
FE.III.23-24		= DF.IV.19-20		
FE.III.23-30			= AL.IV.39-46	= A65.IV.43-50
FE.III.27		± DF.IV.23		
FE.III.28-30		= DF.IV.24-26		
FE.III.31	± A34.IV.91	± DF.IV.55		± A65.IV.79
FE.III.31-32			± AL.IV.79-80	
FE.III.32-33	= A34.IV.92-93			
[illegible]		= DF.IV.58-71		= A65.IV.80-95
FE.III.33			= AL.IV.81	
FE.III.34	± A34.IV.94		± AL.IV.82	
FE.III.35-44			= AL.IV.83-92	
FE.III.45			± AL.IV.93	
FE.III.47			= AL.IV.95	
FE.III.49			± AL.IV.117	± A65.IV.117
FE.III.50			± AL.IV.125	± A65.IV.125
FE.III.56			± AL.IV.124	± A65.IV.124
FE.III.57-63				= A65.IV.149-155
FE.III.57-66		= DF.IV.125-134		
FE.III.63			= AL.IV.135	
FE.III.64	± A34.IV.168		± AL.IV.136	± A65.IV.156
FE.III.65-66			= AL.IV.137-138	= A65.IV.157-158
FE.III.69-70				= A65.IV.161v-162v
FE.III.70		± DF.IV.138	= AL.IV.146	
FE.III.71-72			= AL.IV.147-148	
FE.III.71-87		= DF.IV.139-155		= A65.IV.163-179
FE.III.75-99			= AL.IV.151-175	
FE.III.77	± A34.IV.177			
FE.III.78	= A34.IV.178			
FE.III.80	= A34.IV.180			
FE.III.82	= A34.IV.182			
FE.III.88		± DF.IV.156		± A65.IV.180
FE.III.88		= DF.IV.156v		
FE.III.89-92		= DF.IV.157-160		= A65.IV.181-184
FE.III.93				± A65.IV.186v1
FE.III.95-101				= A65.IV.186v2-8
FE.III.100			± AL.IV.176	

FE.III.101		± DF.IV.165		± A65.IV.189
FE.III.101-104			= AL.IV.177-180	
FE.III.102-112		= DF.IV.166-176		
FE.III.102-116				= A65.IV.190-204
FE.III.109	= A34.IV.201			
FE.III.109-112			= AL.IV.185-188	
FE.III.111-112	= A34.IV.207-208			
FE.III.113	± A34.IV.209			
FE.III.114-116	= A34.IV.210-212			
FE.III.117-120				= A65.IV.205v-208v
FE.III.120			± AL.IV.196	
FE.III.121	± A34.IV.213			
FE.III.121-122				± A65.IV.205-206
FE.III.121-133			= AL.IV.197-209	
FE.III.121-134		= DF.IV.177-190		
FE.III.122-123	= A34.IV.214-215			
FE.III.123-126				= A65.IV.207-210
FE.III.124-125	± A34.IV.216-217			
FE.III.126	= A34.IV.218			
FE.III.127-128				= A65.IV.211v-212v
FE.III.131-132				± A65.IV.211-212
FE.III.131-134	± A34.IV.219-222			
FE.III.133-134				= A65.IV.217-218
FE.III.134			± AL.IV.210	
FE.III.139-144		= DF.V.13-18	= AL.V.13-18	= A65.V.13-18
FE.III.143	± A34.V.8			
FE.III.144	= A34.V.7			
FE.III.145-151			= AL.V.23-29	
FE.III.145-160		= DF.V.23-38		
FE.III.149				± A65.V.31
FE.III.150-152	± A34.V.26-28			
FE.III.150-160				= A65.V.32-42
FE.III.152			± AL.V.30	
FE.III.153-168			= AL.V.31-46	
FE.III.154-157	= A34.V.30-33			
FE.III.158-160	± A34.V.34-36			
FE.III.161		± DF.V.39		± A65.V.43
FE.III.161-168	= A34.V.41-48			
FE.III.162-166		= DF.V.40-44		
FE.III.162-168				= A65.V.44-50
FE.III.168		= DF.V.46		
FE.III.169-170	= A34.V.53-54			= A65.V.55-56
FE.III.169-172		= DF.V.51-54		
FE.III.169-192			= AL.V.51-74	
FE.III.173-174	= A34.V.57-58			= A65.V.59-60

FE.III.173-175		= DF.V.55ν-57ν		
FE.III.175		± DF.V.57		± A65.V.61
FE.III.176-177		± DF.V.58-59		
FE.III.177	± A34.V.61			± A65.V.63
FE.III.178	= A34.V.62			= A65.V.64
FE.III.178-179		= DF.V.60-61		
FE.III.179	± A34.V.63			± A65.V.65
FE.III.180		± DF.V.62		
FE.III.180		= DF.V.62ν		
FE.III.180-184	= A34.V.64-68			= A65.V.66-70
FE.III.181-194		= DF.V.63-76		
FE.III.187-194	= A34.V.71-78			= A65.V.73-80
FE.III.193			± AL.V.75	
FE.III.194			= AL.V.76	
FE.III.197		= DF.V.123	= AL.V.135ν	= A65.V.131
FE.III.198		± DF.V.124		[illegible] A65.V.132
FE.III.198-238			[illegible] AL.V.136-176	
FE.III.199	[illegible] A34.V.143			
FE.III.199-214				= A65.V.133-148
FE.III.199-234		= DF.V.125-160		
FE.III.201-205	= A34.V.145-149			
FE.III.206	± A34.V.150			
FE.III.207-208	= A34.V.151-152			
FE.III.209-212	= A34.V.158-161			
FE.III.213	± A34.V.161			
FE.III.214	= A34.V.162			
FE.III.216-235				= A65.V.150-169
FE.III.217-218	± A34.V.165-166			
FE.III.219-220	= A34.V.167-168			
FE.III.224	= A34.V.172			
FE.III.226-227	= A34.V.174-175			
FE.III.229-235	= A34.V.177-183			
FE.III.235-236		= DF.V.161ν-162ν		
FE.III.236				± A65.V.170
FE.III.237-238				= A65.V.171-172
FE.III.239-248		= DF.V.169-178		= A65.V.177-186
FE.III.239-268			= AL.V.181-210	
FE.III.240-250	= A34.V.196-206			
FE.III.249		± DF.V.179		± A65.V.187
FE.III.249		= DF.V.179ν		
FE.III.250				= A65.V.188
FE.III.250-268		= DF.V.180-198		
FE.III.251-252				± A65.V.189-190
FE.III.255-258	= A34.V.211-214			
FE.III.256				= A65.V.195

FE.III.258-260		= A65.V.196-198
FE.III.261	± A34.V.233	± A65.V.199
FE.III.262-264	= A34.V.234-236	= A65.V.200-202

Concordance to *Amélie ou le duc de Foix*

DF.I.1-2	= A34.I.3-4	= FE.I.1-2	= AL.I.97-98	= A65.I.3-4
DF.I.13			± AL.I.101	
DF.I.14	= A34.I.8	= FE.I.10	= AL.I.102	
DF.I.14-18				= A65.I.8-12
DF.I.21				= A65.I.15
DF.I.22				± A65.I.16
DF.I.23-25			= AL.I.107-109	
DF.I.23-32				= A65.I.17-26
DF.I.23-38		= FE.I.15-30		
DF.I.25	± A34.I.15			
DF.I.26			± AL.I.110	
DF.I.26			= AL.I.110v	
DF.I.26-36	= A34.I.16-26			
DF.I.27-38			= AL.I.111-122	
DF.I.33-36				= A65.I.31-34
DF.I.37				± A65.I.35
DF.I.38				= A65.I.36
DF.I.44-47				= A65.I.46-49
DF.I.44-48			= AL.I.132-136	
DF.I.45-46		= FE.I.41-42		
DF.I.47		± FE.I.43		
DF.I.48		= FE.I.44		= A65.I.50
DF.I.51-52	= A34.I.41-42	= FE.I.47-48	= AL.I.139-140	= A65.I.53-54
DF.I.53				± A65.I.59
DF.I.53-54		± FE.I.49-50		
DF.I.56		± FE.I.52	± AL.I.144	
DF.I.57-62				= A65.I.71-76
DF.I.57-76	= A34.I.59-78	= FE.I.53-72	= AL.I.145-164	
DF.I.63				± A65.I.77
DF.I.64-65				= A65.I.78-79
DF.I.66				± A65.I.80
DF.I.67				= A65.I.81
DF.I.68-92				= A65.I.82-106
DF.I.76v1	± A34.I.79	± FE.I.73		
DF.I.76v1-4			= AL.I.165-168	
DF.I.76v2-4	= A34.I.80-82	= FE.I.74-76		
DF.I.77	± A34.I.83		= AL.I.169	
DF.I.77-79		= FE.I.77-79		
DF.I.79-86			= AL.I.171-178	

DF.I.80		± FE.I.80		
DF.I.81-84	= A34.I.87-90			
DF.I.81-88		= FE.I.81-88		
DF.I.89-109			= AL.I.181-201	
DF.I.90-92	= A34.I.100-102			
DF.I.93	± A34.I.103			± A65.I.107
DF.I.94-97	= A34.I.104-107			= A65.I.108-111
DF.I.98	± A34.I.108			± A65.I.112
DF.I.99-100	= A34.I.109-110			
DF.I.99-103				= A65.I.113-117
DF.I.102-104	= A34.I.112-114			
DF.I.104-105				± A65.I.118-119
DF.I.105	± A34.I.115			
DF.I.106				± A65.I.120
DF.I.109	± A34.I.123			± A65.I.127
DF.I.110	= A34.I.124		± AL.I.202	= A65.I.128
DF.I.111-112			= AL.I.203-204	
DF.I.115-122			= AL.I.207-214	
DF.I.123-124			= AL.I.215*v*-216*v*	
DF.I.123-124			± AL.I.215-216	
DF.I.124	± A34.I.149			
DF.I.125-126	= A34.I.147-148			= A65.I.151-152
DF.I.125-141			= AL.I.217-233	
DF.I.129-144				= A65.I.155-170
DF.I.130-140	= A34.I.151-161			
DF.I.149-150			= AL.I.29-30	
DF.I.149-153	= A34.I.175-179			= A65.I.183-187
DF.I.153-154			= AL.I.33-34	
DF.I.154	± A34.I.180			± A65.I.188
DF.I.157-158			± AL.I.37-38	
DF.I.160-164			= AL.I.40-44	
DF.I.163				= A65.I.178
DF.I.164				± A65.I.179
DF.I.177-178			= AL.I.85-86	
DF.I.179			± AL.I.87	
DF.I.180-184			= AL.I.88-92	
DF.I.184				= A65.I.226
DF.I.185	= A34.I.218			
DF.I.207-213			= AL.I.235-241	
DF.I.210-222		= FE.I.90-102		
DF.I.214			± AL.I.242	
DF.I.217			± AL.I.245	
DF.I.218-219			= AL.I.246-247	
DF.I.220-221			± AL.I.248-249	
DF.I.222			= AL.I.250	

AMÉLIE OU LE DUC DE FOIX

DF.I.223	± FE.I.103	± AL.I.251	
DF.I.224-231		= AL.I.252-259	
DF.I.224-248	= FE.I.104-128		
DF.I.232		± AL.I.260	
DF.I.233-248		= AL.I.261-276	
DF.I.242-243			± A65.I.316-317
DF.I.293	± FE.I.149		
DF.I.293-295		± AL.I.297-299	
DF.I.294-300	= FE.I.150-156		
DF.I.296-300		= AL.I.300-304	
DF.I.301	± FE.I.157	± AL.I.305	
DF.II.13-14		= AL.II.95-96	
DF.II.20		± AL.II.98	
DF.II.21-22		= AL.II.99-100	
DF.II.23		= AL.II.101	
DF.II.23-30	[illegible]		
[illegible]			= A65.II.153-168
DF.II.24-40		= AL.II.102-118	
DF.II.37	± A34.II.171		
DF.II.38	= A34.II.172		
DF.II.41	± A34.II.175	± AL.II.119	± A65.II.171
DF.II.42-43	= A34.II.176-177		= A65.II.172-173
DF.II.42-64		= AL.II.120-142	
DF.II.44	± A34.II.178		± A65.II.174
DF.II.45	= A34.II.179		
DF.II.45-58			= A65.II.175-188
DF.II.46	± A34.II.180		
DF.II.47-58	= A34.II.181-192		
DF.II.63-64			= A65.II.193-194
DF.II.64	± A34.II.198		
DF.II.65		± AL.II.143	± A65.II.195
DF.II.65-66	= A34.II.199-200		
DF.II.66-80		= AL.II.144-158	
DF.II.66-107			= A65.II.196-237
DF.II.81-82		= AL.II.159-160	
DF.II.83-90		= AL.II.161-168	
DF.II.91		± AL.II.169	
DF.II.92-94		= AL.II.170-172	
DF.II.95		± AL.II.173	
DF.II.97-100		= AL.II.175-178	
DF.II.101		± AL.II.179	
DF.II.102-106		= AL.II.180-184	
DF.II.107		± AL.II.186	
DF.II.108			± A65.II.238
DF.II.109-128			– A65.II.239-258

DF.II.118		± AL.II.192	
DF.II.119v-121v		± AL.II.201-203	
DF.II.119-130		= AL.II.205-216	
DF.II.139	± A34.II.285		± A65.II.265
DF.II.139-140		± AL.II.225-226	
DF.II.141-143	= A34.II.287-289		
DF.II.141-144			= A65.II.267-270
DF.II.141-168		= AL.II.227-254	
DF.II.146	± A34.II.292		± A65.II.272
DF.II.147			= A65.II.273
DF.II.147-150	= A34.II.293-296		
DF.II.149-150			= A65.II.275-276
DF.II.153			± A65.II.279
DF.II.153-157	= A34.II.299-303		
DF.II.154-166			= A65.II.280-292
DF.II.158-159	± A34.II.304-305		
DF.II.160-165	= A34.II.306-311		
DF.II.166	± A34.II.312		
DF.II.167-168	= A34.II.317-318		= A65.II.297-298
DF.II.170	± A34.II.320	± AL.II.256	± A65.II.300
DF.II.171-178	= A34.II.321-328	= AL.II.257-264	= A65.II.301-308
DF.II.182-183		= AL.II.316-317	
DF.II.185	± A34.II.331	± AL.II.267	± A65.II.311
DF.II.186	= A34.II.332	= AL.II.268	
DF.II.186-190			= A65.II.312-316
DF.II.193			± A65.II.319
DF.II.194			= A65.II.320
DF.II.197-200			= A65.II.43-46
DF.II.209-213	= A34.II.355-359		
DF.II.209-214		= AL.II.291-296	= A65.II.239-244
DF.II.214	± A34.II.360		
DF.II.216-215	± A34.II.215-216		
DF.II.217		= AL.II.299	± A65.II.347
DF.II.217			= A65.II.347v
DF.II.218		± AL.II.300	± A65.II.348
DF.II.219-220			= A65.II.349-350
DF.II.220		= AL.II.301	
DF.II.221-227	= A34.II.369-375		= A65.II.355-361
DF.II.221-230		= AL.II.303-312	
DF.II.228	± A34.II.376		± A65.II.362
DF.II.229-230	= A34.II.377-378		
DF.II.229-238			= A65.II.363-372
DF.II.231		± AL.III.1	
DF.II.232-243		= AL.III.2-13	
DF.II.243-258			= A65.II.373-388

AMÉLIE OU LE DUC DE FOIX

DF.II.244			± AL.III.14	
DF.II.246			± AL.III.16	
DF.II.249-258			= AL.III.19-28	
DF.III.1		= FE.II.1		
DF.III.2	± A34.II.2	± FE.II.2		
DF.III.2*v*	= A34.II.2			
DF.III.3-8	= A34.II.7-12	= FE.II.7-12		
DF.III.5				± A65.II.9
DF.III.6				= A65.II.10
DF.III.7-8				± A65.II.11-12
DF.III.23-25	± A34.II.23-24	= FE.II.23-25		
DF.III.26		± FE.II.26		
DF.III.27-33	= A34.II.27-33			
DF.III.27-40		= FE.II.31-44		
DF.III.34	± A34.II.34			
DF.III.37-39	= A34.II.37-39			
DF.III.40	± A34.II.40			
DF.III.79-86		= FE.II.103-110		
DF.III.87-92		= FE.II.115-120		
DF.III.93		± FE.II.121		
DF.III.94		= FE.II.122		
DF.III.125		± FE.II.133		
DF.III.128	± A34.II.68			± A65.II.64
DF.III.128-152			= AL.III.40-64	
DF.III.128-178		= FE.II.136-186		
DF.III.129	= A34.II.69			
DF.III.129-132				= A65.II.65-68
DF.III.130	± A34.II.70			
DF.III.131-132	= A34.II.71-72			
DF.III.133	± A34.II.73			± A65.II.69
DF.III.141-146	= A34.II.81-86			= A65.II.77-82
DF.III.149-150	± A34.II.89-90			
DF.III.151	= A34.II.91			
DF.III.152	± A34.II.92			
DF.III.153			± AL.III.65	
DF.III.154-160			= AL.III.66-72	
DF.III.157-160	= A34.II.97-100			
DF.III.157-175				= A65.II.89-107
DF.III.161			± AL.III.73	
DF.III.163-178			= AL.III.75-90	
DF.III.169	± A34.II.105			
DF.III.170-171	= A34.II.106-107			
DF.III.174	= A34.II.110			
DF.III.176				± A65.II.108
DF.III.177-178				= A65.II.109-110

DF.III.181-182	= A34.II.113-114			= A65.II.113-114
DF.III.181-210			= AL.III.93-122	
DF.III.183-184	= A34.III.137-138			
DF.III.183-203		= FE.II.187-207		
DF.III.185-187	± A34.III.139-141			
DF.III.186				± A65.III.140
DF.III.188				= A65.III.142
DF.III.192	± A34.III.146			
DF.III.193-194	= A34.III.147-148			= A65.III.143-144
DF.III.195-196	= A34.III.153-154			= A65.III.149-150
DF.III.197-202	= A34.III.159-164			
DF.III.197-208				= A65.III.155-166
DF.III.204		± FE.II.208		
DF.III.205-208	= A34.III.167-170			
DF.III.217			± AL.III.129	
DF.III.217-218	± A34.III.179-180			± A65.III.175-176
DF.III.218-219			= AL.III.130-131	
DF.III.219	= A34.III.181			= A65.III.177
DF.III.220	± A34.III.182		± AL.III.132	± A65.III.178
DF.III.221-223	= A34.III.183-185			
DF.III.221-228			= AL.III.133-140	
DF.III.221-230				= A65.III.179-188
DF.III.224	± A34.III.186			
DF.III.225-228	= A34.III.187-190			
DF.III.229	± A34.III.191		± AL.III.141	
DF.III.230	= A34.III.192		= AL.III.142	
DF.III.230v1-4	= A34.III.193-196		= AL.III.143-146	= A65.III.189-192
DF.III.231	± A34.III.205			
DF.III.231-234				= A65.III.193-196
DF.III.231-256			= AL.III.147-172	
DF.III.232	= A34.III.206			
DF.III.235	± A34.III.209			± A65.III.197
DF.III.236	= A34.III.210			
DF.III.236-353				= A65.III.198-315
DF.III.237	± A34.III.211			
DF.III.242	= A34.III.216			
DF.III.245-250	= A34.III.219-224			
DF.III.254	= A34.III.228			
DF.III.260			= AL.III.178	
DF.III.263-264			= AL.III.175-176	
DF.III.265			± AL.III.177	
DF.III.269-310			= AL.III.181-222	
DF.III.283	= A34.III.309			
DF.III.284	± A34.III.310			
DF.III.285-310		= FE.II.213-238		

AMÉLIE OU LE DUC DE FOIX

DF.III.293	± A34.IV.101			
DF.III.294-298	= A34.IV.102-106			
DF.III.303	± A34.IV.111			
DF.III.304	= A34.IV.112			
DF.III.305-306	± A34.IV.113-114			
DF.III.311-320		= FE.II.247-256		
DF.III.311-322	= A34.IV.123-134			
DF.III.311-336			= AL.III.231-256	
DF.III.325-328	= A34.IV.137-140			
DF.III.337-338			± AL.III.257-258	
DF.III.337-345		= FE.II.257-265		
DF.III.339-345			= AL.III.259-265	
DF.III.346		± FE.II.266	± AL.III.266	
DF.III.347-353		= FE.II.267-273	= AL.III.267-273	
DF.III.354		± FE.II.274	± AL.III.274	± A65.III.316
DF.III.355-371			= AL.III.275-[illegible]	
DF.III.355-388		[illegible]		= A65.III.317-350
[illegible]			± AL.III.292	
DF.III.373-388			= AL.III.293-308	
DF.III.389		± FE.II.309	± AL.III.309	± A65.III.351
DF.III.390-396		± FE.II.310-316	= AL.III.310-316	= A65.III.352-358
DF.IV.9-10		= FE.III.17-18		= A65.IV.33-34
DF.IV.19-20		= FE.III.23-24	= AL.IV.39-40	= A65.IV.43-44
DF.IV.23		± FE.III.27	± AL.IV.43	
DF.IV.23-30				= A65.IV.47-54
DF.IV.24-26		= FE.III.28-30	= AL.IV.44-46	
DF.IV.27-32			= AL.IV.51-56	
DF.IV.31				± A65.IV.55
DF.IV.31*v*				= A65.IV.55
DF.IV.32				= A65.IV.56
DF.IV.39-41				= A65.IV.59-61
DF.IV.39-44			= AL.IV.63-68	
DF.IV.40-44	= A34.IV.56-60			
DF.IV.42				± A65.IV.62
DF.IV.55	± A34.IV.91	± FE.III.31	± AL.IV.79	± A65.IV.79
DF.IV.56-57	= A34.IV.92-93		= AL.IV.80-81	
DF.IV.56-71		= FE.III.32-47		
DF.IV.56-104				= A65.IV.80-128
DF.IV.58	± A34.IV.94		± AL.IV.82	
DF.IV.59-68			= AL.IV.83-92	
DF.IV.69			± AL.IV.93	
DF.IV.71-106			= AL.IV.95-130	
DF.IV.105				± A65.IV.129
				= A65.IV.129*v*
DF.IV.106				± A65.IV.130

DF.IV.106*v*				= A65.IV.130
DF.IV.107-176				= A65.IV.131-200
DF.IV.125-134		= FE.III.57-66		
DF.IV.131-134			= AL.IV.135-138	
DF.IV.138		± FE.III.70		
DF.IV.139-140			= AL.IV.147-148	
DF.IV.139-155		= FE.III.71-87		
DF.IV.143-155			= AL.IV.151-163	
DF.IV.156		± FE.III.88	± AL.IV.164	
DF.IV.156*v*		= FE.III.88		
DF.IV.157-160		= FE.III.89-92	= AL.IV.165-168	
DF.IV.165		± FE.III.101	± AL.IV.177	
DF.IV.166-168			= AL.IV.178-180	
DF.IV.166-176		= FE.III.102-112		
DF.IV.173-176			= AL.IV.185-188	
DF.IV.177-182			= AL.IV.197-202	
DF.IV.177-190		= FE.III.121-134		
DF.IV.182				± A65.IV.210
DF.IV.182				= A65.IV.210*v*
DF.IV.185-189			= AL.IV.205-209	
DF.IV.187-188				= A65.IV.211-212
DF.IV.189-90				= A65.IV.217-218
DF.IV.190			± AL.IV.210	
DF.IV.191-224			= AL.IV.211-244	
DF.IV.197-224				= A65.IV.225-252
DF.V.1-6			= AL.V.1-6	
DF.V.1-11				= A65.V.1-11
DF.V.4	= A34.V.2			
DF.V.9-10	= A34.V.3-4			
DF.V.9-18			= AL.V.9-18	
DF.V.13-18		= FE.III.139-144		
DF.V.13-22				= A65.V.13-22
DF.V.18-19	= A34.V.7-8			
DF.V.21	± A34.V.11		± AL.V.21	
DF.V.22	= A34.V.12			
DF.V.22-44			= AL.V.22-44	
DF.V.23-38		= FE.III.145-160		
DF.V.27				± A65.V.31
DF.V.27-30	= A34.V.25-28			
DF.V.28-44				= A65.V.32-48
DF.V.32-36	= A34.V.30-34			
DF.V.39	± A34.V.41	± FE.III.161		
DF.V.40-44	= A34.V.42-46	= FE.III.162-166		
DF.V.46		= FE.III.168		
DF.V.46-52	= A34.V.48-54			= A65.V.50-56

AMÉLIE OU LE DUC DE FOIX

DF.V.46-54			= AL.V.46-54	
DF.V.51-54		= FE.III.169-172		
DF.V.55v-56v	= A34.V.57-58			= A65.V.61-62
DF.V.55v-57v		= FE.III.173-175		
DF.V.55v-58v			= AL.V.59-62	
DF.V.56			± AL.V.57	
DF.V.57-59		± FE.III.175	± AL.V.57-59	
DF.V.57v	± A34.V.59			
DF.V.58-59		± FE.III.176-177		
DF.V.59	± A34.V.61			± A65.V.63
DF.V.60	= A34.V.62	= FE.III.178	= AL.V.60	= A65.V.64
DF.V.61	± A34.V.63	= FE.III.179	= AL.V.61	= A65.V.65
DF.V.62	+ A34.V.64	± FE.III.180		± A65.V.66
DF.V.62v	= A34.V.64	= FE.III.180	= AL.V.62	= A65.V.66
DF.V.63-66	= A34.V.65-68			= A65.V.67-70
DF.V.63-76		= FE.III.181-194		
DF.V.63-81			= AL.V.63-84	
DF.V.68-76	= A34.V.71-79			
DF.V.69-84				= A65.V.73-88
DF.V.78-84	= A34.V.80-86			
DF.V.84v1	± A34.V.87			
DF.V.84v1-4			= AL.V.85-88	= A65.V.89-93
DF.V.84v2-4	= A34.V.88-90			
DF.V.85	± A34.V.91			
DF.V.85-114			= AL.V.89-118	
DF.V.86				± A65.V.94
DF.V.86-92	= A34.V.92-98			
DF.V.87-110				= A65.V.95-118
DF.V.93	± A34.V.99			
DF.V.94	= A34.V.100			
DF.V.95	± A34.V.101			
DF.V.96-103	= A34.V.102-109			
DF.V.105-110	= A34.V.111-116			
DF.V.111				± A65.V.119
DF.V.111-114	= A34.V.121-124			
DF.V.112-117				= A65.V.120-125
DF.V.115v1-2			± AL.V.119-120	
DF.V.115v3			± AL.V.121	
DF.V.115v4			± AL.V.122	
DF.V.115v11	± A34.V.135			
DF.V.115v11-13			= AL.V.129-131	
DF.V.115v12-13	= A34.V.136-137			
DF.V.117	= A34.V.127			
DF.V.118				± A65.V.126
DF.V.119	± A34.V.129		± AL.V.123	= A65.V.127

DF.V.121-123	= A34.V.139-141			
DF.V.121-160			= AL.V.133-172	= A65.V.129-168
DF.V.123		= FE.III.197		
DF.V.124		± FE.III.198		
DF.V.125-160		= FE.III.199-234		
DF.V.127-134	= A34.V.145-152			
DF.V.130			± AL.V.130	
DF.V.135-138	= A34.V.157-160			
DF.V.139	± A34.V.161			
DF.V.140	= A34.V.162			
DF.V.143-144	± A34.V.165-166			
DF.V.145-146	= A34.V.167-168			
DF.V.150	= A34.V.172			
DF.V.152-160	= A34.V.174-182			
DF.V.161*v*				= A65.V.169
DF.V.161*v*-162*v*	= A34.V.183-184	= FE.III.235-236		
DF.V.162			± AL.V.174	
DF.V.162*v*			= AL.V.174	
DF.V.162-180				= A65.V.170-188
DF.V.163-166			= AL.V.175-178	
DF.V.169-178		= FE.III.239-248	= AL.V.181-190	
DF.V.170-178	= A34.V.196-204			
DF.V.179	± A34.V.205	± FE.III.249	± AL.V.191	
DF.V.179*v*	± A34.V.205	= FE.III.249		
DF.V.180	= A34.V.206			
DF.V.180-198		= FE.III.250-268	= AL.V.192-210	
DF.V.181-182				± A65.V.189-190
DF.V.182	± A34.V.207			
DF.V.185-188	= A34.V.211-214			
DF.V.185-190				= A65.V.193-198
DF.V.190	± A34.V.224			
DF.V.191	± A34.V.233			± A65.V.199
DF.V.192-194	= A34.V.234-236			= A65.V.200-202
DF.V.195	± A34.V.241			± A65.V.207

Concordance to *Alamire*

AL.I.29-30	= A34.I.175-176		= DF.I.149-150	= A65.I.183-184
AL.I.33	= A34.I.179			= A65.I.187
AL.I.33-34			= DF.I.153-154	
AL.I.34-35	± A34.I.180-181			± A65.I.188-189
AL.I.36	= A34.I.182			= A65.I.190
AL.I.37-38			± DF.I.157-158	
AL.I.40-44			= DF.I.160-164	
AL.I.43				= A65.I.177
AL.I.43-44	= A34.I.169-170			
AL.I.44				[illegible]
AL.I.81-82	= A34.I.199-200			= A65.I.207-208
AL.I.85-86			= DF.I.177-178	
AL.I.87			± DF.I.179	
AL.I.88-92			= DF.I.180-184	
AL.I.92				= A65.I.226
AL.I.93				= A65.I.235
AL.I.97-98	= A34.I.3-4	= FE.I.1-2	= DF.I.1-2	= A65.I.3-4
AL.I.101			± DF.I.13	
AL.I.102	= A34.I.8		= DF.I.14	= A65.I.8
AL.I.102-103		= FE.I.10-11		
AL.I.103	± A34.I.9			
AL.I.104	= A34.I.10	± FE.I.12		
AL.I.106-109		= FE.I.14-17		
AL.I.107-109			= DF.I.23-25	= A65.I.17-19
AL.I.110		± FE.I.18	± DF.I.26	± A65.I.20
AL.I.110*v*		= FE.I.18	= DF.I.26	= A65.I.20
AL.I.111-116				= A65.I.21-26
AL.I.111-122		= FE.I.19-30	= DF.I.27-38	
AL.I.109	± A34.I.15			
AL.I.110-120	= A34.I.16-26			
AL.I.117-122				= A65.I.31-36
AL.I.123		± FE.I.31		
AL.I.123-124				± A65.I.37-38
AL.I.123-128	± A34.I.29-34			
AL.I.124-126		= FE.I.32-34		
AL.I.125-129				= A65.I.39-43
AL.I.127	± A34.I.33*v*	= FE.I.35		± A65.I.41
AL.I.127*v*				± A65.I.41
AL.I.128-134		= FE.I.36-42		

AL.I.130				± A65.I.44
AL.I.131-136				= A65.I.45-50
AL.I.132-136			= DF.I.44-48	
AL.I.135		± FE.I.43		
AL.I.136		= FE.I.44		
AL.I.136-138	± A34.I.38-40			
AL.I.137-138				± A65.I.51-52
AL.I.137-139		± FE.I.45-47		
AL.I.139-140	= A34.I.41-42		= DF.I.51-52	= A65.I.53-54
AL.I.140		= FE.I.48		
AL.I.144		= FE.I.52	± DF.I.56	
AL.I.145-149		= FE.I.53-57		
AL.I.145-150				= A65.I.71-76
AL.I.145-164	= A34.I.59-78		= DF.I.57-76	
AL.I.150		± FE.I.58		
AL.I.151				± A65.I.77
AL.I.151-153		= FE.I.59-61		
AL.I.152-153				= A65.I.78-79
AL.I.154		± FE.I.62		± A65.I.80
AL.I.155-164		= FE.I.63-72		= A65.I.81-90
AL.I.165	± A34.I.79			
AL.I.165-168			= DF.I.76v1-4	
AL.I.166-168		= FE.I.74-76		
AL.I.166-170	= A34.I.80-84			
AL.I.169		± FE.I.77	= DF.I.77	± A65.I.91
AL.I.171		= FE.I.79		
AL.I.171-178			= DF.I.79-86	= A65.I.93-100
AL.I.172		± FE.I.80		
AL.I.173-176	= A34.I.87-90			
AL.I.173-178		= FE.I.81-86		
AL.I.181-189				= A65.I.103-111
AL.I.181-191	= A34.I.99-109			
AL.I.181-201			= DF.I.89-109	
AL.I.191-196				= A65.I.113-118
AL.I.192-193	± A34.I.110-111			
AL.I.194-196	= A34.I.112-114			
AL.I.197-198	± A34.I.115-116			± A65.I.119-120
AL.I.201				= A65.I.127
AL.I.201-202	± A34.I.123-124			
AL.I.202			± DF.I.110	± A65.I.128
AL.I.203-204			= DF.I.111-112	
AL.I.205-206	± A34.I.127-128			= A65.I.131-132
AL.I.207-214			= DF.I.115-122	
AL.I.215-216			± DF.I.123-124	
AL.I.215v-216v			= DF.I.123-124	

ALAMIRE

AL.I.217-218	= A34.I.147-148			= A65.I.151-152
AL.I.217-233			= DF.I.125-141	
AL.I.221-232	= A34.I.151-162			= A65.I.155-167
AL.I.235-241			= DF.I.207-213	
AL.I.238-241		= FE.I.90-93		
AL.I.242		± FE.I.94	± DF.I.214	
AL.I.245			± DF.I.217	
AL.I.246-247		= FE.I.98-99	= DF.I.218-219	
AL.I.248-249			± DF.I.220-221	
AL.I.249		± FE.I.101		
AL.I.250			= DF.I.222	
AL.I.250-259		= FE.I.102-111		
AL.I.251			± DF.I.223	
AL.I.252-259			= DF.I.224-231	
AL.I.260			± DF.I.232	
AL.I.261-276		= FE.I.113-128	= DF.I.233-248	
AL.I.270-271				± A65.II.316-317
AL.I.279-282		= FE.I.131-134		± A65.II.317v3-6
AL.I.284-294				± A65.II.317v8-18
AL.I.284-297		= FE.I.136-149		
AL.I.297-299			± DF.I.293-295	
AL.I.299		± FE.I.151		
AL.I.300-304			= DF.I.296-300	
AL.I.300-308		= FE.I.152-160		
AL.I.305			± DF.I.301	
AL.I.306	± A34.I.300			± A65.I.308
AL.II.1-18		= FE.II.1-18		
AL.II.2-3	= A34.II.2-3			= A65.II.2-3
AL.II.4	± A34.II.4			± A65.II.4
AL.II.4v	= A34.II.4			= A65.II.4
AL.II.5-8				= A65.II.5-8
AL.II.5-32	= A34.II.5-32			
AL.II.9				± A65.II.9
AL.II.9				= A65.II.9v
AL.II.10-14				= A65.II.10-14
AL.II.15				± A65.II.15
AL.II.16-32				= A65.II.16-32
AL.II.20		± FE.II.19		
AL.II.23-24		± FE.II.23-24		
AL.II.26-32		= FE.II.30-36		
AL.II.33v-34v	± A34.II.33-34	= FE.II.37-38		± A65.II.33-34
AL.II.35-44		= FE.II.39-48		
AL.II.37-44	= A34.II.37-44			
AL.II.41-44				= A65.II.37-40
AL.II.47	± A34.II.47			

AL.II.47-55		= FE.II.51-59		
AL.II.48-50	= A34.II.48-50			= A65.II.44-46
AL.II.56		± FE.II.60		
AL.II.57-68		= FE.II.61-72		
AL.II.71-74		= FE.II.75-78		
AL.II.77-78		= FE.II.81-82		
AL.II.80-88		= FE.II.84-92		
AL.II.95-96			= DF.II.13-14	
AL.II.98			± DF.II.20	
AL.II.99-100			= DF.II.21-22	
AL.II.101*v*			= DF.II.23	
AL.II.101-108	= A34.II.153-160			
AL.II.101-116				= A65.II.153-168
AL.II.102-118			= DF.II.24-40	
AL.II.115-116	= A34.II.171-172			
AL.II.119	± A34.II.175		± DF.II.41	
AL.II.120				± A65.II.172
AL.II.120-121	= A34.II.176-177			
AL.II.120-142			= DF.II.42-64	
AL.II.120*v*-121				= A65.II.172-173
AL.II.122	± A34.II.178			± A65.II.174
AL.II.123	= A34.II.179			
AL.II.123-136				= A65.II.175-188
AL.II.124	± A34.II.180			
AL.II.125-136	= A34.II.181-192			
AL.II.137*v*				± A65.II.189
AL.II.137*v*1	± A34.II.193			
AL.II.137*v*2	± A34.II.198			
AL.II.141-158				= A65.II.194-210
AL.II.142	± A34.II.198			
AL.II.143			± DF.II.65	
AL.II.143-144	= A34.II.199-200			
AL.II.144-158			= DF.II.66-80	
AL.II.151-158	= A34.II.243-250			
AL.II.159-160	= A34.II.251-252		= DF.II.81-82	= A65.II.211-212
AL.II.161-166	= A34.II.253-258			
AL.II.161-168			= DF.II.83-90	= A65.II.213-220
AL.II.169			± DF.II.91	± A65.II.221
AL.II.170-172			= DF.II.92-94	= A65.II.222-224
AL.II.173			± DF.II.95	± A65.II.225
AL.II.175-178			= DF.II.97-100	= A65.II.227-230
AL.II.179			± DF.II.101	± A65.II.231
AL.II.180-184			= DF.II.102-106	= A65.II.232-236
AL.II.186			± DF.II.107	= A65.II.237
AL.II.192			± DF.II.118	± A65.II.248

ALAMIRE

AL.II.201-203		± DF.II.119*v*-121*v*	
AL.II.205-214			= A65.II.249-258
AL.II.205-216		= DF.II.119-130	
AL.II.225-226		± DF.II.139-140	
AL.II.225-230	= A34.II.285-290		= A65.II.265-270
AL.II.227-254		= DF.II.141-168	
AL.II.232			± A65.II.272
AL.II.233-236	= A34.II.292-295		= A65.II.273-276
AL.II.237	± A34.II.296		± A65.II.277
AL.II.239-242	= A34.II.299-302		
AL.II.239-252			= A65.II.279-292
AL.II.243	± A34.II.303		
AL.II.243*v*-245*v*	= A34.II.303-305		
AL.II.245	± A34.II.305		
AL.II.246-252	= A34.II.306-312		
AL.II.253-268	= A34.II.317-332		= [illegible]
[illegible]		± DF.II.170	
AL.II.257-264		= DF.II.171-178	
AL.II.267		± DF.II.185	
AL.II.268		= DF.II.186	
AL.II.269*v*			= A65.II.317
AL.II.269*v*-271*v*	= A34.II.333-335		
AL.II.270*v*-271*v*			= A65.II.318-319
AL.II.272	± A34.II.336		± A65.II.320
AL.II.273-288	= A34.II.337-352		= A65.II.321-336
AL.II.290-295	= A34.II.354-359		
AL.II.290-296			= A65.II.338-344
AL.II.291-296		= DF.II.209-214	
AL.II.299		= DF.II.217	= A65.II.347
AL.II.300		± DF.II.218	± A65.II.348
AL.II.301		= DF.II.220	
AL.II.301-302			= A65.II.350-349
AL.II.302	= A34.II.366		
AL.II.303-309	= A34.II.369-375		= A65.II.355-361
AL.II.303-312		= DF.II.221-230	
AL.II.310	± A34.II.376		± A65.II.362
AL.II.311-312	= A34.II.377-378		= A65.II.363-364
AL.II.314-316	= A34.II.384-386		
AL.II.316-317		= DF.II.182-183	
AL.III.1		± DF.II.231	± A65.II.365
AL.III.2-8			= A65.II.366-372
AL.III.2-13		= DF.II.232-243	
AL.III.13			= A65.II.373
AL.III.14		± DF.II.244	
AL.III.14-16			± A65.II.374-376

CONCORDANCES

AL.III.16			± DF.II.246	
AL.III.19-28			= DF.II.249-258	= A65.II.379-388
AL.III.25				= A65.II.385
AL.III.26-28				= A65.II.386-388
AL.III.38-64		± FE.II.134-160		
AL.III.40	± A34.II.68			± A65.II.64
AL.III.40				= A65.II.64v
AL.III.40-64			= DF.III.128-152	
AL.III.41	= A34.II.69			
AL.III.41-44				= A65.II.65-68
AL.III.45				± A65.II.69
AL.III.53-58	= A34.II.81-86			= A65.II.77-82
AL.III.61-62	± A34.II.89-90			
AL.III.63	± A34.II.91			
AL.III.64	± A34.II.92			
AL.III.65		± FE.II.161	± DF.III.153	
AL.III.66-72		= FE.II.162-168	= DF.III.154-160	
AL.III.69-72	= A34.II.97-100			= A65.II.89-92
AL.III.73		± FE.II.170	± DF.III.161	± A65.II.93
AL.III.75-77		= FE.II.171-173		
AL.III.75-90			= DF.III.163-178	
AL.III.75-91				= A65.II.95-111
AL.III.78		± FE.II.174		
AL.III.79-90		= FE.II.175-186		
AL.III.81	± A34.II.105v			
AL.III.82-83	= A34.II.106-107			
AL.III.91	= A34.II.111			
AL.III.92	± A34.II.112			± A65.II.112
AL.III.93-94	= A34.II.113-114			= A65.II.113-114
AL.III.93-122			= DF.III.181-210	
AL.III.95-96	= A34.III.137-138			
AL.III.95-97				= A65.III.137-139
AL.III.95-115		= FE.II.187-207		
AL.III.97-99	± A34.III.139-141			
AL.III.98-99				± A65.III.140-141
AL.III.100	= A34.III.142			= A65.III.142
AL.III.103	= A34.III.145			
AL.III.104	± A34.III.146			
AL.III.105-106	= A34.III.147-148			= A65.III.143-144
AL.III.107-108	= A34.III.153-154			= A65.III.149-150
AL.III.109-114	= A34.III.159-164			
AL.III.109-120				= A65.III.155-166
AL.III.117-120	= A34.III.167-170			
AL.III.126-129	= A34.III.176-179			= A65.III.172-175
AL.III.129			± DF.III.217	

ALAMIRE

AL.III.130	± A34.III.180			± A65.III.176
AL.III.130-131			= DF.III.218-219	
AL.III.131-135	= A34.III.181-185			
AL.III.131-150				= A65.III.177-196
AL.III.132			± DF.III.220	
AL.III.133-140			= DF.III.221-228	
AL.III.136	± A34.III.186			
AL.III.137-146	= A34.III.187-196			
AL.III.141			± DF.III.229	
AL.III.142			= DF.III.230	
AL.III.143-146			= DF.III.230v1-4	
AL.III.147	± A34.III.205			
AL.III.147-172			= DF.III.231-256	
AL.III.148	= A34.III.206			
AL.III.151	± A34.III.209			+ A65.III.197
AL.III.152	= A34.III.210			
[illegible]				= A65.III.198-218
AL.III.153	± A34.III.211			
AL.III.158	= A34.III.216			
AL.III.159-160	± A34.III.217-218			
AL.III.161-166	= A34.III.219-224			
AL.III.168	± A34.III.226			
AL.III.170	= A34.III.228			
AL.III.175				± A65.III.225
AL.III.175-176			= DF.III.263-264	
AL.III.176				= A65.III.226
AL.III.177			± DF.III.265	± A65.III.227
AL.III.178			= DF.III.260	= A65.III.228
AL.III.181-222			= DF.III.269-310	
AL.III.182-222				= A65.III.232-272
AL.III.195	= A34.III.309			
AL.III.196	± A34.III.310			
AL.III.197		± FE.II.213		
AL.III.198-226		= FE.II.214-242		
AL.III.227		± FE.II.243		
AL.III.228-240		= FE.II.244-256		
AL.III.231-256			= DF.III.311-336	= A65.III.273-298
AL.III.257-258		± FE.II.257-258	± DF.III.337-338	± A65.III.299-300
AL.III.259-265			= DF.III.339-345	= A65.III.301-307
AL.III.259-291		= FE.II.259-291		
AL.III.266			± DF.III.346	± A65.III.308
AL.III.267-273			= DF.III.347-353	
AL.III.267-308				= A65.III.309-350
AL.III.274			± DF.III.354	
AL.III.275-291			= DF.III.355-371	

AL.III.292			± DF.III.372	
AL.III.292-293		± FE.II.292-293		
AL.III.293-308			= DF.III.373-388	
AL.III.295-316		= FE.II.295-316		
AL.III.309			± DF.III.389	± A65.III.351
AL.III.310-316			= DF.III.390-396	= A65.III.352-358
AL.IV.1-6		± FE.III.1-6		
AL.IV.1-8				= A65.IV.1-8
AL.IV.7		± FE.III.7		
AL.IV.9		= FE.III.9		
AL.IV.9-10				± A65.IV.9-10
AL.IV.10		± FE.III.10		
AL.IV.11-14				= A65.IV.11-14
AL.IV.17-21				= A65.IV.17-21
AL.IV.23-34				= A65.IV.23-34
AL.IV.29-34	= A34.IV.33-38	= FE.III.13-18		
AL.IV.35		± FE.III.19		± A65.IV.35
AL.IV.36				= A65.IV.36
AL.IV.36-37		= FE.III.20-21		
AL.IV.37-46				= A65.IV.41-50
AL.IV.38		± FE.III.22		
AL.IV.39-40			= DF.IV.19-20	
AL.IV.39-46		= FE.III.23-30		
AL.IV.43			± DF.IV.23	
AL.IV.44-46			= DF.IV.24-26	
AL.IV.51-52	± A34.IV.47-48			
AL.IV.51-56			= DF.IV.27-32	= A65.IV.51-56
AL.IV.53-54	= A34.IV.49-50			
AL.IV.55	± A34.IV.51			
AL.IV.57-60				= A65.I.27-30
AL.IV.61-65				= A65.IV.57-61
AL.IV.63-68			= DF.IV.39-44	
AL.IV.64	± A34.IV.55			
AL.IV.65-68	= A34.IV.57-60			
AL.IV.66				± A65.IV.62
AL.IV.75				± A65.IV.63
AL.IV.75-76	± A34.IV.67-68			
AL.IV.76-78				= A65.IV.64-66
AL.IV.79	± A34.IV.90-91		± DF.IV.55	± A65.IV.78-79
AL.IV.79-80		± FE.III.31-32		
AL.IV.80				± A65.IV.80
AL.IV.80-81			= DF.IV.56-57	
AL.IV.80-82	= A34.IV.92-94			
AL.IV.81		= FE.III.33		= A65.IV.81
AL.IV.82		± FE.III.34	± DF.IV.58	

ALAMIRE

AL.IV.83-92		= FE.III.35-44	= DF.IV.59-68	= A65.IV.83-92
AL.IV.93		± FE.III.45	± DF.IV.69	± A65.IV.93
AL.IV.95		= FE.III.47		
AL.IV.95-128				= A65.IV.95-128
AL.IV.95-130			= DF.IV.71-106	
AL.IV.117		± FE.III.49		
AL.IV.124		± FE.III.56		
AL.IV.125		± FE.III.50		
AL.IV.129-130				± A65.IV.129-130
AL.IV.135		= FE.III.63		
AL.IV.135-138			= DF.IV.131-134	= A65.IV.155-158
AL.IV.136		± FE.III.64		
AL.IV.137-138		= FE.III.65-66		
AL.IV.146		= FE.III.70		
AL.IV.147-148		= FE.III.71-72	= DF.IV.139-140	= A65.IV.163-164
AL.IV.151-163			= DF.IV.143-155	[illegible]
AL.IV.151-175		[illegible]		
[illegible]			± DF.IV.156	± A65.IV.180
AL.IV.165-168			= DF.IV.157-160	= A65.IV.181-184
AL.IV.169				± A65.IV.186v1
AL.IV.170-175				= A65.IV.186v2-7
AL.IV.176		± FE.III.100		± A65.IV.186v7
AL.IV.177				± A65.IV.189
AL.IV.177			± DF.IV.165	= A65.IV.189v
AL.IV.177-180		= FE.III.101-104		
AL.IV.178-180			= DF.IV.166-168	= A65.IV.190-192
AL.IV.185	= A34.IV.201			
AL.IV.185-188		= FE.III.109-112	= DF.IV.173-176	= A65.IV.197-200
AL.IV.186	± A34.IV.202			
AL.IV.187-188	= A34.IV.207-208			
AL.IV.196		± FE.III.120		
AL.IV.197	± A34.IV.213			± A65.IV.205
AL.IV.197-202			= DF.IV.177-182	
AL.IV.197-209		= FE.III.121-133		
AL.IV.198-200	= A34.IV.214-216			
AL.IV.198-202				= A65.IV.206-210
AL.IV.201	± A34.IV.217			
AL.IV.201v	= A34.IV.217			
AL.IV.202	= A34.IV.218			
AL.IV.205-209			= DF.IV.185-189	
AL.IV.207-208				= A65.IV.211-212
AL.IV.207-209	= A34.IV.219-221			
AL.IV.209				= A65.IV.217
AL.IV.210	± A34.IV.222	± FE.III.134	± DF.IV.190	± A65.IV.218
AL.IV.211-244			= DF.IV.191-224	

AL.IV.217-244				= A65.IV.225-252
AL.V.1-6			= DF.V.1-6	
AL.V.1-18				= A65.V.1-18
AL.V.3	± A34.V.1			
AL.V.4	= A34.V.2			
AL.V.9-10	= A34.V.3-4			
AL.V.9-18			= DF.V.9-18	
AL.V.13-18		= FE.III.139-144		
AL.V.17-22	= A34.V.7-12			
AL.V.21			± DF.V.21	± A65.V.21
AL.V.22				= A65.V.22
AL.V.22-44			= DF.V.22-44	
AL.V.23-29		= FE.III.145-151		
AL.V.27				± A65.V.31
AL.V.27-28	± A34.V.25-26			
AL.V.28-29				= A65.V.32-33
AL.V.30		± FE.III.152		± A65.V.34
AL.V.31-38				= A65.V.35-42
AL.V.31-46		= FE.III.153-168		
AL.V.32-36	= A34.V.30-34			
AL.V.39				± A65.V.43
AL.V.39-52	= A34.V.41-54			
AL.V.40-52				= A65.V.44-56
AL.V.46-54			= DF.V.46-54	
AL.V.51-74		= FE.III.169-192		
AL.V.55-56	= A34.V.57-58			= A65.V.59-60
AL.V.57			± DF.V.56	± A65.V.61
AL.V.57-58			± DF.V.57	
AL.V.59	± A34.V.61		± DF.V.59	± A65.V.63
AL.V.59-62			= DF.V.55*v*-58*v*	
AL.V.60	= A34.V.62			
AL.V.60-61			= DF.V.60-61	
AL.V.60-66				= A65.V.64-70
AL.V.61	± A34.V.63			
AL.V.62			= DF.V.62*v*	
AL.V.62-66	= A34.V.64-68			
AL.V.63-84			= DF.V.63-84	
AL.V.69-107	= A34.V.71-109			= A65.V.73-111
AL.V.75		± FE.III.193		
AL.V.76		= FE.III.194		
AL.V.85-88			= DF.V.84*v*1-4	
AL.V.89-118			= DF.V.85-114	
AL.V.108				± A65.V.112
AL.V.109-114	= A34.V.111-116			= A65.V.113-118
AL.V.115				± A65.V.119

ALAMIRE

AL.V.115-135	= A34.V.121-141			
AL.V.116-118				= A65.V.120-122
AL.V.119-120			± DF.V.115v1-2	
AL.V.121			± DF.V.115v3	
AL.V.122			± DF.V.115v4	
AL.V.123			± DF.V.119	
AL.V.129-131			= DF.V.115v11-13	
AL.V.130			± DF.V.130	
AL.V.133-134				= A65.V.129-130
AL.V.133-172			= DF.V.121-160	
AL.V.135				± A65.V.131
AL.V.135v		= FE.III.197		= A65.V.131
AL.V.136	± A34.V.142			
AL.V.136-173				= A65.V.132-169
AL.V.136-176		= FE.III.198-238		
AL.V.137	= A34.V.143			
[illegible]	[illegible]			
AL.V.147-150	= A34.V.157-160			
AL.V.151	± A34.V.161v			
AL.V.152	= A34.V.162			
AL.V.155-156	± A34.V.165-166			
AL.V.157-158	= A34.V.167-168			
AL.V.162	= A34.V.172			
AL.V.164-165	= A34.V.174-175			
AL.V.167-174	= A34.V.177-184			
AL.V.174			± DF.V.162	± A65.V.170
AL.V.174			= DF.V.162v	
AL.V.175-178			= DF.V.163-166	= A65.V.171-174
AL.V.181-190			= DF.V.169-178	= A65.V.177-186
AL.V.181-210		= FE.III.239-268		
AL.V.182-192	= A34.V.196-206			
AL.V.191			± DF.V.179	± A65.V.187
AL.V.192				= A65.V.188
AL.V.192-210			= DF.V.180-198	
AL.V.193	= A34.V.216			
AL.V.193-194				± A65.V.189-190
AL.V.197-200	= A34.V.211-214			
AL.V.197-202				= A65.V.193-198
AL.V.203	± A34.V.233			± A65.V.199
AL.V.204-206	= A34.V.234-236			= A65.V.200-202
AL.V.207	± A34.V.241			± A65.V.207
AL.V.208	= A34.V.242			
AL.V.208v				= A65.V.208

LIST OF WORKS CITED

Aldridge, A. Owen, 'Problems in writing the life of Voltaire: plural methods and conflicting evidence', *Biography* (1978), I.i.5-22.

Bachaumont, Louis Petit de, *Mémoires secrets pour servir à l'histoire de la république des lettres en France depuis 1762 jusqu'à nos jours* (Londres 1777-1789).

Belaval, Yvon, 'L'esprit de Voltaire', *Studies* 24 (1963), p.139-54.

Bengesco, Georges, *Voltaire: bibliographie de ses œuvres* (Paris 188[illegible]-189[illegible]).

Bibliothèque de Voltaire: catalogue des livres (Moscou, Leningrad 1961).

Boës, Anne, *La Lanterne magique de l'histoire: essai sur le théâtre historique en France de 1750 à 1789*, Studies 213 (1982).

Breitholtz, Lennart G., *Le Théâtre historique en France jusqu'à la Révolution* (Uppsala 1952).

Brenner, Clarence D., *L'Histoire nationale dans la tragédie française du XVIIIe siècle* (Berkeley 1929).

Brown, Andrew, 'Calendar of Voltaire manuscripts other than correspondance', *Studies* 77 (1970), p.11-101.

Brumfitt, J. H., *Voltaire historian* (Oxford 1958).

Chevalley, Sylvie, *L'Orphelin de la Chine* (Paris 1965).

– 'Le sieur "Minet"', *Studies* 62 (1968), p.273-83.

Desnoiresterres, Gustave, *Voltaire et la société française au XVIIIe siècle* (Paris 1867-1876).

Goncourt, E. et J. de, *La Femme au XVIIIe siècle* (Paris 1896).

Gossman, Lionel, 'Voltaire's *Charles XII*: history into art', *Studies* 25 (1963), p.691-720.

Graffigny, Françoise Paule d'Issembourg d'Happoncourt, Mme de, *Correspondance*, ed. J. A. Dainard *et al.* (Oxford 1985-).

Grimm, Friedrich Melchior, *Correspondance littéraire, philosophique et critique*, ed. M. Tourneux (Paris 1877-1882).

Huguet, Edmond, *Dictionnaire de la langue française du XVIe siècle* (Paris 1925-).

La Harpe, Jean-François de, *Lycée, ou cours de littérature ancienne et moderne* (Paris 1799-1805).

La Morlière, Charles-Jacques-Louis-Auguste de La Rochette, chevalier de, *Observations sur la tragédie du Duc de Foix de Mr de Voltaire* (Paris 1752).

Lancaster, H. Carrington, *French tragedy in the time of Louis XV and Voltaire, 1715-1774* (Baltimore 1950).

Lanson, Gustave, *Esquisse d'une histoire de la tragédie française* (Paris 1926).

Lekain, Henri Louis, *Mémoires* (Paris 1801).

Lion, Henri, *Les Tragédies et les théories dramatiques de Voltaire* (Paris 1895).

Lobineau, Gui Alexis, *Histoire de Bretagne* (Paris 1707).

Longchamp, Sébastien G. et Wagnière, Jean-Louis, *Mémoires sur Voltaire* (Paris 1826).

Naves, Raymond, *Le Goût de Voltaire* (Paris 1938).

Niklaus, Robert, 'La propagande philosophique au théâtre au siècle des

Lumières', *Studies* 26 (1963), p.1223-62.

Pomeau, René, *Politique de Voltaire* (Paris 1963).

– *Voltaire par lui-même* (Paris 1965).

Quérard, Joseph-Marie, *Bibliographie voltairienne* (Paris [1842]).

Sainte-Beuve, C. A. *Portraits littéraires* (Paris 1864).

Sareil, Jean, *Voltaire et les grands* (Genève 1978).

Vance, Sylvia, 'History as dramatic reinforcement: Voltaire's use of history in four tragedies set in the middle ages', *Studies* 150 (1976), p.7-31.

Voltaire, *Corpus des notes marginales* (Berlin, Oxford 1979-).

– *Correspondence and related documents*, ed. Th. Besterman, in *Œuvres complètes de Voltaire / Complete works of Voltaire* 85-135 (Genève, Banbury, Oxford 1968-1977).

– *Œuvres complètes*, ed. L. Moland (Paris 1877-1885).

– *Œuvres complètes de Voltaire / Complete works of Voltaire* (Genève, Banbury, Oxford 1968).

Vrooman, Jack R., *Voltaire's theatre: the cycle from 'Œdipe' to 'Mérope'*, Studies 75 (1970).

INDEX

Académie française, 42
Adélaïde Du Guesclin (A65), 11, 14, 49-53, 126; – (A34), 214; – (FE), 308
Aïssé, Charlotte Elisabeth, 17, 18
Alamire (AL), 11, 59, 428
Alcalá, 58, 432
Aldridge, A. Owen, 3
Alençon, le duc d' (FE), 10, 14, 39, 54, 308
Alfonso VI, king of León and Castile, 11
Alphonse, king of Spain (AL), 11, 431, [illegible], 441, 473, 483
Amélie (DF), 11, 33, 34, 56, 351
Amphiarus (*Eryphile*), 67
Anet, 15
Anna Amelia, princess of Prussia, 33
Arabs, 365, 473
Arban (AL), 59, 428
Argental, Charles Augustin Feriol, comte d', 17, 32-35, 38, 39, 42-44, 62, 111
Argental, Jeanne Grâce Bosc Du Bouchet, comtesse d', 33, 35, 38, 39, 42-44
Armagnac, 196*n*
Arthur III, duc de Bretagne, comte de Richemont, 7, 8, 245*n*, 351
Aryans, 377
Asturia, 11, 457
Auberval, Etienne Dominique Bercher d', 126*v*, 214*v*
Avila, 11
Aydie, Blaise-Marie, chevalier d', 7, 17, 18, 24

Bachaumont, Louis Petit de, 40*n*
Bavalan, seigneur de, 7, 8, 10, 14, 351
Béarn, 376*n*
Béarnais, 376
Belaval, Yvon, 12
Belloy, Pierre Laurent Buirette de, 40, 41; *Le Siège de Calais*, 40, 41, 44
Bengesco, Georges, 105
Bentinck, Charlotte Sophia of Aldenburg, countess, 33
Berger, 93
Besterman, Theodore, 3, 25
Beuchot, Adrien Jean Quentin, 68, 73, 108
Bibliothèque nationale, [illegible]
[illegible], Anne, 41*n*
Bolingbroke, Henry St John, first viscount, 17
Bolingbroke, Marie Claire Deschamps de Marcilly, viscountess, 17
Boucherie, Jean Joseph, printer, 78
Bourbon, family, 36, 37, 143, 163, 187, 211, 231, 250, 267, 274, 317
Bourguignon, le, 44, 160*v*, 314
Bovines, 162
Breitholtz, Lennart G., 30-31, 41
Breitkopf, J. G. I., printer, 79
Brenner, Clarence D., 41
Bretagne, 'annales de', 8, 123
Bretagne, Jean, duc de, 8, 28
Brihuega, 15
Brown, Andrew, 61, 73, 74
Brumfitt, J. H., 9*n*
Burgos, 11, 58, 431
Burgundy, 196*n*

Cambrai, 10, 129, 135, 171, 214, 217, 218, 223, 259
Candaux, Jean-Daniel, 83
Capet, family, 144*v*, 318
Castile, 11, 428, 430, 435
Castilian, 440, 449
Chambeau, Louis, 86, 94

Charles-Alexandre, prince de Lorraine, 79
Charles V, king of France, 14
Charles VI, king of France, 10, 26, 128*v*, 161, 181, 216, 245*n*, 288, 314, 330
Charles VII, king of France, 10, 26, 33, 34, 128, 161*v*, 196*n*, 216, 245*n*, 314
Charles XII, king of Sweden, 16, 124
Châtillon, family, 14
Chevalley, Sylvie, 46*n*, 62*n*
Chevrier, François-Antoine, 74
Childebert III, 353*n*
Cid, El, 11
Cideville, Pierre Robert Le Cornier de, 12, 24-27, 38, 51
Cirey, 23, 31
Clairon, Claire Josèphe Hippolyte Leyris de Latude, known as Mlle, 40
Clermont, family, 14
Clermont, Louis de Bourbon-Condé, comte de, 25
Clisson, Olivier IV de, 7, 8, 10, 14, 351
Clovis Ier, 144, 365, 377
Comédie-Française, 23, 25, 27, 29, 35, 36, 38, 40-42, 46, 53, 61, 62, 64, 71, 110, 213
Comminges, 368
Consalve (AL), 11, 428
Constantinople, 17
Conti, family, 14
Corneille, Pierre, 11, 57; *Le Cid*, 11
Coucy, 246*n*
Coucy, le sire de (A65), 7, 13, 14, 17, 18, 26, 28, 29, 33, 43, 49-54, 59, 67, 122, 126; – (A34), 214; – (FE), 308
Cramer, Gabriel, 7, 75, 80, 84, 88, 89, 97, 102
Crébillon, Prosper Jolyot de, 5, 76-79, 83, 84

Dainard, J. A., 29*n*
Dangeste (A65), 53, 126; – (A34), 214; – (FE), 308
Decroix, Jacques Joseph Marie, 68, 73, 117, 118, 428*n*
Delalain, publisher, 105
Denis, Marie Louise Mignot, Mme, 33, 69-71
Desnoiresterres, Gustave, 27
Devaux, François Etienne, 29*n*
Didot, François Ambroise, 105
Du Bois, Louis, 107
Dubois, Marie Madeleine Blouin, known as Mlle, 40, 126*v*, 214*v*
Duchâtel, Tanneguy, 196, 245*n*, 282, 339
Du Châtelet, Gabrielle Emilie Le Tonnelier de Breteuil, marquise, 27
Duchesne, Marie Antoinette Cailleau, veuve, 43, 85, 87, 90, 91, 93-95, 97, 98, 101, 104, 111, 161
Dufresne, Abraham Alexis Quinault-Dufresne, known as, 27, 28, 37
Dufresne, Jeanne Françoise Quinault-Dufresne, known as Mlle, 27
Du Guesclin, family, 14, 127, 129, 215, 217, 261
Du Guesclin, Adélaïde, *see* Adélaïde Du Guesclin
Du Guesclin, Bertrand, 14-16, 134, 167, 221, 254, 254*n*, 255
Dumas d'Aigueberre, Jean, 25
Duras, Jean Baptiste de Durfort, duc de, 39
Durham, T., printer, 77

Emar (DF), 352
England, 10, 16, 20, 23, 215, 245*n*, 309
English, 10, 14, 15, 33, 44, 50, 127, 131, 144, 145, 154, 160*v*, 161*v*, 167, 181, 186, 193*v*, 195, 197, 198, 216, 219, 232, 233, 242, 246*n*, 254*v*, 262, 267, 311, 314, 319, 330, 334, 336, 338
Epinay, Pierrette Claudine Hélène Pinet, known as Mlle d', 126*v*
Estang, d', family, 14
Eugène, prince de Savoie-Carignan, 15, 16

Ferdinand, king of Spain in AL, 441
Ferney, 42, 43, 93
Ferriol, baron de, 17, 18
Flanders, 16, 185, 259*v*, 273
Foix, 352*v*, 354; – dukedom, 376*n*
Foix, le duc de (DF), 11, 14, 42, 352
Fontaine-Martel, comtesse de, 23
Fontainebleau, 35, 43
Formont, Jean Baptiste Nicolas, 24, 27, 28
France, 7, 10, 11, 16, 17, 31-33, 44, 46, 49, 127, 132, 133, 135*n*, 144, 154, 160*v*, 173, 174, 193*v*, 216, 218, 220, 221, 232, 242, 245*n*, 250, 254, 257, 258*v*, 261-263, 304, 313, 314, 318, 322, 326, 330, 336, 354, 358, 359, 36[illegible], 3[illegible]1, 3[illegible], [illegible], [illegible], [illegible], 409
Franks, 353*n*, 376*n*
Frederick II, king of Prussia, xxiii, 10, 33, 35, 53, 68
French, 14, 54, 127-129, 141, 144, 154, 162*n*, 167, 193, 211, 215, 217, 232, 242, 254*v*, 262, 305, 309, 314, 318, 354, 363, 365, 369, 381, 504
Fromentin, 126*v*, 214*v*
Froissart, Jean, 8
Froulay, Louis Gabriel de, 7, 17

Gaussin, Jeanne Catherine, 27
Geneva, 45
German empire, 162
Goncourt, Edmond et Jules de, 18
Gossman, Lionel, 16, 17*n*
Graffigny, Françoise Paule d'Issembourg d'Happoncourt, Mme de, 29*n*
Grandval, François Charles Racot de, 27, 37, 126*v*, 214*v*
Grasset, François, 99, 505
Gravier, Jean, 104
Grimm, Friedrich Melchior, *Correspondance littéraire*, 40
Guelen, J. L. N. de, printer, 80

Henry, prince of Prussia, 33, 53, 66, 68
Henry V, king of England, 26, 245*n*
Hérault, René, 74
Horace, 33*n*, 125
Huguet, Edmond, 429*n*
Hundred Years' war, 10, 16

Isabeau de Bavière, 26
Italy, 15

Jean-sans-Peur, 196*n*, 245*n*

Knights Templars, Order of, 14

Laborde, Jean Benjamin de, 93
Lacombe, Jacques, 65, 67, 115
La Harpe, Jean-François de, 8, 11
La Hire, Etienne Vignolles, known as, 245
Lambert, Michel, 75, 76, 78, 83
La Morlière, Charles Jacques Louis Auguste Rochette, chevalier de, 57*n*
Lancaster, H. Carrington, 13*n*, 27*n*, 28*n*, 38*n*, 49
Lanson, Gustave, 8*n*
La Trémouille, Georges de, 245
Ledet, Etienne, 77
Lekain, Henri Louis Cain, known as, xxiii, 7, 36-43, 46, 52, 54, 57, 61, 63, 64, 67, 71, 89, 93, 94, 97, 99, 104, 111, 126*v*, 137*n*, 172*n*, 205*n*, 214*v*, 314*n*, 339*n*
León, 11
Leucate, 355, 360
Lille, 10, 15, 16, 126, 127, 129, 131, 203, 214*v*, 216, 218, 219, 295
Lion, Henri, 5, 6, 8, 14
Lisois (DF), 34, 56, 59, 352
Lobineau, Guy Alexis, *Histoire de Bretagne*, 8
Longchamp, Sébastien, 14
Louis, dauphin, son of Louis XV, 37, 45
Louis XIV, 15, 135*n*
Louis XV, 15, 45
Lusignan, 10, 311

Lusignan (*Zaïre*), 11, 23, 33, 162*n*

Madrid, 15
Marguerite de Bourgogne, 245*n*
Marie-Adélaïde de Savoie, duchesse de Bourgogne, 15
Marie-Adélaïde de France, known as Mme Adélaïde, 15
Marin, François Louis Claude, 90, 93, 95
Medina, 11
Mendoce (AL), 428
Minet, Jean Baptiste, 62
Moland, Louis, 6, 108, 109
Molé, François René, 126*v*, 214*v*
Molière, Jean Baptiste Poquelin, known as, 29
Moncrif, François Augustin Paradis de, 25
Montereau, 196*n*
Montmorency, family, 14
Moors, 11, 354, 355, 357, 360, 385, 402, 410, 412, 413, 430, 431, 434, 437, 441, 445, 476, 484, 487
Moreri, Louis, 34
Moslems, 429, 431, 435, 456
Mouret, musicien, 124

Naves, Raymond, 47*n*
Nemours, family, 15
Nemours, le duc de (A65), 8, 11, 13, 14, 26-28, 30, 40, 50-54, 58, 123, 126; – (A34), 214; – (FE), 308
Nesle, family, 14
Nijmegen, Treaty of, 135*n*
Niklaus, Robert, 13*n*
Ninus (*Sémiramis*), 67

Oghières, baron, banker, 124
Orléans, Louis Philippe Joseph, duc d', 15
Orosmane (*Zaïre*), 11
Osma, 11, 58, 428, 429, 431, 435
Otto IV, emperor of Germany, 162*n*

Panckoucke, Charles Joseph, 100
Paris, 17, 32, 35, 57, 123, 124, 135, 196*n*, 223, 245*n*, 503; Treaty of, 44
Pélage (AL), 11, 58, 428
Pépin de Herstal, 11, 353, 364
Phénise (AL), 73, 428*v*
Philibert, Claude, printer, 97
Philippe II Auguste, king of France, 162
Picardy, 246*n*
Plomteux, Clément, printer, 100
Poitou, 10
Pomeau, René, xxii, 45
Pont de Veyle, Antoine Feriol, comte de, 67, 73
Portugal, 15
Potsdam, 32, 33, 53, 54, 66, 68
Préville, Mlle, 214*v*
Provence, 196*n*
Prussia, 32, 68, 69

Quérard, Joseph-Marie, 76
Quinault, Jeanne Françoise, 31, 32

Racine, Jean, 57; *Athalie*, 44; *Phèdre*, 44
Rameau, Jean Philippe, 64
Richelieu, Armand Jean Du Plessis, cardinal, 42*n*
Richelieu, Louis François Armand Du Plessis, duc de, 42
Richoff, François-Canut, 78, 84, 87, 88
Rochemore, 28
Rohan-Chabot, Gui Auguste, chevalier de, 19, 20
Rome, 196*n*

Sade, Jacques François Paul Aldonce de, 25
Sainte-Beuve, Charles Augustin, 18
Saracens, 432, 441*v*, 474
Saragosse, *see* Zaragoza
Sareil, Jean, 19, 20
Seven Years' war, 40
Shakespeare, William, *Othello*, 5
Spain, 11, 15, 16, 58, 254, 365, 430,

431, 441, 445, 449*v*, 456, 459, 462, 465, 473
Stanhope, James, first earl, 15
Starhemberg, Guido, count von, 16

Tagus, river, 15
Taïse d'Anglure (A65), 51, 56, 58, 73, 76, 126; – (A34), 214; – (DF), 352; – (AL), 428
Tartuffe, 29
Taylor, S. S. B., 111
Temple, the, 17
Testry, battle of, 353*n*
Thibouville, Henri Lambert d'Herbigny, marquis de, 32, 35
Thierry III, 11, 353
Thiriot, Nicolas Claude, 7, 17, 18, 24, 25, 38, 40, 123*v*
Titien, 24
Toledo, 11, 430, 431
Toulouse, 25
Touraine, 377

Utrecht, Treaty of, 16

Valladolid, 15
Vamir (DF), 11, 56, 58, 352
Vance, Sylvia, 10*n*
Vendôme, family, 14
Vendôme, le duc de (A65), 8, 10, 11, 13, 14, 16, 17, 26-29, 43, 49-53, 63, 123, 126; – (A34), 214
Vendôme, Louis-Joseph, duc de, 15-17
Vendôme, Philippe de, 14
Villaviciosa, 16
Visigoths, 376*n*
Voltaire, François Marie Arouet de, library, 8, 57, 59, 66, 67, 71; collective editions: Lausanne 1770, 7, 108*n*; – *encadrée* (Leningrad copy), 102, 111; – Kehl, 7, 57, 75, 108, 109
A Mlle Clairon, 92; *Adélaïde Du Guesclin*, text, 121-211; – cannon shot, 11, 30, 34, 40, 52, 55, 56, 58, 67, 342; – 'Es-tu content Coucy', 29, 42, 52, 123, 211, 305; *Adélaïde* 1734, 11, 12, 14-16, 26, 29-32, 37, 48-52, 55, 56, 59-61, 63-66, 68, 108-110, 114, 115, 122, 123; – text, 213-305; *Alamire*, xxiii, 10, 11, 13, 14, 16, 27, 47, 48, 54, 57-60, 69, 70, 71-74, 108, 109, 117, 118; – text, 427-501; *Amélie ou le duc de Foix*, xxiii, 7, 11, 13, 14, 16, 21, 27, 33-39, 41, 42, 46, 48, 54-61, 67-69, 75-89, 102, 108-112, 117, 124, 503, 505; – text, 349-426; *Alzire*, 5; *Brutus*, 5; *Candide*, 4; *Charlot*, 91; *Corpus des notes marginales*, 278*n*; *Discours sur la tragédie*, 17; *Don Pèdre*, 5, 13, 45, 354*n*; *Le Droit du seigneur*, 90; *Le Duc d'Alençon*, see *Les Frères ennemis*; *Le Duc de Foix*, see *Amélie ou le duc de Foix*; *L'Enfant prodigue*, 91; *Eriphyle*, 5, 24, 64, 65, 67; *Les Frères ennemis*, xxiii, 10, 13, 14, 16, 21, 27, 32, 33, 37-39, 46, 48, 53-55, 58-60, 64-69, 73, 75, 106-109, 115-117; – text, 307-347; *Les Guèbres*, 5, 13; *La Henriade*, 24; *Irène*, 61; *Lettres philosophiques*, 20, 24; *Les Lois de Minos*, 5, 13, 91; *Mahomet*, 5, 14, 61; *La Mort de César*, 5; *Nouveaux mélanges*, 46; *Oreste*, 5, 79, 82; *Orphelin de la Chine*, 87; *Le Phyrronisme de l'histoire*, 9; *Rome sauvée, ou Catilina*, 5, 32, 503; *Samson*, 65, 67; *Sémiramis*, 5, 67; *Le Siècle de Louis XIV*, 15, 16, 35, 503; *Tancrède*, 41; *Le Temple du goût*, 24, 504; *La Vie de Molière*, 29; *Zaïre*, 5, 6, 11, 12, 14, 21, 23, 24, 30, 33, 41, 162*n*; *Zulime*, 5
Vrooman, Jack R., 10*n*

Wagnière, Jean Louis, 14, 71, 73, 117, 118
Walther, George Conrad, 60, 75, 79, 80, 112, 503
War of the Spanish Succession, 15, 16
Wilson, D., printer, 77

Zaragoza, 15

Zaïre (*Zaïre*), 17, 18, 33, 49